国内游客 对邮轮旅游服务质量认知的 路径机理及客源细分差异实证研究

胡田／著

立信会计出版社
LIXIN ACCOUNTING PUBLISHING HOUSE

内容提要

本研究立足邮轮旅游服务情境,以国内邮轮旅游者为研究对象,对邮轮旅游服务质量维度做了探索性研究,开发出针对中国邮轮游客的邮轮旅游服务质量量表;在此基础上,本研究综合管理学、经济学和社会学的视角,构建了游客对邮轮旅游服务质量认知的路径机理模型,深入探讨了邮轮旅游服务质量对邮轮游客情感及认知反应的影响路径及机理,并分析了国内游客对邮轮旅游服务质量认知的客源细分差异。

图书在版编目(CIP)数据

国内游客对邮轮旅游服务质量认知的路径机理及客源细分差异实证研究/胡田著. —上海:立信会计出版社,2018.10

ISBN 978 - 7 - 5429 - 5966 - 9

Ⅰ.①国… Ⅱ.①胡… Ⅲ.①旅游船—旅游服务—服务质量—研究—中国 Ⅳ.①F592.3

中国版本图书馆 CIP 数据核字(2018)第 226645 号

策划编辑	孙 勇
责任编辑	方士华 孙 勇
封面设计	南房间

国内游客对邮轮旅游服务质量认知的路径机理及客源细分差异实证研究

出版发行	立信会计出版社		
地 址	上海市中山西路 2230 号	邮政编码	200235
电 话	(021)64411389	传 真	(021)64411325
网 址	www.lixinaph.com	电子邮箱	lxaph@sh163.net
网上书店	www.shlx.net	电 话	(021)64411071
经 销	各地新华书店		
印 刷	江苏凤凰数码印务有限公司		
开 本	787 毫米×1092 毫米	1/16	
印 张	21	插 页	1
字 数	466 千字		
版 次	2018 年 10 月第 1 版		
印 次	2018 年 10 月第 1 次		
书 号	ISBN 978 - 7 - 5429 - 5966 - 9/F		
定 价	58.00 元		

前　言

　　中国邮轮产业方兴未艾,邮轮旅游已成为学术界新兴的研究领域。虽然中国邮轮产业表现出强劲的发展势头和广阔的市场前景,但无可否认,相比欧美国家,中国邮轮产业尚处于发展的初期。处于这一阶段的中国邮轮产业思考更多的是如何"做大"。因此,有关产业政策、产业布局、产业经济的宏观问题研究成为当下邮轮旅游研究的热点,而现有研究中有关邮轮旅游服务质量这类微观层面的研究非常有限。在中国经济进入"新常态",持续推进供给侧结构性改革的背景下,中国邮轮产业的结构性矛盾也日益突出。

　　提升邮轮旅游服务质量是解决中国邮轮产业结构性矛盾的抓手。结构性矛盾的一个重要特征是供给与需求的失衡,产品或服务的供给无法有效满足市场需求,无法实现有效供给。一方面,邮轮企业只有着眼于服务质量,深刻把握旅游者对邮轮旅游服务质量认知的内在机理,才能实现产品和服务的创新,才能实现供给和需求的精准对接。另一方面,由包船模式等多重因素引发的低价竞争,已对中国邮轮产业的健康发展产生了负面影响。而提升服务质量是促使中国邮轮产业走出低价竞争泥潭,进而优化产业竞争格局的有效路径。

　　提升邮轮旅游服务质量还关乎中国邮轮产业可持续发展的宏旨。服务质量不仅是关系邮轮企业经营绩效与效率的关键要素,而且是关系整个邮轮产业可持续发展的战略要素。中国邮轮产业发展到今天,不能再简单地追求数量,而必须着眼于质量,深耕细作、苦练"内功",真正打造中国邮轮服务品牌。只有立足于高水平的服务,中国邮轮产业才能不断提升能级,才能更有底气地参与世界邮轮产业竞争。

　　邮轮旅游起源于欧美,邮轮产业在中国的发展本身就是一个"西风东渐"的过程。邮轮公司开拓中国市场,如何实现全球化与本土化的平衡? 国内与国外的邮轮旅游者有何差异? 认识和解决这些问题,必须深入研究邮轮旅游服务质量。

著　者

2018 年 10 月

目　录

第一章　绪　论

第一节 研究背景及问题的提出

一、世界邮轮旅游市场概况

(一)世界邮轮旅游需求市场概况

第一,世界邮轮旅游需求增长迅速。自20世纪70年代起,以休闲度假为主要特征的现代邮轮业开始在加勒比海地区兴起。作为"海上浮动的度假地",邮轮以其特有的体验满足了现代旅游者对休闲的极大需求。从20世纪80年代开始,世界邮轮业需求就保持了年平均7.6%的增长速度,是旅游业需求增长最快的一个板块。近年来,随着现代邮轮业重心东移,以中国等为代表的新兴邮轮市场异常活跃,表现出强劲的需求。如图1-1所示,2003—2015年,全世界邮轮旅游的需求从1202万人次增长到2319万人次,增长了92.93%。仅2014—2015年,全世界邮轮旅游需求就增长了3.8%。从邮轮旅游需求的地区分布来看,北美地区始终是世界邮轮旅游最主要的客源地之一,并且该地区的需求数量远超欧洲及世界其他地区。

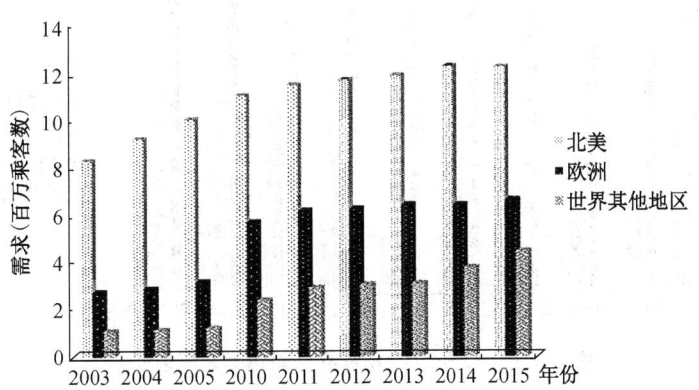

图1-1 2003—2015年世界邮轮旅游需求发展趋势图

资料来源:Cruise Lines International Association(2017)①

第二,世界邮轮旅游热点区域明显。北美一直是世界最重要的邮轮市场之一,加勒比海、阿拉斯加、温哥华等都是北美具有代表性的邮轮旅游热点区域,尤其以加勒比海地区

---

① Cruise Lines International Association. Cruise research data[EB/OL]. www.cruise.org/about-the-industry/research,2017-9-21.

最具代表性,它不仅是北美邮轮旅游的核心,也一直是推动世界邮轮旅游发展的重要引擎。而美国的迈阿密是世界主要的邮轮公司如嘉年华集团、皇家加勒比等的总部所在地。欧洲的地中海、波罗的海等区域,凭借其优良的港口和资源禀赋,也成为世界邮轮旅游极为重要的热点区域。近年来,亚太地区的邮轮市场发展势头强劲,是推动世界邮轮业发展及重心东移的新引擎,也成为新兴的邮轮旅游热点区域。

(二) 世界邮轮旅游供给市场概况

第一,世界邮轮旅游供给能力提升。现代邮轮业早已进入"大船时代",世界邮轮产业也已呈现出规模经济效应。如果以可提供的床位天数作为衡量邮轮市场供给能力的标准,那么经过相关数据分析就会发现,世界邮轮旅游供给持续快速增长。如图 1-2 所示,2003 年世界范围内邮轮公司可提供的床位天数是 7 300 万,到 2015 年,世界范围内邮轮公司可提供的床位天数是 1.467 亿,增长了 100.95%。从世界各地区的邮轮运力分布来看,北美及加勒比海地区一直是世界邮轮运力分布的重心。而以亚太尤其是中国为代表的世界其他地区,近年来邮轮运力的增速较快,拥有目前世界主要邮轮公司 60% 的邮轮,床位天数在 3 000 以上。另以注册总吨位为例,皇家加勒比公司旗下的"海洋绿洲号"邮轮总吨位达 22.5 万吨,载客量可达 6 000 余人,是吨位处于世界前列的邮轮(Gross、Klemmer,2014)[1]。

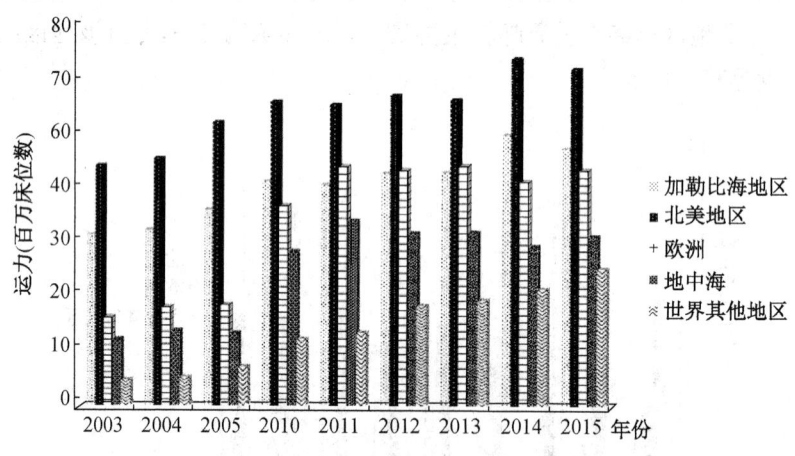

图 1-2　2003—2015 年世界邮轮运力发展趋势图

资料来源:Cruise Lines International Association(2017)[2]

第二,世界邮轮旅游经济贡献显著。世界邮轮旅游的经济贡献突出地表现在邮轮产业形成的价值链上,即因邮轮产业与其他产业的关联而实现的价值增值。邮轮公司的产品与服务、邮轮码头、港口的运营与管理、邮轮旅游目的地与客源地的运营以及邮轮设计

①　Gross S, Klemmer L. Cruise ships [J]. Introduction to Tourism Transport, 2014, 72(5):484-488.

②　Cruise Lines International Association. The global economic contribution of cruise tourism 2015[EB/OL]. www.cruise.org/about-the-industry/research, 2017-9-21.

与邮轮制造,是一条完整的价值链,邮轮旅游需求的增长必然引发"链式效应",并带动其他产业的发展,引发"乘数效应",在解决就业、促进区域经济发展等方面成就显著。根据佛罗里达-加勒比海邮轮协会的统计,2015 年加勒比海地区 35 个目的地,邮轮旅游的直接花费是 31.6 亿美元,共创造了 75 050 个就业岗位,支付邮轮员工工资 9.76 亿美元(Florida-Caribbean Cruise Association,2017)①。

第三,世界邮轮旅游产品日新月异。现代邮轮业的生态和 20 世纪 60 年代相比,发生了很大变化(Cantis、Ferrante、Kahani,2016)②。全球化和大众旅游时代的深度发展使邮轮游客的构成更加多元,在邮轮有限的船体空间内汇聚了多样的文化,不同文化背景的游客对邮轮产品的需求和偏好存在较大差异,世界邮轮旅游产品的多样化特征也更加明显。世界邮轮航线的平均航程时间为 7 天(Lee,2013)③,随着邮轮的不断创新以及游客对邮轮旅游的期望值不断提高,邮轮公司也在不断开发新的旅游目的地、建造新的邮轮、更新船上的设施设备、提升服务的价值、丰富岸上观光活动、提供主题航次以及根据游客的旅游消费模式和假期长度变更航线时间。

二、中国邮轮旅游市场概况

(一) 中国邮轮旅游需求市场概况

第一,中国邮轮旅游发展势头迅猛。随着可支配收入、闲暇时间的增多,以及生活理念的更新,中国消费者对休闲旅游的需求越来越大。并且,随着旅游经验的成熟,国内游客已经不满足于传统的观光和休闲旅游产品,他们更强调休闲体验和休闲品位,对创新型的休闲旅游产品和服务需求巨大。邮轮旅游起源于欧美,对国内游客来说是"舶来品",其特有的产品属性和服务特色,对国内游客而言是一种全新的休闲体验,也能够更好地满足国内游客不断上升的休闲旅游需求。数据显示,2016 年中国内地全年共接待国际邮轮9 277 艘次,全年接待出入境游客 428.97 万人次(中国交通运输协会邮轮游艇分会,2017)④。

第二,邮轮旅游母港航次增长迅速。母港是提供邮轮始发泊位,使邮轮得到修整和给养补充、人员轮换的基地型邮轮码头。如表 1-1 和图 1-3 所示,2008 年中国接待母港邮轮的城市仅有上海和天津;2016 年中国接待母港邮轮的城市则包括上海、天津、大连、海口、烟台、厦门、青岛、舟山、深圳等。2008 中国接待母港邮轮航次 28 个,2016 年所接待的母港邮轮航次 927 个,相比 2008 年增长约 32.1 倍,增长迅速。母港航次的快速增长,一

① Florida-Carribean Cruise Association. Economic contribution of cruise tourism to the destination economies [EB/OL]. http://f-cca.com/downloads/2015-cruise-analysis-volume-1, 2017-9-21.

② Cantis S D, Ferrante M, Kahani A. Cruise passengers' behavior at the destination: Investigation using GPS technology [J]. Tourism Management, 2016, 52(2):133-150.

③ Lee S. Cruise ship itineraries and occupancy rates. [J]. Tourism Management, 2013, 34(1):236-237.

④ 中国交通运输协会邮轮游艇分会.中国邮轮发展报告[R].2017.

表 1-1   2008—2016 年中国接待的母港邮轮航次及发展趋势   (单位:艘次)

港口	2008 年	2009 年	2010 年	2011 年	2012 年	2013 年	2014 年	2015 年	2016 年
天津	5	7	18	5	19	55	42	86	128
烟台	—	—	—	—	—	—	16	18	4
青岛	—	—	—	—	—	—	1	19	52
深圳	—	—	—	—	—	—	—	—	14
上海	23	33	61	75	80	167	243	320	481
舟山	—	—	—	4	—	—	—	12	12
厦门	—	—	—	1	6	9	8	47	66
海口	—	—	—	—	—	—	20	26	39
三亚	—	—	—	25	64	104	36	—	—
广州	—	—	—	—	—	—	—	1	104
大连	—	—	—	—	—	—	—	10	27

注:"—"表示无邮轮航次;表中不含中国台湾和中国香港的数据。
资料来源:中国邮轮发展报告(中国交通运输协会邮轮游艇分会,2017)①。

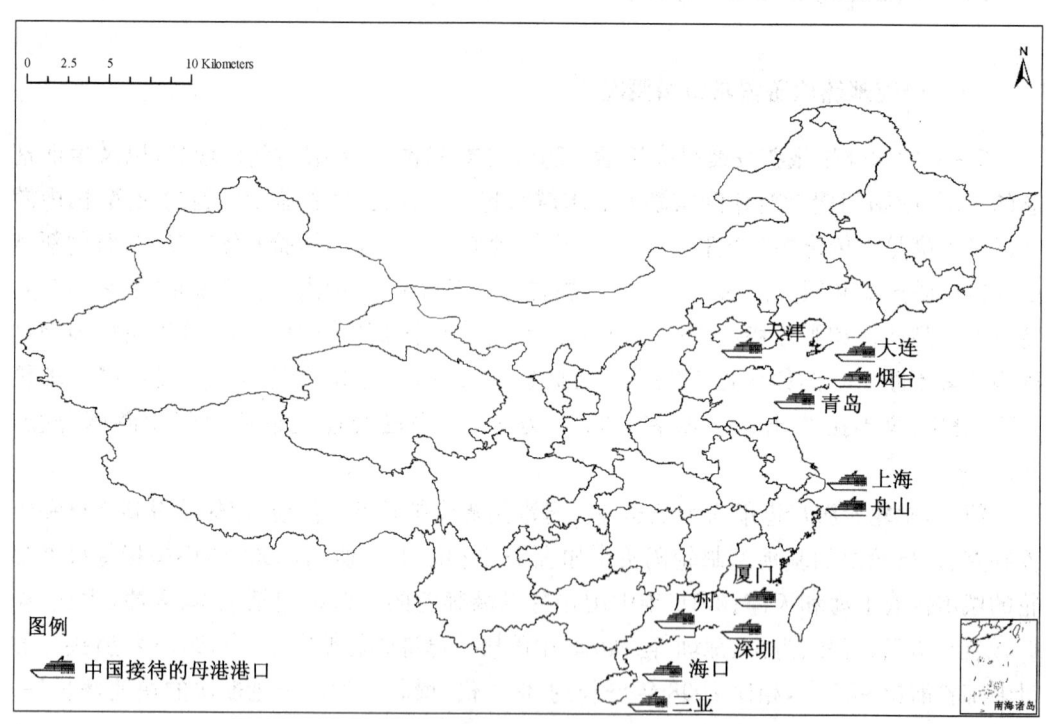

图 1-3   2016 年中国接待的母港邮轮港口分布示意图

注:不含港澳台的数据。
资料来源:中国邮轮发展报告(中国交通运输协会邮轮游艇分会,2017)②。

---

①   中国交通运输协会邮轮游艇分会.中国邮轮发展报告[R].2017.
②   同上.

方面表明中国越来越多的港口城市致力于发展母港经济,中国邮轮产业已初具规模;另一方面表明中国港口与世界其他国际港口的联系越来越密切,中国邮轮产业在世界邮轮产业中的地位在逐步上升,对世界邮轮产业发展的贡献越来越大。

第三,邮轮母港出入境游客数量持续增长。2008 年上海和天津的邮轮港口接待母港邮轮出入境游客分别为 48 296 人次和 9 000 人次。如图 1-4 所示,2008 年中国接待母港邮轮的港口只有上海和天津的港口,中国接待邮轮母港出入境游客为 57 296 人次。到2016 年,中国接待母港邮轮的港口城市已扩展至上海、天津、大连、海口、烟台、厦门、青岛、舟山、深圳、广州等,接待母港邮轮出入境游客共计 428.97 万人次,比 2008 年增长了近 74 倍。自 2008 年以来,上海接待的母港邮轮出入境人次数最多,且每年保持较大幅度的增长,尤其以 2016 年的增幅最大;其次是天津,天津是整个华北地区接待母港邮轮出入境人次数最多的港口,然后是大连、青岛、厦门、广州、烟台、深圳、舟山、三亚、海口等港口,虽然接待母港的邮轮出入境人次数较上海、天津少,但仍保持了增长的发展势头。这表明,国内的邮轮旅游需求在过去 9 年保持了快速增长的势头,上海是中国邮轮产业发展最快的区域;同时,沿海港口城市越来越重视发展邮轮产业,邮轮产业在国民经济中的地位在不断上升。

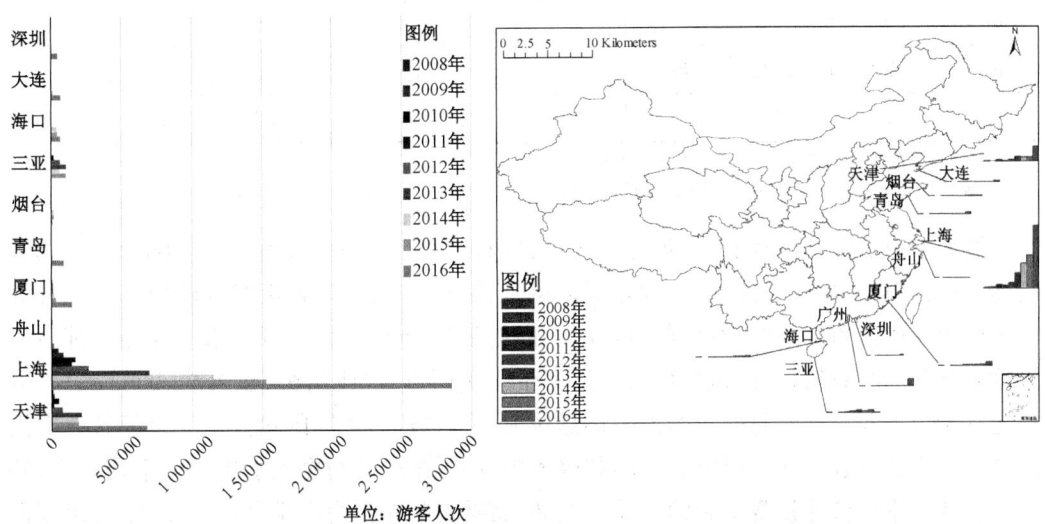

单位:游客人次

图 1-4　2008—2016 年中国接待的母港邮轮出入境游客人次及分布图(单位:人次)

注:不含港澳台的数据。

资料来源:中国邮轮发展报告(中国交通运输协会邮轮游艇分会,2017)①。

(二)中国邮轮旅游供给市场概况

第一,邮轮旅游访问港航次持续下降。中国邮轮市场呈现出不平衡的态势,一方面母港航线航次密集、游客激增,另一方面访问港的数量持续下降。如表 1-2 所示,2008 年中

---

①　中国交通运输协会邮轮游艇分会.中国邮轮发展报告[R].2017.

国邮轮访问港航次尚有 318 个,出入境游客 430.04 万人次,到 2016 年已持续下跌至航次 83 个,出入境游客 27.75 万人次。访问港航次的减少,意味着境外游客到中国各港口城市的旅游消费在减少,使邮轮旅游对当地经济的贡献程度非常有限,经济效应发挥不出来,也说明中国各邮轮港口需要合理定位和布局。

表 1-2 2008—2016 年中国接待的访问港邮轮航次及发展趋势 (单位:艘次)

港口	2008 年	2009 年	2010 年	2011 年	2012 年	2013 年	2014 年	2015 年	2016 年
天津	12	19	22	26	16	15	13	10	14
大连	8	15	11	17	9	9	6	7	—
威海	—	1	—	3	—	—	—	—	—
青岛	4	7	12	21	3	2	1	—	—
上海	40	47	48	30	41	31	29	24	28
舟山	—	—	—	—	—	—	1	—	1
厦门	28	13	19	10	13	5	15	19	13
广州	—	—	—	2	—	—	—	—	—
海口	—	—	—	1	2	—	—	—	2
北海	160	100	88	32	—	—	—	—	—
三亚	66	17	15	20	22	9	35	30	25

注:"—"表示无邮轮航次;不含港澳台地区的数据。
资料来源:中国邮轮产业发展报告(中国交通运输协会邮轮游艇分会,2017)①。

第二,市场本土化进程进一步加快。一方面,以天海邮轮为代表的本土邮轮公司相继组建,参与市场竞争。目前,天海邮轮新世纪号、钻石邮轮辉煌号、渤海邮轮中华泰山号等本土邮轮在中国市场运营,发展前景广阔。但由于起步晚,经营管理的水平和经验都显不足,而中国邮轮市场特有的包船模式也给其带来负面影响(张树民、程爵浩,2012)②,所以本土邮轮公司与国际邮轮公司的差距仍然较大;另一方面,国际邮轮公司加快了其在中国市场的本土化进程。在其提供的产品和服务中,国际邮轮公司融入了更多的中国元素,甚至提供专为中国游客量身定制的产品。例如,诺唯真邮轮公司喜悦号、公主邮轮公司盛世公主号等,从船舶设计、服务语言到特色餐饮、娱乐活动等,都提升了针对中国游客的定制化水平。

第三,邮轮旅游航运能力持续提升。随着中国邮轮业的发展,市场潜力被逐步释放出来,世界各大邮轮公司纷纷将中国作为市场布局的重点,以中国主要港口为始发港或母港的邮轮航线日趋成熟(孙晓东等)③,如表 1-1 所示,2016 年中国接待母港邮轮 927 航次,比 2014 年、2015 年分别增长 153.27% 和 71.99%,2016 年中国接待过母港邮轮的港口城

---

① 中国交通运输协会邮轮游艇分会.中国邮轮发展报告[R].2017.
② 张树民,程爵浩.我国邮轮旅游产业发展对策研究[J].旅游学刊,2012,27(6):79-83.
③ 孙晓东,武晓荣,冯学钢.邮轮航线设置的基本特征与规划要素研究[J].旅游学刊,2015,30(11):111-121.

市数量已增加至 11 个,且接待母港邮轮的出入境人次也有较大增长。如图 1-4 所示,2016 年中国邮轮母港出入境游客达 428.97 万人次,相比 2014 年、2015 年分别增长 190% 和 92.86%,表明中国邮轮旅游业的航运能力在持续提升。皇家加勒比国际邮轮公司旗下的海洋水手号、海洋航行者号、海洋量子号,诺唯真邮轮公司旗下的喜悦号、歌诗达邮轮公司旗下的赛琳娜号、公主邮轮公司的蓝宝石公主号、盛世公主号等邮轮都在中国市场运营母港航线。

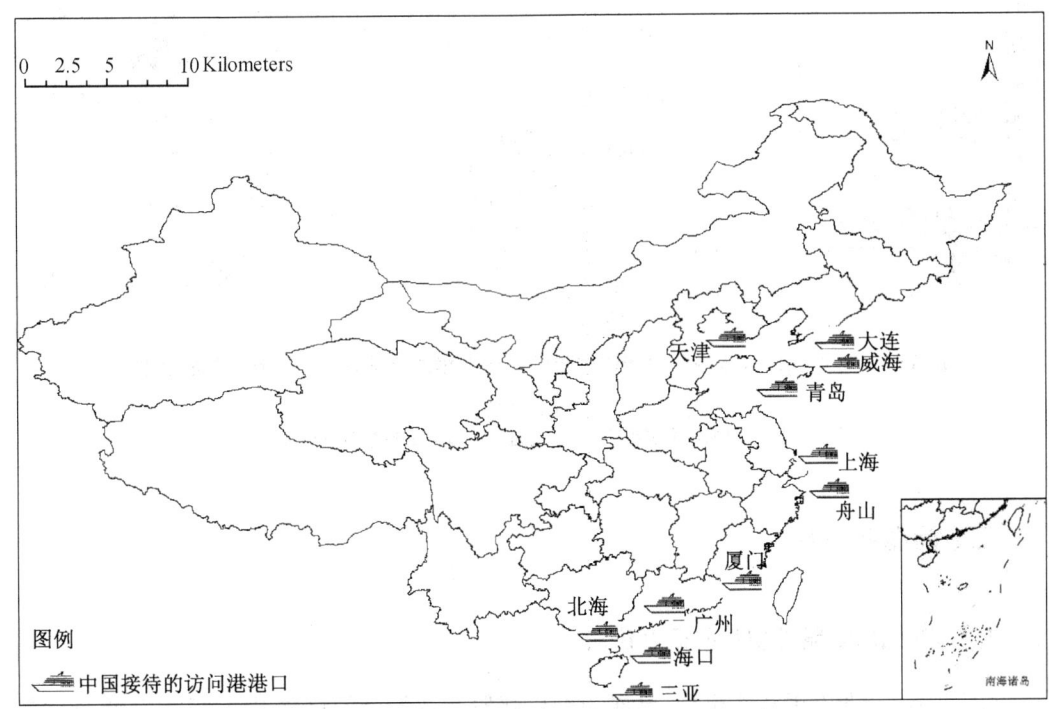

图 1-5　2008—2016 年中国接待访问港的邮轮港口分布示意图

注:不含港澳台的数据。

资料来源:中国邮轮产业发展报告(中国交通运输协会邮轮游艇分会,2017)①。

第四,邮轮访问港游客数总体下滑。如表 1-2 与图 1-5 所示,2008 年中国接待访问港邮轮的港口城市是上海、天津、三亚、厦门、大连、青岛、北海、海口,到 2016 年,中国接待访问港邮轮的港口城市是上海、天津、三亚、厦门、海口、舟山。接待访问港邮轮的港口城市数量由 2008 年的 8 个减少至 2016 年的 6 个。如图 1-6 所示,相比其他的港口城市,三亚接待的访问港出入境人次最多,但从历年的接待数量来看,2009—2016 年始终未超过 2008 年,虽然 2012 年和 2014 年分别较上一年有小幅回升,但接待数量总体呈现下滑的趋势。其他接待过访问港邮轮的港口城市也呈现出与三亚类似的特征,虽然个别年份较上一年有小幅回升,但接待的访问港出入境人次数总体上呈现下滑的趋势。2008 年中国接待访问港出入境游客人次为 43 万,2016 年中国接待的访问港出入境人次共计 27.76

---

① 中国交通运输协会邮轮游艇分会.中国邮轮发展报告[R].2017.

万,比 2008 年减少了约 54.90%。由于访问港出入境游客人次是衡量邮轮经济产出收益的有效指标,因此数据表明,中国邮轮产业对区域经济的乘数效应还没有发挥出来,对区域经济的贡献作用还有待进一步提升。

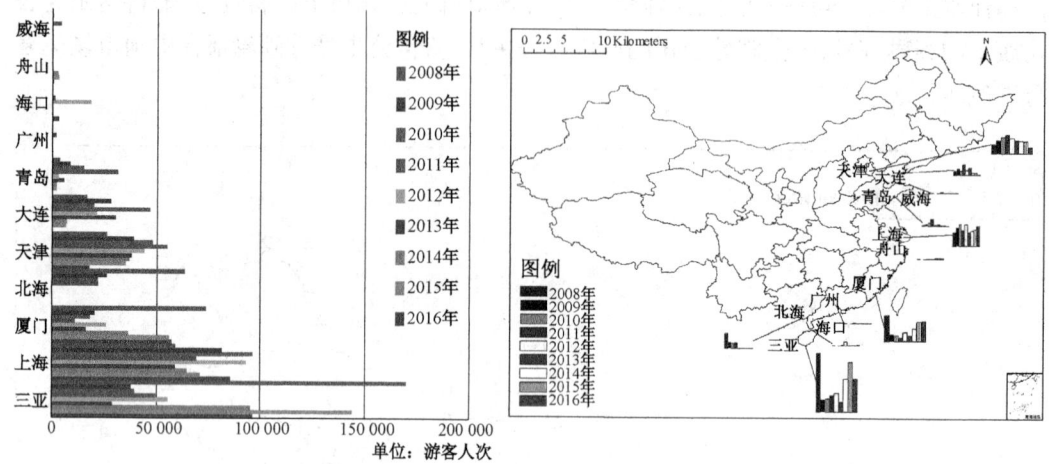

图 1-6　2008—2016 年中国接待访问港邮轮出入境游客人次及分布图(单位:人次)

注:不含港澳台的数据。

资料来源:中国邮轮发展报告(中国交通运输协会邮轮游艇分会,2017)①。

三、问题的提出

(一)邮轮旅游服务质量的研究缘起

中国邮轮产业发展势头迅猛,已成为世界邮轮产业发展的重要引擎,已深度参与世界邮轮产业的合作与竞争,世界邮轮产业也呈现出新的竞争格局。在此背景下,对中国邮轮旅游服务质量的关注必须上升到全新的高度。主要原因有如下 4 个。

第一,邮轮旅游服务质量是解决产业结构性矛盾的抓手。中国邮轮产业尚处于发展初期,产业政策、产业布局、产业经济这类宏观层面的问题相对较热,而邮轮旅游服务质量这类微观层面的问题更容易被忽视。在中国推进供给侧结构性改革的背景下,中国邮轮产业的结构性矛盾也日益突出。由包船模式等多重因素作用而引发的低价竞争已经影响到中国邮轮产业的可持续发展。而提升邮轮旅游服务质量、创新邮轮旅游产品及服务,是解决产业结构矛盾,实现有效供给,即实现供给与需求平衡的有效路径。

第二,邮轮旅游服务质量关乎中国邮轮产业发展的宏旨。服务质量不仅是关系邮轮企业经营绩效与效率的关键要素,而且是关系整个邮轮产业可持续发展的战略要素,是邮轮企业与邮轮产业发展的生命线。在中国邮轮产业快速发展的初期,探讨如何提升邮轮旅游服务质量,深耕细作,苦练"内功",不单纯追求数量,而是关注产业的效益及发展的质

① 中国交通运输协会邮轮游艇分会.中国邮轮发展报告[R].2017.

量,是中国邮轮产业长远发展的需要,也具有重要的现实意义。

第三,从需求层面来看,中国邮轮游客在文化背景、消费行为、体验偏好等方面与国外邮轮游客相比存在差异,针对国外邮轮游客的服务质量研究并不适用于国内邮轮旅游者。"影响国内邮轮旅游者服务质量认知的关键要素有哪些?""邮轮旅游服务质量对国内游客的认知和情感反应产生何种影响?"以及"不同年龄、性别、职业、收入水平、受教育程度的国内游客对邮轮旅游服务质量的认知存在何种差异?"这些都是亟待解决的问题。

第四,从供给层面来看,服务质量是实现邮轮产业全球化与本土化平衡的抓手。邮轮起源于欧美,属于"舶来品",国际邮轮公司在开拓中国市场、推进全球化的同时,由于文化及消费差异等原因,必然面临邮轮产品及服务的本土化问题。同时,中国本土邮轮公司无论是市场份额还是经营管理水平,与国际邮轮公司相比仍有较大差距。因此,"邮轮产品及服务如何更好地适应国内游客"也是亟待解决的问题。

(二)本研究拟解决的问题

本研究将聚焦"邮轮旅游服务质量"这一关乎邮轮企业经营绩效及邮轮产业可持续发展的重要主题,重点研究以下三个方面的问题。

第一,邮轮旅游服务质量的维度。只有明确邮轮旅游服务质量的因子构成或包含哪些重要的维度,才能对邮轮旅游服务质量进行有效测量和评价,才能有针对性地提升邮轮旅游服务质量。由于对服务质量的研究必须结合具体的服务情境,其他类型的服务质量的测量和评价方法并不适用于邮轮旅游,因此本研究将立足邮轮旅游服务情境,探索邮轮旅游服务质量的重要维度。

第二,邮轮旅游服务质量的影响路径。本研究将深入探讨邮轮旅游服务质量对邮轮旅游者情感反应和认知反应的影响,突出邮轮旅游者的主体体验,使邮轮旅游研究实现"以人为本"。深入研究邮轮旅游者对邮轮旅游服务质量的认知和评价有利于邮轮企业实现产品和服务创新,改进营销策略,提升企业经营绩效。同时,本研究还将探讨服务质量在影响情感反应、认知反应的过程中,是否会受到其他因素的调节影响,如价格等。

第三,邮轮旅游服务质量的认知差异。邮轮企业通过市场细分实施收益管理,能够最大限度地攫取消费者剩余,实现利润的最大化。而社会人口统计特征是邮轮企业进行市场细分的重要依据。本研究将深入分析邮轮旅游者由于社会人口统计特征变量差异而导致的邮轮旅游服务质量的认知差异,并在分析差异原因的基础上有针对性地提出营销策略,为邮轮企业创新邮轮产品和服务提供科学依据。

第二节　研　究　意　义

一、理论意义

本研究在理论上丰富了邮轮旅游服务质量研究的框架和体系。本研究的主题是验证游客感知的邮轮服务质量对游客认知反应和情感反应的影响,强调的是邮轮旅游服务质量维度对其他变量的相对重要性。目前有关邮轮旅游服务质量及其影响作用的研究仍然非常有限,本研究所做的,尤其是一些探索性的研究,无疑能够推动邮轮旅游消费行为领域的研究进展,对该领域的理论贡献主要在以下几个方面。

(一) 明确邮轮旅游服务质量的维度

本研究通过扎根理论方法明确了邮轮旅游服务质量的理论维度。一方面,对服务质量的研究必须结合具体的服务情境(Brady、Cronin,2001)[①],服务质量维度的数量和性质与所研究的服务类型直接相关(Chumpitaz、Swaen,2002)[②]。所以有关其他服务质量相对成熟的测量维度和量表并不适用于邮轮旅游服务质量。另一方面,目前与邮轮旅游服务质量直接相关的研究还非常有限,成熟的理论维度和测量量表尚未形成。邮轮旅游服务质量的质性研究,其基本理念就是从具体的邮轮服务情境出发,按照扎根理论研究方法严格的研究程序深入挖掘邮轮旅游者的体验,从游客的视角深入了解其内心世界,明确游客对邮轮旅游服务质量的感知以及感知的邮轮旅游服务质量对认知反应和情感反应的影响。基于扎根理论的质性研究立足具体的邮轮服务情境,从研究的实际出发。质性研究抽取的“核心范畴”,以及建构的理论框架和理论模型,能够充分地反映邮轮服务的实际情况,准确地获取邮轮旅游服务质量的理论维度。

(二) 创新运用“途径—目的链”理论

本研究将“途径—目的链”理论运用到邮轮旅游服务质量的研究中。将现有理论运用到不同的研究情境中非常有益,可以更充分地证明理论的有效性和可靠性。一方面,邮轮旅游是受情感驱动的旅游消费活动,本研究将影响消费评价的情感要素,包括新奇感等融

---

① Brady M K, Cronin J J. Customer orientation: effects on customer service perceptions and outcome behaviors [J]. Journal of Service Research, 2001, 3(22):241-251.

② Chumpitaz R, Swaen V. Service quality and brand loyalty relationships: investigating the mediating effect of customer satisfaction [J]. European Marketing Academy Conference, 2002, 36(10):28-41.

汇其中,运用"途径—目的链"理论,深入研究邮轮游客的旅游体验。具体来说,本研究研究了服务质量、感知价格、感知价值、新奇感、满意度和忠诚度之间的关系,丰富了现有的研究文献。本研究将"途径—目的链"理论运用到邮轮旅游研究中,能够更好地从属性层次、结果层次和价值层次把握邮轮服务属性及其对游客情感反应和认知反应的影响关系,使邮轮旅游者的主体地位更加突出,使邮轮旅游研究理论更能体现"以人为本"。另一方面,在邮轮旅游研究中运用"途径—目的链"理论,对该理论本身既是一种检验,也是一种发展,进一步丰富了"途径—目的链"理论的内涵。

(三)验证邮轮旅游服务质量认知机理

本研究验证邮轮旅游服务质量对情感反应和认知反应的影响。本研究在质性研究的基础上构建的理论模型深入刻画了邮轮旅游者的决策过程。通过实证研究,本研究进一步明确了服务质量是直接影响个体情感反应和认知反应的前因变量,而且,认知反应先于情感反应,说明邮轮游客的决策受到追求愉悦的动机的深刻影响。本研究还阐释了感知价格对感知价值的重要影响,证实了价值在邮轮游客新奇体验和满意度之间所起的调节作用。为游客创造新奇的邮轮体验能够提高游客的价值感知,反过来,积极的价值感知又会提升游客的满意度。而且,满意度是解释新奇体验和感知价值引发忠诚度的重要因素。为游客创造新奇体验和积极的感知价值会提升游客的满意度,进而提高游客的忠诚度。总之,本研究基于"途径—目的链"理论从实证的角度验证了邮轮旅游服务质量对游客情感反应和认知反应的影响,丰富了邮轮旅游的理论研究。

二、实践意义

本研究立足具体的邮轮服务情境,抓住了邮轮企业的生命线——服务质量,从旅游者的需求出发,探讨哪些因素会影响邮轮旅游者对服务质量的感知,以及感知的服务质量对旅游者的情感反应和认知反应产生何种影响,回答如何提升邮轮游客的新奇体验感、感知价值、满意度和忠诚度等直接关乎企业利益的问题。显然,本研究对邮轮企业的经营和发展具有重要的实践意义。

(一)为提升邮轮服务质量提供科学依据

服务质量是关于企业绩效和效率的战略要素,对邮轮企业而言,服务质量更是关乎企业发展的生命线。本研究以中国邮轮旅游者为研究对象,从实证的角度探讨了影响邮轮旅游者服务质量感知的具体要素,为邮轮企业提升服务质量提供了理论框架,邮轮企业可以从具体的情境出发,结合具体的服务要素,提出改进服务质量的路径。同时,本研究对服务质量如何影响邮轮旅游者的情感反应和认知反应做了实证研究,并研究了游客对价格的感知在其中可能起到的调节作用,对邮轮企业改进经营绩效具有指导意义,也为其提升服务质量提供了一定的科学依据。

（二）为凸显邮轮旅游体验价值提供科学依据

服务质量的研究必须与具体的服务情境相关。本研究立足邮轮服务情境，以邮轮旅游者为研究对象，深入挖掘邮轮旅游者的主体体验，了解其内心世界以及对邮轮旅游服务的情感反应和认知反应，研究贯穿了邮轮旅游服务的全过程。本研究强调了邮轮作为体验性旅游的产品属性，以及邮轮旅游者作为体验主体的地位，运用扎根理论方法和"途径——目的链"理论，对邮轮旅游者的体验进行实证研究，为凸显邮轮旅游的体验价值提供了一定的科学依据。

（三）为创新邮轮产品和服务提供科学依据

根据熊彼特的创新理论，所谓创新就是建立一种新的生产函数，把一种从来没有过的关于生产要素和生产条件的新组合引入生产体系，以实现对生产要素或生产条件的"新组合"（熊彼特，2010）[①]。本研究没有照搬以往研究中服务质量的理论维度，而是运用扎根理论方法探索影响中国邮轮旅游者对服务质量感知的具体要素，对服务质量如何影响邮轮旅游者情感反应和认知反应做了实证研究，并充分考虑了价格等在其中可能发生的作用。服务质量、价格、价值、体验、认知反应和情感反应等构成了生产要素、生产条件的"新组合"，为邮轮企业创新产品和服务提供量化的科学依据。

---

① 熊彼特.熊彼特选集[M].秦传安,译.上海:上海财经大学出版社,2010.

第三节　研究目的及研究方法

一、研究目的

服务质量与服务类型、服务情境密切相关。对服务质量的研究必须紧密结合所研究的服务类型和服务情境，不能简单地照搬其他服务类型或服务情境已有的研究结论。邮轮旅游在中国尚处于发展的初级阶段，对邮轮情境下服务质量的研究仍很薄弱，中国邮轮旅游者在消费偏好、文化背景等方面与国外邮轮旅游者存在差异。本研究目的如下。

（一）立足邮轮旅游服务情境研究服务质量

目前有关邮轮旅游服务质量的研究还很有限。邮轮作为旅游产品，其核心是服务，但服务质量与具体的服务类型、服务情境密切相关。对不同类型的服务以及不同的服务情境而言，影响服务质量的因素存在显著差异。邮轮旅游在中国方兴未艾，目前学术界对服务质量的研究虽然较为成熟，但有关邮轮旅游服务质量的研究还很有限。而且，邮轮起源于欧美，本身是"舶来品"，所以国外有关邮轮服务的研究并不一定适用于中国邮轮旅游。

（二）探索研究邮轮旅游服务质量因子构成

本研究的目的之一就是探索中国邮轮旅游服务质量的因子构成，确定影响中国邮轮旅游服务质量的主要因素。由于文化背景、消费偏好等的影响，中国邮轮游客的消费行为及意愿与国外邮轮游客存在差异，所以国外邮轮旅游服务质量研究中的服务质量维度并不一定适合中国邮轮游客。本研究将采用扎根理论方法、"途径—目的链"理论、服务质量测评理论探索中国邮轮旅游服务质量的维度，确定影响中国邮轮旅游服务质量的主要因素。

（三）探索研究邮轮旅游服务质量对游客情感、认知反应的影响路径

本研究将探讨邮轮旅游服务质量对邮轮游客情感反应和认知反应的路径及机理。邮轮旅游服务质量势必对游客的情感反应、认知反应产生影响，如价值感知、满意度和忠诚度等。而分析游客对服务的感知和评价有利于邮轮企业实现产品和服务创新，改进营销策略，提升企业经营绩效。同时，本研究还将探讨服务质量在影响情感反应、认知反应的过程中，是否会受到其他因素的调节影响，如价格等。尤其在越来越多的对价格敏感消费者成为邮轮旅游者后，价格成为影响游客服务质量感知和评价的另一个要素。

（四）深入分析邮轮旅游服务质量认知差异

国内邮轮游客在年龄、性别、婚姻状况、月收入、受教育程度和职业等社会人口统计特征变量上势必存在差异，社会人口统计特征是进行市场细分的重要依据，而市场细分又是邮轮公司实施收益管理，进而最大限度攫取消费者剩余，实现利润最大化的前提。本研究将基于社会人口统计特征变量，深入分析邮轮服务环境质量认知、邮轮游客与员工互动质量认知、邮轮游客之间的互动质量认知以及邮轮服务结果质量认知的客源细分差异，在分析原因的基础上有针对性地提出营销策略。

二、研究方法

（一）文献研究方法

本研究对有关服务质量和邮轮旅游的研究文献进行了系统的回顾和梳理，了解国内外相关研究的现状，准确把握研究进展，分析以往研究的不足，确定本研究的主题和研究思路。本研究在质性研究的基础上，查阅和梳理了相关文献，对各核心变量的概念内涵、测量维度、影响关系及影响作用等进行了系统总结和归纳，进一步聚焦所研究的问题，在此基础上提出了研究框架，为提出本研究的研究模型奠定理论基础。

（二）扎根理论方法

本研究立足于邮轮服务情境和邮轮服务属性，采用扎根理论的研究方法，通过理论抽样采集数据，并通过开放性编码、主轴式编码和选择性编码三个级别的编码过程，运用持续比较的方法，实现提炼概念、发展并联结范畴的目的，从而形成初步理论抽取核心范畴，形成抽象理论，并在此基础上构建理论模型、开发测量量表。

（三）问卷调查方法

本研究按照量表设计与开发的基本原则，根据研究框架，将已有文献研究结果和自行开发量表结合起来，形成了本研究的初始调查问卷。为提高问卷的有效性和可靠性，本研究通过预调查、专家访谈、预检验等方法对初始量表的效度和信度进行检验，并对发现的问题及时修正，以提高正式调查问卷的有效性和可靠性。

（四）统计分析方法

本研究采用 SPSS23.0 软件对数据进行初步的处理，如描述性统计分析、相关分析、因子分析、信度分析、方差分析等；同时，本研究运用 LISREL9.2 软件对数据进行验证性因子分析、调节效应检验等。通过对模型拟合度的评价，对研究模型进行检验和修正，为验证研究假设提供实证依据。

三、技术路线图

本研究的技术路线图如图 1-5 所示。

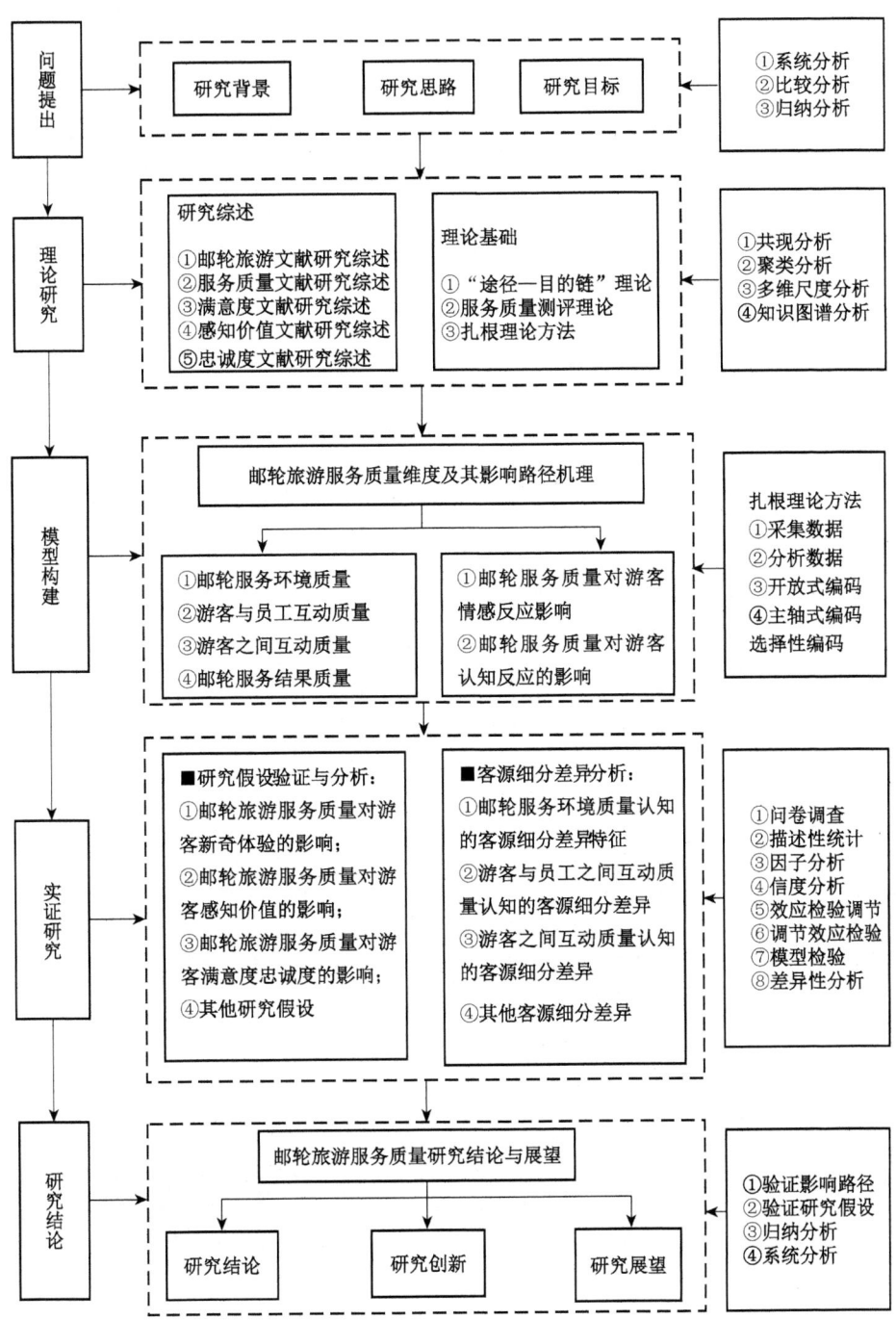

图 1-7 国内游客对邮轮旅游服务质量认知的路径机理及客源细分差异研究技术路线图

第二章　研究综述

第一节 邮轮旅游研究综述

一、邮轮旅游中文文献研究进展

(一)邮轮旅游中文文献研究概况

第一,国内邮轮旅游文献发表的数量。本研究以中国知网(CNKI)为数据来源,以"邮轮旅游"为主题词,选取1992—2017年为观察期,检索与邮轮旅游相关的研究文献,提取到与邮轮旅游相关的文献记录2 442条。如图2-1所示,国内最早发表与邮轮旅游有关的文献是在1997年,此后逐年增加,尤其是进入2010年以后,国内对邮轮旅游的研究迎来一个快速发展的时期,发表的文献数量增长幅度较大,特别是从2013年起,每年发表的文献数量在260篇以上,2015年更是突破了380篇,说明国内对邮轮旅游的关注度越来越高,邮轮旅游也成为国内新兴的研究热点。

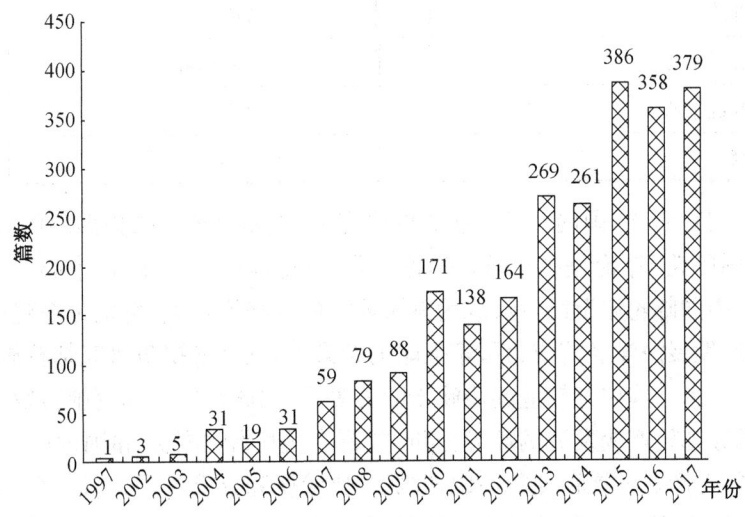

图2-1 邮轮旅游中文文献发表数量趋势图

第二,国内邮轮旅游文献的学科分布。在提取的2 442条文献记录中,与旅游研究相关的文献有1 404篇,有关交通运输经济的有1 103篇,有关公路水路运输的有949篇,有关市场研究与信息145篇,有关工业经济90篇,有关船舶工业的有88篇,有关贸易经济的有71篇,有关经济体制改革的有60篇,有关经济法45篇,有关职业教育35篇,有关宏观经济管理的有33篇,有关国际政治的有32篇,有关企业经济的有26篇,有关海洋学的有 21 篇,有关服务业经济的有 17 篇,有关金融的有 15 篇,有关资源科学的有 13 篇,有关高等教育的有 13 篇,有关投资的有 12 篇。从中可以看出,有关旅游、交通运输经济和公路水路运输等学科的邮轮旅游研究文献占了绝大多数,说明国内对邮轮旅游的研究较多的是从旅游和交通等学科展开的。

(二)邮轮旅游中文文献关键词词频分析

本研究以中国知网数据库(CNKI)为数据来源,以"邮轮旅游"为主题词,进行相关文献数据的检索。本研究选取其中相关度较高的 600 条文献数据,将其导入文献题录信息统计分析工具 SATI 进行数据分析。

表 2-1 邮轮旅游中文文献关键词频率

关键词	频率	关键词	频率
邮轮旅游	220	对策	13
邮轮经济	168	产业链	13
国际邮轮	132	SWOT 分析	12
邮轮	68	国家旅游局	12
豪华邮轮	48	旅游资源	12
邮轮产业	42	竞争力	12
邮轮母港	30	旅游	11
国际航运中心	24	人才培养	10
国际客运中心	17	上海	10
北外滩	17	海洋经济	10

从表 2-1 可以看出,国内对邮轮旅游的研究,出现频率较高的关键词包括:邮轮旅游、邮轮经济、国际邮轮、邮轮、豪华邮轮、邮轮产业、邮轮母港、国际航运中心、国际客运中心和北外滩等。中国邮轮旅游已发展成为旅游业新的经济增长点,特别是在建设 21 世纪海上丝绸经济带、发展海洋经济成为国家战略的背景下,从经济视角研究邮轮旅游是国内研究的一个重点。由于国内邮轮业起步晚于欧美等国,因此在中国邮轮旅游发展初期,较多研究是关于国际邮轮产业发展的经验分析,或是有关国际邮轮业和国内邮轮业的比较研究,明确中国邮轮产业发展存在的问题,并通过比较研究寻求对策。以上海、天津、厦门等为代表的港口城市,致力于邮轮母港的建设,国内邮轮业也出现了建设邮轮母港、国际航运中心、国际客运中心的热潮,因此理性分析、合理规划显得尤为重要,对邮轮产业的发展也非常关键。人才培养为邮轮产业发展提供智力支持,也是实现邮轮产业可持续发展的基石,有关邮轮人才培养的研究也是国内邮轮旅游研究的一个热点。

(二)邮轮旅游中文文献关键词聚类分析

从树状聚类图(见图 2-2)和多维尺度图(见图 2-3)可以看出,国内邮轮旅游研究主要包括以下几个主题:第一,有关邮轮经济的研究,主要涉及邮轮旅游、邮轮经济、国际邮轮、国际航运中心、北外滩、国际客运中心、国家旅游局、北方国际航运中心、旅游资源和出境旅游等关键词;第二,有关邮轮及邮轮公司的研究,主要涉及豪华邮轮、中船集团和歌诗达等关键词;第三,有关邮轮产业发展对策研究,主要涉及对策、SWOT 分析、天津、海洋经济、海洋旅游和经济发展等关键词;第四,有关邮轮母港的研究,主要涉及邮轮母港、上海和营销策略等关键词;第五,有关邮轮人才培养的研究,主要涉及邮轮、旅游、人才培养和邮轮港口等关键词;第六,有关邮轮产业的研究,主要涉及邮轮产业、产业链、邮轮港口和邮轮码头等关键词。

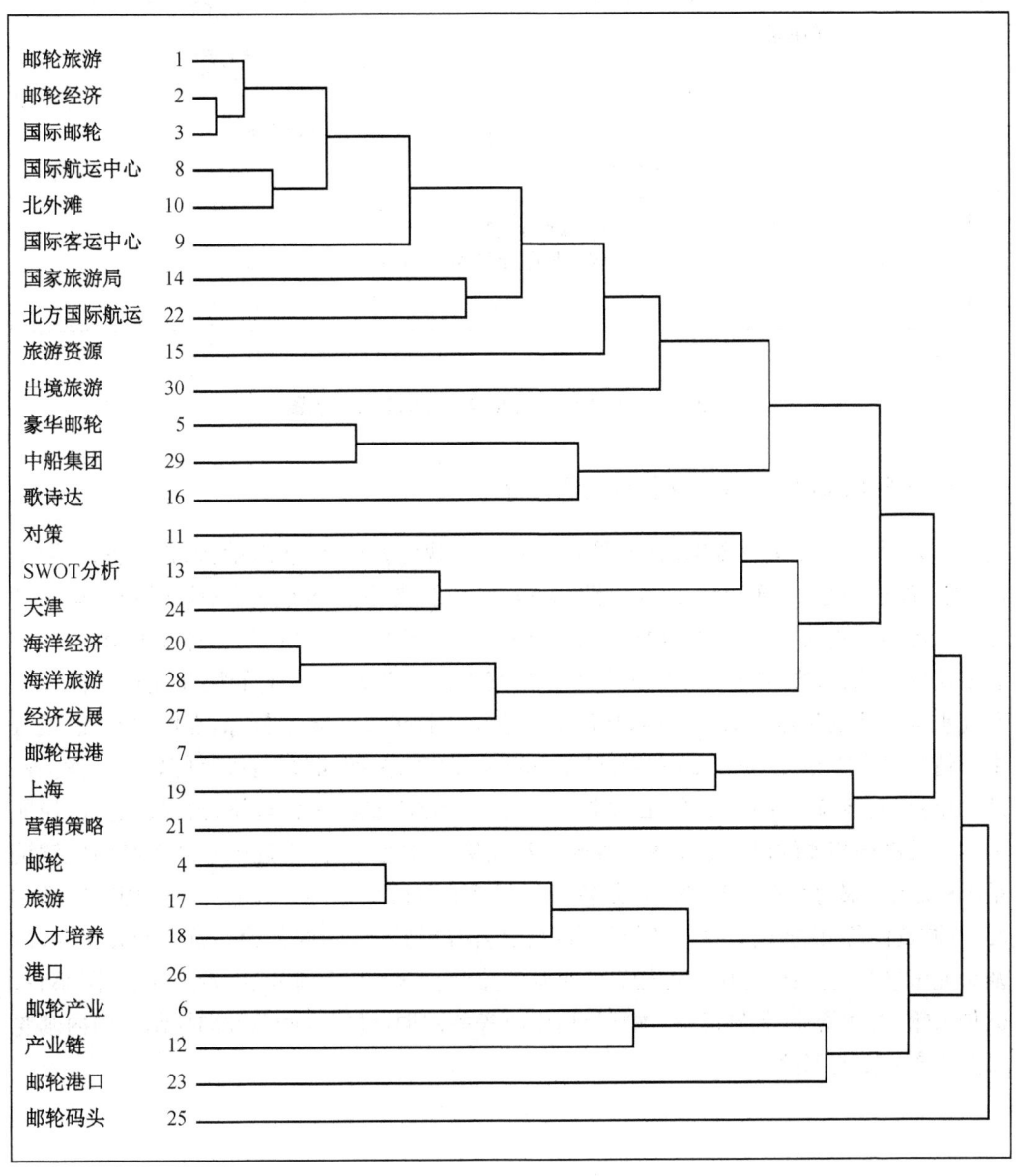

图 2-2 邮轮旅游中文文献关键词树状聚类图

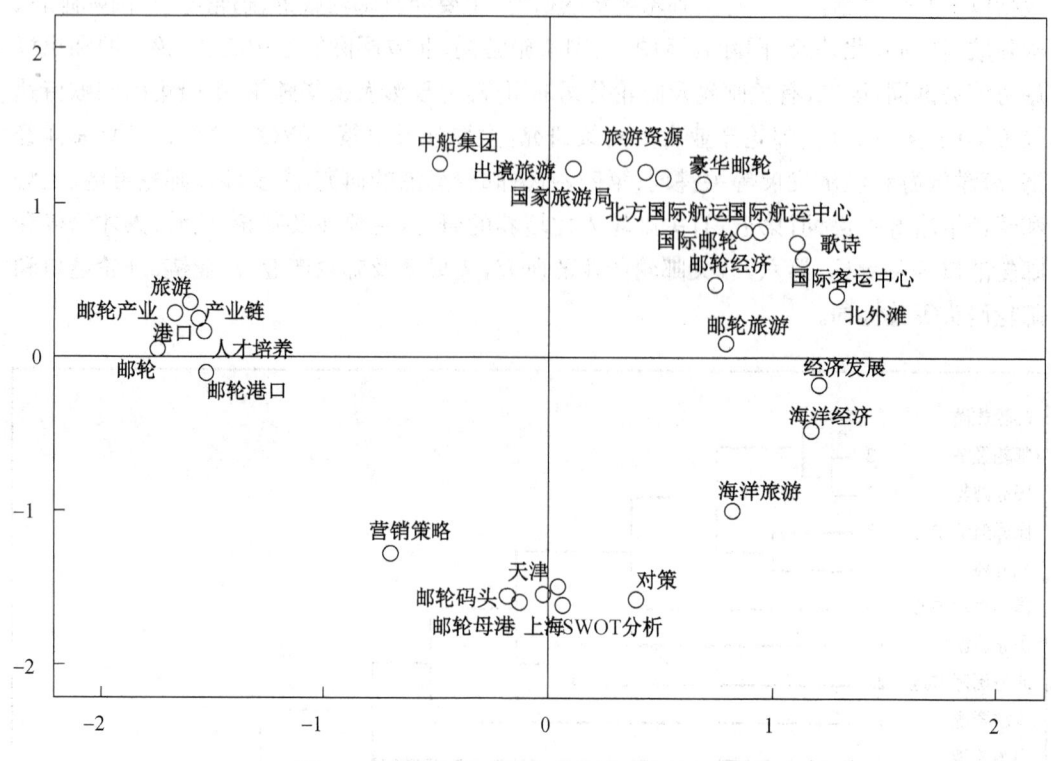

图 2-3　邮轮旅游中文文献关键词多维尺度图

(三)邮轮旅游中文文献关键词共现分析

一方面,从关键词共现网络(见图 2-4)可以直观地看出,邮轮旅游、邮轮经济、国际邮轮、国际航运中心、海洋经济、邮轮母港、对策、经济发展、国际客运中心、旅游资源、邮轮产业等关键词的块状节点较大。由于关键词中心度的属性值与块状节点的大小相关,即中心度属性值越大,块状节点越大,所以共现网络中这些关键词非常重要,也是国内满意度研究重点关注的领域。另一方面,从衡量节点中心性的 3 个重要指标,点度中心性、接近中心性和中介中心性(表 2-2)来看,点度中心性较高的关键词包括:国际邮轮、邮轮经济、邮轮旅游、国际航运中心、北外滩、国际客运中心、豪华邮轮、海洋经济、海洋旅游等,说明与这些关键词相关的研究处于国内邮轮旅游研究的中心位置;接近中心性较高的关键词是邮轮旅游、邮轮经济、国际邮轮、邮轮、豪华邮轮、国际航运中心、邮轮产业、国际客运中心、旅游资源等,说明通过这些关键词可以较为清晰地了解国内邮轮旅游的研究状况,以及研究讯息的流向;中介中心性较高的是邮轮旅游、邮轮经济、邮轮、邮轮产业、国际邮轮、豪华邮轮、人才培养、邮轮母港、国际航运中心等关键词,说明这些关键词控制了国内邮轮旅游研究的主要资源。

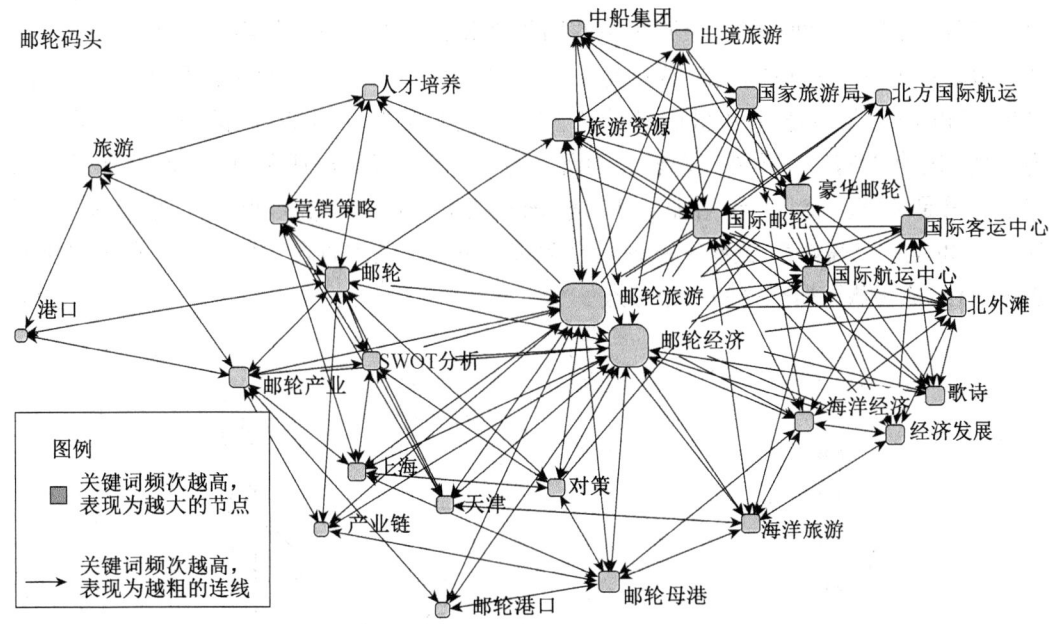

图 2-4 邮轮旅游中文文献关键词共现网络图

表 2-2 邮轮旅游中文文献关键词中心性

关键词	点度中心性	关键词	接近中心性	关键词	中介中心性
国际邮轮	1.481	邮轮旅游	48.333	邮轮旅游	103.929
邮轮经济	1.308	邮轮经济	46.774	邮轮经济	75.798
邮轮旅游	0.755	国际邮轮	40.845	邮轮	32.019
国际航运中心	0.669	邮轮	39.189	邮轮产业	19.919
北外滩	0.510	豪华邮轮	38.667	国际邮轮	17.342
国际客运中心	0.403	国际航运中心	38.667	豪华邮轮	7.135
豪华邮轮	0.359	邮轮产业	37.662	人才培养	6.639
海洋经济	0.243	国际客运中心	37.662	邮轮母港	5.233
海洋旅游	0.236	旅游资源	37.662	国际航运中心	5.151
国家旅游局	0.234	SWOT 分析	37.179	旅游资源	4.098

二、邮轮旅游英文文献研究进展

(一)邮轮旅游英文文献研究概况

第一,国外邮轮旅游文献发表的数量。本研究以 Web of science 为数据来源,以

"Cruise tourism"为主题词,检索与邮轮旅游相关的国外文献,并选取 1992—2017 年为文献观察期,结果提取到与邮轮旅游相关的国外文献记录 383 条。如图 2-5 所示,1992 年国外发表的邮轮旅游研究文献数量是 1 篇,此后连续 5 年,发表数量都是 1 篇,之后的 1998 年和 1999 年,年发表数量也都不超过 5 篇,说明在 2000 年以前,国外对邮轮旅游的专门研究还较为有限。国外对邮轮旅游研究的第一个高峰期出现在 2008 年,当年的文献发表数量是 22 篇,较上一年增加了 13 篇,国外研究的第二个高峰期出现在 2014 年,而 2017 年也是一个高峰期,当年文献数量是 72 篇,表明邮轮旅游在国外受到越来越多研究者的关注,成为旅游研究中的一个热点。

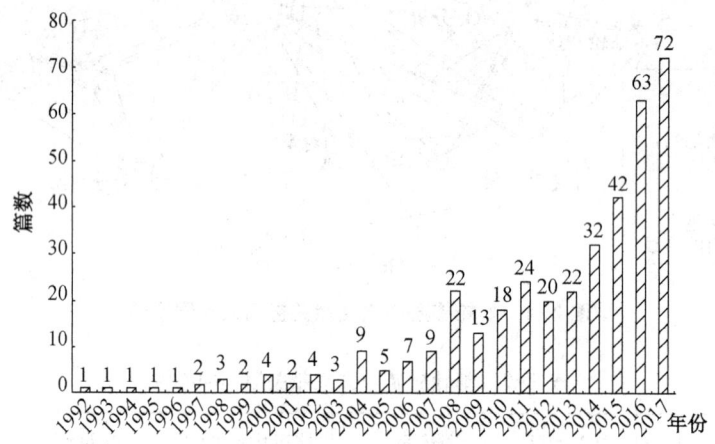

图 2-5　国外邮轮旅游文献发表数量趋势图

第二,国外邮轮旅游文献的学科分布。在提取到的 306 条文献记录中,与 Management(管理学)相关的文献有 32 篇,与 Environment science(环境科学)相关的有 31 篇,与 Economics(经济学)相关的有 26 篇,与 Geograph(地理学)相关的有 24 篇,与 Business(工商)相关的有 20 篇,与 Sociology(社会学)相关的有 19 篇,与 Transportation (交通)相关的有 18 篇,Oceanography(海洋学),与 Water resources(水资源)相关的有 15 篇,Green sustainable science technology(可持续科学),与 Operations research management(运营研究管理)相关的有 6 篇,与 Computer science information system(计算机科学信息系统)相关的有 6 篇。从中可以看出,国外学者以多元化的学科视角对邮轮旅游进行研究,不仅包括管理学、经济学、社会学等人文学科,还包括环境科学、交通运输、海洋学、计算机科学等理工类学科,使得邮轮旅游的研究领域和研究主题都得到了极大的拓展。

(二)邮轮旅游英文文献共被引网络分析

Web of science(WOS)是具有权威的文献数据库,所收录的文献质量较高,并且具有国际通行性。本研究以 Web of science 核心库为数据来源,以"主题＝(Cruise tourism or cruise travel)"为条件,选取 1992—2017 年为观察期,检索与邮轮旅游相关的研究文献。

在得到初步检索结果后,对文献数据进行标准化处理,删除与研究主题不相符的文献记录,合并相似字段,以提高数据分析的准确性和可靠性。最后,本研究检索到符合共被引分析要求的文献记录样本 610 个。

本研究运用 Citespace 软件对检索的研究文献进行共被引分析。邮轮旅游研究文献共被引网络分析的结果如图 2-6 所示。图谱中形成的主要聚类包括:聚类♯0 New Caribbean complexity,聚类♯1 deep water circulation,聚类♯2 parking,聚类♯3 atlantic meridional transect,聚类♯4 intelligent vehicle,聚类 5♯ antarctic tourism,聚类♯6 cruise passenger,聚类♯7 international travel,聚类♯8 air travel 等。邮轮旅游研究文献共被引网络聚类构成了邮轮旅游研究重要的知识基础。

如表 2-3 所示,聚类♯0 和聚类♯1 的规模最大,所包含的文献数量都是 50 篇,聚类♯1 和聚类♯3 形成的时间最早,其余聚类都是在 2000 年以后形成的。所有聚类的 Silhouette 值都较大,除聚类♯0 为 0.985 外,其余聚类的 Silhouette 值都等于 1。而 Silhouette 值是衡量聚类成员同质性大小的指标,该数值越大,那么表明该聚类的文献的相似性越高,所以以上聚类文献的相似性非常高,说明聚类的结果有意义并且稳定。聚类♯0 new caribbean complexity 包含 50 篇施引文献。该聚类是有关加勒比海邮轮旅游的研究文献,加勒比海始终是世界邮轮业的重心之一,它既是世界范围内至关重要的目的地市场,也是至关重要的客源市场。世界主要的邮轮公司都将加勒比海作为最为重要的战略市场进行布局。Sheller(2009)[①]认为加勒比海地区在面临现代自由经济发展的过程中会经历空间重构,而旅游业及流动系统会对空间重构产生重要影响。

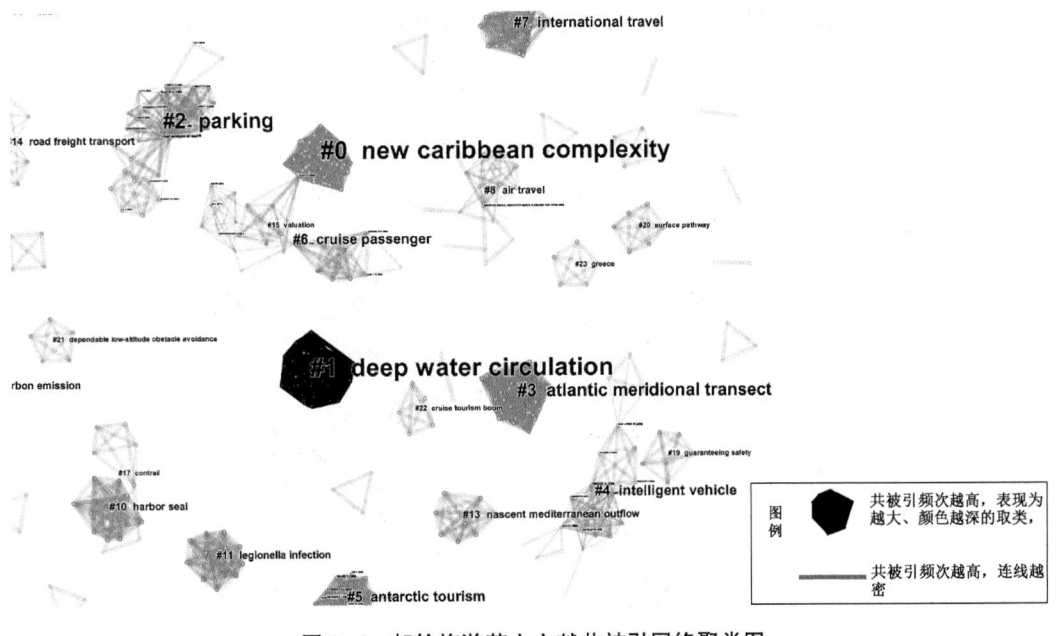

图 2-6　邮轮旅游英文文献共被引网络聚类图

---

① Sheller M. The new Caribbean complexity: mobility systems, tourism and spatial rescaling[J]. Singapore Journal of Tropical Geography, 2009, 30(2):189-203.

表 2-3 邮轮旅游共被引英文文献聚类信息

聚类#	文献规模	Silhouette值	聚类标签(Tfidf)	聚类标签(Llr)	聚类标签(Mi)	均值(引用年份)
0	50	0.985	new caribbean complexity	new caribbean complexity	Case study	2000
1	50	1	deep water circulation	deep water circulation	—	1996
2	36	1	parking	history dependence	—	2005
3	31	1	atlantic meridional transect	atlantic meridional transect	—	1998
4	24	1	intelligent vehicle	intelligent vehicle	Vehicle automation	2000
5	23	1	antarctic tourism	antarctic tourism	Case	2004
6	19	1	cruise passenger	cruise passengers experience	Case study	2006
7	16	1	international travel	international travel	Safety	2003
8	14	1	air travel	commercial air travel	—	2001

(三)邮轮旅游英文文献关键词共现网络分析

对文献进行关键词共现网络分析,是探索研究热点和研究前沿的重要方法。本研究以在 Web of Science 核心数据库获取并经过标准化处理的 161 条文献记录为数据,运用 Citespace 软件,在设置相关参数后运行软件进行关键词共现网络分析。关键词共词网络如图 2-7 所示,邮轮旅游研究的高频关键词包括 cruise tourism、tourism、demand、

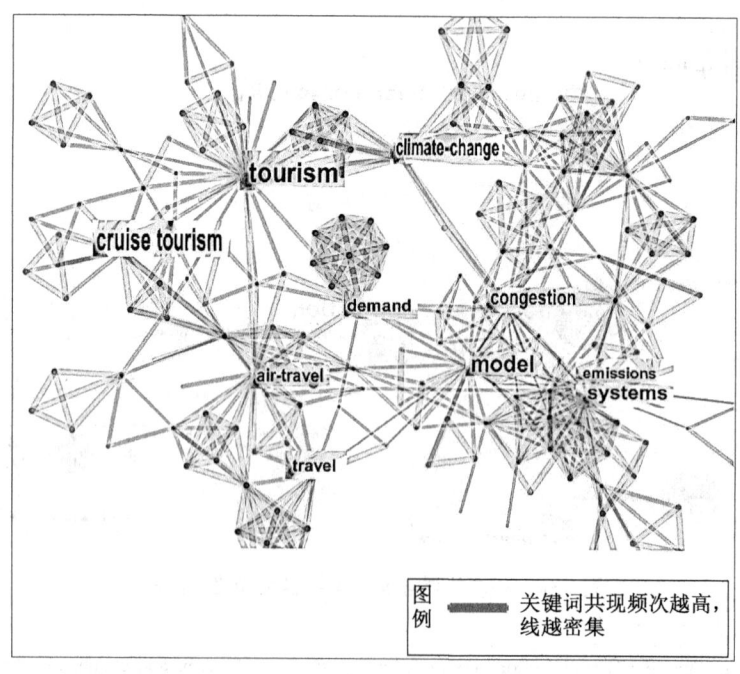

图 2-7 邮轮旅游英文文献关键词共现网络图

climate change、air-travel、model、emissions systems、congestion、travel 等。其中,频次前 5 位的关键词包括:cruise tourism(12 次),model(11 次)、systems(9 次)、congestion(8 次)、tourism(8 次),其中心性分别为:0.26、0.16、0.05、0.17、0.05,如表 2-4 所示。

表 2-4 邮轮旅游英文文献高频关键词

关键词	频次	中介中心性	年份	关键词	频次	中介中心性	年份
cruise tourism	12	0.26	2009	fuel consumption	7	0.04	2012
model	11	0.16	2013	adaptive cruise control	7	0.03	2010
systems	9	0.05	2010	System	7	0.04	2014
congestion	8	0.17	2011	Design	7	0.07	2010
tourism	8	0.05	2010	Flight	6	0.07	2011

并且,对关键词共词网络进行聚类分析后,得到关键词网络聚类图谱,如图 2-8 所示,形成的主要关键词共现网络聚类包括:聚类♯0 driving strategies、聚类♯1 travel、聚类♯2 negative effect 和聚类♯3 Parking。

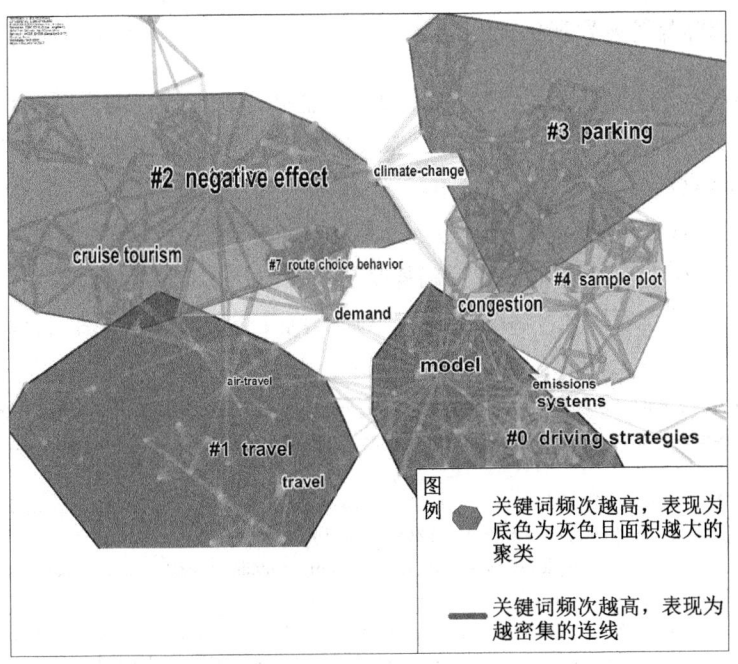

图 2-8 邮轮旅游英文文献关键词共现网络聚类图

以上 4 个主要关键词聚类都是近年来形成的,聚类♯2 和聚类♯4 是在 2011 年开始形成的,形成时间较其他聚类最早,聚类♯3 在 2014 年开始形成,时间较其他聚类最晚。关键词共现网络聚类♯0 的文献规模最大,包含 45 篇文献,主要是与船舶驾驶相关的研究文献,这类研究多是从船舶工程、船舶建造等视角展开,技术性和专业性都非常强。该聚类最活跃的施引文献是 Kesting(2010)[①]的研究,主要探讨了如何提高船舶驾驶的智能化程度,以提升驾驶技术来优化交通运力。聚类♯1 含 37 篇文献,主要是与旅游相关的研究文献,这类研究多是从旅游学、管理学、经济学等视角展开,从不同学科对邮轮作为旅游方式的特征和本质属性进行探讨。Cantis(2016)[②]运用 GPS 技术分析了邮轮游客在目的地的行为,以有效地对邮轮旅游者进行市场细分。Brejla、Gilbert(2014)[③]探索性地利用网络内容分析方法,对网络上的邮轮游记进行数据挖掘,以对邮轮服务的本质属性和特征进行研究。

聚类♯2 的文献数量与聚类♯1 相当,主要是对邮轮负面影响的分析。这类研究多是从环境科学、海洋科学的视角展开。Montenegro(2012)[④]以南极大陆每年出现的兰草为例,就邮轮旅游对南极生态的影响进行了深入研究,认为频繁的旅游活动对南极大陆的自然物种将产生负面影响。聚类♯3 含 29 篇文献,主要是与交通停泊相关的研究。这类研究多从运筹规划、交通流量分配等视角展开。Soler(2014)[⑤]运用多阶段混合整数控制方法,对邮轮航行轨迹进行了优化设计。

三、邮轮旅游的国内研究综述

(一) 对国际邮轮业发展研究

中国邮轮产业的发展是一个"西风东渐"的过程。中国参与世界邮轮产业分工与竞争,需要在深刻分析国际邮轮产业发展经验及发展现状的基础上,把握世界邮轮产业的发展趋势。程爵浩(2006)[⑥]将世界邮轮市场的发展划分为 4 个阶段:萌芽期、诞生引进期、成长拓展期和繁荣成熟期,邮轮旅游体验以及邮轮产业的经济贡献是邮轮市场发展的动力。刘军(2008)[⑦]认为,世界邮轮业的发展趋势是从精英阶层走向大众消费,北美的邮轮产业是世界邮轮产业的缩影和风向标。张言庆、马波、范英杰(2010)[⑧]总结了国际邮轮产业的

① Kesting A, Helbing D. Enhanced intelligent driver model to access the impact of driving strategies on traffic capacity[J]. Philosophical Transactions of the Royal Society A Mathematical Physical & Engineering Sciences, 2010, 368(1928):4585-4605.

② Cantis S D, Ferrante M, Kahani A, et al. Cruise passengers' behavior at the destination: Investigation using GPS technology[J]. Tourism Management, 2016, 52(8):133-150.

③ Brejla P, Gilbert D. An exploratory use of web content analysis to understand cruise tourism services[J]. International Journal of Tourism Research, 2014, 16(2):157-168.

④ Molina-Montenegro M A, Fernando C, Cristian R, et al. Occurrence of the non-native annual bluegrass on the antarctic mainland and its negative effects on native plants[J]. Conservation Biology the Journal of the Society for Conservation Biology, 2012, 26(4):717-723.

⑤ Soler M, Zou B, Hansen M. Cruise trajectory design in the presence of contrails: application of a multiphase mixed-integer optimal control approach[J]. Transportation Research Part C Emerging Technologies, 2014, 48:172-194.

⑥ 程爵浩.全球邮船旅游发展状况初步研究[J].上海海事大学学报,2006,27(1):67-72.

⑦ 刘军.世界邮轮经济发展的路径方向[J].上海经济研究,2008,33(10):105-107.

⑧ 张言庆,马波,范英杰.邮轮旅游产业经济特征、发展趋势及对中国的启示[J].北京第二外国语学院学报, 2010,32(7):26-33.

4个经济特征:全球网络的节点经济、规模经济、产业聚集性、寡占市场,以及三大发展趋势:大船趋势、航线主题化趋势、企业联营化趋势。刘占福(2014)[①]从产业布局、产业体系等视角分析了世界邮轮产业的发展趋势及对中国的启示。谭晓楠、张言庆、高红云(2016)[②]对全球邮轮的船型特征及发展趋势做了深入探讨,认为大型化是国际邮轮业发展的趋势,反映邮轮舒适程度的乘客空间比率和乘客员工比率呈现上升趋势。孙晓东、侯雅婷(2017)[③]关注的是邮轮旅游的负效应以及负外部性问题。通过对国外相关研究成果的梳理,提出了"负责任邮轮旅游"的研究框架。

第二,对国际邮轮市场的研究。孙晓东、冯学钢(2013)[④]在分析北美邮轮市场实证数据的基础上,总结了北美邮轮市场的一般定价模式,提出了基于需求学习的动态价格调整策略,有利于邮轮公司在销售周期内实现收益的最大化。张言庆、马波、刘涛(2010)[⑤]基于国际邮轮市场的相关统计数据,对国际邮轮旅游消费市场的基本特征进行总结。王冠兰(2009)[⑥]详细研究了嘉年华国际邮轮公司的发展历程和现状、市场布局结构及特点、经营效益。赵善梅(2012)[⑦]从寡占市场、竞合理论等视角对国际邮轮市场的竞争格局及其演变做了深入探讨,并分析了对中国邮轮市场发展的影响。孙晓东、武晓荣、冯学钢(2015)[⑧]以北美邮轮市场6年的季度数据和月度数据为样本,运用季节调整模型对面板数据进行分析,发现北美邮轮市场在较长的时期内仍将持续扩张的发展趋势,并且北美邮轮市场的月度季节性比季度季节性更加明显。

(二) 对国内邮轮业发展状况及对策研究

第一,对国内邮轮业短板的分析研究。程爵浩(2010)[⑨]认为,中国邮轮经济目前存在突出的行业性问题:邮轮母港的规划建设过热,缺乏合理布局与理性思考;大型邮轮港口的开发缺乏一体化思路;邮轮产业链各环节缺乏联结。张树民、程爵浩(2012)[⑩]深入分析了处于初创期的中国邮轮产业在供给和需求方面存在的突出问题,并且认为市场——一只"看不见的手"和政府——一只"看得见的手",是解决问题的两个重要抓手。尤其是政府在邮轮产业的体制机制上应该寻求突破。陈继红、徐祥铭、陈怡婧(2012)[⑪]以香港和迈阿密邮轮母港为案例进行比较研究,分析了上海邮轮母港在配套服务和政策机制等方面

---

① 刘占福.世界邮轮业发展趋势及其启示研究[J].海洋开发与管理,2014,28(1):57-60.
② 谭晓楠,张言庆,高洪云.全球邮轮船型特征及发展趋势分析[J].世界海运,2016,39(2):8-12.
③ 孙晓东,侯雅婷.邮轮旅游的负效应与责任性研究综述[J].地理科学进展,2017,36(5):569-584.
④ 孙晓东,冯学钢.邮轮公司如何定价:基于北美市场的实证分析[J].旅游学刊,2013,28(2):111-118.
⑤ 张言庆,马波,刘涛.国际邮轮旅游市场特征及中国展望[J].旅游论坛,2010,3(4):468-472.
⑥ 王冠兰.嘉年华邮轮公司市场布局与经营效益研究[D].上海:华东师范大学,2009,15-57.
⑦ 赵善梅.世界邮轮旅游市场格局变化及其对中国邮轮旅游发展的影响研究[D].海口:海南大学,2012,23-61.
⑧ 孙晓东,武晓荣,冯学钢.邮轮旅游季节性特征:基于北美市场的实证分析[J].旅游学刊,2015,30(5):117-126.
⑨ 程爵浩.中国邮轮经济的发展形势及若干问题[J].港口经济,2010,23(2):27-28.
⑩ 张树民,程爵浩.我国邮轮旅游产业发展对策研究[J].旅游学刊,2012,27(6):79-83.
⑪ 陈继红,徐祥铭,陈怡婧.上海邮轮母港建设的主要问题及其对策[J].世界海运,2012,35(4):6-9.

存在的诸多问题。李小年、颜晨广(2013)[①]认为邮轮相关的法律和政策仍存在空白和障碍,是中国邮轮产业的主要短板。王崧、程爵浩(2014)[②]认为缺乏明确的政策导向和法律依据、基础设施不完善、邮轮人才匮乏等问题是制约中国邮轮经济发展的主要障碍。孙瑞红、叶欣梁、徐虹(2016)[③]直面中国邮轮产业低价竞争的市场困境,从中国邮轮产业特有的"包船模式"入手,在邮轮产品的定价机制上探索解决问题的对策。

第二,对国内邮轮业发展对策的研究。张言庆、马波、范英杰(2010)[④]认为世界邮轮产业的发展经验为破解中国邮轮产业发展的问题提供了启示借鉴:近海邮轮旅游是近期应该发展的重点,国家应该制定邮轮产业总体发展规划,出台相应的支持政策,积极培育国内邮轮消费市场,减少邮轮新兴市场的风险。程爵浩、吴霞(2014)[⑤]针对上海邮轮市场存在的问题,提出的主要对策包括:理顺邮轮产业的体制机制,优化上海邮轮母港的空间布局、加强邮轮销售的组织管理、完善母港的功能建设、拓展邮轮产业链、制定合理的邮轮产业发展规划。李华、周溪召、智路平(2015)[⑥]以我国典型的河口海港城市南京为研究对象,探讨了邮轮硬件设施、产品、服务等软环境等主要约束的响应对策,在此基础上提出了南京邮轮经济的发展策略应凸显河口海港的特色,在发展模式上选择综合邮轮城,在管理方式上选择政府主导的多元经营,注重产业和港口联盟等协同发展的对策。胡孝平、史万震(2016)[⑦]分析了长江经济带开发背景下邮轮母港的投资和管理模式,认为常熟母港的建设应该多一些理性思考,明确常熟母港在整个长江经济带及全国母港布局中的地位和作用。陈梅、刘晶晶、崔枫(2017)[⑧]基于大陆、中国台湾和中国香港的调研数据,对邮轮旅游者的未来价值进行研究,建立了邮轮旅游者未来价值模型,并对影响因素做了潜类分析。

(三) 对国内邮轮母港建设和邮轮码头运营的研究

第一,对邮轮母港的规划及建设研究。刘军(2011)[⑨]基于政府产业政策规制,研究了中国邮轮母港发展的战略性问题,包括中国邮轮产业发展的阶段、邮轮母港的功能划分及合理布局和邮轮母港试验区的建设等。李鹏(2014)[⑩]认为影响邮轮母港设计的因素有宏观因素和微观因素,邮轮母港应通过丰富多彩的城市风光优化游客体验,优化人性化的旅

---

① 李小年,颜晨广.中国发展邮轮产业的若干政策与法律问题[J].中国海商法研究,2013,24(3):48-53.
② 王崧,程爵浩.我国邮轮经济发展存在的问题及对策研究[J].对外经贸,2014,31(2):67-68.
③ 孙瑞红,叶欣梁,徐虹.中国邮轮市场的价格形成机制与"低价困境"研究[J].旅游学刊,2016,31(11):107-116.
④ 张言庆,马波,范英杰.邮轮旅游产业经济特征、发展趋势及对中国的启示[J].北京第二外国语学院学报,2010,15(7):26-33.
⑤ 程爵浩,吴霞.上海邮轮母港发展存在的问题和发展建议[J].港口航运,2014,23(1):8-61.
⑥ 李华,周溪召,智路平.河口海港型城市邮轮经济发展研究[J].世界地理研究,2015,24(1):113-121.
⑦ 胡孝平,史万震.长江经济带开发背景下常熟邮轮母港建设发展对策[J].水运管理,2016,38(5):16-21.
⑧ 陈梅,刘晶晶,崔枫,等.邮轮旅游者未来价值评估与潜类分析模型——以大陆、香港和台湾为例[J].人文地理,2017,32(2):152-160.
⑨ 刘军.规制视角的中国邮轮母港发展研究[D].上海:复旦大学,2011,22-98.
⑩ 李鹏.基于游客体验角度的邮轮母港设计研究[J].中国水运,2014,14(8):9-11.

游服务,完善港口基础设施建设,推动母港的邮轮补给,合理设计邮轮中心功能,以便利的服务为游客创造舒适的体验。颜晨广、朱彬姣(2014)[①]中国邮轮母港的规划建须优化东北亚邮轮港口分工,充分发挥华南邮轮港口优势,集中发展上海邮轮经济。冷少妃、吴国清(2015)[②]以上海国际邮轮母港为例,研究邮轮母港旅游标识系统及其标准体系建设。张颖超、贺文龙(2015)[③]从当地居民的视角研究了邮轮母港建设与三亚当地居民的关系。杨佳南、赵子鑫、孙晓君(2016)[④]以天津国际邮轮港为例,对邮轮母港的码头长度、前沿高度等平面参数进行深入分析。陆鑫(2016)[⑤]从邮轮母港对客流的集散功能着手,分析和总结了国际邮轮港的陆域交通模式,为邮轮母港集散功能的提升提供了可借鉴的经验。王波、熊文婷(2017)[⑥]系统地研究了邮轮母港区域交通的布局,提出了优化邮轮母港区域交通的策略。

第二,对邮轮码头规划和运营的研究。买又红、贾大山、金文征(2009)[⑦]研究了上海邮轮专用码头的现状以及吴淞口、北外滩邮轮码头的功能定位及作用。谢岗(2011)[⑧]基于邮轮接驳的特点及码头工艺布局,分析了现代邮轮码头登船桥技术的优化及其工艺特点。费小立、肖英杰、邵敬礼(2011)[⑨]研究了吴淞口国际邮轮码头建设方案,构建了邮轮码头比选评价模型。张福保(2012)[⑩]以上海港国际客运中心为例,探讨了邮轮码头的科学化管理。赵俊杰、白俊(2012)对国际邮轮码头运营带来的环境污染问题做了深入探讨,并提出了相应的对策。汪军、周强、杨开宇(2012)[⑪]运用元胞自动机建模方法研究了在紧急情况下现代邮轮码头人员的疏散问题,并进行了仿真研究。谢凌峰、赵彬彬、陈有文(2012)[⑫]的研究灵感来自元胞自动机的建模方法,对紧急情况下邮轮码头人群的疏散问题做了深入研究。潘晓鸣(2013)[⑬]认为上海港邮轮码头经营的自然因素风险主要有惯例性自然因素风险和偶发性自然因素风险;经营的竞争风险则主要来自内部竞争、外部竞争、汇率风险、政策风险、专业技术与管理风险。胡建平、李孝杰(2017)[⑭]以上海吴淞口邮轮码头为例,研究了钻探取样及软土测试等为一体的勘察新技术在邮轮码头建设中的应用。

① 颜晨广,朱彬姣.中国邮轮母港综合评价及发展建议[J].交通与港航,2014,23(5):52-57.
② 冷少妃,吴国清,申军波.邮轮母港旅游标识系统及其标准体系研究——以上海国际邮轮母港为例[J].质量与标准化,2015,25(8):43-46.
③ 张颖超,贺文龙.邮轮母港建设与三亚当地居民的关系研究[J].当代经济,2015,32(14):100-101.
④ 杨佳男,赵子鑫,孙晓君.天津国际邮轮母港主要平面设计参数的确定[J].港工技术,2016,18(3):13-19.
⑤ 李鑫.邮轮母港陆域交通模式研究[J].中国水运(下半月),2016,16(11):71-73.
⑥ 王波,熊文婷.邮轮母港区域交通系统布局研究[J].交通与运输,2017,33(4):42-47
⑦ 买又红,贾大山,金文征.吴淞口邮轮码头建设促进上海邮轮母港大发展[J].中国港口,2009,18(11):31-33.
⑧ 谢岗.现代化邮轮码头登船桥技术及工艺特点分析[J].水运工程,2011,27(5):99-102.
⑨ 费小立,肖英杰,邵敬礼.吴淞国际邮轮码头建设方案比选[J].船海工程,2011,40(1):132-134.
⑩ 张福保.试论邮轮码头的科学化管理[J].港口科技,2012,23(11):37-40.
⑪ 汪军,周强,杨开宇.基于元胞自动机的邮轮码头应急疏散策略研究[J].武汉理工大学学报(交通科学与工程版),2012,36(3):587-589.
⑫ 谢凌峰,赵彬彬,陈有文.广东省邮轮码头布局规划[J].水运工程,2012,29(5):65-67.
⑬ 潘晓鸣.上海港邮轮码头经营风险浅析[J].中国港口,2013,22(2):51-53.
⑭ 胡建平,李孝杰.大型邮轮码头勘察新技术的应用[J].工程勘察,2017,45(5):22-27.

（四）对邮轮船型和邮轮制造业的研究

第一，对邮轮船型的研究。王诺（2009）[1]认为大型化是邮轮船型发展的主要趋势，并且邮轮船只的大型化将直接影响邮轮码头的规划和建设。崔燕（2011）[2]梳理出世界邮轮船型的发展历程，即大致经历了从最初的追求高航速、大运量、豪华舒适到注重样式新颖、美观奢华、活动多样化。陆平远（2013）[3]调查和分析了亚洲邮轮各个港口邮轮船型的使用目的和使用条件，为拟定邮轮船型方案提供可靠的依据，章新智（2014）[4]比较分析了三种新式的豪华邮轮船型，采用 Motion 技术软件计算其耐波性，确定适合东南亚航区的最佳船型。钟守道、高玉玲、费钟成（2015）[5]运用模型试验和数值模拟技术相结合的方法，对 120 米豪华邮轮线型和螺旋桨进行了优化设计。张莊（2016）[6]分析了在邮轮大型化背景下大风浪天气对大型邮轮靠离泊的操纵影响。李华、杨宇琨（2017）[7]对世界范围内正在运营的跨洋邮轮的关键船型参数做了深入分析，发现了现代邮轮船型呈现大型化、舒适化、船龄年轻化、吃水深度稳定化等特点。

第二，对邮轮制造业的研究。孙亮（2009）[8]认为船舶工业调整振兴规划对中国邮轮制造业的发展将起到助推的作用。孙亮、王翠婷（2009）[9]认为，发展中国邮轮制造业的重点有两个，一个是中国船舶设计水平的提升，另一个是进一步整合中国船舶业的供应链。殷毅、杨培举（2011）[10]比较分析了欧美作为传统意义上的邮轮制造业大国所具有的优势，预测了新的邮轮制造业竞争格局。何斌（2014）[11]对国内外邮轮制造业项目管理进行了对比分析，并以芬兰邮轮制造业为研究案例，从邮轮制造项目组织架构、人力资源管理、邮轮项目时间管理、质量管理、采购管理等方面提出了发展我国邮轮制造业的若干措施。吕龙德、吴秀凤（2015）[12]从产业经济的视角分析了中国邮轮制造业面临的发展机遇与挑战，并认为机遇和潜力大于挑战和障碍。

四、邮轮旅游的国外研究综述

（一）对邮轮产业的总体研究

第一，邮轮产业宏观发展研究。许多研究者对邮轮的起源存在争议。但普遍认可的

① 王诺,柴志刚,佟士祺,赵悦琼.邮轮船型大型化发展趋势研究[J].水运工程,2009,33(4):7-9.
② 崔燕.世界邮轮技术发展路径[J].中国船检,2011,26(9):44-48.
③ 陆平远.中国大陆至东南(北)亚邮轮航线船型技术经济论证[D].大连:大连海事大学,2013,13-76.
④ 章新智,王驰明,郭昂.豪华邮轮耐波性衡准分析[J].船舶标准化工程师,2014,47(4):13-17.
⑤ 钟守道,高玉玲,费钟成.120 m 内河邮轮线型设计与试验[J].船海工程,2015,44(3):23-25.
⑥ 张莊.大风浪天气对大型邮轮靠离泊的操纵影响[J].港口经济,2016,23(6):14-20.
⑦ 李华,杨宇琨.基于关键参数分析的全球邮轮船型特征研究[J].海洋开发与管理,2017,34(2):10-16.
⑧ 孙亮.造船业振兴规划助推邮轮制造业发展[J].航海,2009,19(2):10-11.
⑨ 孙亮,王翠婷.邮轮制造:未来民用造船领域的新星[J].世界海运,2009,32(1):64-65.
⑩ 殷毅,杨培举.邮轮盛宴——邮轮制造:欧洲的独角戏[J].中国船检,2011,23(9):37-40.
⑪ 何斌.基于项目管理的邮轮制造业问题研究[D].大连:大连海事大学,2014,22-66.
⑫ 吕龙德,吴秀凤.我国豪华邮轮制造蓄势待发[J].广东造船,2015,24(2):8-9.

是,邮轮可以追溯到 19 世纪 40 年代,现代邮轮业开始于 20 世纪 60 年代(Douglas,1997)[1]。在进入 21 世纪以后,邮轮业持续快速地增长。1990—2010 年,邮轮业每年的游客增长率是 7.2%。仅北美市场占全世界游客数量的平均百分比就达到 87.93%。1981—2010 年,邮轮容量的平均增长率为 7.46%(CLIA,2014)[2]。Dwyer(1998)[3]研究了与邮轮相关的消费和收益对国家和地区的经济影响,并提出了研究框架。他认为邮轮消费包括邮轮旅游者与邮轮有关的花费,邮轮公司在邮轮港口的支出、营销费用和税收等。邮轮收益则包括赚取外汇、利润和税收,就业和外部效应等。Braun、Xander、White(2002)[4]认为邮轮产业已经成为美国经济非常重要的组成部分,通过区域投入—产出模型分析邮轮产业在美国的经济影响,并以美国第一大港口卡纳维拉尔港为例,对邮轮产业的经济贡献做了深入探讨。Lester、White、Mayall(2016)[5]以百慕大地区的港口城市为例,研究了邮轮业发展对地中海港口城市再造的影响,以及由于发展邮轮业引发的港口城市之间的竞争。

第二,区域邮轮产业发展研究。Wood(2000)[6]以加勒比海为案例地,研究了全球化对地区邮轮业的影响,并且认为全球化在加勒比海邮轮业集中体现在三个方面:一是面临全球竞争产业的重组;二是资本的流动以及人力资源的迁移;三是全球招募和人力资源中种族分层的新形式。Lee(2001)[7]基于加勒比地区的实证数据,深入分析了 20 世纪 90 年代邮轮产业对区域经济的影响,认为邮轮产业的乘数效应对区域经济发展有重要影响,邮轮产业有利于增加就业岗位,其产业关联效应有利于区域经济的发展和提升区域竞争力。Wie(2005)[8]用博弈理论研究了不同区域邮轮业之间的竞争,把区域邮轮业的竞争看作是 n 个人之间的非零和博弈以及不合作的动态博弈,并从理论上分析了在开环的信息结构下非合作的纳什均衡。Pinnock、Clayton(2014)[9]通过研究加勒比海地区邮轮业发展现状,对新兴经济体邮轮产业的前景做了深入分析。Chang、Park(2015)[10]以韩国仁川为

① Douglas N. P & O's Pacific [J]. Journal of Tourism Studies, 1997, 7(2):2-14.

② CLIA. Market Profile [EB/OL]. http://www.cruise.org/press/research/marketprofile-2014, 2014-3-15.

③ Larry Dwyer, Peter Forsyth. Economic significance of cruise tourism[J]. Annals of Tourism Research, 1998, 25(2):393-415.

④ Braun B M, Xander J A, White K R. The impact of the cruise industry on a region's economy: a case study of Port Canaveral, Florida[J]. Tourism Economics, 2002, 8(8):281-288.

⑤ Lester S E, White C, Mayall K, et al. Environmental and economic implications of alternative cruise ship pathways in Bermuda[J]. Ocean & Coastal Management, 2016, 132(8):70-79.

⑥ Robert E. Wood. Caribbean cruise tourism globalization at sea[J]. Annals of Tourism Research, 2000, 27(2):345-370.

⑦ Lee C G. The economic impact of cruise ships in the 1990s: Some evidence from the Caribbean[D]. Kent: Kent State University, 2001, 149-151.

⑧ Wie B W. A dynamic game model of strategic capacity investment in the cruise line industry[J]. Tourism Management, 2005, 26(6):203-217.

⑨ Pinnock F H, Clayton A, Ajagunna I, et al. The future of tourism in an emerging economy: the reality of the cruise industry in Caribbean[J]. Worldwide Hospitality & Tourism Themes, 2014, 6(2):127-137.

⑩ Chang Y T, Park H, Liu S M, et al. Economic impact of cruise industry using regional input-output analysis: a case study of Incheon[J]. Maritime Policy & Management, 2015, 43(1):1-18.

例,分析了区域邮轮产业的投入产出效应以及对区域经济的影响。

(二)对邮轮旅游者消费行为的研究

第一,对邮轮旅游动机的研究。Qu、Ping(1999)[1]以香港邮轮旅游者为研究对象,运用服务绩效模型,分析了邮轮旅游动机的因子以及邮轮旅游动机对游客满意度的影响。Hung、Petrick(2011)[2]采用开发量表的综合方法,开发出测量邮轮旅游动机约束因素的量表,量表从内心约束因素、人际约束因素和结构性约束因素三个方面进行测量。Jones(2011)[3]从邮轮航线和邮轮体验的视角,探讨邮轮旅游动机对邮轮旅游者购买决策的影响。Hung、Petrick(2012)[4]运用动机—机会—能力模型考察了自我形象一致性、功能一致性、可感知的旅游约束条件、约束谈判和自我能力对旅游意愿的影响。研究对所提出的模型和研究假设均在邮轮旅游情境中进行检验。Chen、Neuts(2015)[5]确定动机、偏好、意愿是决定邮轮旅游需求的重要变量,并构建了由动机、偏好、意愿等变量构成的结构方程模型。Caber(2016)[6]以土耳其的邮轮入境旅游者为例,根据邮轮旅游动机的不同,对其进行市场细分。

第二,对满意度和忠诚度的研究。Teye 和 Leclerc(1998)[7]结合邮轮旅游情境的特征,探索性地研究了北美邮轮市场的旅游者对邮轮产品和服务供给各环节的满意度,并探讨了邮轮产品及服务供给的重要性。Petrick(2004)[8]采用对荷美邮轮公司的调查数据研究后发现,忠诚游客更有可能再次购买邮轮产品,并愿意传播和宣传口碑,而非忠诚游客对价格的敏感程度更低,花费更有可能比忠诚游客高。Huang、Hsu(2010)[9]分析了邮轮游客之间的互动对邮轮游客体验和邮轮旅游满意度的影响。Satta、Parola(2015)[10]以邮轮旅游对当地社区的长期影响为主题,考察了邮轮游客总体的目的地满意度对邮轮游客口碑态度的影响。Li、Petrick(2008)[11]以邮轮旅游为例,验证了邮轮品牌忠诚的维度:认

① Qu H, Ping E W Y. A service performance model of Hong Kong cruise travelers' motivation factors and satisfaction[J]. Tourism Management, 1999, 20(2):237-244.

② Kam Hung, James F Petrick. Why do you cruise? exploring the motivations for taking cruise holidays & the construction of a cruising motivation scale[J]. Tourism Management, 2011, 32(4):386-393.

③ Jones R V. Motivations to Cruise: An itinerary and cruise experience study[J]. Journal of Hospitality & Tourism Management, 2011, 18(1):30-40.

④ Kam Hung, James F Petrick. Testing the effects of congruity, travel constraints & elf-efficacy on travel intentions: An alternative decision-making model[J]. Tourism Management, 2012, 33(2):855-867.

⑤ Chen J M, Neuts B, Nijkamp P, et al. Demand determinants of cruise tourists in competitive markets: motivation, preference and intention[J]. Tourism Management, 2015, 36(5):132-145.

⑥ Caber M, Albayrak T, Ünal Caner. Motivation-based segmentation of cruise Tourists: a case study on international cruise tourists visiting Kuadasi, Turkey[J]. Tourism in Marine Environments, 2016, 30(3):76-87.

⑦ Victor B Teye, Denis Leclerc. Product & service delivery satisfaction among North American cruise passengers[J]. Tourism Management, 1998, 19(2):153-160.

⑧ James F Petrick. Are loyal visitors desired visitors? [J]. Tourism Management, 2004, 25(3):463-470.

⑨ Huang J, Hsu C H C. The impact of customer-to-customer interaction on cruise experience and vacation satisfaction[J]. Journal of Travel Research, 2010, 49(1):79-92.

⑩ Satta G, Parola F, Penco L, et al. Word of mouth and satisfaction in cruise port destinations[J]. Tourism Geographies, 2015, 17(1):54-75.

⑪ Li X A, Petrick J F. Reexamining the dimensionality of brand loyalty: a case of the Cruise industry[J]. Journal of Travel & Tourism Marketing, 2008, 25(1):68-85.

知忠诚、情感忠诚、意动忠诚和行为忠诚。Mirasukma(2013)[1]认为影响邮轮旅游忠诚度的因子包括:目的地形象、感知价值和服务质量。

第三,对邮轮产品和服务的评价研究。Ahmed(2002)[2]通过对丽星邮轮公司和新加坡市场的皇家加勒比公司的调查发现,邮轮来源国对消费者评价邮轮质量的影响比邮轮品牌对其所产生的影响要大,而邮轮品牌对对游客购买意愿的影响更大。Sirakaya、Petrick、Choi(2004)[3]以北美邮轮旅游者作为样本考察了旅游者情绪在对旅游产品服务评价过程中的调节作用,深入分析了邮轮旅游者服务评价和服务质量之间的关系是否会受到旅游者在评价过程情绪的影响。Mak、Sheehey(2010)[4]从法律规制的视角研究了邮轮服务法案对美国邮轮产业发展的影响。Brejla、Gilbert(2012)[5]探索性地通过对网络游记的挖掘和内容分析,对邮轮服务的属性进行深入研究。Zhang、Ye、Song(2013)[6]通过对网络口碑效应的实证分析,探讨了邮轮旅游者对邮轮服务满意度的构成。Chua、Lee(2015)[7]将视角转向邮轮服务质量和价格对邮轮体验的影响关系,并以价格敏感度作为邮轮服务质量与邮轮体验之间的调节变量。

第四,对邮轮旅游者体验和感知价值的研究。Papathanassis(2015)[8]研究了邮轮产品和服务"麦当劳化"对游客体验的影响。"麦当劳化"尽管可以满足一些游客对产品和服务可预见以及有安全感的需求,但可操控的消费环境也降低了游客的体验价值。Hosany、Martin(2014)[9]运用自我一致性理论评价游客体验,对包括自我形象一致性、邮轮游客体验、满意度和行为意愿在内的路径模型进行了检验。Duman、Mattila(2005)[10]分析了邮轮旅游体验中所选的情感因子(如享乐、控制和猎奇探险)对价值感知的影响,同时分析了游客满意度在情感——价值关系中的作用。Kwortnik(2008)[11]通过实证研究,分析了邮轮

① Mirasukma R. Factors influencing tourist's loyalty : Melaka River Cruise[J]. 2013, 26(3):48-52.

② Zafar U Ahmed James, Johnson P, Country of origin & brand effect on consumers' evaluations of cruise lines[J]. International marketing review, 2002, 19(3):279-302.

③ Sirakaya E, Petrick J, Choi H S. The role of mood on tourism product evaluations[J]. Annals of Tourism Research, 2004, 31(3):517-539.

④ Mak J, Sheehey C, Toriki S. The passenger vessel services act and America's cruise tourism industry[J]. Research in Transportation Economics, 2010, 26(1):18-26.

⑤ Brejla P, Gilbert D. An exploratory use of web content analysis to understand cruise tourism services[J]. International Journal of Tourism Research, 2014, 16(2):157-168.

⑥ Zhang Z, Ye Q, Song H, et al. The structure of customer satisfaction with cruise-line services: an empirical investigation based on online word of mouth[J]. Current Issues in Tourism, 2013, 18(5):1-15.

⑦ Chua B L, Lee S, Goh B, et al. Impacts of cruise service quality and price on vacationers' cruise experience: Moderating role of price sensitivity[J]. International Journal of Hospitality Management, 2015, 44(7):131-145.

⑧ Alexis Papathanassis. Guest-to-guest interaction on board cruise ships: exploring social dynamics & the role of situational factors[J]. Tourism Management, 2015, 36(5):1148-1158.

⑨ Sameer Hosany, Drew Martin. Self-image congruence in consumer behavior [J]. Journal of Business Research, 2014, 67(7):685-691.

⑩ Teoman Duman, Anna S. Mattila. The role of affective factors on perceived cruise vacation value[J]. Tourism Management, 2005, 26(6):311-323.

⑪ Kwortnik R J. Shipscape influence on the leisure cruise experience [J]. International Journal of Culture Tourism & Hospitality Research, 2008, 2(4):289-311.

服务环境对邮轮旅游者的体验以及船上消费行为的影响。Huang、Hus(2010)[1]认为邮轮游客之间的互动质量对邮轮体验产生直接的正向影响,对邮轮游客的满意度产生间接影响。Baker、Fulford(2016)[2]对邮轮游客的感知价值、满意度和向他人推荐的意愿进行了测评和深入分析,认为邮轮游客的感知价值及邮轮服务质量是决定向他人推荐意愿的变量。Hennings、Schmidt、Wiedmann 等(2017)[3]运用实证方法研究了邮轮旅游者价值感知及品牌体验、可持续目标等消费行为的前因变量。结果表明,邮轮旅游者越来越注重个性化及求真体验,越来越关注伦理及环境价值。

第五,对消费决策和行为模式的研究。Xie、Kerstetter、Mattila(2012)[4]认为邮轮船只的属性包括 7 个维度:娱乐属性、运动属性、辅助属性、核心属性、健身和健康属性、儿童属性、员工属性,并分析了邮轮船只属性对旅游者和潜在旅游者决策的影响。Jaakson(2004)[5]深入研究了邮轮旅游消费行为中的旅游罩问题。研究者采用观察的研究方法,认为邮轮旅游者在港口的活动有 4 种类型。停靠港的旅游区域形成了一个旅游者罩,它的中心和外围具有明显的边界特征。Yarnal、Kerstetter(2005)[6]立足邮轮旅游情境,研究了邮轮游客在邮轮空间内,社交互动对团队游行为的影响,以及邮轮空间在其中发挥的重要作用。Brida(2011)[7]通过实证研究,探索性地分析了邮轮旅游者在停靠港的消费模式及行为特征。Lee、Lee(2017)[8]研究了邮轮岸上游在访韩邮轮旅游中的作用。他们的实证研究表明,赴韩旅游经历、工作状态、年收入、国籍等因素与岸上游花费显著相关。

(三)对邮轮企业经营与管理的研究

第一,邮轮公司的收益管理研究。Tallur、Ryzin(2014)[9]研究了邮轮公司收益管理的一般特征:能够进行市场细分;相对固定的生产能力;产品具有易腐的特点;产品提前销

① Huang J, Hsu C H C. The impact of customer-to-customer interaction on cruise experience and vacation satisfaction[J]. Journal of Travel Research, 2010, 49(1):79-92.

② Baker D M, Fulford M D. Cruise passengers' perceived value and willingness to recommend[J]. Tourism & Management Studies, 2016, 32(3):73-84.

③ Hennigs N, Schmidt S, Wiedmann K P, et al. Measuring brand performance in the cruise industry: Brand experiences and sustainability orientation as basis for value creation[J]. International Journal of Services Technology & Management, 2017, 23(3):189-201.

④ Hui (Jimmy) Xie, Deborah L Kerstetter, Anna S Mattila. The attributes of a cruise ship that influence the decision making of cruisers & potential cruisers[J]. International Journal of Hospitality Management, 2012, 31 (6):152-159.

⑤ Reiner Jaakson. Beyond the tourist bubble? cruiseship passengers in port[J]. Annals of Tourism Research, 2004, 31(1): 44-60.

⑥ Yarnal C M, Kerstetter D. Casting off: an exploration of cruise ship space, group tour behavior, and social interaction[J]. Journal of Travel Research, 2005, 43(4):368-379.

⑦ Brida J G, Bukstein D, Tealde E. Exploring cruise ship passengers' spending patterns in two Uruguayan ports of call[J]. Current Issues in Tourism, 2011, 18(7):684-700.

⑧ Lee G, Lee M K. Estimation of the shore excursion expenditure function during cruise tourism in Korea[J]. Maritime Policy & Management, 2017, 38(1):1-12.

⑨ Talluri K, Van Ryzin, J. The Theory & Practice of Revenue Management[M]. Boston: Kluwer Academic, 2014, 23.

售;需求周期性波动;边际销售成本低/边际生产成本高。但 Biehn(2006)[①]认为,邮轮公司的收益管理与酒店和航空公司的收益管理存在差异。差异之一就是邮轮业的个人预订期很长(Duman、Mattila,2005)[②]。有关收益管理的市场细分,Ladany、Arbel(1991)[③]不仅分析了市场最优的细分市场数目,而且研究了假设总的线性需求方程下相应的价格,以确定邮轮公司应该遵循的最优市场细分战略和区别定价战略。但收益管理决策的质量,很大程度上取决于准确的需求预测 Sun、Gauri、Webster(2010)[④]使用从北美几家主要的邮轮公司获取的数据,提出了一个二级框架,运用 24 种预测方法来预测未离港邮轮的预订总需求。邮轮公司通常还要面对为游客购买机票和酒店客房的决策。Lieberman、Dieck(2002)[⑤]提出了一个最优的航空计划程序,其重点既包括为乘机的邮轮游客规划线路,又包括与航空公司议价。结果表明,在邮轮业,为游客购买的机票占航空公司收入的20%以上(Lieberman、Dieck,2002)[⑥]。

第二,邮轮企业的人力资源管理研究。Testa(2002)[⑦]认为邮轮企业的人力资源具有明显的文化多样性,与管理者文化背景一致的下属,对其上级的关心、评价明显更高,对上级的信任度和满意度也更高。国家文化对邮轮企业员工如何评价和感知领导力会产生系统性的影响。Testa(2009)[⑧]进一步的研究发现,文化相似性会影响员工对领导者关系的认知以及企业员工的个人行为,但对领导方式并不会产生影响。该研究结论可作为服务业跨文化管理的战略。Brownell(2008)[⑨]明确了对接待业管理者的职业发展而言至关重要的能力要素,以及不同企业对各项能力和技巧重要性的感知有变化。Larsen、Marnburg、Øgaard(2012)[⑩]重点研究了邮轮业可感知的工作环境及其对组织承诺和工作满意度的影响。结论表明工作体验的所有因子与组织承诺和就业满意度相关,但是尊重、企业氛围和食宿条件等因子的相关性最为显著。

---

① Biehn N. A cruise ship is not a floating hotel [J]. Journal of Revenue & Pricing Management, 2006, 43(5): 135-142.

② Toh R S, Rivers M J, et al. Room occupancies: cruise lines out-do the hotels[J]. International Journal of Hospitality Management, 2005, 24(5):121-135.

③ Ladany S P, Arbel A. Optimal cruise-liner passenger cabin pricing policy[J]. European Journal of Operational Research, 1991, 55(7):136-147.

④ Sun X, Gauri D K, Webster S. Forecasting for cruise line revenue management[J]. Journal of Revenue & Pricing Management, 2010, 29(4):97-110.

⑤ Lieberman W H, Dieck T. Exporing the revenue management frontier: optimal air planning in the cruise industry[J]. Journal of Revenue & Pricing Management, 2002, 23(1):7-24.

⑥ Lieberman W H, Dieck T. Expanding the revenue management frontier: optimal air planning in the cruise industry[J]. Journal of Revenue & Pricing Management, 2002, 31(1):7-24.

⑦ Mark R Testa. Leadership dyads in the cruise industry: the impact of cultural congruency[J]. Hospitality Management, 2002, 21(5):425-441.

⑧ Mark R Testa. National culture, leadership and citizenship: Implications for cross-cultural management[J]. International Journal of Hospitality Management, 2009, 28(6):78-85.

⑨ Judi Brownell. Leading on land and sea: competencies and context[J]. International Journal of Hospitality Management, 2008, 27(4):137-150.

⑩ Svein Larsen, Einar Marnburg, Torvald Øgaard. Working onboard: Job perception, organizational commitment and job satisfaction in the cruise sector[J]. Tourism Management, 2012, 33(5):592-597.

第三，邮轮供应链及库存容量管理研究。Veronneau、Ro(2009)①以总部在美国佛罗里达州的跨国邮轮公司为对象，对其全球性再供应进行了田野调查。集中考察了邮轮供应链的主要特点，以及邮轮公司供应链的最佳管理方法。Toh、Rivers、Ling(2005)②分析了邮轮公司进行与接受或取消预订、收取定金、处理放弃预订、超额预订、超额销售、客房升级、拍卖等有关的客房存量管理。Seric(2011)③就邮轮公司有效建立供应链智能化管理平台进行详尽研究。George、Loannis(2010)④深入分析了邮轮公司可以选择的供应链管理，总结出邮轮公司供应链管理的基本特征。Mihail、Evagelia(2012)⑤深入探讨了邮轮公司供应链的属性，以及影响邮轮公司外包决策的主要因素。

第四，邮轮航线管理研究。Hersh、Ladany(1989)⑥采用二级框架来决定邮轮线路的最优时间表和最优价格。其目的是使航游线路在受整个航游持续时间和旅行预算等条件约束的情况下实现整体吸引力的最大化。Lee、Ramdeen(2012)⑦以美国邮轮母港中15条航线为研究对象，以15条航线的30 000次航行作为统计样本，包括以加勒比海、巴哈马、百慕大、阿拉斯加、墨西哥、夏威夷为目的地的航线，通过回归模型对采样数据进行线性回归分析，研究得出的结论认为邮轮航线对邮轮入住率有显著影响。事实上，邮轮线路问题可以看作收益管理问题。在其定义范围之内，邮轮收益管理应该涉及一个战略意义更大的问题：服务的设计(Leong、Ladany，2001)⑧。所以，线路设计问题成为收益管理研究需要面对的新的挑战，以考虑整个收益管理过程的设计。Lopes、Dredge(2017)⑨以丹麦哥本哈根为例，研究了邮轮岸上游对邮轮旅游目的地的价值。结果表明，邮轮旅游目的地不能认为岸上游创造的货币价值或其他价值会自动流入目的地。

第五，邮轮公司竞争策略研究。Wie(2004)⑩扩展了开环的动态寡头垄断竞争模型，以分析邮轮公司在开环和闭环的信息结构中在接待能力上的投资决策问题。他们的研究

① Simon Veronneau, Jacques Ro. Global service supply chains：an empirical study of current practices and challenges of a cruise line corporation[J]. Tourism Management, 2009, 30(4):128-139.

② Rex S Toh, Mary J Rivers, Teresa W Ling. Room occupancies：cruise lines out-do the hotels[J]. Hospitality Management, 2005, 24(6):121-135.

③ Nevenć Šeri. Business intelligence-platform for management strategy in cruise supply chain [C]// 3rd International Cruise conference, Dubrovnik 16-18 may 2011. Proceedings 3rd International Cruise Conference：Cruise & society-the other side of growth 2011.

④ George V, Ioannis L. Analyzing the supply chain strategy of the cruise industry：the case of a small cruise company[C]// International Association of Maritime Economists conference. 2010.

⑤ Mihail D N, Evagelia S. Cruise Ship Supply Chain：A field study on outsourcing decisions[J]. 2012, 3(4):369-383.

⑥ Hersh M, Ladany S P. Optimal scheduling of ocean cruiser[J]. INFOR, 1989, 27 (6):48-57.

⑦ Scott Lee, Collin Ramdeen. Cruise ship itineraries and occupancy rates[J]. Tourism Management, 2012, 34(6):236-237.

⑧ Leong T Y, Ladany S P. 2001. Optimal cruise itinerary design development[J]. International Journal of Service Technology and Management, 2001, 22 (2):130-141.

⑨ Matthew Lopes, Dianne Dredge. Cruise tourism shore excursions：value for destinations? [J]. Tourism Planning and Development, 2017, 34(2):1-20.

⑩ Wie B-W. Open-loop and closed-loop models of dynamic oligopoly in the cruise industry[J]. Asia-Pacific Journal of Operational Research, 2004, 21(6):517-541.

表明邮轮公司在接待力投资上的动态行为可以用寡头垄断性竞争来表述。Wie(2005)[①]用迭代算法分析了邮轮公司在假设条件下的寡头垄断性竞争,分析邮轮公司为实现利润最大化而做出的容量投资决策的动态演进;研究邮轮公司最初的市场份额和成本结构如何影响容量投资决策;以一组不同模型参数的实验为基础,提出了邮轮公司战略性容量投资决策的管理建议。Chang、Lee、Park(2016)[②]对世界三大邮轮公司的效率进行了研究。通过引导截断回归模型,考察了决定邮轮公司效率的主要变量。结果表明,邮轮公司在运营阶段有效率,但在非运营阶段缺乏效率。

第六,邮轮的其他相关研究。Lois、Wang、Wall(2004)[③]详细列举了10年发生的重要安全事故,在分析邮轮结构和邮轮行业特点的基础上,认为邮轮业的正式安全评估主要包括五个步骤:探明危险源、风险评估、风险管理和控制、成本——收益的评估、决策。环境保护也是邮轮研究的一个主题。Butt(2007)[④]研究了邮轮废弃物对港口环境的影响。Dobson(2002)[⑤]以加拿大为案例地研究了邮轮对海洋环境的危害。他认为,邮轮经济贡献的最终成本会转嫁给加拿大太平洋生态环境和居民。Paoli、Vassallo、Apueto(2017)[⑥]运用能值分析,以3个沿海城市的邮轮业为例,比较了邮轮旅游业的环境成本和经济收益,认为邮轮旅游业的短期经济效益,需要以长期发展的视角进行管理。

五、邮轮旅游的国内外研究对比

(一) 研究内容的异同

1. 研究内容的相同点

国内外研究内容的相同点主要有以下方面:第一,有关邮轮旅游的研究都涉及了邮轮产业发展的研究主题,包括世界范围内邮轮产业的演进机制、发展历程,区域邮轮产业的发展经验及发展模式比较,邮轮产业的扩张机制及扩展策略等,尤其是国内对邮轮产业的研究,由于中国邮轮业尚处于起步阶段,与邮轮产业发展的经验比较,邮轮产业发展对策等相关的研究内容较多;第二,国内外有关邮轮旅游的部分研究文献都涉及了区域邮轮经济的主题,包括城市的邮轮产业竞争力、邮轮产业对区域经济的贡献等;第三,国内外有关

---

① Byung Wook Wie. A dynamic game model of strategic capacity investment in the cruise line industry[J]. Tourism Management, 2005, 26(6):203-217.

② Chang Y T, Lee S, Park H. Efficiency analysis of major cruise lines[J]. Tourism Management, 2017, 58(2):78-88.

③ P Lois J Wang A Wall T. Ruxton. Formal safety assessment of cruise ships[J]. Tourism Management:2004, 25(4):93-109.

④ Nickie Butt. The impact of cruise ship generated waste on home ports & ports of call:A study of Southampton[J]. Marine Policy, 2007, 31(5):62-73.

⑤ Sue Dobson. A primer on the Canadian pacific cruise ship industry[J]. World Wide Shipping, 2002, 36(5):102-113.

⑥ Paoli C, Vassallo P, Apueto G, et al. The economic revenues and the emergy costs of cruise tourism[J]. Journal of Cleaner Production, 2017, 166(10):1462-1478.

邮轮旅游的部分研究文献都涉及了全球化对邮轮产业发展的影响、邮轮港口的国际合作等研究主题,尤其是全球化背景下各国邮轮产业的竞争与合作;第四,国内外有关邮轮旅游的部分研究文献都涉及了邮轮航线优化的研究主题,包括母港航线和访问港航线的优化研究;第五,国内外有关邮轮旅游的部分研究文献都涉及了邮轮产品分销、邮轮企业营销等有关邮轮企业经营管理的研究主题。这些都是国内外研究在研究内容上的共同点。

2. 研究内容的不同点

国内外研究内容的不同点主要有以下方面:第一,由于国内有关邮轮旅游的研究起步晚,所以研究初期主要是有关国际邮轮业发展经验的研究,国内有关中国邮轮产业发展的研究也多是从宏观的视角展开,通过国内外研究对比,借鉴国外先进经验,研究发展对策;第二,目前国内有关邮轮企业经营以及邮轮旅游消费行为等微观层面的研究较少,而相比之下,欧美国家由于邮轮业发展已较为成熟,对邮轮企业经营和邮轮消费行为等微观层面的研究已较为深入,相关的研究主题也更为广泛;第三,由于政府在邮轮产业发展上所起作用的差异,国内对邮轮产业的研究从政府主导、产业政策、产业规制等视角进行的比较多,而相比之下,国外有关邮轮旅游的研究从规制视角进行的相对较少;第四,部分中文文献对邮轮旅游的研究还涉及邮轮母港、邮轮码头、邮轮客运中心建设的主题,包括对邮轮母港、邮轮码头、客运中心的规划建设等,这与国内邮轮产业尚处于发展初期的实际是紧密联系的。

(二) 研究方法的异同

1. 研究方法的相同点

研究方法上的相同点有以下方面:第一,国内外有关邮轮旅游的研究,尤其是宏观层面的研究都采用了产业经济分析的方法,如分析邮轮产业对区域经济贡献度的研究,包括邮轮产业对区域国民生产总值、区域就业的贡献以及对区域经济乘数效应的影响等;第二,国内外有关邮轮旅游的研究都采用了投入产出的分析方法,通过投入产出分析表和投入产出模型分析邮轮产业与其他产业之间的关联、影响关系等;第三,部分中文文献和英文文献,对邮轮旅游的研究都采用了定性分析方法,如采用系统分析方法,将邮轮产业放在整个国民经济中进行系统分析,或是对邮轮产业进行全要素分析;第四,部分英文文献和中文文献,对邮轮旅游的研究都采用比较研究方法进行分析,对竞争力、发展路径、发展模式等进行比较。

2. 研究方法的不同点

研究方法上的不同点有以下几个方面:第一,由于目前国内从微观层面对邮轮旅游的研究还比较有限,如邮轮企业经营管理、邮轮旅游消费行为等,所以相关实证研究方法在国内研究中应用得还很有限,而相比之下,国外相关实证研究方法的应用已相对成熟,如在邮轮消费行为方面,充分借鉴和应用了其他学科的研究方法,研究框架相对成熟;第二,国内从宏观层面对邮轮旅游的研究仍以定性研究方法居多,如通过 SWOT 分析方法等分析区域发展邮轮的潜力、可行性等,这与中国邮轮业尚处于发展初级阶段的现状是分不开的,而国外宏观层面的研究定性方法应用较少,以数据分析、量化研究为主,如通过投入—

产出分析方法研究邮轮业对区域经济的贡献及邮轮业与其他产业的关联,此类方法在国内研究中应用还不多。

六、邮轮旅游的国内外研究述评

从文献分析可以看出,国内外对邮轮旅游服务质量的系统研究仍然非常有限。目前国内外学界对邮轮旅游服务质量尚未形成统一的定义。从国内现有文献来看,国内对邮轮旅游服务质量的研究主要涉及母港接待(叶欣梁等,2016)、游客体验(孙晓东、倪荣鑫,2017;何孟艳、张言庆,2017)、乘务服务(孔洁、刘利娜,2015)等主题,缺乏对邮轮旅游服务质量维度的系统研究,缺乏对邮轮旅游服务质量的系统测量与评价研究。

作为邮轮航线的重要节点,邮轮母港是邮轮旅游服务的重要环节。近年来有关邮轮母港服务的文献增多,也反映出众多沿海港口城市看好邮轮产业的经济效益,邮轮母港建设过热的现象。但是,就邮轮旅游的过程而言,母港服务只是邮轮旅游的一个环节,海上航行日期间和访问港停泊日期间是邮轮旅游服务的主体部分。对邮轮旅游服务质量的研究更应关注邮轮旅游各属性所引发的消费结果及价值认知。因此,对邮轮母港服务质量的研究尚不足以代表邮轮旅游服务质量的系统研究。

何孟艳、张言庆(2017)虽然从体验的视角研究邮轮旅游,但所用方法是对邮轮游客网络游记或评论进行文本分析,抽取出高频度特征词并获取邮轮游客感知的七大主题及满意度水平。就获取文本的途径而言,该研究主要通过在线旅游网站的游记或游客评论获取文本,相比扎根理论或深度访谈等质性研究方法,具有局限性。就分析文本的方法而言,该研究仅以抽取文本的高频度特征词获取邮轮游客感知主题,缺乏对文本深入而科学的分析,也尚未上升到建构理论的高度。孔洁、刘利娜(2015)虽然关注了邮轮乘务服务质量,但研究缺乏科学的实证分析,也没有开发出相应的测量量表。孙晓东、倪荣鑫(2017)以满意度的研究视角构建了邮轮游客船上服务及设施的满意度测评体系,但目前建立的33个测评指标仍有待进一步完善和优化,且测评体系尚未得到充分的统计检验。

国外由于邮轮产业发展相对成熟,已出现对邮轮旅游服务质量的系统测量与评价研究,但仍非常有限。Teye、Leclerc(1998)所开发的邮轮旅游服务测量量表包括游客期望和游客实际感知两部分。通过对邮轮游客期望值和实际感知的测量和比较,得出邮轮游客的满意度。该量表的局限性在于,对再次乘邮轮的游客而言,其对服务的期望值建立在上一次对邮轮旅游服务的实际感知基础上,与初次乘邮轮游客服务期望的形成并不相同,但该量表并未对两者进行区分。

Xie(2012)开发的量表将邮轮旅游服务分为7个维度,但就量表本身而言仍存在一定的局限性。该量表并没有将服务的氛围、游客与服务员工的服务接触以及游客之间的接触等要素囊括其中。同时,研究者使用该量表是研究邮轮旅游属性特征对旅游者及潜在旅游者决策的影响,不同于专门的邮轮旅游服务质量测评研究或邮轮旅游服务质量对认知就情感反应的研究。

Hwang、Han(2014)在研究邮轮品牌忠诚度的过程中,将邮轮旅游服务属性分为餐饮服务、客房服务、娱乐服务、停靠港服务、孩童服务、员工吸引力、船上设施等七类,并开发出相应的量表。该量表对邮轮旅游服务属性的考察尚有待完善,邮轮旅游的一些非核心服务要素都没有反映在量表中。另外,该量表测量的是邮轮旅游属性对邮轮品牌忠诚度的影响,并以邮轮品牌知名度为中间变量,因此量表的专属性较强。

Chua(2015)对邮轮旅游服务质量是否影响游客体验做了专门研究,但就其量表及实证研究而言仍存在一些缺陷。例如,量表尚没有充分考虑邮轮旅游的属性特征。邮轮航游可以分为海上航行期间和港口停泊期间两方面。海上航行期间,旅游者在船体空间内活动,与其他游客的互动必然影响其对邮轮旅游服务质量的认知和评价。而在港口停泊期间,岸上旅游活动是游客评价邮轮旅游服务质量的一个重要方面,但文献量表并没有体现上述属性特征的变量。另外,测量量表以北美的邮轮旅游者为研究对象,部分服务质量的测度项具有区域特征或区域局限性,并不适合其他地区的邮轮旅游者。

综上所述,国内的邮轮旅游服务质量研究无论在广度还是深度上都亟待拓展,尤其在中国邮轮产业发展的初期阶段,国内游客还需要深入了解邮轮旅游,邮轮文化还需要推广,推进邮轮旅游服务质量研究是中国邮轮产业实践的需要。同时,国外对邮轮旅游服务质量的研究并不适用于国内。例如,国外的邮轮旅游服务质量量表,由于研究对象的差异以及量表自身缺陷等原因,并不能照搬使用,需要开发出以国内邮轮旅游者为研究对象的邮轮旅游服务质量测量量表。

第二节 服务质量研究综述

一、服务质量中文文献研究进展

(一) 服务质量中文文献研究概况

第一,国内服务质量文献发表的数量。本研究以中国知网(CNKI)为数据来源,以"服务质量"为篇名限定词,检索与服务质量相关的研究文献,发现国内最早的与服务质量相关的文献是在1958年发表的。本研究选取1992—2017年为文献观察期,结果提取到与服务质量相关的文献记录21 396条。如图2-9所示,1992年的文献发表数量是233篇,此后逐年增加,2005年迎来了服务质量研究的第一个高峰期,年文献发表数量是855篇,较2004年增长了近300篇,紧接着2006年出现了服务质量研究的第二个高峰期,年文献发表数量是1 234篇,较2005年增长近380篇。随着中国经济尤其是第三产业的发展,服务质量已然成为国内的研究热点,并向纵深方向发展。

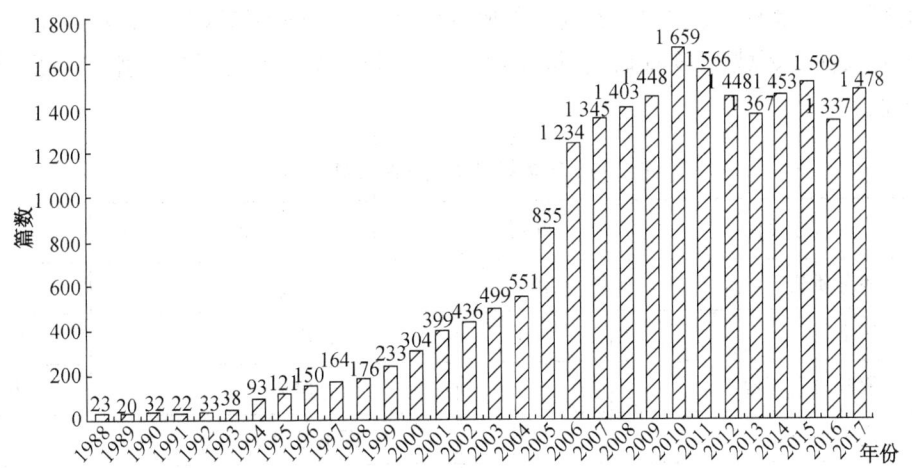

图2-9 服务质量中文文献发表数量趋势图

第二,国内服务质量文献的学科分布。在提取的20 259条文献记录中,与宏观经济管理相关的文献2 457条,与图书情报相关的有1 818条,与医药卫生相关的有1 755条,与企业经济相关的有1 640条,与旅游相关的有1 396条,与交通运输经济相关的有1 247条,与工业经济相关的有1 240条,与信息经济相关的有1 218条,与贸易经济相关的有1 136条,与服务业经济相关的有1 126条,与临床医学相关的有747条,与金融相关的有

745 条,与互联网技术相关的有 723 条,与电信技术相关的有 573 条,与行政学相关的有 505 条,与铁路运输相关的有 452 条,与高等教育相关的有 424 条,与计算机软件相关的有 375 条,与公路与水路运输相关的有 352 条,与财政与税收相关的有 323 条,与投资相关的有 302 条。从中可以看出,国内较多文献是从产业的宏观视角对服务质量进行研究,而图书情报、医药、企业服务、旅游、信息、贸易、服务业等第三产业的服务质量成为国内服务质量研究的重要对象,也是研究热点。

(二) 服务质量中文文献关键词词频分析

本研究以中国知网数据库(CNKI)为数据来源,以"服务质量"为主题词,进行相关文献数据的检索。本研究选取其中相关度较高的 600 条文献数据,导入文献题录信息统计分析工具 SATI 进行数据分析。

关键词词频如表 2-5 所示,出现频率较高的关键词包括:服务质量、图书馆、服务质量评价、高校图书馆、SERVQUAL、质量评价、影响因素、评价、感知服务质量、满意度等。这些高频关键词也是国内服务质量研究重点关注的领域。例如,对服务质量的评价,包括服务质量的评价方法、评价体系等,一直是服务质量研究的热点;作为服务质量研究的经典模型,SERVQUAL 在相关研究中不断被引用,并被学者们根据研究情境进行改进和优化;服务质量与相关变量的影响关系,如满意度与服务质量的影响关系、感知服务质量的影响因素等,也是服务质量研究的热点;随着新业态的出现和发展,针对具体类型服务质量的研究也是服务质量研究的重要内容,如电子商务的发展,引发了研究者的电子服务质量、信息服务质量的广泛关注。作为公共服务项目之一的图书馆服务,也是国内服务质量研究重点关注的领域,而实证研究、构建指标体系、层次分析法等是国内服务质量研究常用的方法。

表 2-5　服务质量中文文献关键词频率

关键词	频率	关键词	频率
服务质量	456	指标体系	26
图书馆	89	顾客满意	26
服务质量评价	48	信息服务	26
高校图书馆	43	图书馆服务质量	23
SERVQUAL	37	评价体系	23
质量评价	37	顾客满意度	23
影响因素	35	电子服务质量	22
评价	31	实证研究	22
感知服务质量	26	图书馆服务	21
满意度	26	层次分析法	21

(三) 服务质量中文文献关键词聚类分析

从树状聚类图(见图 2-10)和多维尺度图(见图 2-11)可以看出,国内对邮轮旅游的研究主要涉及以下主题:第一,对服务质量评价体系和评价指标的研究,涉及服务质量、图书馆、评价、用户满意度、评价体系、高校图书馆、层次分析法、评价指标等关键词;第二,对服务质量评价模型的研究,主要涉及质量评价、信息服务、指标体系、评价模型等关键词;第三,对具体类型服务质量的评价,主要涉及影响因素、移动图书馆、服务质量评价、图书馆服务、LibQUA＋TM、SERVQUAL、图书馆服务质量等关键词;第四,对顾客满意度的研究,主要涉及感知服务质量、服务质量管理、顾客满意度、顾客满意、电子服务质量、电子商务、实证研究;第五,对旅游服务质量的研究,涉及满意度、旅游服务质量、公共服务、SERVQUAL 模型等关键词。

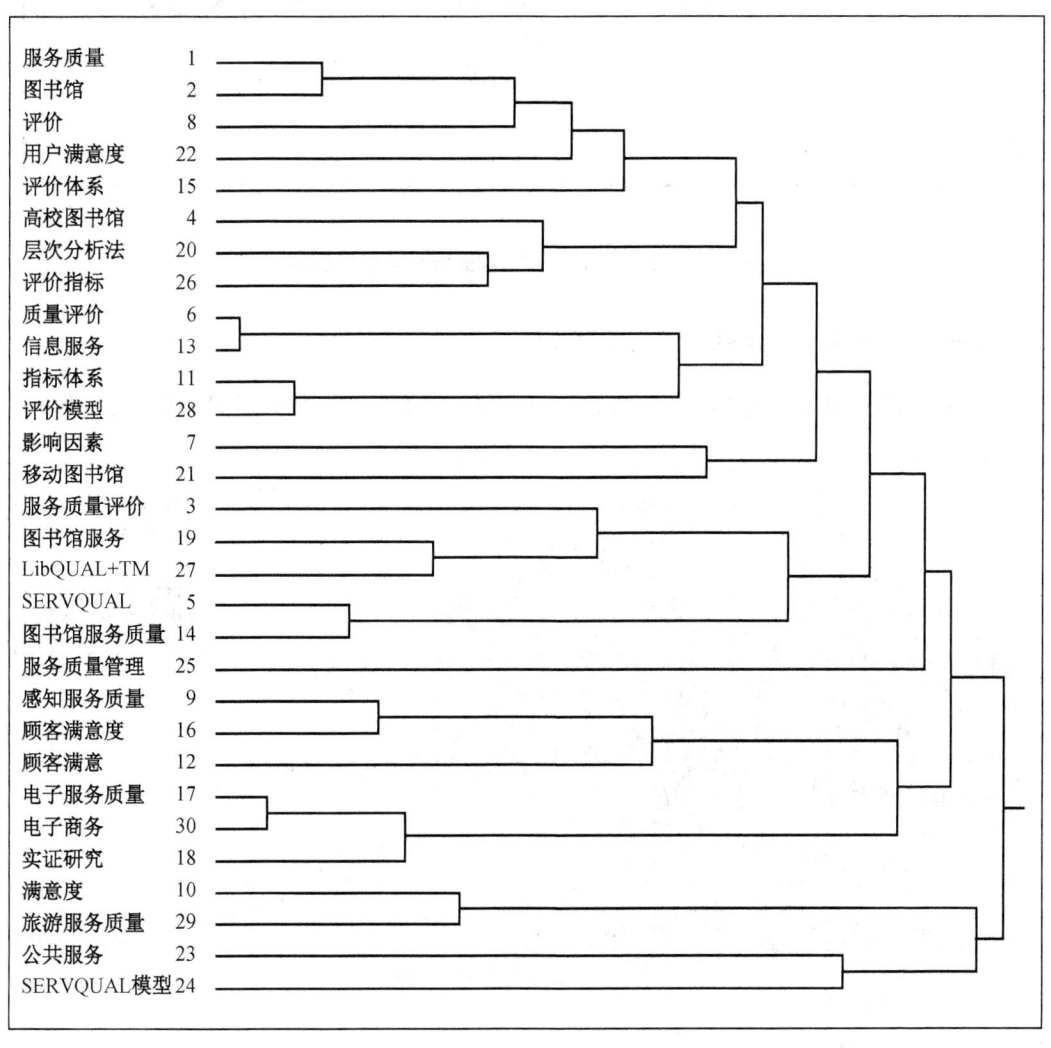

图 2-10　服务质量中文文献关键词树状聚类图

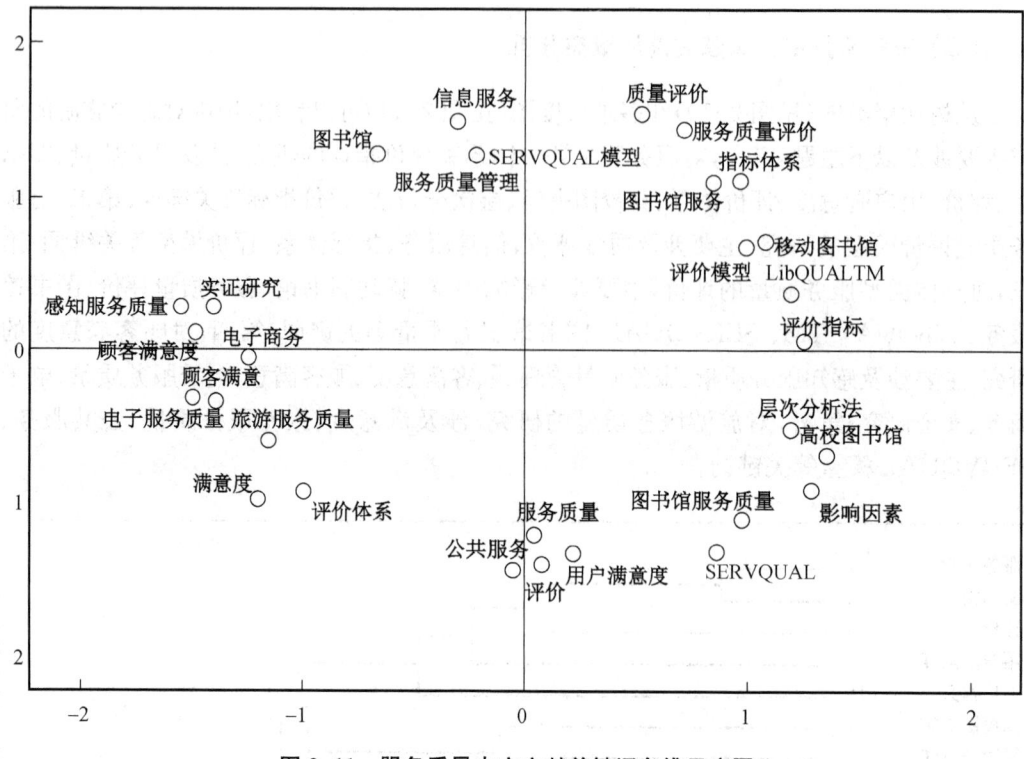

图 2-11　服务质量中文文献关键词多维尺度图

（四）服务质量中文文献关键词共现分析

一方面,从关键词共现网络(见图 2-12)可以直观地看出,服务质量、服务质量评价、

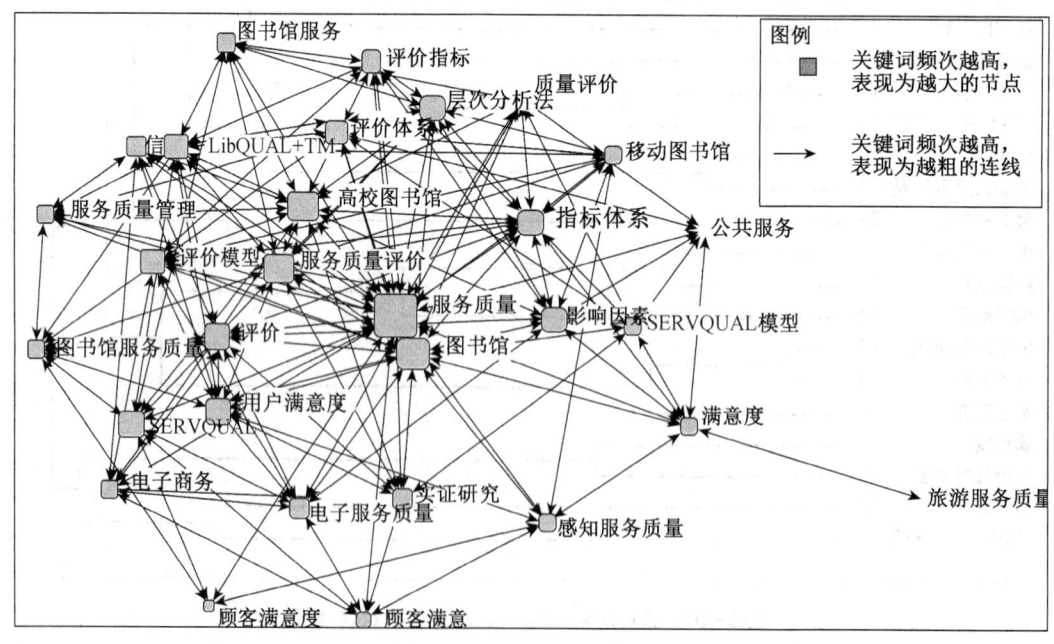

图 2-12　服务质量中文文献关键词共现网络图

评价、指标体系、评价体系、影响因素、SERVQUAL、评价模型、高校图书馆、图书馆服务、评价指标、层次分析法等关键词的块状节点较大。由于关键词中心度的属性值与块状节点的大小相关,即中心度属性值越大,块状节点越大,所以共现网络中这些关键词非常重要,也是国内服务质量重点关注的领域。另一方面,从衡量节点中心性的三个重要指标,点度中心性、接近中心性和中介中心性(见表2-6)来看,点度中心性较高的节点是服务质量、图书馆、指标体系、质量评价、电子服务质量、电子商务、信息服务等,说明服务质量、服务质量评价、有关电子商务服务、图书馆服务的评价处于国内服务质量评价的中心位置;接近中心性较高的节点是服务质量、图书馆、服务质量评价、评价、指标体系、用户满意度、影响因素、评价模型等,说明通过这些节点可以较为清晰地了解国内服务质量研究的状况;中介中心性较高的节点是服务质量、满意度、图书馆、服务质量评价、影响因素、高校图书馆、SERVQUAL、评价等,说明这些占据了国内服务质量研究主要的资源。

表 2-6 国内服务质量中文文献关键词中心性

关键词	点度中心性	关键词	接近中心性	关键词	中介中心性
服务质量	0.305	服务质量	90.625	服务质量	80.714
图书馆	0.195	图书馆	74.359	满意度	29.900
指标体系	0.160	服务质量评价	69.048	图书馆	27.908
质量评价	0.148	高校图书馆	69.048	服务质量评价	16.642
电子服务质量	0.142	评价	64.444	影响因素	12.890
电子商务	0.133	指标体系	64.444	高校图书馆	12.412
信息服务	0.118	用户满意度	63.043	SERVQUAL	10.889
高校图书馆	0.115	影响因素	63.043	评价	8.904
评价	0.109	评价模型	61.702	用户满意度	8.134
服务质量评价	0.107	层次分析法	61.702	指标体系	8.097

二、服务质量英文文献研究进展

(一)服务质量英文文献研究概况

第一,国外服务质量文献发表的数量。本研究以 Web of Science 为数据来源,以"service quality"为主题词,检索与服务质量相关的国外文献,并选取 1992—2017 年为文献观察期,结果提取到与服务质量相关的国外文献记录 10 466 条,从文献总量上可以看出,服务质量在国外的研究已较为成熟。如图 2-13 所示,1992 年国外发表的邮轮旅游研究文献数量是 56 篇,此后虽然每年文献数量都有增长,但增幅都不大,增幅不超过 30 篇。国外对服务质量研究的第一个高峰期是在 2000 年,当年发表的文献数量是 280 篇,较上一年增长了近 80 篇,第二个高峰期出现在 2009 年,当年发表的文献数量是 610 篇,比上一年增长了100篇,2017年的文献数量是957篇,说明服务质量始终是国外研究的一个热点,得到了研究者的持续关注,并且随着研究方法的不断创新,研究领域不断拓展。

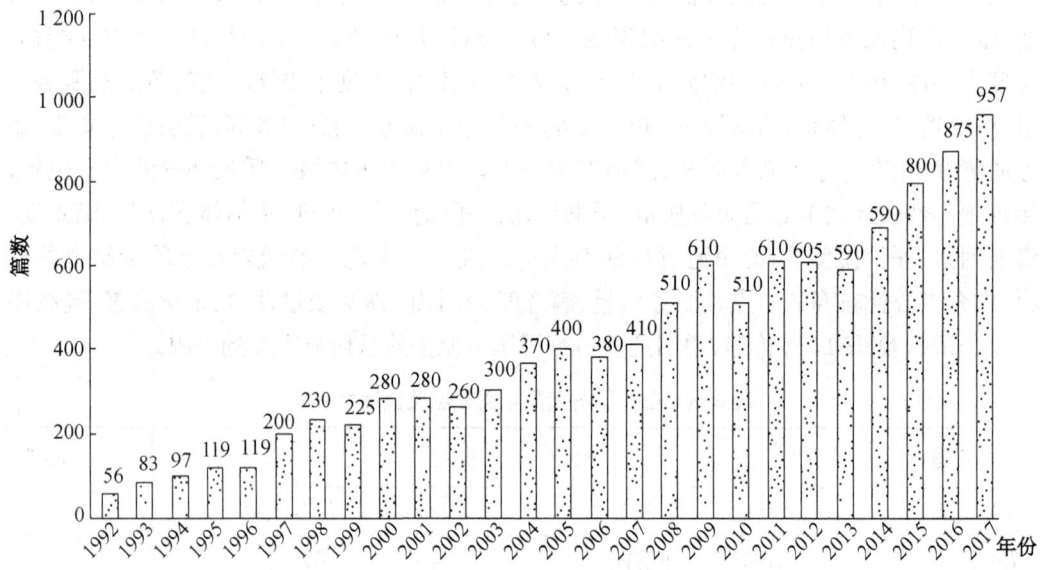

图 2-13　服务质量英文文献发表数量趋势图

第二,国外服务质量文献的学科分布。在提取到的 10 466 条文献记录中,与 Engineering electrical Electronic(电子电气工程)相关的文献有 1 807 篇,与 Telecommunications(电信)相关的有 1 713 篇,与 Computer science information systems (计算机科学信息系统)相关的有 1 387 篇,与 Management(管理学)相关的有 1 238 篇, 与 Business(工商)相关的有 779 篇,与 Operations research management science(运营研究管理)相关的有 460 篇,与 Public environment(公共环境)相关的有 443 篇,与 Economics(经济学)相关的有 438 篇,与 Computer science artificial intelligence(计算机科学人工智能)相关的有 417 篇,与 Health care sciences service(健康保健服务),Health policy services(健康政策服务)相关的有 318 篇,与 Hosptitality leisure sport tourism(旅游休闲运动接待)相关的有 253 篇。从以上学科分布可以看出,国外对服务质量的研究涉及多个领域,从不同的学科视角出发,立足不同的服务情境,在研究方法和研究内容上,都极大地丰富和拓展了对服务质量的研究,使该主题的研究能够持续创新。

(二)服务质量英文文献共被引网络分析

本研究以 Web of science 核心库为数据源,以"主题=(Service quality)"为条件,文献分布时间为 1992—2017 年,检索与服务质量相关的重要研究文献。为提高研究的准确性,对文献数据做了标准化处理,删除与研究主题不相符的文献,合并相似字段,最终得到了 1 425 条文献数据。

本研究运用 Citespace 软件对检索的研究文献进行共被引分析。服务质量研究文献共被引网络聚类分析结果如图 2-14 所示。图谱中呈现出来的 8 个文献共被引网络聚类：
♯0 project（设计）、♯1 system quality（体系质量）、♯2 structural model（结构模型）、♯3
routing problem（路径问题）、♯4 process perspective（过程视角）、♯5 E-service quality
（在线服务质量）、♯6 evaluation（评价）、♯7 price（价格）、♯8 benchmarking approach（标
杆管理方法）。如表 2-7 所示，聚类 ♯0 的文献数量为 48 篇，文献规模最多；Silhouette 值
是衡量聚类成员同质性大小的指标，该数值越大，那么表明该聚类中文献的相似性越高。
显然聚类 ♯3 的 Silhouette 值最大，表明该聚类文献的相似性最高；图 2-14 中显示的聚类
标签是使用 tf＊idf 算法得到的。

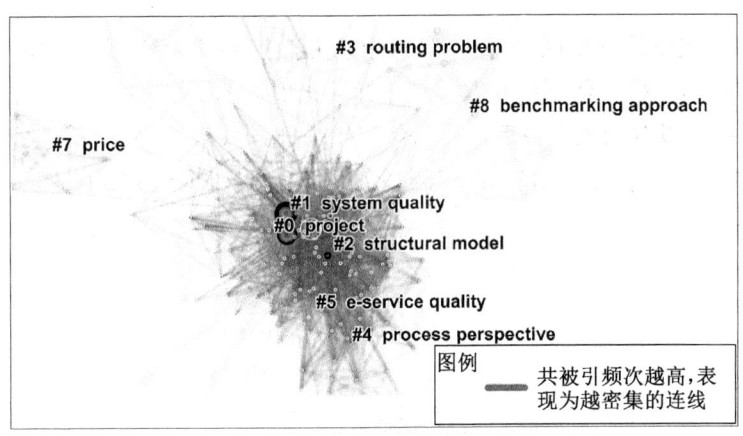

图 2-14　服务质量英文文献共被引网络图

表 2-7　服务质量共被引英文文献聚类信息

聚类♯	文献规模	Silhouette值	聚类标签（Tfidf）	聚类标签（Llr）	聚类标签（Mi）	均值（引用年份）
0	48	0.295	Project	Web site design	Recommender system	1997
1	46	0.467	System quality	System quality	Evaluation	1995
2	34	0.424	Structural model	Structural model	Recommender system	1996
3	32	0.816	Routing problem	Routing problem	Delphi method	1994

　　从 20 世纪 90 年代开始，有关服务质量的研究取得了长足的进步。主要的 4 个共被
引网络聚类都是在这一时期形成的。在该时间维度内，服务质量研究主要探讨了：①路径
问题，如 Khudyakov(2010)[①]研究了电话呼叫中心的服务路径及服务构成，该论文引用了
路径问题文献共被引聚类 ♯3 中 16％的文献；②体系质量，Gorla(2010)[②]通过对信息系统

　　① Khudyakov P, Feigin P D, Mandelbaum A. Designing a call center with an IVR (Interactive Voice Response)
[J]. Queueing Systems Theory & Applications, 2010, 66(3):215-237.

　　② Gorla N, Lin S C. Determinants of software quality: a survey of information systems project managers[J].
Information & Software Technology, 2010, 52(6):602-610.

项目经理的调查,研究了软件服务质量的决定因素。该论文引用的文献占体系质量文献共被引聚类♯2文献数量的24%;③结构模型,如Hur(2011)[①]通过构建结构方程模型研究了体育网站服务质量、在线满意度和在线忠诚度之间的关系。该论文引用了结构模型文献共被引聚类♯2中24%的文献;④设计,如O'Cass(2010)[②]研究了专业体育网站的引导对消费者满意度、情绪感知、网站忠诚度和口碑效应的影响,该论文引用的文献占设计文献共被引聚类♯1中17%的文献。显然,以上4个主要聚类是服务质量研究重要的知识基础。

(三) 服务质量英文文献关键词共现网络分析

对文献进行关键词共现网络分析,是探索研究热点和研究前沿的重要方法。本研究以在Web of Science核心数据库获取并经过标准化处理的1 425条文献记录为数据,运用Citespace软件,在设置相关参数后运行软件进行关键词共现网络分析。关键词共现网络如图2-15所示,服务质量研究的高频关键词包括service quality、model、quality、

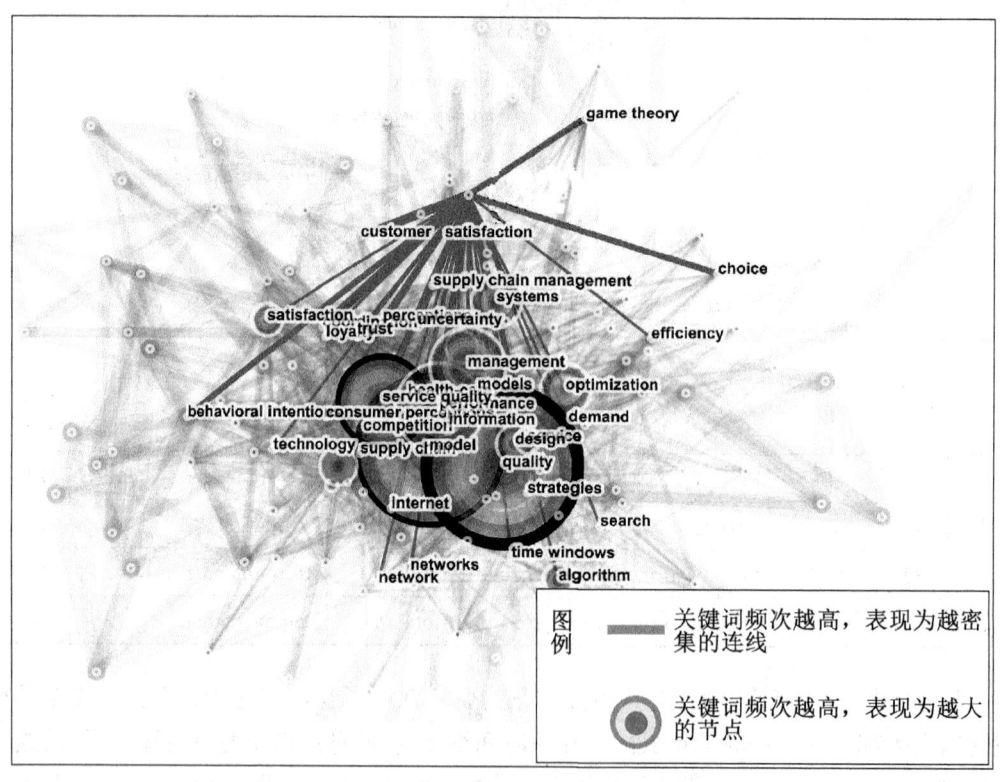

图2-15 服务质量英文文献关键词共现网络

① Hur Y J, Ko Y J, Valacich J. A structural model of the relationships between sport website quality, e-satisfaction, and e-loyalty[J]. Journal of Sport Management, 2011, 25(5):458-473.

② O'Cass A, Carlson J. Examining the effects of website - induced flow in professional sporting team websites[J]. Internet Research Electronic Networking Applications & Policy, 2010, 20(2):115-134.

performance、management、systems、optimization、design、customer satisfaction 等。其中,频次前 5 位的关键词包括:service quality(256 次),model(255 次)、quality(163 次)、performance(157 次)、management(143 次),其中心性分别为:0.34、0.18、0.18、0.07、0.08(见表 2-8)。

表 2-8 服务质量英文文献高频关键词

关键词	频次	中介中心性	年份	关键词	频次	中介中心性	年份
Service quality	256	0.34	2008	Systems	107	0.05	2009
Model	255	0.18	2008	Optimization	97	0.04	2008
Quality	163	0.18	2008	Design	83	0.03	2010
Performance	157	0.07	2010	Customer satisfaction	81	0.06	2008
Management	143	0.08	2009	System	77	0.06	2009

并且,对关键词共词网络进行聚类分析后,得到关键词网络聚类图谱(见图 2-16),形成了关键词聚类♯0 路径问题(routing problem)、♯1 权变模型(contingency model)、♯2 服务(Service)、♯3 竞争力(competitiveness)、♯4 私人部门组织(private sector organization)。

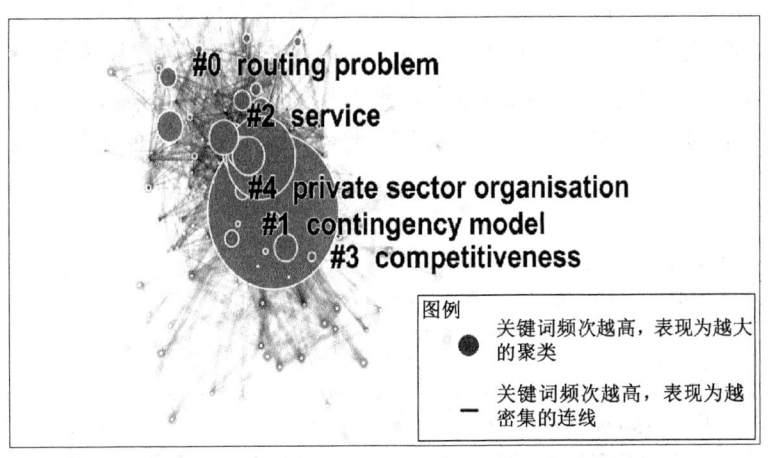

图 2-16 服务质量英文文献关键词共现网络聚类图

以上 5 个主要的关键词聚类形成的时间大致相当。聚类♯3 和聚类♯4 在 2008 年左右开始形成,聚类♯1 在 2009 年左右形成,聚类♯0 在 2010 年左右形成,而聚类♯2 在 2011 年左右形成。其中,聚类♯1 和聚类♯0 的频次明显较其他聚类高,说明这两个关键词聚类可以表达为服务质量研究领域的热点和前沿。事实上,研究者也越来越关注以上 5 个关键词聚类的研究。①路径问题。例如,Porteus、Shin、Tunca(2010)①研究了在差

---

① Porteus E L, Shin H, Tunca T I. Feasting on leftovers: strategic use of shortages in price competition among differentiated products[J]. Manufacturing & Service Operations Management, 2010, 12(1):140-161.

异化产品的价格竞争中,如何战略性地利用缺陷提高服务质量。Sayarshad、Javadian (2010)[1]提出了三维目标数学模型,以解决铁路行业线路规划的优化问题;②权变模型。例如,Rose、Wemyss、Sambasivan(2010)[2]以马来西亚的电子采购系统为案例,研究了用户对 G2B 系统的认可度。③服务。例如,Mueller(2010)[3]认为以服务为导向的数据架构是信息系统最重要的研究主题之一,并探讨了以服务为导向的数据架构的经济潜力和战略意义;④竞争力。Lin(2010)[4]以保险服务为研究对象,深入研究了服务失效及顾客的转移行为,从竞争力的视角提出了对策建议;⑤私人领域的组织。这一关键词聚类主要是从企业视角对服务质量进行研究。例如,Liou、Ye、Tzeng(2010)[5]研究了航空公司如何利用决策规则实现服务的规模定制化。

三、服务质量的国内研究综述

(一)对服务质量影响机制的研究

第一,服务质量对结果变量的影响研究。常亚平、刘艳阳、阎俊(2015)[6]立足于 B2C 情境下顾客与在线网店的整体交易过程,构建了在线服务质量对顾客忠诚的影响机理模型。许月恒、张明立、唐塞丽(2016)[7]从多维视角验证了工业市场服务质量对顾客行为意愿的影响作用。苏秦、李钊、徐翼(2007)[8]通过构建服务客户过程中交互质量与关系质量的影响模型,探讨了客户服务质量对关系质量的影响作用。何其帼、廖文欣(2012)[9]则以实验的方式验证了在线情境下,网络零售企业服务质量、第三方物流启动信息对顾客感知风险的影响。魏国辰、徐建国(2011)[10]分析物流企业服务质量的制度因素对服务绩效的

① Sayarshad H R, Javadian N, Tavakkoli-Moghaddam R, et al. Solving multi-objective optimization formulation for fleet planning in a railway industry[J]. Annals of Operations Research, 2010, 181(1):185-197.

② Rose R C, Wemyss G P, Sambasivan M. User acceptance of a G2B system: a case of electronic procurement system in Malaysia.[J]. Internet Research, 2010, 20(2):169-187.

③ Benjamin Mueller, Goetz Viering, Christine Legner, et al. Understanding the economic potential of service-oriented architecture[J]. Journal of Management Information Systems, 2010, 26(4):145-180.

④ Lin W B. Service failure and consumer switching behaviors: evidence from the insurance industry[J]. Expert Systems with Applications An International Journal, 2010, 37(4):3 209-3 218.

⑤ Liou J J H, Yen L, Tzeng G H. Using decision rules to achieve mass customization of airline services[J]. European Journal of Operational Research, 2010, 205(3):680-686.

⑥ 常亚平,刘艳阳,阎俊.B2C 环境下网络服务质量对顾客忠诚的影响机理[J].系统工程理论与实践,2015, 35 (6):94-105.

⑦ 许月恒,张明立,唐塞丽.基于多维视角的工业服务市场服务质量对客户行为意向的影响研究[J].管理学报, 2016, 13(5):1 214-1 224.

⑧ 苏秦,李钊,徐翼.基于交互模型的客户服务质量与关系质量的实证研究[J].南开管理评论,2007, 10(1):44-49.

⑨ 何其帼,廖文欣.网络零售企业服务质量对消费者风险感知的影响[J].经济管理,2012, 34(2):89-97.

⑩ 魏国辰,徐建国.物流企业服务质量管理的制度因素对服务绩效的影响研究[J].经济管理,2011, 33(8):60-67.

影响。李存超(2014)[①]从"感知—态度—行为"的范式出发,构建了电子商务平台服务质量对品牌资产的影响机制模型。贺勇、欧阳粤青、廖诺(2016)[②]以关系质量为中介变量,运用实证方法研究了第三方物流服务质量对物流外包绩效的影响关系。周杰、贺璐平(2017)[③]以顾客欣喜为中介变量,研究了服务质量通过对顾客信息显著的正向影响,进而对顾客忠诚产生显著的正向影响。

第二,前因变量对服务质量的影响研究。凌茜、汪纯孝、韩小芸(2007)[④]通过对酒店和餐馆的实证研究,深入分析了组织服务氛围和员工的情感劳动作为前因变量对服务质量的影响作用。陈永愉(2010)[⑤]以航空公司空乘人员为研究对象,验证了潜意识、情绪劳动等前因变量与服务质量的关系。吕三玉(2010)[⑥]运用扎根理论方法,确定了信息、时间、服务/态度、规章制度和硬件/环境是影响酒店前厅服务质量的主要前因变量。夏明学(2015)[⑦]深入分析了影响农村公路服务质量的前因变量及影响作用。赵为宏(2015)[⑧]对网络服务质量的前因变量进行了测量,并对各前因变量与服务质量的影响关系做了深入探讨。丁志伟(2016)[⑨]分析中国中部地区C2C商铺服务质量的空间分异及影响因素,认为基础规模、城镇化质量、文化教育水平、信息化程度、物流环境等是影响服务质量的前因变量。

(二) 对服务质量的测评模型及测评体系研究

第一,对服务质量测评模型的研究。刘益、赵阳、高长安(2010)[⑩]在借鉴SERVQUAL模型的基础上,构建了笔记本电脑服务质量测评模型。熊伟、王辉(2013)[⑪]认为传统的服务质量模型难以准确地测量供应链的服务质量,他们从顾客的视角出发,提出了供应链情境下的服务质量测评模型。卓国雄(2009)[⑫]基于标准化和适应性协调的视角,建立银行服务质量测评模型,通过顾客的感知值和期望值之间的差距测评服务质量。赵卫宏、熊小明(2015)[⑬]运用深度访谈法和实证研究法开发出中国情境下网络服务质量测量量表,提

① 李存超.电子商务平台服务质量对品牌资产的影响机理研究[D].济南:山东大学,2014,33-87.

② 贺勇,欧阳粤青,廖诺.第三方物流服务质量对物流外包绩效影响的实证研究——关系质量的中介作用[J].软科学,2016,30(12):127-130.

③ 周杰,贺璐平.服务质量对顾客忠诚的影响——以顾客欣喜为中介变量[J].企业经济,2017,36(3):91-97.

④ 凌茜,汪纯孝,韩小芸.组织的服务氛围与员工的情感性劳动对服务质量的影响研究[J].旅游科学,2007,21(10):32-42.

⑤ 陈永愉.潜意识、情绪劳动与服务质量关系的关系研究[D].天津:南开大学,2010,37-92.

⑥ 吕三玉,郑钟强,李咪咪,等.酒店前厅服务质量影响因素研究[J].旅游学刊,2014,29(10):69-76.

⑦ 夏明学,郗恩崇,李武选.农村公路服务质量关键要素研究[J].统计与决策,2015(8):132-135.

⑧ 赵卫宏,熊小明.网络零售服务质量的测量与管理——基于中国情境[J].管理评论,2015,27(12):120-130.

⑨ 丁志伟,周凯月,康江江,等.中国中部C2C店铺服务质量的空间分异及其影响因素——以淘宝网5类店铺为例[J].地理研究,2016,29(6):18-29.

⑩ 刘益,赵阳,高长安.笔记本电脑服务质量测量模型及应用研究[J].管理评论,2010,22(1):55-63.

⑪ 熊伟,王辉.构建了基于顾客导向的供应链服务质量概念模型[J].商业研究,2013,27(9):1-6.

⑫ 卓国雄.基于标准化和适应性协调的银行顾客感知服务质量模型、测度指标实证研究[D].2009,天津:南开大学,25-93.

⑬ 赵卫宏,熊小明.网络零售服务质量的测量与管理——基于中国情境[J].管理评论,2015,27(12):120-130.

出网络服务零售服务质量测评模型。陈志霞、严蓄薇(2016)[1]将心理承诺理论引入医疗服务质量研究,提出了医疗消费承诺的概念,构建了由医疗服务质量、消费承诺和医院支持感三个变量组成的测评模型。夏汉军(2015)[2]对张家界自然旅游遗产地服务体系进行了系统分析,他设计的旅游遗产地服务质量测评模型,从张家界旅游服务体系现状出发,针对的不仅是旅游者,而是与旅游遗产地相关的各个利益主体。张初兵、李东进、吴波(2017)[3]基于形成性测量模型,对网站服务质量进行测评,并验证了消费者对网站服务质量的心理反应机制。

第二,对测评体系测评指标的研究。沈颂东、丛丽(2011)[4]对移动通信服务质量进行实证研究,建立了融客观指标和主观指标为一体的呼叫中心服务质量指标体系。郑兵、金玉芳、董大海(2007)[5]创建了中国本土物流服务质量测评指标,涵盖了货品运送、人员沟通、误差处理等维度。苏秦、崔艳武、党继祥(2010)[6]在 INDSERV 量表基础上,创建了B2B 情境下的服务质量测评体系,该体系的创新之处在于把企业潜在的服务能力纳入了测评体系当中。巫京励(2014)[7]构建了供电企业服务质量测评体系及测评指标。张熠天(2015)[8]运用德尔菲法、焦点小组访谈、层次分析法等研究方法,构建了地球资源卫星应用服务质量测评体系并对指标体系进行了优化。裴雷、廖小琴、孙建军(2016)[9]以SERVQUAL 量表为基础,构建了搜索引擎服务质量评价体系。

(三) 对旅游服务质量的研究

第一,对旅游企业服务质量的研究。张文敏、张朝枝(2007)[10]通过紧急事件访谈与问卷调查的方法,分析了参团游客对旅行社服务质量的期望与实际感知。汪纯孝、温碧燕、姜彩芬(2001)[11]以旅行社为研究对象,通过实证研究探讨服务质量、消费价值和旅客满意度程度对旅客行为意向的影响。丁娟(2014)[12]引入 WEBQUAL 评价体系,结合旅行社的服务属性对原有模型加以改进后,构建了旅行社网站服务质量综合评价模型。谢礼珊、李健仪(2007)[13]基于实证研究范式,建立了导游服务质量测评模型,对影响游客满意度及游

---

① 陈志霞,严蓄薇.医疗服务质量与患者消费承诺的影响因素分析[J].统计与决策,2016,30(11):105-109.

② 夏汉军.张家界世界自然遗产地旅游服务质量测评与优化研究[D].2015,昆明:云南大学,72-90.

③ 张初兵,李东进,吴波,穆琳.消费者对网站服务质量的心理反应机制研究——基于形成性测量模型[J].大连理工大学学报(社会科学版),2017,38(1):68-74.

④ 沈颂东,丛丽.呼叫服务中心服务质量测评模型的构建与分析[J].经济管理,2011,22(11):54-61.

⑤ 郑兵,金玉芳,董大海.中国本土物流服务质量测评指标创建及其实证检验[J].2007,19(4):49-57.

⑥ 苏秦,崔艳武,党继祥.基于认证行业的 B2B 服务质量测评模型研究[J].管理评论,2010,22(7):18-29.

⑦ 巫京励.基于服务质量差距模型分析供电企业服务质量测评体系研究[J].中国新技术新产品,2014,18(23):152-152.

⑧ 张熠天,高伟,谭龙.地球资源卫星产品服务质量评价体系设计[J].科研管理,2015,27(1):528-536.

⑨ 裴雷,廖小琴,孙建军.基于 SERVQUAL 的搜索引擎服务质量评价体系研究[J].情报科学,2016,34(1):104-109.

⑩ 张文敏,张朝枝.参团游客对旅行社服务质量的期望与感知绩效研究[J].旅游学刊,2007,22(3):71-77.

⑪ 汪纯孝,温碧燕,姜彩芬.服务质量、消费价值、旅客满意感与行为意向[J].南开管理评论,2001,24(1):11-16.

⑫ 丁娟.基于 WebQual 体系的旅行社在线服务质量评估研究[J].旅游科学,2014,28(9):51-61.

⑬ 谢礼珊,李健仪.导游服务质量、游客信任感与游客行为意向关系研究[J].旅游科学,2007,21(4):43-50.

客对导游信任度的因素做了实证分析。余志远、李柏槐(2007)[①]以酒店为研究对象,定量分析了酒店服务质量与顾客消费后行为之间的关系。凌茜、汪纯孝、张秀娟(2010)[②]探讨了酒店中、高层管理人员的公仆型领导风格和部门的集体情感归属感对员工服务质量的影响。崔哲浩(2010)[③]则从供给方的视角研究星级饭店的内部服务质量,通过构建结构方程模型及测评体系,对星级饭店的内部服务质量进行实证研究和测评。徐荣林、王建琼(2016)[④]从员工视角探讨了景区服务质量的影响因素,并验证了工作环境等变量对景区服务质量的影响关系。

第二,对旅游目的地服务质量的研究。江波、郑红花(2007)[⑤]借鉴现有的服务质量模型,突破传统"旅游六要素",创新性地提出了旅游目的地服务质量评价模型,涵盖了"旅游八要素"。王恩旭、武春友(2008)[⑥]运用灰色关联分析方法对入境旅游服务质量进行测评,其测评指标除传统的旅游六要素外,还包括通讯通信等。李万连、李敏(2011)[⑦]通过实证研究深入分析了安徽省三大旅游板块旅游服务质量的影响因素。王莹(2001)[⑧]认为,服务缺乏时效性、信息服务匮乏、技术性质量低劣、功能性质量不稳定是旅游区服务质量的主要问题。关新华、李健仪、谢礼珊(2015)[⑨]以实证研究方法深入探讨了旅游公共服务质量对旅游目的地形象的影响。张懿玮、徐爱萍(2016)[⑩]从游客愉悦的视角,探索性地分析了旅游目的地服务质量的内涵及维度,以及旅游目的地立足各维度提升服务质量的对策。

第三,对其他旅游业态服务质量的研究。谢礼珊、韩小芸、顾赟(2007)[⑪]以博物馆游客为研究对象,分析了感知服务质量对博物馆游客行为意向的影响。李海娥、熊元斌(2014)[⑫]以湖北博物馆为例,通过实证研究,分析在免费开放背景下游客对博物馆的感知服务质量的构成。王卉(2013)[⑬]以主题公园为研究对象,探讨了主题公园服务质量对游客忠诚度的作用机理。马骞、宋保平、田祥利(2010)[⑭]以西安大唐芙蓉园为例,对旅游主

① 余志远,李柏槐.饭店服务质量与消费者购后行为关系研究[J].旅游科学,2007,21(6):40-47.
② 凌茜,汪纯孝,张秀娟.公仆型领导风格对员工服务质量的影响[J].旅游学刊,2010,25(4):68-76.
③ 崔哲浩.星级饭店内部服务质量模型、测度的实证研究[J].旅游学刊,2010,25(1):77-62.
④ 徐荣林,王建琼.基于员工视角的景区旅游服务质量实证研究[J].旅游科学,2016,30(4):86-94.
⑤ 江波,郑红花.基于旅游目的地八要素的服务质量评价模型构建研究[J].商业研究,2007,25(8):148-154.
⑥ 王恩旭,武春友.基于灰色关联分析的入境旅游服务质量满意度研究[J].旅游学刊,2008,23(11):30-35.
⑦ 李万连,李敏.旅游服务质量满意影响因子的区域差异研究[J].经济管理,2011,33(3):108-114.
⑧ 王莹.旅游区服务质量问题产生原因分析及控制途径[J].旅游学刊,2001,16(5):33-39.
⑨ 关新华,李健仪,谢礼珊.旅游公共服务质量对旅游目的地形象的影响[J].旅游科学,2015,29(5):27-38.
⑩ 张懿玮,徐爱萍.基于游客愉悦的旅游目的地服务质量构成要素分析[J].旅游论坛,2016,9(3):32-40.
⑪ 谢礼珊,韩小芸,顾赟.服务公平性、服务质量、组织形象对游客行为意向的影响——基于博物馆服务的实证研究[J].2007,22(12):51-59.
⑫ 李海娥,熊元斌.免费开放背景下游客对博物馆感知价值的研究——以湖北省博物馆为例[J].湖北社会科学,2014(12):73-78.
⑬ 王卉.主题公园服务质量与游客忠诚度的作用机理研究[D].广州:暨南大学,2013,12-56.
⑭ 马骞,宋保平,田祥利.旅游主题公园服务质量评价研究——以西安大唐芙蓉园为例[J].江西农业学报,2010,22(4):186-188.

题公园服务质量进行评价研究。杨旭（2009）[1]在分析中国自驾车旅游营地特征的基础上，对自驾车旅游营地的服务质量体系做了探索性的研究。刘军胜、马耀峰（2014）[2]运用实证研究方法，对西安秦岭自驾游服务质量进行评价，确定标识系统、维修保障、基础条件和服务环境是影响该地区自驾游服务质量的主要变量。赵艳林、毛道维、钟兰岚（2016）[3]关注的是民族村寨的旅游服务质量，研究了民族村寨旅游服务质量对旅游者行为意愿的影响。

四、服务质量的国外研究综述

（一）对服务质量维度的研究

第一，对服务质量维度的一般性研究。Parasuraman、Zeithaml、Berry（1988）[4]通过焦点小组研究认为，顾客服务属性可以分为 10 个维度：可接触、沟通、技能、礼仪、声誉、可靠性、反应、安全、可见性和对顾客的理解，并在此基础上提出了 SERVQUAL 模型，包含：可见性、可靠性、反应、保证、移情等 5 个维度。Cronin、Taylor（1992）[5]则认为SERVQUAL 存在明显的实证研究缺陷，应该以顾客感知的服务绩效测量服务质量，并提出了 SERVPERF 模型。Ekinci（2001）[6]用古特曼开发量表方法和 Q 检验方法确定了服务质量的维度：服务设施质量、员工行为和态度、便利性、可靠性。Rust、Oliver（2004）[7]认为服务质量由服务产品、服务传递、服务环境 3 个维度构成，并提出了服务质量模型。Finn（2011）[8]研究了在线情境下的服务质量，认为在线服务质量可分解为技术和功能两个维度，并验证了在线服务质量在技术和功能等维度对顾客满意度的非线性影响作用。

第二，对具体服务类型服务质量维度的研究。Ariff、Yun、Zakuan（2012）[9]用e-SERVQUAL量表研究了银行在线服务质量的 8 个维度：效率、目标实现、系统可用性、隐私、回应性、接触、保证、网站美感，并提出了银行服务质量概念模型。Zavareh、Ariff、

---

① 杨旭.中国自驾车旅游营地特征与服务体系探析[J]. 北京第二外国语学院，2009，25(2)：13-20.

② 刘军胜，马耀峰.西安秦岭自驾游旅游服务质量评价研究[J]. 干旱区资源与环境，2014，28(12)：17-26.

③ 赵艳林，毛道维，钟兰岚.民族村寨旅游服务质量对游客行为意愿的影响研究——满意、不满意的中介作用[J]. 四川师范大学学报(社会科学版)，2016，43(4)：80-89.

④ Parasuraman A, Zeithaml A V, Berry L L. SERVQUAL：a multiple item scale for measuring consumer perceptions of service quality[J]. Journal of Retailing，1988，64(8)：12-40.

⑤ Cronin J J, Taylor S A. Measuring Service Quality：a reexamination and extension[J]. Journal of Marketing，1992，56(3)：55-68.

⑥ Yuksel Ekinci. The validation of the generic service quality dimensions：an alternative approach [J]. Journal of retailing and consumer services，2001，8(1)：311-324.

⑦ Rust R T, Oliver R L. Should we delight the customer? [J]. Journal of the Academy of Marketing Science，2004，28(1)：86-94.

⑧ Adam Finn. Investigating the non-linear effects of e-service quality dimensions on customer satisfaction[J]. Journal of Retailing and Consumer Services，2011，18(4)：27-37.

⑨ Mohd Shoki Md Ariff, Leong Ooi Yun, Norhayati Zakuan, Ahmad Jusoh. Examining dimensions of electronic service quality for internet banking services[J]. Social and behavioral sciences，2012，65(8)：854-859.

Jusoh(2012)[①]认为,银行在线服务质量的维度涉及服务的高效性、服务的可靠性、服务的安全性、服务的信任感、服务的成就感、网站的便利性等维度。Bernardo、Marimon、Almeida(2012)[②]研究了在线旅行社在线服务质量的理论维度,将功能质量和享乐质量纳入在线服务质量维度中。Bezerra、Gomes(2015)[③]研究发现,航空服务质量的维度涵盖机票预订、机场服务、空乘人员的服务、航班可获得性、服务的可靠性、机票价格、航空公司形象等方面,并考察了上述维度对乘客未来行为意愿的影响。Moreno、Crespohervas(2016)[④]认为体育节事服务质量的维度应该包括:美感质量、技术质量和功能质量,其中美感质量是其研究的创新之处。

(二) 对服务质量评价模型及评价方法的研究

第一,对服务质量评价模型的研究。Zeng、Yang、Li(2011)[⑤]通过对购买移动手机顾客的实证研究,深入分析了配送服务质量的5个维度维度通过感知价值和顾客满意度对价格敏感程度产生直接和间接的影响。Lee、Wu(2011)[⑥]以台湾航空公司网站为案例,探讨了服务质量的技术认可维度以及该维度对航空在线服务质量的调节作用。Luoh、Tsaur(2011)[⑦]探索性地研究了台湾高档餐厅的各类服务情形以及服务员年龄形成的固有印象对顾客服务质量感知的影响,并且探讨了服务员年龄形成的固有印象、年龄的群体偏见和受访者的年龄对感知服务质量的调节作用。Wang、Kim、Ko(2016)[⑧]认为服务质量包括互动质量、环境质量和结果质量3个维度,而顾客权益包括价值权益、品牌权益和关系权益等3个维度。其服务质量评价模型包含了零售业服务质量、顾客权益和顾客满意度3个主要变量,目的是考察3个主要变量之间的影响关系和影响机制。Caber、Albayrak(2016)[⑨]创建了旅行社一日游服务质量评价模型,认为旅行社一日游服务质量包含6个维度:交通、导游、酒水设施、购物设施、中途停靠设施、博物馆及旅游景点,并开发

① Farnaz Beheshti Zavareh, Mohd Shoki Md Ariff, Ahmad Jusoh, Norhayati Zakuan, Ahamad Zaidi Bahari. E-service quality dimensions and their effects on e-customer satisfaction in Internet banking services[J]. Social and behavioral sciences, 2012, 40(7):441-445.

② Bernardo M, Marimon F, Almeida M M. Functional quality and hedonic quality: a study of the dimensions of e-service quality in online travel agencies[J]. Information & Management, 2012, 49(7):342-347.

③ Bezerra G C L, Gomes C F. The effects of service quality dimensions and passenger characteristics on passenger's overall satisfaction with an airport[J]. Journal of Air Transport Management, 2015, 44(4):77-81.

④ Calabuig-Moreno F, Crespohervas J, Prado-Gasco V, et al. Quality of sporting events: Validation of the Eventqual scale[J]. Transformations in Business & Economics, 2016, 15(2):21-32.

⑤ Zeng F, Yang Zh, Li Y, Fam K S. Small business industrial buyers' price sensitivity: do service quality dimensions matter in business markets? [J]. Industrial marketing management, 2011, 40(7):395-404.

⑥ Lee F H, Wu W Y. Moderating effects of technology acceptance perspectives on e-service quality formation: evidence from airline websites in Taiwan[J]. Expert systems with applications, 2011, 38(11):7766-7773.

⑦ Luoh H F, Tsaur S H. Customers' perceptions of service quality: do servers' age stereotypes matter? [J]. International Journal of Hospitality Management, 2011, 30(7):283-289.

⑧ Wang H, Kim K H, Ko E, et al. Relationship between service quality and customer equity in traditional markets[J]. Journal of Business Research, 2016, 69(9):3827-3834.

⑨ Albayrak T, Caber M, ÇÖmen N. Tourist shopping: the relationships among shopping attributes, shopping value, and behavioral intention[J]. Tourism Management Perspectives, 2016, 18(7):98-106.

出针对旅行社一日游服务的 DAILYSERV 量表进行测量。

第二,对服务质量评价方法的研究。Eboli、Mazzulla(2011)[1]从乘客的视角,在主观测量和客观测量的基础上,研究了评价换乘服务质量的方法。该方法以乘客感知和换乘运营商的绩效测量为基础,包含了换乘服务特征的主要方面。Kita、Kouchi(2011)[2]定量化研究了司机对交通服务质量的感知。他们的研究提出了两种方法,一种是在偏好数据和离散选择模型的基础上估计司机对交通服务质量的感知。另一种方法是将以点数为基准的服务质量感知与以部分为基准的服务质量感知联系起来。Liou、Hsu、Yeh(2011)[3]研究了提升航空公司服务质量的修正灰色关联法。Shirouyehzad(2013)[4]依据服务质量维度,运用 AHP/DEA 方法对酒店服务质量进行评级和评价。Mardani、Jusoh、Zavadskas(2015)[5]运用多重标准决策技术及方法,对服务质量进行评价。Kao、Lin(2016)[6]将联立方程模型运用于在线服务质量测评中,并运用该方法探讨了在线服务质量与品牌权益之间的关系。Senante(2016)[7]应用影子价格方法对英格兰和威尔士的供水服务质量进行测评,并测算了提升服务质量的成本。Namin(2017)[8]对快餐店重购顾客的服务质量感知进行了测评,结果表明,提高服务质量并不能直接增加重购顾客的行为意愿,但满意度是增强行为意愿的间接变量。

五、服务质量的国内外研究对比

(一) 研究内容的异同

1. 研究内容的相同点

研究内容的相同点有以下几个方面:第一,国内外有关服务质量的研究都涉及了服务

① Eboli L, Mazzulla G. A methodology for evaluating transit service quality based on subjective and objective measures from the passenger's point of view[J]. Transit policy, 2011, 18(10):172-181.

② Hideyuki Kita, Akira Kouchi. Qualifying perceived quality of traffic service and its aggregation structure[J]. Transportation research part C, 2011, 19(2):296-306.

③ James J H Liou, Chao-Che Hsu, Wen-Chien Yeh, Rong-Ho Lin. Using a modified grey relation method for improving airline service quality[J]. Tourism Management, 2011, 32(6):1381-1388.

④ Shirouyehzad H, Lotfi F H, Arabzad S M, et al. An AHP/DEA ranking method based on service quality approach: a case study in hotel industry[J]. International Journal of Productivity & Quality Management, 2013, 19(4):434-445.

⑤ Mardani A, Jusoh A, Zavadskas E K, et al. Application of multiple-criteria decision-making techniques and approaches to evaluating of service quality: a systematic review of the literature[J]. Journal of Business Economics & Management, 2015, 16(5):1034-1068.

⑥ Kao T W, Lin W T. The relationship between perceived e-service quality and brand equity: a simultaneous equations system approach[J]. Computers in Human Behavior, 2016, 57(6):208-218.

⑦ Molinos-Senante M, Maziotis A, Sala-Garrido R. Estimating the cost of improving service quality in water supply: A shadow price approach for England and wales[J]. Science of the Total Environment, 2016, 53(9):470-477.

⑧ Namin A. Revisiting customers' perception of service quality in fast food restaurants[J]. Journal of Retailing & Consumer Services, 2017, 34(2):70-81.

质量评价模型,针对各类型服务和服务情境构建评价模型,按照实证研究方法对评价模型和研究假设进行验证,从而对服务质量进行评价;第二,国内外有关服务质量的研究都涉及了服务质量评价方法的研究,即从定性和定量的研究视角,对具体服务类型和服务情境的质量评价方法进行研究;第三,国内外有关服务质量的研究都涉及服务评价模型的优化,即结合具体的服务情境和服务类型,对已有的相对成熟的评价模型进行改进;第四,国内外有关服务质量的研究都涉及服务评价体系,即开发出适合具体服务类型和情境的评价指标和评价体系;第五,国内外有关服务质量的研究都涉及服务质量影响机制和影响关系等研究主题,如服务质量与前因变量或结果变量的影响关系与作用机制。

2. 研究内容的不同点

研究内容的不同点有以下几个方面:第一,与国外研究相比,国内有关服务质量维度的研究还相对有限,尤其是具有开创性的理论研究还显不足,而国外对服务质量的研究相对成熟,一些有关服务质量的研究结论已得到广泛认可,成为经典的理论研究;第二,由于国内对服务质量的研究起步晚,理论和方法多源于国外的研究,因此有关服务质量维度的创新性研究还显不足,在开发适合中国消费者特性的量表等方面还需要创新;第三,部分中文文献对服务质量的研究仍以对某一具体服务类型或服务情境的实证研究居多,对服务质量的基础性研究相对较少;第四,部分英文文献涉及服务质量评价方法的主题,如评价换乘服务质量的方法,评价航空公司服务质量的灰色关联法以及影子价格方法在服务质量测评中的应用等。

(二) 研究方法的异同

1. 研究方法的相同点

研究方法的相同点有以下几个方面:第一,国内外有关服务质量的研究都应用了实证研究方法,如通过问卷调查采集数据、构建结构方程模型,对研究模型和研究假设进行验证等;第二,国内外有关服务质量的研究都采用了统计分析方法,如探索性因子分析方法、验证性因子分析方法、信度分析和效度分析,及其他相关统计分析方法;第三,国内外有关服务质量的研究都能将实证研究方法应用于对某一具体服务类型或服务情境的质量评价中,如开发与具体服务情境和服务属性相符的量表,建立与具体服务情境和服务属性相符的研究模型,针对具体的服务类型和服务情境进行评价。

2. 研究方法的不同点

研究方法的不同点有以下几个方面:第一,部分研究服务质量英文文献采用了定性研究方法,如扎根理论方法等,通过开放式编码、选择性编码、主轴式编码、理论建立等程序对服务质量进行质性研究;相比之下,由于国内对这一主题的研究尚显不足,因此定性方法在国内研究中的应用还较为有限。第二,在对某一具体服务类型或服务情境的评价中,国外研究除应用实证研究方法外,也会借鉴和运用其他学科的分析方法,如将心理学、社会学等学科的方法引入服务质量的研究,使原有的研究框架和研究方法能够创新,但国内对服务质量创新性的研究相比还不多;第三,部分英文文献对交通服务质量的研究还采用了偏好数据和离散选择模型,对交通服务质量的评价进行量化分析;第四,部分英文文献对服务质量的研究还运用了修正灰色关联法、联立方程模型、影子价格方法等。

六、服务质量的国内外研究述评

从文献分析可以看出,对"服务质量认知"的界定多是结合具体的服务情境,通过确定服务质量的维度进行的。由于服务质量维度的数量和性质与具体的服务类型相关,因此"服务质量认知"的定义有较大差异。例如,Parasuraman、Zeithaml、Berry(1988)认为服务质量认知包括可接触、沟通、技能、礼仪、声誉、可靠性、反应、安全、可见性和对顾客的理解等10个维度;Ekinci(2001)认为服务质量包括服务设施质量、服务传递和服务情境3个维度;Finn(2004)认为服务质量由服务产品、服务传递、服务环境3个维度构成。范秀成、杜建刚(2006)认同服务质量的5个维度,即有形性、可靠性、安全性、响应性、移情性。盛天翔、刘春林(2008)认为服务质量包含有效性、履约行、系统可用性和私密性等4个维度。

可见,有关服务质量认知尚未形成统一的定义。研究者结合所研究的服务类型和服务情境,有针对性地提出服务质量的维度。这也映证了 Chumpitaz、Swaen(2002)所提出的:服务质量维度的数量和性质与所研究的服务类型直接相关。因此,非邮轮旅游服务情境下的服务质量认知定义或服务质量维度并不适合本研究。本研究将立足邮轮旅游服务情境,对邮轮旅游服务质量的维度进行探索性研究,以契合邮轮旅游产品及服务的属性,并实现研究创新。

从已有的文献可以看出,国内外对服务质量的测量量表大致可以分为两类:一类是使用已有的经典测量量表,如 SERVQUAL、服务绩效测量量表;另一类是针对所研究的具体服务类型和服务情境,开发出新的测量量表。

就服务质量的经典测量量表而言,被研究者广泛认可的是 Parasuraman、Zeithaml、Berry(1988)提出的 SERVQUAL 量表。该量表的基本理念是服务质量取决于顾客所感知的服务水平与顾客所期望的服务水平之间的差距程度,并从可见性、可靠性、反应性、保证性和移情性5个维度对服务质量进行测量。研究者使用该量表可以根据服务期望和服务感知准确地分析形成服务质量差距的原因。

但 Cronin、Taylor(1992)认为 SERVQUAL 量表存在明显的缺陷,顾客对服务质量的评价取决于顾客对服务绩效的感知,并提出了 SERVPERF 量表。SERVPERF 量表摒弃了 SERVQUAL 量表通过比较服务期望水平与服务感知水平差距程度来测量服务质量的理念,而是仅以顾客对服务绩效的感知水平来测量服务质量,并且 SERVPERF 量表不涉及加权问题,在信度和效度方面优于 SERVQUAL 量表。

由于 SERVPERF 量表仅对服务绩效感知进行测量,因此简便易行。但该量表也存在明显的缺陷,如信息量较少,对服务质量原因的分析能力较差。部分研究者又提出了基于 IPA(Importance-Performance Analysis)方法的测量量表,如 Wilensky(1998),Chu、Choi(2000)等。该量表的基本理念是通过测量服务对顾客的重要性以及顾客对服务绩效的感知水平来确定服务各属性的优先顺序。

Brown、Churchill(1993)提出了基于非差异(Non-difference)方法的服务质量测量量

表,该量表在形式上沿用了 SERVQUAL 量表的 22 个测度项,但直接对顾客期望的服务质量与顾客感知的服务质量之间的差距进行测量。Webster、Hung(1994)又在此基础上,将量表的测度项减至 10 个,采用－2 至 2 的评分尺度,提高了问卷回收率,量表不仅适用,而且有效可信。Weiner(1985)还基于归因模型提出过服务质量测量量表,Bitner(1990)对模型和量表进行了改进,该量表不同于以往期望和绩效的差异比较,在框架中加入了逻辑和心理方面的变量。但以上两类测量量表的影响较小。

不同于多数的一维服务质量量表,日本学者 Kano(1984)在双因素理论的基础上提出过二维服务质量量表。一维服务质量量表认为只要具备产品或服务的质量要素,就能促成顾客满意;反之,顾客就不满意,且具备的质量要素越多,顾客就越满意。但二维量表的基本理念是具备某些质量要素也不一定促成顾客满意,认为服务质量包括必要服务质量要素、线性质量要素、愉悦质量要素、无差异质量要素和反转质量要素。但二维服务质量测量量表存在一些缺陷,如该量表的质量要素只与满意度关联,不适用于质量要素与其他认知或情感变量的影响关系研究。

同时,一些研究者结合所研究的服务类型和服务情境,开发出新的服务质量测量量表。如刘军胜、马耀峰(2014)在评价西安秦岭自驾游服务质量时,开发出了包含了标识系统、维修保障、基础条件和服务环境等变量的测量量表;陈志霞、严蔷薇(2016)的医疗服务质量量表则包含了医疗服务质量、消费承诺、医院支持感等 3 个变量;郑兵、金玉芳、董大海(2007)开发的中国本土物流服务质量量表,包含货品运送、人员沟通、误差处理等维度;Ariff、Yun、Zakunan(2002)构建的在线银行服务质量量表,从效率、目标实现、系统可用性、隐私、回应性、接触、保证和网站美感等维度对服务质量进行测量;Bernardo、Marimon、Almeida(2012)开发出的在线旅行社服务质量量表突出了功能质量和享乐质量两个维度。Moreno、Crespohervas(2016)提出的体育节事服务质量量表,包括美感质量、技术质量和功能质量等维度。

考虑到经典服务质量量表,如 SERVQUAL、SERVPERF 等,存在缺陷和不足,它们并不适用于邮轮旅游服务质量研究。例如,SERVQUAL 量表中,顾客对服务质量的期望建立在之前的服务质量感知基础上。在邮轮旅游服务质量研究中,如果研究对象是初次乘邮轮的游客,那么对邮轮游客服务期望的测量就缺乏依据,因此本研究将不采用 SERVQUAL 量表。同时,SERVPERF 量表仅对顾客感知的服务绩效进行测量,对服务质量形成原因的解释能力差,而本研究的实践意义之一就是要为邮轮企业提升服务质量、创新邮轮产品及服务提供科学依据,因此本研究也不采用 SERVPERF 量表。至于其他研究者结合所研究的服务类型和服务情境,开发出的服务质量测量量表,带有鲜明的服务情境的特征。如果离开所研究的服务类型和服务情境,其量表就失去了研究价值和研究意义。因此,本研究也不会采用其他服务类型和服务情境的测量量表,而是立足于邮轮旅游服务情境,开发适合邮轮旅游服务质量的测量量表。

第三节 满意度文献研究综述

一、满意度中文文献研究进展

（一）满意度中文文献研究概况

第一，国内满意度文献发表的时间。本研究以中国知网（CNKI）为数据来源，以"满意度"为篇名限定词，检索与"满意度"相关的研究文献，发现国内最早发表的与"满意度"相关的文献是在1981年。本研究选取1992—2017年为文献观察期，结果提取到与满意度相关的文献记录41 786条。如图2-17所示，1992年的文献发表数量是9篇，此后逐年增加，真正迎来研究的第一个高峰期是2000年，当年发表的文献数量为182篇，较1999年增长了2倍，2001年以后的年发表数量增长都在100篇以上，在2005年发表数量突破1 000篇，较2004年增长了301篇，2015年的发表数量更是超过了4 000篇，说明国内对满意度的研究已较为成熟，并且对该主题的研究还在不断拓展和深化，仍然是当前的一个研究热点。

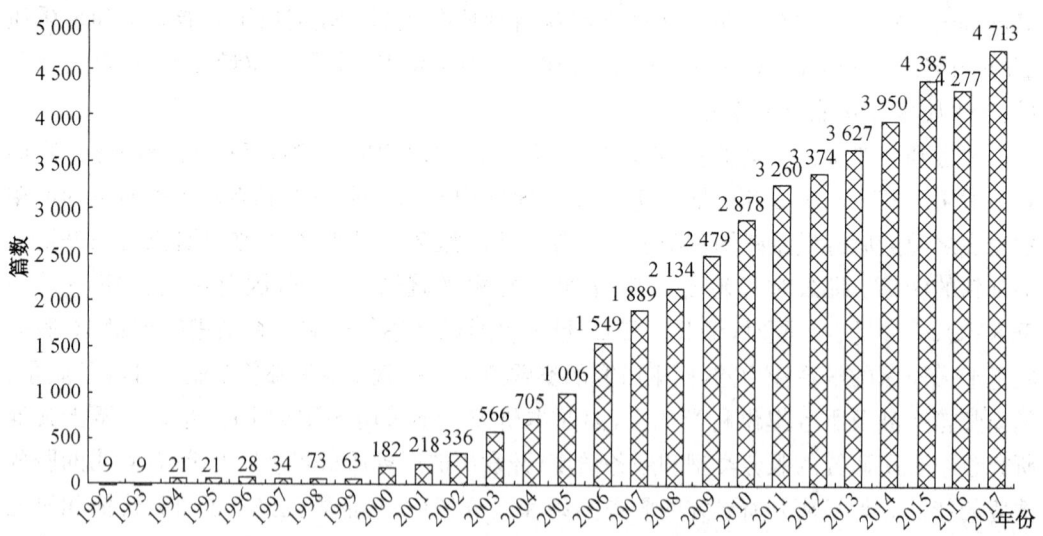

图2-17 满意度中文文献发表数量趋势图

第二，国内满意度文献的学科分布。在提取的41 786条文献记录中，与企业经济相关的文献有5 420条，与临床医学相关的有4 601条，与宏观经济管理相关的有3 422条，与医药卫生相关的有3 059条，与工业经济相关的有2 300条，与高等教育相关的有1 998

条,与旅游相关的有 1 756 条,与贸易经济相关的有 1 483 条,与国际政治相关的有 1 166 条,与行政学相关的有 993 条,与信息经济与管理相关的有 972 条,与教育管理相关的有 935 条,与农业经济相关的有 857 条,与心理学相关的有 766 条。从中可以看出,企业产品服务满意度、医疗卫生满意度、工业产品满意度、旅游服务满意度、贸易服务满意度、信息产品及服务满意度等是当前国内研究的主要领域,并且融合了多学科的视角和方法。国内对满意度的研究主题与研究领域,与当前中国经济转型,拉动内需,实现供给侧结构性改革,提升经济发展的效率及集约化程度,改善民生的实际密切相关。

(二)满意度中文文献关键词词频分析

本研究以中国知网数据库(CNKI)为数据来源,以"满意度"为主题词,进行相关文献数据的检索。本研究选取其中相关度较高的 600 条文献数据,导入文献题录信息统计分析工具 SATI 进行数据分析。

从表 2-9 可以看出,国内满意度研究出现频次较高的关键词包括:满意度、工作满意度、生活满意度、影响因素、顾客满意度、结构方程模型、游客满意度、因子分析、学生满意度、社会支持等。这些高频关键词也是国内满意度研究重点关注的领域。以顾客为对象的满意度研究一直是研究的重点,不同产品或服务,以及不同情境下的满意度研究使有关满意度的研究呈现多元化的特征。例如,工作情境下的工作满意度、员工满意度、薪酬满意度研究,工作绩效研究,生活情境下的生活满意度研究等。针对不同对象的满意度研究也是研究的主要内容,如游客满意度、公众满意度、学生满意度、用户满意度等。满意度的影响因素,满意度与相关变量的关系也是满意度研究的重点,如满意度与忠诚度、满意度与服务质量、满意度与购买意愿、工作满意度与组织承诺等的关系。在研究方法上,结构方程模型、因子分析、实证研究是国内满意度研究的主要方法。

表 2-9 满意度中文文献关键词频率

关键词	频率	关键词	频率
满意度	106	公共服务	11
工作满意度	69	公众满意度	11
生活满意度	59	农户满意度	10
影响因素	41	员工满意度	8
顾客满意度	35	组织承诺	8
结构方程模型	32	大学生	8
游客满意度	21	服务质量	8
因子分析	16	薪酬满意度	8
学生满意度	14	用户满意度	7
社会支持	13	工作绩效	7

(三) 满意度中文文献关键词聚类分析

从树状聚类图(见图 2-18)和多维尺度图(见图 2-19)可以看出,国内对满意度的研究主要包括以下几个方面的主题:第一,顾客满意度研究,主要涉及满意度、影响因素、因子分析、顾客满意度、感知价值、忠诚度、服务质量等关键词;第二,用户满意度研究,主要涉及结构方程模型、学生满意度、用户满意度、居住满意度、北京等关键词;第三,游客满意度

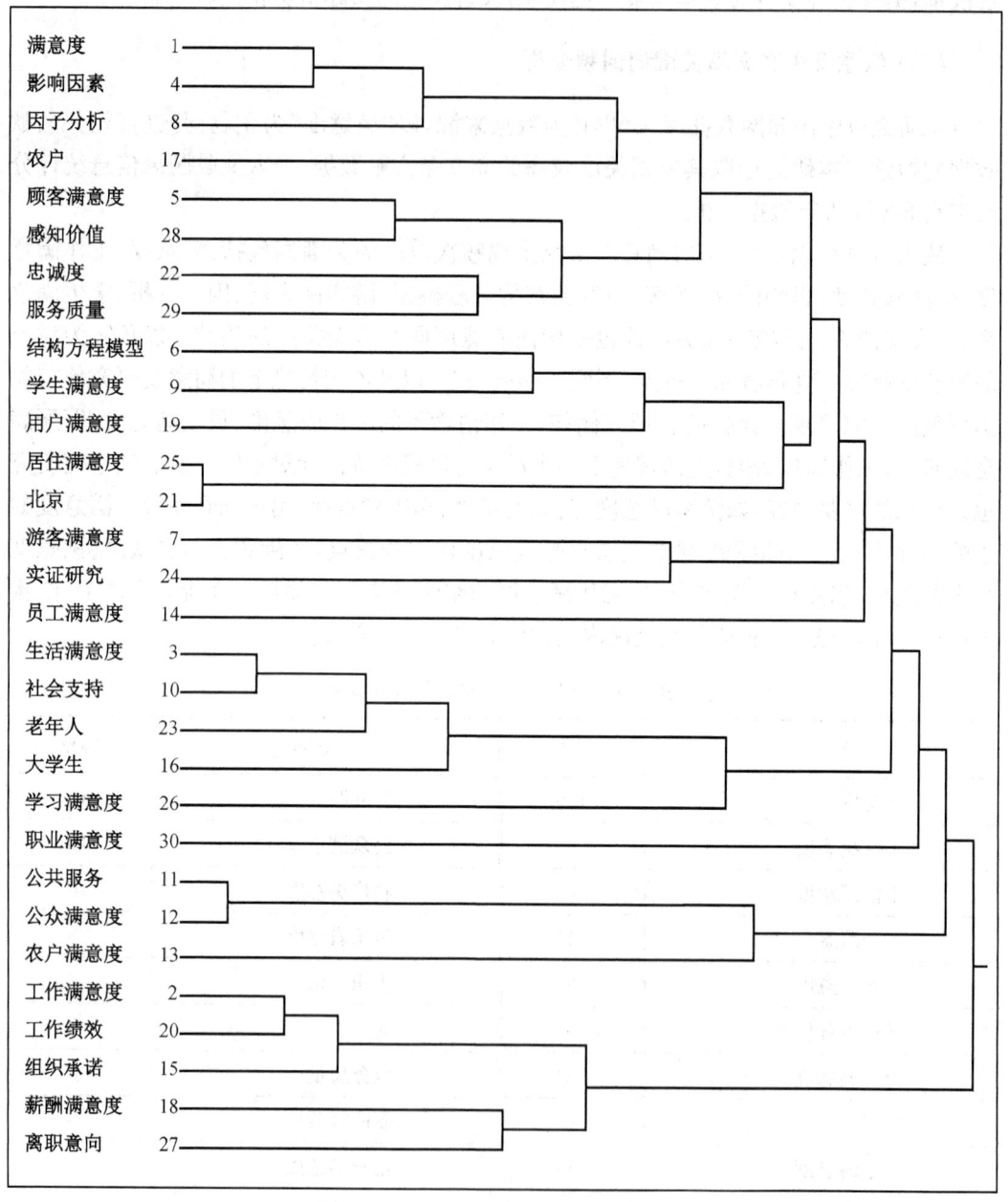

图 2-18 满意度中文文献关键词树状聚类图

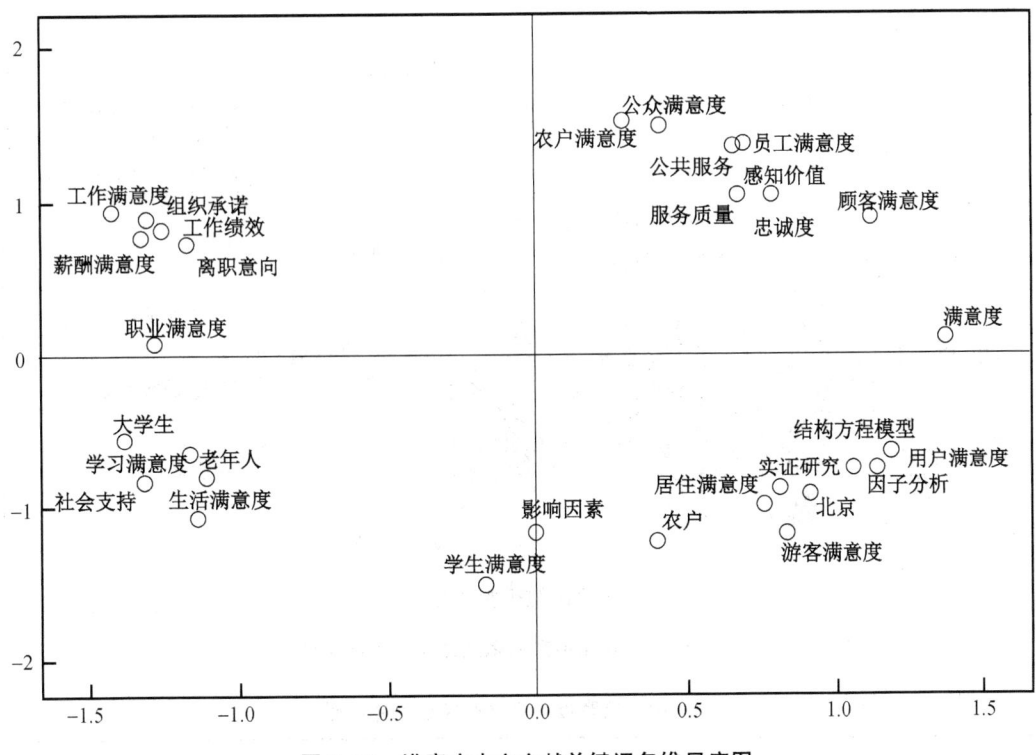

图 2-19　满意度中文文献关键词多维尺度图

研究,主要涉及结构方程模型、游客满意度、实证研究等关键词;第四,生活满意度和学习满意度研究,主要涉及生活满意度、社会支持、老年人、大学生、学习满意度等关键词;第五,公共服务满意度研究,主要涉及公共服务、公众满意度等关键词;第六,工作满意度研究,主要涉及工作绩效、组织承诺、薪酬满意度、离职意向、员工满意度、职业满意度等关键词。

(四) 满意度中文文献关键词共现分析

一方面,从关键词共现网络(见图 2-20)可以直观地看出,顾客满意度、满意度、工作满意度、影响因素、结构方程模型、生活满意度、因子分析、服务质量、感知价值、忠诚度、实证研究等关键词的块状节点较大。由于关键词中心度的属性值与块状节点的大小相关,即中心度属性值越大,块状节点越大,所以共现网络中这些关键词非常重要,也是国内满意度研究重点关注的领域。另一方面,从衡量节点中心性的三个重要指标,点度中心性、接近中心性和中介中心性(见表 2-10)来看,点度中心性较高的是满意度、工作满意度、生活满意度、居住满意度、社会支持、影响因素、公共服务等关键词,说明与这些关键词相关的研究处于国内满意度研究的中心位置;接近中心性较高的是影响因素、实证研究、满意度、结构方程模型、顾客满意度、工作满意度等,说明通过这些关键词,可以较清晰的了解国内满意度研究的状况,以及研究讯息的流向;中介中心性较高的是影响因素、工作满意度、结构方程模型、满意度、顾客满意度、生活满意度、社会支持、因子分析、实证研究等,说明这些关键词控制了国内满意度研究的主要资源。

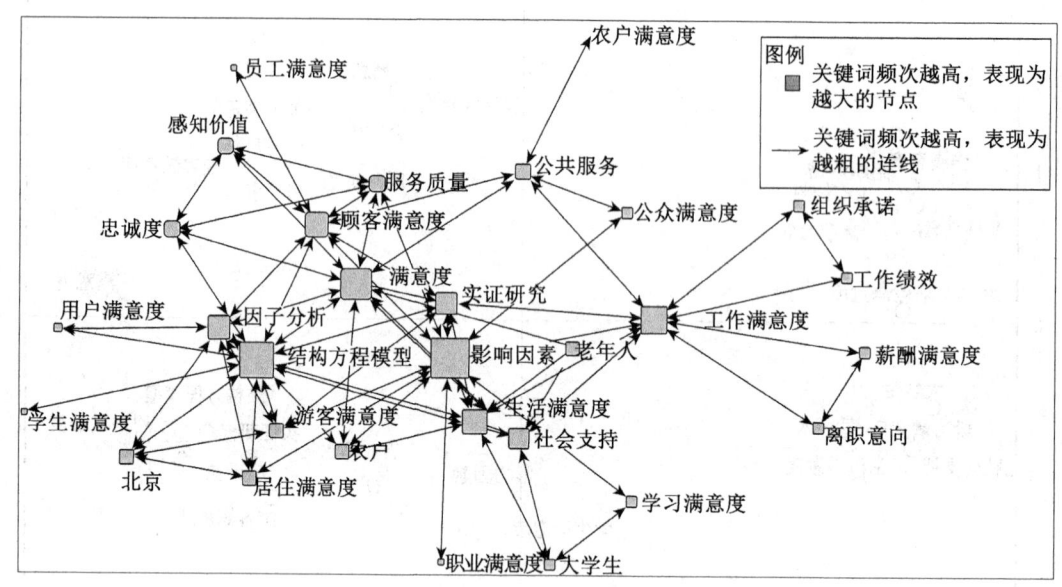

图 2-20 满意度中文文献关键词共现网络图

表 2-10 满意度中文文献关键词中心性

关键词	点度中心性	关键词	接近中心性	关键词	中介中心性
满意度	0.264	影响因素	63.043	影响因素	127.582
工作满意度	0.248	实证研究	55.769	工作满意度	112.197
生活满意度	0.242	满意度	55.769	结构方程模型	79.535
居住满意度	0.234	生活满意度	54.717	满意度	48.767
社会支持	0.226	结构方程模型	54.717	顾客满意度	48.650
影响因素	0.217	顾客满意度	52.727	公共服务	40.211
公共服务	0.177	工作满意度	52.727	生活满意度	26.899
公众满意度	0.153	社会支持	51.786	社会支持	22.140
结构方程模型	0.134	因子分析	51.786	因子分析	20.658
工作绩效	0.125	公共服务	47.541	实证研究	20.225

二、满意度英文文献研究进展

(一) 满意度英文文献研究概况

第一,国外满意度文献发表的数量。本研究以 Web of science 为数据来源,以"Satisfaction"为标题限定词,检索与满意度研究相关的国外文献,并选取 1992—2017 年为文献观察期,结果提取到与满意度研究相关的国外文献记录 37 906 条,从文献总量可以看出,国外对满意度的研究已相当成熟。如图 2-21 所示,从 1992 年国外发表的满意度研究文献数量是 350 篇,此后 2 年增幅都在 10 篇左右,但在 1995 年出现了满意度研究的一个高峰期,当年发表文献数量是近 500 篇,较上一年增长近 150 篇,此后的 2000 年、2004 年、2008 年和 2012 年都出现过文献数量的高峰,都较上一年有较大幅度的增长,2017 年的文献数量是 3 494 篇。从中可以看出,一方面,国外满意度已非常成熟,不仅每年的文献数量都在增长,而且当年的文献数量也非常可观;另一方面,国外满意度研究持续"热",说明满意度研究的领域在不断拓展,不断有新主题融入满意度研究中,也说明学术研究与不断发展的实践是紧密联系的。

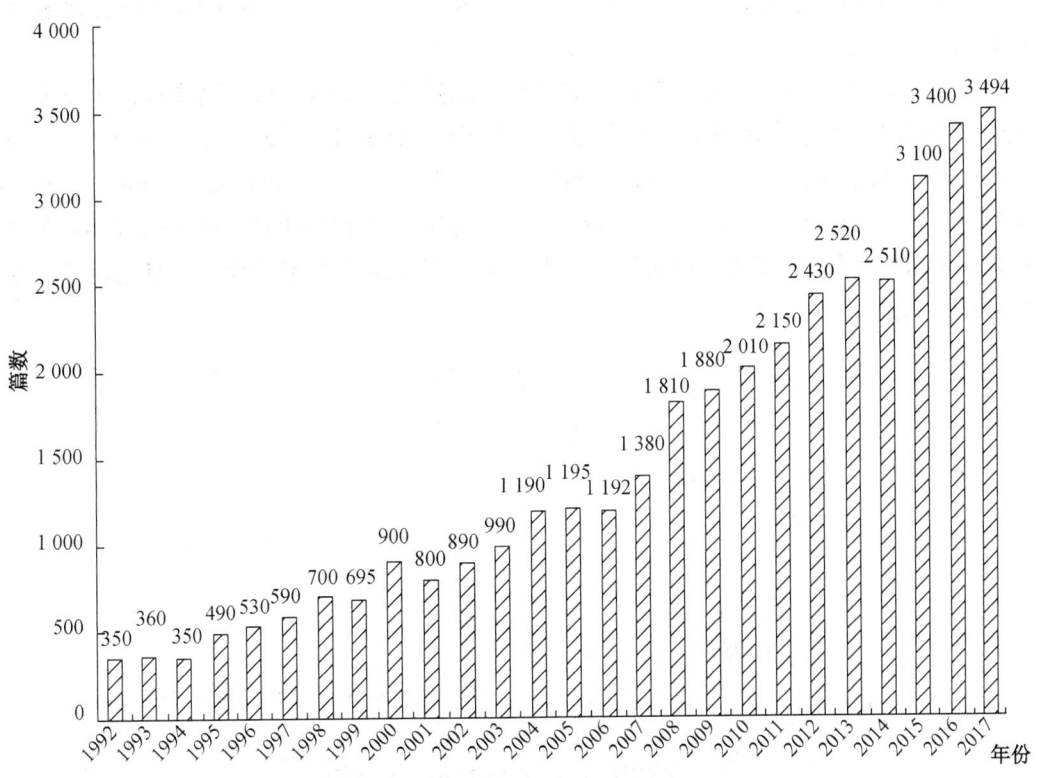

图 2-21 国外满意度文献发表数量趋势图

第二,国外满意度文献的学科分布。在提取到的 37 906 条文献记录中,与 Management(管理学)相关的文献有 2 780 篇,与 Psychology(心理学)相关的有 2 121 篇,与 Business(工商)相关的有 1 927 篇,与 Health care sciences services(保健科学与服务)相关的有 1 869 篇,与 nursing(护理)相关的有 1 613 篇,与 Healthy policy services(健康政策服务)相关的有 1 351 篇,与 Economics(经济学)相关的有 1 200 篇,与 Eduactional research(教育学研究)相关的有 1 177 篇,与 Hospitality leisure sport tourism(旅游休闲运动接待)相关的有 920 篇,与 Computer science artificial intelligence(计算机科学人工智能)相关的有 918 篇,与 Sociology(社会学)相关的有 772 篇,与 Operations research management(运营研究管理)相关的有 693 篇。从学科分布可以看出,一方面,从管理学,

尤其是工商管理、心理学等学科的视角的研究,是国外对满意度研究的主流;另一方面,国外对满意度研究的方法和视角极为多元,并且这种多元化的趋势还在进一步加强,使得国外对满意度的研究能够不断创新,成为持续的研究热点。

(二) 满意度研究文献的共被引网络分析

本研究以 Web of science 核心库为数据来源,以"主题＝(Satisfaction)"为条件,文献时间选取 1992—2017 年,检索与满意度相关的研究文献。在得到初步检索结果后,对文献数据进行标准化处理,删除与研究主题不相符的文献记录,合并相似字段,以提高数据分析的准确性和可靠性。最后,本研究检索到符合共被引分析要求的文献记录样本 808 个。

本研究运用 Citespace 软件对检索的研究文献进行共被引分析。满意度研究文献共被引网络分析的结果如图 2-22 所示。图谱中形成的主要聚类包括:聚类♯0 job satisfaction,聚类♯1 design,聚类♯2 evidence,聚类♯3 integrating service quality,聚类♯4 online customer,聚类 5♯ antecedent 等。共被引文献网络聚类是体现研究领域知识基础非常重要的指标,图谱中形成的 6 个大的共被引文献网络聚类构成了满意度研究重要的知识基础。

图 2-22 满意度英文文献共被引网络聚类图

如表 2-11 所示,聚类♯0 的规模最大,所包含的文献数量为 54 篇。聚类♯2 在 1992 年左右开始形成,形成的时间较其他聚类最早,聚类♯1、聚类♯4 和聚类♯5 在 1998 年和 1999 年左右开始形成,形成的时间大致相当。聚类♯0 和聚类♯3 都是在 2000 年以后开始形成,其中聚类♯0 形成的时间是在 2004 年,较其他聚类最晚。就聚类的 Silhouette 值而言,共被引网络聚类除聚类♯1以外,其他的 Silhouette 值都在 0.6 以上,而 Silhouette 值是衡量聚类成员同质性大小的指标,该数值越大,表明该聚类的文献的相似性越高,聚类的结果有意义并且稳定。聚类♯0 Job satisfaction 包含的是有关工作满意度的研究文献。工作满意度是满意度研究非常重要的主题,特别随着员工满意战略的兴起,越来越多的企业管理者认为只有员工满意才能实现顾客满意,直接推动了对工作满意度的研究。该聚类中最活跃的施引文献是 Laschinger(2012)[①]对新近毕业护士工作满意和跳槽意愿的研究,认为授权、工作投入程度等是重要的预测变量,并且可修正的工作环境因子对工作满意产生重要作用。

表 2-11 满意度研究共被引英文文献聚类信息

聚类♯	文献规模	Silhouette 值	聚类标签（Tfidf）	聚类标签（Llr）	聚类标签（Mi）	均值（引用年份）
0	54	0.811	Job satisfaction	Nurse	study	2004
1	48	0.463	Design	Satisfaction	Information systems success	1998
2	27	0.618	Evidence	Evidence	Employee attitude	1992
3	25	0.684	Integrating service quality	System	Information systems success	2000
4	18	0.806	Online customer	Customer store loyalty	Retail bank	1999
5	11	0.933	Antecedent	Technological antecedent	Technological antecedent	1999

(三) 满意度英文文献关键词共现网络分析

对文献进行关键词共现网络分析,是探索研究热点和研究前沿的重要方法。本研究以在 Web of science 核心数据库获取并经过标准化处理的 808 条文献记录为数据,运用 Citespace 软件,在设置相关参数后运行软件进行关键词共现网络分析。关键词共词网络如图 2-23 所示,满意度研究的高频关键词包括:customer satisfaction、impact service quality、management、retention、outcomes、perspective、commitment、trust、quality、satisfaction model、untecedent、behavior 等。其中,频次前 5 位的关键词包括:satisfaction(142 次)、model(93 次)、customer satisfaction(87 次)、impact(73 次)、Performance(63 次),其中心性分别为:0.46、0.07、0.16、0.06、0.09(如表 2-12 所示)。

---

① Spence Laschinger. Job and career satisfaction and turnover intentions of newly graduated nurses[J]. Journal of Nursing Management，2012，20(4):472-484.

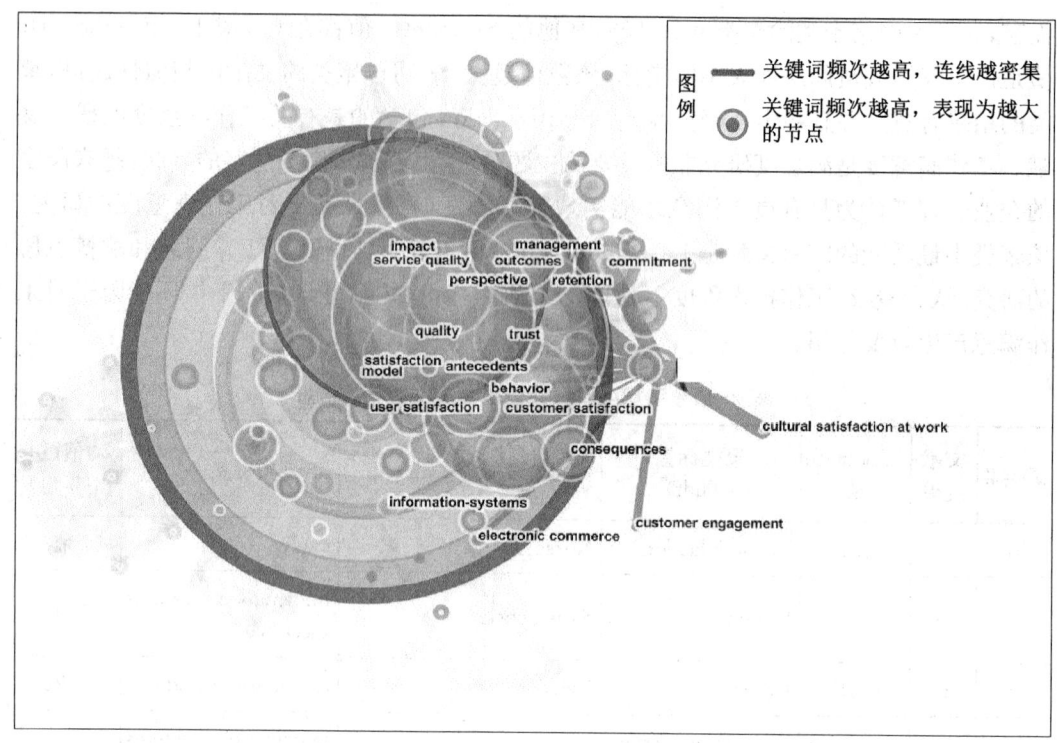

图 2-23　满意度英文文献关键词共现网络图

表 2-12　满意度英文文献高频关键词

关键词	频次	中介中心性	年份	关键词	频次	中介中心性	年份
Satisfaction	142	0.46	2011	Retention	61	0.05	2011
Model	93	0.07	2012	Job satisfaction	52	0.09	2011
Customer satisfaction	87	0.16	2011	Nurses	52	0.07	2011
Impact	73	0.06	2012	Service quality	46	0.06	2012
Performance	63	0.09	2012	Turnover	44	0.02	2012

此外,对关键词共词网络进行聚类分析后,得到关键词网络聚类图谱(如图 2-24 所示),形成的满意度关键词共现网络聚类包括:聚类♯0 nurse、聚类♯1 context、聚类♯2 post-adoptive use。

就聚类形成的时间而言,3 个聚类都是在 2010 年以后形成的,且形成的时间大致相当。其中聚类♯2 在 2011 年左右形成,聚类♯1 在 2012 年左右形成,聚类♯0 在 2013 年左右形成。聚类♯0 和聚类♯1 的文献规模相当,都是 55 篇。聚类♯0 是有关护士工作满意度的研究。工作满意度是满意度研究非常重要的主题,结合具体工作内容的工作满意度研究是当前满意度研究的热点。随着医疗服务在社会经济中作用的凸显,越来越多的研究者开始关注护士群体的工作满意度。Borman、Abrahamson

（2014）①采用磁力设计的医院为案例,通过实证研究深入分析了护士对医院管理者行为的感知与护士工作满意度的关系。聚类♯1是与情境相关的研究。结合具体的服务情境或工作情境,对顾客满意度或工作满意度进行研究是该领域的主流,也是研究热点。Lonial(2015)②立足医疗服务情境,深入研究了医疗服务属性对顾客满意度及忠诚度的影响。

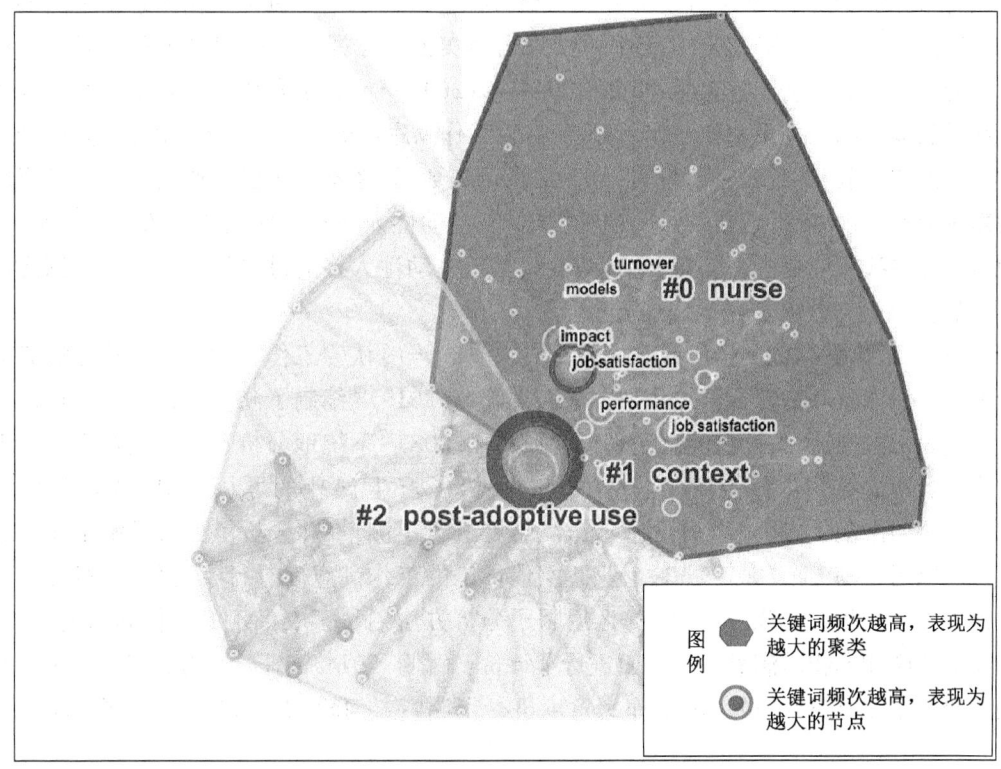

图 2-24　满意度英文文献关键词共现网络聚类图

三、满意度的国内研究综述

（一）对工作满意度的研究

第一,影响工作满意度的因素研究。徐碧琳、李涛(2011)③立足网络联盟的工作情

---

① Bormann L,Abrahamson K. Do staff nurse perceptions of nurse leader behaviours influence staff nurse job satisfaction? the case of a hospital applying for Magnet designation[J]. Journal of Nursing Administration,2014,44(4):219-25.

② Lonial S,Raju P S. Impact of service attributes on customer satisfaction and loyalty in a healthcare context[J]. Leadership in Health Services,2015,28(2):149-66.

③ 徐碧琳,李涛.基于网络联盟环境的工作满意度、组织承诺与网络组织效率的关系研究[J].南开管理评论,2011,14(1):36-43.

境,以工作满意度、组织承诺、网络组织效率为主要变量,建立结构方程模型,并研究了工作满意度与其他两个变量之间的影响关系。崔勋、张义明、瞿皎姣(2012)①以组织承诺为调节变量,以劳动关系氛围和员工工作满意度为因果关系变量,运用结构方程模型方法,研究了劳动关系对员工工作满意度的影响,其数据来源于对 60 家企业 1 607 名员工的问卷调查。唐健雄、涂馨(2013)②通过对长沙地区高星级酒店员工进行问卷调查,运用因子分析、多元回归分析等方法研究了酒店领导者社会责任取向与员工工作满意度之间的关系。谢玉华、张群艳(2013)③基于中国情景运用实证方法探索新生代员工参与对员工满意度的内在影响机制。王永丽、邓静怡、何熟珍(2009)④研究了角色投入与工作满意度和生活满意度的相互关系和相互作用机制,并以工作家庭冲突为中介变量,验证了其中介效应。才国伟、刘剑雄(2013)⑤基于广东省成人调查数据,考察了中国普通员工工作满意度的影响因素。洪如玲、于强(2017)⑥探讨了员工主动性人格对工作满意度的影响关系,其中员工的自我效能是中介变量。结果表明,员工主动性人格通过自我效能对工作满意度产生显著的正向影响。

第二,工作满意度测量研究。何振、林秋妤(2006)⑦认为工作满意度的测量方法有单一整体评估方法和工作要素总和评分法。文晓巍(2015)⑧编制了测量高校教师工作满意度的量表,并进行了效度检验。沈超红、罗映青(2003)⑨系统地分析了工作满意度的测度过程,比较研究了几种测度方法的特点,分析了产生误差的原因。田喜洲、蒲勇健(2006)⑩运用结构方程模型对导游工作满意度进行了测量,并分析了导致导游工作满意度低的原因。马天艳(2015)⑪对企业新生代员工的工作满意度进行了测量,并对影响因素做了深入分析。于晓红(2014)⑫运用因子分析方法测量了农民工的工作满意度,并从物质满意度和非物质满意度两方面进行了评价。章晴(2014)⑬基于对武汉市多家旅行社的调研数据,对旅行社员工的工作满意度进行了测量。何玲(2017)⑭开发出测评城市快

① 崔勋,张义明,瞿皎姣.劳动关系氛围和员工工作满意度:组织承诺的调节作用[J].南开管理评论,2012, 15(2):19-30.

② 唐健雄,涂馨.领导社会责任取向对酒店员工工作满意度的影响[J].旅游学刊,2013,28(3):62-73.

③ 谢玉华,张群艳.新生代员工参与对员工满意度的影响研究[J].管理学报,2013,10(8):1162-1170.

④ 王永丽,邓静怡,何熟珍.角色投入对工作满意度和生活满意度的影响[J].管理评论,2009,21(5):61-71.

⑤ 才国伟,刘剑雄.归因、自主权与工作满意度[J].管理世界,2013,29(1):133-144.

⑥ 洪如玲,于强.领导—下属互动视角下主动性人格对工作满意度的影响机制[J].华东经济管理,2017,31(3):140-145.

⑦ 何振,林秋妤.工作满意度的构成因素及测量方法[J].华东经济管理,2006,20(12):107-110.

⑧ 文晓巍.高校教师工作满意度量表编制与效度检验[J].求索,2015,27(11):179-183.

⑨ 沈超红,罗映青.工作满意度测度的系统性分析[J].求索,2003,19(4):48-49.

⑩ 田喜洲,蒲勇健.导游工作满意度分析与实证测评[J].旅游学刊,2006,21(6):91-95.

⑪ 马天艳.企业新生代员工工作满意度测度及影响因素的研究[D].合肥:安徽大学,2015,18-56.

⑫ 于晓红.农民工工作满意度的再测度及代际差异分析[J].农业经济,2014,26(5):92-94.

⑬ 章晴.旅行社员工工作满意度测度研究——基于武汉市 8 家旅行社的调研[J].重庆电子工程职业学院学报,2014,23(2):24-27.

⑭ 何玲.城市快递员离职现象探究——基于工作满意度与组织承诺的关系视角[J].中国青年研究,2017,28(4):12-19.

递员工作满意度的量表,并探讨了工作满意度与组织承诺之间的关系。

(二) 对顾客满意度测评方法及测评模型的研究

第一,对顾客满意度测评方法的研究。贾生华、严浩仁(2002)[①]以杭州的超市为案例,分析了商业客户满意度测评的一般方法。通过讨论测评数据处理方法的差异性,比较分析了矩阵分析与同业对比分析两种测评方法。陈旭(2013)[②]认为传统的重要性绩效分析法是以受访者自述满意度和重要性评价来衡量各评价要素对提升客户满意度的意义,但自述重要性的分析方式并不能反映客户的真实感受,分析方法需要改进。杨国梁、李晓轩、孟溦(2012)[③]认为加权平均法虽然是一种比较常见的满意度调查结果的汇总方法,但如果这种方法的前提条件——决策者的偏好结构不能满足加性独立条件,就需要采用非线性综合方法。金英、苏萌、涂平(2012)[④]研究了客户满意度推荐阈与重购阈的联合估计。他们提出了一种双变量分层 Bayes Probit 模型,用于联合估算客户个体层次的推荐阈和重购阈。赵富强(2013)[⑤]较为系统地研究了顾客满意度测评中缺失值的处理方法。

第二,对满意度测评模型的研究。邹波(2014)[⑥]基于实证数据,运用系统仿真的方法,对旅游产品的顾客满意度做了系统测评,并模拟了主要因素对旅游产品的顾客满意度的影响路径。王凯、唐承财、刘家明(2011)[⑦]认为旅游活动可以分为 4 个阶段,第一阶段是期望,第二阶段是体验,第三阶段是评价,第四阶段是旅游后。以 4 个阶段为基础,研究者构建文化创意型旅游地游客满意度指数测评模型。马宏丽(2014)[⑧]在现有期望——体验、旅游动机、旅游感知等理论的基础上提出了游客满意度综合模型,构建了满意度评价体系。赵富强(2013)[⑨]专门研究了带缺失值的顾客满意度指数测评,对原有的满意度指数模型进行了优化。寿志钢、王峰、贾建民(2011)[⑩]以动态的顾客期望为基础,建立了一个测量累积满意度的解析模型。周晓辉(2014)[⑪]对如何有效控制统计过程中可能出现的风险做了系统分析,并在此基础上建立了顾客满意度的预警模型,对统计风险做出预判,提高了顾客满意度的稳定性。李志刚、徐婷(2017)[⑫]构建了电子政务信息服务质量公众满意度模型,并运用验证性因子分析方法对模型进行了验证。

---

① 贾生华,严浩仁.商业客户满意度测评的一般方法——以杭州某超市为应用案例的研究[J].管理科学,2002,15(5):53-59.

② 陈旭.IPA 分析法的修正及其在游客满意度研究的应用[J].旅游学刊,2013,28(11):59-67.

③ 杨国梁,李晓轩,孟溦.基于区间数证据推理方法的用户满意度调查[J]. 管理工程学报,2012,26(1):27-35.

④ 金英,苏萌,涂平.客户满意度推荐阈与重构阈的联合估计[J]. 统计与决策,2012,28(7):4-9.

⑤ 赵富强.顾客满意度测评中的缺失值处理方法[J]. 统计与决策,2013(6):73-74.

⑥ 邹波.旅游产品顾客满意度测度与路径模拟[J]. 统计与决策,2014,30(17):58-62.

⑦ 王凯,唐承财,刘家明.文化创意型旅游地游客满意度指数测评模型[J].旅游学刊,2011,26(9):36-45.

⑧ 马宏丽.游客满意度指数模型及 IPA 指数评价分析[J]. 统计与决策,2014,30(12):52-56.

⑨ 赵富强.带缺失值的顾客满意度指数的测评[J]. 统计与决策,2013,26(14):25-28.

⑩ 寿志钢,王峰,贾建民.顾客累积满意度的测量——基于动态顾客期望的解析模型[J].南开管理评论,2011,14(3):142-150.

⑪ 周晓辉.基于统计过程控制的顾客满意度预警模型[J]. 统计与决策,2014,30(17):29-32.

⑫ 李志刚,徐婷.电子政务信息服务质量公众满意度模型及实证研究[J]. 电子政务,2017,31(9):119-127.

(三) 对顾客满意度影响因素及影响关系研究

第一,对顾客满意度影响关系的研究。望海军、汪涛(2007)[①]探讨了顾客参与、感知控制与顾客满意度之间的影响关系。景奉杰、余樱、涂铭(2014)[②]探究可变动/不可变动的属性在满意度中的权重随时间发生转移的方向,并引入享乐适应理论解释上述转移发生的内在机制。罗文斌、徐飞雄(2013)[③]基于 Prboit 模型,采用实证研究方法,对城市特征与城市满意度的影响关系和影响机制做了系统分析,其实证数据来自对湖南长沙市旅游者的抽样调查。张涛(2012)[④]基于动机的推拉因子模型,构建了饮食旅游动机推拉因子与游客满意度、游客行为意向的影响关系模型,深入分析了各变量对游客满意度的影响机制。张春晖、白凯、马耀峰(2014)[⑤]选取较为典型的历史文化型主题景区,以虚拟变量回归检验属性绩效对游客总体满意度影响的非对称效应。景奉杰、余樱、涂铭(2014)[⑥]从享乐适应的视角探讨了产品属性与顾客满意度纵向关系演变机制。

第二,对顾客满意度影响因素的研究。韩会然、焦华富、戴柳燕(2013)[⑦]基于结构方程模型,以芜湖市居民为研究对象,分析了居民对中山路步行街的购物满意度及其主要影响因子。李瑛(2008)[⑧]对旅游目的地游客满意度的影响因素做了实证研究,其实证数据来源于西安旅游市场的随机抽样,并运用多元回归分析等统计方法对数据进行分析。谢佩红(2011)[⑨]研究了经济转型的背景下,中国 B2C 电子商务顾客满意度的影响因素,涵盖了交易能力和网站服务等多个方面。宋光磊(2010)[⑩]在银行业务同质化的背景下,对影响银行零售客户满意度的因素做了深入分析。李平(2007)[⑪]认为,房地产行业顾客满意度的主要影响因素,不仅包括产品质量和服务质量,还涵盖了房产价格、企业形象等多个方面。张凤英(2017)[⑫]基于角色理论认为顾客控制力感知和服务公平感知是影响服务型行业顾客满意度的重要因素。

---

① 望海军,汪涛.顾客参与、感知控制与顾客满意度关系研究[J].管理科学,2007,20(3):48-54.

② 景奉杰,余樱,涂铭.产品属性与顾客满意度纵向关系演变机制:享乐适应视角[J].管理科学,2014,27(3):94-104.

③ 罗文斌,徐飞雄.城市特征对城市游客满意度的影响——基于 Probit 模型的定量分析[J].旅游学刊,2013,28(11):50-59.

④ 张涛.饮食旅游动机对游客满意度和行为意向的影响研究[J].旅游学刊,2012,27(10):78-85.

⑤ 张春晖,白凯,马耀峰.主题景区属性绩效对游客满意度的非对称影响[J].旅游学刊,2014,29(9):44-60.

⑥ 景奉杰,余樱,涂铭.产品属性与顾客满意度纵向关系演变机制:享乐适应视角[J].管理科学,2014,26(3):94-104.

⑦ 韩会然,焦华富,戴柳燕.旅游城市居民购物满意度及影响因子分析[J].旅游学刊,2013,28(3):87-96.

⑧ 李瑛.旅游目的地游客满意度及影响因子分析[J].旅游学刊,2008,23(4):43-49.

⑨ 谢佩洪,奚红妹,魏农建,等.转型时期我国 B2C 电子商务中顾客满意度影响因素的实证研究[J].科研管理,2011,32(10):109-117.

⑩ 宋光磊.银行零售客户满意度的影响因素研究——基于问卷数据的实证分析[J].中央财经大学学报,2010,23(3):33-38.

⑪ 李平,张小芳,张晶.房地产行业顾客满意度影响因素的实证研究[J].湖南大学学报:社会科学版,2007,21(6):50-54.

⑫ 张凤英.服务型行业顾客满意度影响因素研究——顾客控制力感知和服务公平感知[J].河南师范大学学报:哲学社会科学版,2017,44(4):75-78.

四、满意度的国外研究综述

(一) 对满意度前因变量的研究

第一,对顾客满意度前因变量的研究。Walsh、Bartikowski(2013)[①]在跨文化情境下探索性地研究了顾客满意度的前因变量:企业能力和社会责任。研究者分析了在两类企业组织(企业能力和企业社会责任)与两类行为结果的关系中,顾客满意度所起的调节作用。Wu(2013)[②]研究了在线购物顾客满意度的前因变量以及与抱怨意愿的相关性,认为信任在顾客形成对在线销售商积极或消极情绪的心理状态方面起到了关键作用。在线购物情境中,有 3 个主要的变量:公正性、技术和信任。Endo、Yang、Park(2012)[③]立足在线购物前和在线购物后两个阶段,分别研究了产品选择和顾客服务对顾客满意度的影响,结果发现,两个变量对满意度的影响作用在两个阶段存在差异。Belanche、Casalo、Guinaliu(2012)[④]研究了网站可用性对顾客满意度和使用网站意愿的影响,以及满意度对使用意愿的影响。Namasivayam、Guchait(2013)[⑤]认为偶然性的自尊是服务接触属性和顾客满意度之间重要的调节变量。Pham、Ahammad(2017)[⑥]以全景式的过程视角探讨了在线消费者满意度的前因变量。结果显示,及时接收订单、退货便利性以及响应性是影响在线消费者重要的前因变量。

第二,对工作满意度前因变量的研究。Madera、Dawson、Neal(2013)[⑦]研究了酒店经理感知的多元文化氛围对工作满意度的影响,并以角色模糊和冲突为调节变量。其研究主要是分析酒店经理感知的多元文化氛围对三类结果的影响:角色模糊、角色冲突和工作满意度。Carbonell、Escudero(2013)[⑧]研究了正式管理控制和非正式管理控制(例如,

---

① Gianfranco Walsh, Boris Bartikowski. Exploring corporate abitliy and social responsibility associations as antecedents of customer satisfaction cross-culturally[J]. Journal of Business Research, 2013, 66(2):989-995.

② Ing-Long Wu. The antecedents of customer satisfaction and its link to complaint intentions in online shopping: an integration of justice, technology, and trust[J]. International Journal of Information Management, 2013, 33(10):166-176.

③ Seiji Endo, Jun Yang, JungKun Park. The investigation on dimensions of e-satisfaction for online shoes retailing[J]. Journal of Retailing and Consumer Services, 2012, 19(6):398-405.

④ Daniel Belanche, Luis V. Casalo, Miguel Guinaliu. Website usability, consumer satisfaction and the intention to use a website: the moderating effect of perceived risk[J]. Journal of Retailing and Consumer Services, 2012, 19(7):124-132.

⑤ Karthik Namasivayam, Priyanko Guchait. The role of contingent self-esteem and trust in consumer satisfaction: examining perceived control and fairness as predictors [J]. International Journal of Hospitality Management, 2013, 33(10):184-195.

⑥ Thi Song Pham, Mohammad Faisal Ahammad. Antecedents and consequences of online customer satisfaction: A holistic process perspective[J]. Technological Forecasting & Social Change, 2017, 124(11):332-342.

⑦ Juan M. Madera, Mary Dawson, Jack A. Neal. Hotel managers' perceived diversity climate and job satisfaction: the mediating effects of role ambiguity and conflict[J]. International Journal of Hospitality Management, 2013, 35(11):28-34.

⑧ Pilar Carbonell, Ana I. Rodriguez-Escudero. Management control, role expectations and job satisfaction of new product developement teams: the moderating effect of participative decision-making [J]. Industrial Marketing Management, 2013, 42(6):248-259.

结果、过程和专业控制)与新产品开发团队工作满意度之间的关系。Hung、Lin(2013)[①]研究了有效沟通和人际冲突对满意度产生影响时的相互作用,认为高度的有效沟通不仅可以减少关系冲突对满意度的负面影响,而且抑制了任务冲突对满意度的正面影响。Jung、Yoon(2013)[②]研究了家庭餐馆中员工满意度和顾客满意度、忠诚度之间的相互关系。结果表明员工的满意度和顾客的满意度之间存在着正向关系。但是,员工的满意度并不对顾客的忠诚度产生直接、显著的影响,而是通过顾客满意度产生间接影响。Alegre、Machuca(2016)[③]认为对员工工作满意度产生重要影响的前因变量是团队精神、员工自治、工作—家庭的平衡、管理层的支持。

(二)对满意度指数及测评体系的研究

第二,对游客满意度的测评研究。Song、Veen、Li(2012)[④]研究了香港旅游者的满意度指数,根据二元模型框架开发了游客满意度测评体系,并验证了它的适用性。Deng、Yeh、Sung(2013)[⑤]构建了国际旅游酒店的顾客满意度指数模型,并将消费情绪整合在美国顾客满意度指数中,用以评估国际旅游酒店的顾客满意度。研究结果表明,酒店顾客满意度指数模型具有良好的可靠性和有效性,解释能力强。Sun、Kim(2013)[⑥]运用美国满意度指数研究了旅游业(如酒店、餐厅、航空公司等)顾客满意度指数与企业经济绩效之间的关系。在衡量企业绩效时采用了盈利能力、净利润、资产回报和股票回报等指标,在衡量企业价值时采用了市场增值价值的指标。Johann(2014)[⑦]对旅游目的地游客满意度的各个属性进行测评,采用的分法是重要性—绩效分析。Bhat、Qadir(2013)[⑧]通过实证方法对克什米尔地区游客的满意度进行了测评。Baski、Parida、Khawash(2016)[⑨]以顾客

① Kuang-Peng Hung, Chung-Kuang Lin. More communication is not always better? the interplay between effective communication and interpersonal conflict in influencing satisfaction[J]. Industrial Marketing Management, 2013, 42(8):1223-1232.

② Hyo Sun Jung, Hye Hyun Yoon. Do employees' satisfied customers respond with an satisfactory relationship? the effects of employees' satisfaction on customers' satisfaction and loyalty in a family restaurant[J]. International Journal of Hospitality Management, 2013, 34(11):1-8.

③ Alegre I, Mas-Machuca M, Berbegal-Mirabent J. Antecedents of employee job satisfaction: do they matter? [J]. Journal of Business Research, 2016, 69(4):1390-1395.

④ Haiyan Song, Robert van der Veen, Gang Li, Jason L. Chen. The Hong Kong tourist satisfaction index[J]. Annals of Tourism Research, 2012, 39(1):459-479.

⑤ Deng W J, Yeh M L, Sung M L, A customer satisfaction index model for international tourist hotels: integrating consumption emotions into the American Customer Satisfaction Index [J]. International Journal of Hospitality Management, 2013, 35(3):133-140.

⑥ Kyung-A Sun, Dae-Young Kim. Does customer satisfaction increase firm performance? an application of Amercian Customer Satisfaction Index[J]. International Journal of Hospitality Management, 2013, 35(1):68-77.

⑦ Johann M. The importance-performance analysis: an evaluation of tourist satisfaction with the destination attributes[J]. International Journal of Economic Practices & Theories, 2014, 32(7):78-83.

⑧ Bhat M A, Qadir N. Tourist satisfaction in Kashmir: an empirical assessment[J]. Journal of Business Theory & Practice, 2013, 42(1):37-39.

⑨ Baksi A K, Parida B B, Khawash N. An empirical study to assess moderating impact of CRM dimensions on service quality perception-tourist satisfaction-destination loyalty link [J]. Journal of Hospitality Application & Research, 2016, 37(8):67-78.

关系管理为中间变量对游客满意度进行测评。

第二,对其他类型顾客满意度的测评研究。Shin(2014)[①]将顾客满意度指数运用在智能手机行业,以此构建智能服务顾客满意度指数模型。该研究运用偏最小二乘法分析验证指数模型并进行指数的计算。Zenker、Petersen、Aholt(2013)[②]以德国为样本对公民满意度指数进行了研究。该研究总共包含了 18 个不同的测量量表,测度项来源于质性研究,后来测度项减少到 21 个问题,称为公民满意度指数。Hsu(2008)[③]在美国顾客满意度指数的基础上构建了在线顾客满意度指数模型。该研究通过对中国台湾最大的在线零售商网络进行为期一个月的研究,对在线顾客满意度指数模型进行验证,结果表明该模型能够显著预测顾客的总体满意度和忠诚度。Amin、Isa(2014)[④]运用结构方程模型对马来西亚银行顾客的满意度进行测评研究。Kang、Park(2014)[⑤]通过深度访谈和情感分析方法对手机用户的满意度进行测评。

五、满意度的国内外研究对比

(一) 研究内容的异同

1. 研究内容的相同点

研究内容的相同点有以下几个方面:第一,国内外对满意度的研究都涉及顾客满意度测评体系,即通过构建针对不同对象的顾客满意度指标和测评体系,对顾客满意度进行测评;第二,部分中文文献和英文文献对满意度的研究都涉及不同国家的顾客满意度指数的研究,如瑞典、美国、中国等国的顾客满意度指数模型;第三,国内外有关满意度的研究都涉及工作满意度测评,即从供给视角对企业员工及管理人员的满意度进行测量和研究;第四,国内外有关满意度的研究都涉及满意度与前因变量、结果变量影响关系的研究,包括满意度与相关变量的影响关系和影响机制;第五,具体而言,国内外对满意度的研究都是结合具体的服务类型和服务情境,通过构建测评体系或通过满意度指数,对顾客满意度进行评价,对工作满意度的评价则是结合具体的组织情境进行的。

2. 研究内容的不同点

研究内容的不同点有以下几个方面:第一,国外对满意度的研究起步早,也相对更为

① Dong-Hee Shin. Effect of the customer experience on satisfaction with smartphones: assessing smart satisfaction index with partial least squares[J]. Telecommunicatioins Policy, 2014, 32(6):1-15.

② Sebastian Zenker, Sibylle Petersen, Andereas Aholt. The Citizen Satisfaction Index: evidence for a four basic model in a German sample[J]. 2013, 31(8):156-164.

③ Hsu S H. Developing an index for online customer satisfaction: adaptation of American Customer Satisfaction Index [J]. Expert Systems with Applications, 2008, 34(2):3033-3042.

④ Amin M, Isa Z. An examination of the relationship between service quality perception and customer satisfaction[J]. Social Science Electronic Publishing, 2014, 18(9):191-209.

⑤ Kang D, Park Y. Review-based measurement of customer satisfaction in mobile service: sentiment analysis and VIKOR approach[J]. Expert Systems with Applications, 2014, 41(4):1041-1050.

成熟,在方法论、研究框架、理论基础等方面具有开创性的意义。国内有关满意度研究的理论和方法有些源于国外相关研究,因此国内对满意度的研究主要以应用型研究为主,即将相关理论和方法应用于满意度评价中,相比之下,有关这一主题的创新性研究还有待提升;第二,具体而言,对顾客满意度指数的研究,目前国际上应用较为广泛的仍是美国、瑞典等国家相对成熟的顾客满意度指数模型,中国满意度指数模型虽然已经构建,但与起步较早的国家相比,无论在广度还是深度上都还有差距。

(二) 研究方法的异同

1. 研究方法的相同点

研究方法的相同点有以下几个方面:第一,国内外有关满意度影响关系和影响机制的研究都运用了实证研究方法,都通过问卷调查、深度访谈等社会调查方式获得一手数据进行实证研究;第二,国内外对满意度的研究都结合具体的服务类型和服务情境,开发具体的满意度测量量表;第三,国内外有关满意度的研究都应用结构方程模型,即构建适合具体研究对象的满意度结构方程模型进行测评;第四,国内外有关满意度的研究都应用了统计分析方法,如探索性因子分析、验证性因子分析、信度和效度分析以及其他相关的统计分析方法对数据进行分析,对研究假设和研究模型进行验证。

2. 研究方法的不同点

研究方法的不同点有以下几个方面:第一,国外有关满意度测评体系和满意度指数的研究起步早,无论是研究方法还是研究框架都相对成熟,为后期的创新性研究奠定了基础,国内的满意度研究起步不如国外早,在方法论上借鉴了国外同类研究的成果;第二,在研究方法上,国外有关满意度测评体系和满意度指数的研究,能够融合其他学科的方法,如心理学、社会学的研究方法,对满意度测评模型、满意度测评体系和满意度指数进行优化,研究方法相对比较前沿。相比之下,国内有关满意度测评体系和满意度指数的研究仍以常见的实证研究方法为主,在方法的创新方面还有需进一步提升。第三,部分中文文献对满意度的研究中,运用均值插补法等方法处理满意度测评的缺失值;第四,部分英文文献对满意度的研究,运用二元模型框架构建满意度测评模型。

六、满意度的国内外研究述评

满意度一直受到国内外研究者较多的关注,尤其是顾客满意度,研究相对成熟。满意度研究的一个重要特点是缺乏统一的满意度定义和满意度测量量表。就顾客满意度的定义而言,比较有代表性的有如下几个:Oliver(1997)认为"满意是消费者的满足反应,它是消费者对产品与服务属性或产品与服务本身给消费者带来的愉悦满足程度的判断";Kotler(1995)认为"满意是一种人的感觉状态下的水平,它来源于对一件产品所设想的绩效或产出与人们的期望的比较";Westbrook(1987)认为"满意是关于产品用途的综合评价判断"等。不同研究者从各自的研究者视角,强调了顾客满意的基本特征和属性。本研究将借鉴 Oliver(1997)对顾客满意的定义,因为该定义强调了满意是顾客认知反应和情感反应的综合体现。在邮轮旅游情境中,游客追求的是体验价值,邮轮游客满意度应该是认知反应和情感反应的综合体现,而本研究突出的也是旅游者的主体体验,因此本研究将借鉴 Oliven(1997)顾客满意的定义。

对顾客满意度的测量研究主要包括对顾客满意度的专门测量以及顾客满意度影响因素等研究主题。顾客满意度指数是测量顾客满意度的重要方法。瑞典、美国、欧盟等多个国家和地区,结合自身国情和产业经济状况,构建出顾客满意度指数模型。顾客满意度指数模型可用于不同产品或服务、不同行业之间的比较研究,目前国内这方面的研究还局限在对具体行业或具体企业的产品或服务的满意度测评,缺乏对不同行业或企业之间的比较研究。由于顾客满意度指数模型适用于经济效益研究、横向和纵向比较国民经济运行质量的研究等方面,因此本研究不采用顾客满意度指数模型对邮轮旅游者满意度进行测量。

研究者结合具体的研究对象、具体的产品和服务情境、服务类型,开发出不同种类的满意度测量量表。比较有影响力的是 Oliver(1980)的满意度量表。该量表的基本理念是期望不一致理论,即顾客满意度取决于顾客购买前的期望与顾客购买后的感知之间的差距程度,因此该量表对顾客期望和顾客感知分别进行测量。此外,也有研究者基于需要不一致构建满意度量表(Swan,1980;Tse、Wilton,1988;Myers,1991),认为顾客的需要与顾客的感知之间的差距程度决定了顾客满意度。还有研究者将感知公平引入满意度量表,认为在测量满意度时,公平收益、顾客的感知公平应该受到重视(Szymanski,2001)。

部分研究者专门构建了休闲满意度测量量表,具有代表性的是 Beard、Ragheb(1980)构建的休闲满意度量表。该量表将休闲满意分为 6 个维度:心理维度、生理维度、教育维度、社会维度、放松维度、审美维度。其中放松维度包含 4 个测度项,对缓解压力、幸福感、放松、参与程度进行测量,整个量表共 51 个测度项。此后,研究者将该量表广泛应用于不同国家或族群的休闲及旅游研究,并对量表做了不同程度的改进。

至于专门的邮轮旅游满意度量表,目前国内相关研究并不成熟,也不系统。例如,孙晓东(2017)对邮轮游客船上满意度进行测评研究,在文献分析、专家访谈、实地调研的基础上形成了测量量表,但该量表仅对游客的船上体验进行测量,不涉及停靠港的岸上旅游满意度。国外相关研究开发的邮轮旅游满意度量表(如 Victor,1998;Qu,1999;Lynn,2015),以国外游客为研究对象,部分测度项具有地域特征,不一定适合国内邮轮旅游者。

本研究将借鉴 Oliver(1980)的量表对邮轮旅游者的满意度进行测量,主要原因是,以往的文献分析,引用较多的是该量表。但考虑到该量表是基于期望不一致理论构建的,而本研究并不涉及邮轮旅游者购买前的期望,因此本研究仅对邮轮旅游者购买后的感知进行测量,也就是仅借鉴该量表中购买感知测量的部分。其他量表,如基于需要不一致构建的满意度量表,或引入感知公平的满意度量表,由于量表本身不如 Oliver(1980)的量表有影响力,且感知公平等并不一定契合邮轮旅游的服务情境,因此本研究不借鉴此类量表。同时,Beard、Ragheb(1980)的休闲满意度量表的部分维度与邮轮旅游服务类型和情境关系并不紧密,因此本研究也不采用或借鉴。

第四节 感知价值文献研究综述

一、感知价值中文文献研究进展

(一) 感知价值中文文献研究概况

第一,国内感知价值文献发表的时间。本研究以中国知网(CNKI)为数据来源,以"感知价值"为篇名限定词,检索与"感知价值"相关的研究文献,发现国内最早发表的与"感知价值"相关的文献是在 2001 年。本研究选取 1992—2017 年为文献观察期,结果提取到与感知价值相关的文献记录 1 024 条。如图 2-25 所示,2001 年的文献发表数量是 1 篇,说明国内开始真正关注感知价值的研究是在 2001 年。此后相关文献虽逐年增加,但增长的数量并不多,真正出现较大增长是在 2006 年,比 2005 增长了 15 篇,此后年发表数量保持平均 10 篇左右的增长,2017 年的文献发表数量是 134 篇。从中可以看出,一方面,国内对感知价值的关注度越来越高,对该主题的研究出现"渐热"的过程;另一方面,与满意度等感知主题的研究相比,感知价值的研究还相对有限,这也说明国内感知价值研究可开拓的空间还很大,无论从广度还是深度而言,都可以有较大提升。

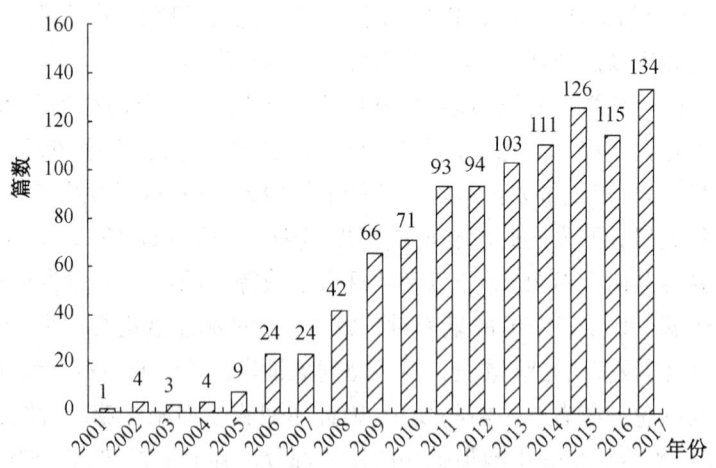

图 2-25 感知价值中文文献发表数量趋势图

第二,国内满意度相关文献的学科分布。在提取的 1 024 条文献记录中,与企业经济相关的文献的有 439 条,与贸易经济相关的有 249 条,与宏观经济管理相关的有 212 条,与旅游相关的有 129 条,与工业经济相关的有 89 条,与服务业经济相关的有 54 条,与信息经济相关的有 47 条,与金融相关的有 26 条,与计算机应用相关的有 25 条,与图书情报相关的有 24 条,与市场研究与信息相关的有 18 条,与医疗卫生相关的有 15 条,与新闻与传播相关的有 11 条,与文化经济相关的有 6 条。从学科分布可以看出,对贸易服务的感知价值,对旅游产品及服务的感知价值,对企业产品,尤其是对企业服务的感知价值,以及对信息产品和服务的感知价值,对医疗服务的感知价值,对金融服务的感知价值,对图书情报、文化类产品和服务的感知价值研究是当前国内主要的研究领域。学科分布也说明,随着中国经济的发展以及经济结构的转型,突出对消费者体验感知的研究,并突出消费者的主体地位,贯穿"以人为本"的理念,是当前国内对感知价值研究的一条主线。

(二)感知价值中文文献关键词词频分析

本研究以中国知网数据库(CNKI)为数据来源,以"感知价值"为主题词,进行相关文献数据的检索。本研究选取其中相关度较高的 600 条文献数据,导入文献题录信息统计分析工具 SATI 进行数据分析。

如表 2-13 所示,国内感知价值研究中出现频率较高的关键词包括:感知价值、顾客感知价值、结构方程模型、顾客满意、满意度、购买意愿、顾客价值、影响因素、顾客忠诚、感知风险等。这些高频关键词代表了国内感知价值研究关注的重点。例如,以顾客为对象的感知价值测量和评价一直是国内相关研究的重点;感知价值的影响因素,以及满意度、顾客满意度、购买意愿、顾客忠诚、感知风险、品牌忠诚等变量与感知价值的影响关系的研究是国内感知价值研究的主要内容;结构方程模型、因子分析、实证研究等是国内感知价值研究的主要方法;针对具体服务情境、服务对象的感知价值影响因素和影响关系研究,如游客感知价值研究,也是国内感知价值研究的主要内容;在研究方法上,结构方程模型、因子分析、实证研究等是国内感知价值研究主要应用的方法手段。

表 2-13　感知价值中文文献关键词频率

关键词	频率	关键词	频率
感知价值	273	服务质量	25
顾客感知价值	83	顾客满意度	20
结构方程模型	50	品牌忠诚	19
顾客满意	43	感知质量	13
满意度	36	结构方程	13
购买意愿	32	驱动因素	11
顾客价值	31	实证研究	11
影响因素	30	因子分析	11
顾客忠诚	29	游客感知价值	11
感知风险	28	消费者	10

（三）感知价值中文文献关键词聚类分析

从树状聚类图（见图 2-26）和多维尺度图（见图 2-27）可以看出，国内感知价值研究主要包括以下几个方面的主题：第一，感知价值与感知风险的影响关系研究，主要涉及感知价值、感知风险、购买意愿、信任等关键词；第二，感知价值与品牌的影响关系研究，主要涉

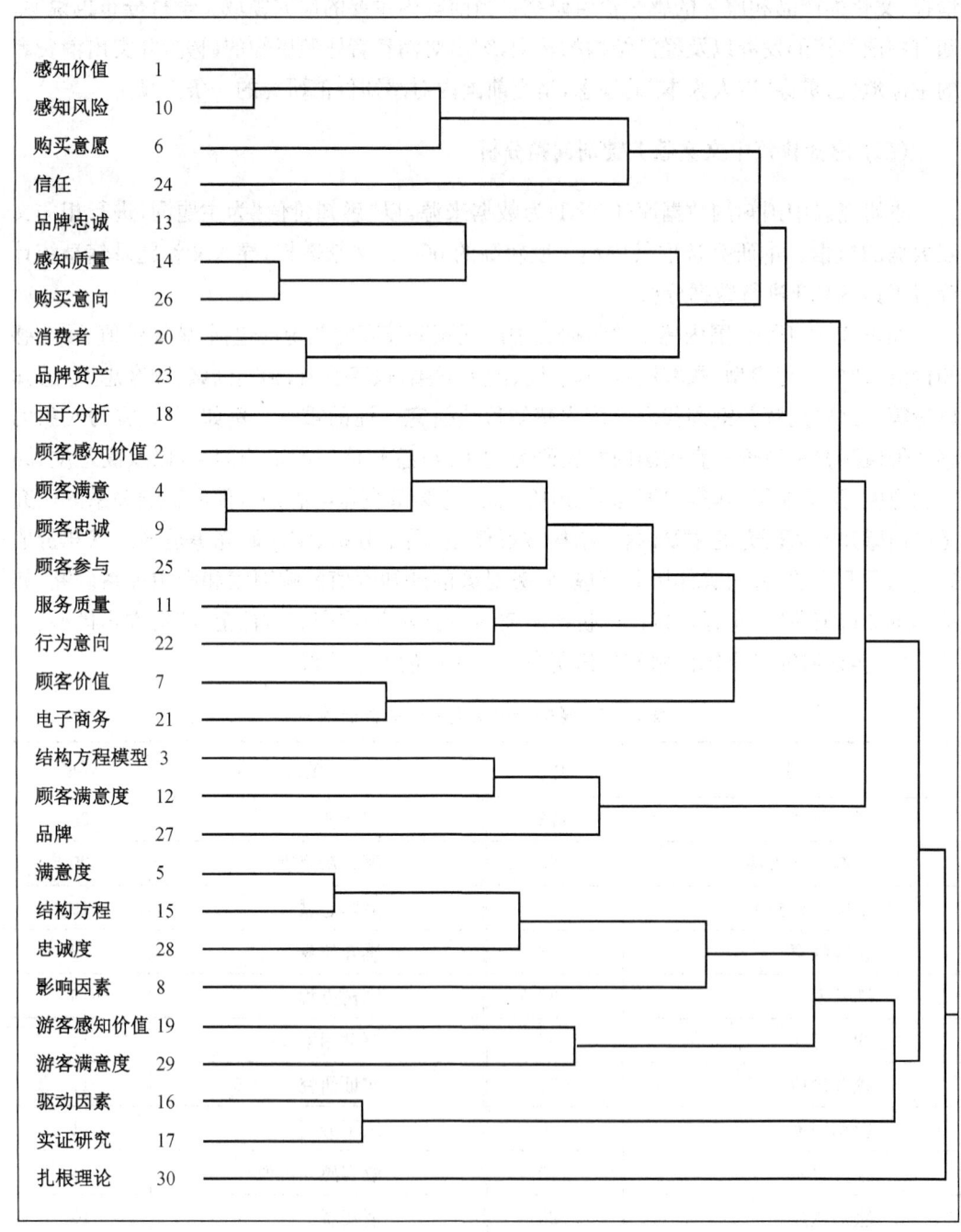

图 2-26　感知价值中文文献关键词树状聚类图

及品牌忠诚、品牌资产、感知价值、感知质量、购买意向、消费者、因子分析等关键词;第三,满意度、忠诚度与感知价值的影响关系研究,主要涉及顾客感知价值、顾客满意、顾客忠诚、顾客参与、服务质量、行为意向、顾客价值、电子商务等关键词;第四,结构方程模型在感知价值研究中的应用,主要涉及顾客满意度、品牌、结构方程模型等关键词;第五,游客感知价值研究,主要涉及满意度、结构方程、忠诚度、影响因素、游客感知价值、游客满意度、驱动因素、实证研究、扎根理论等关键词。

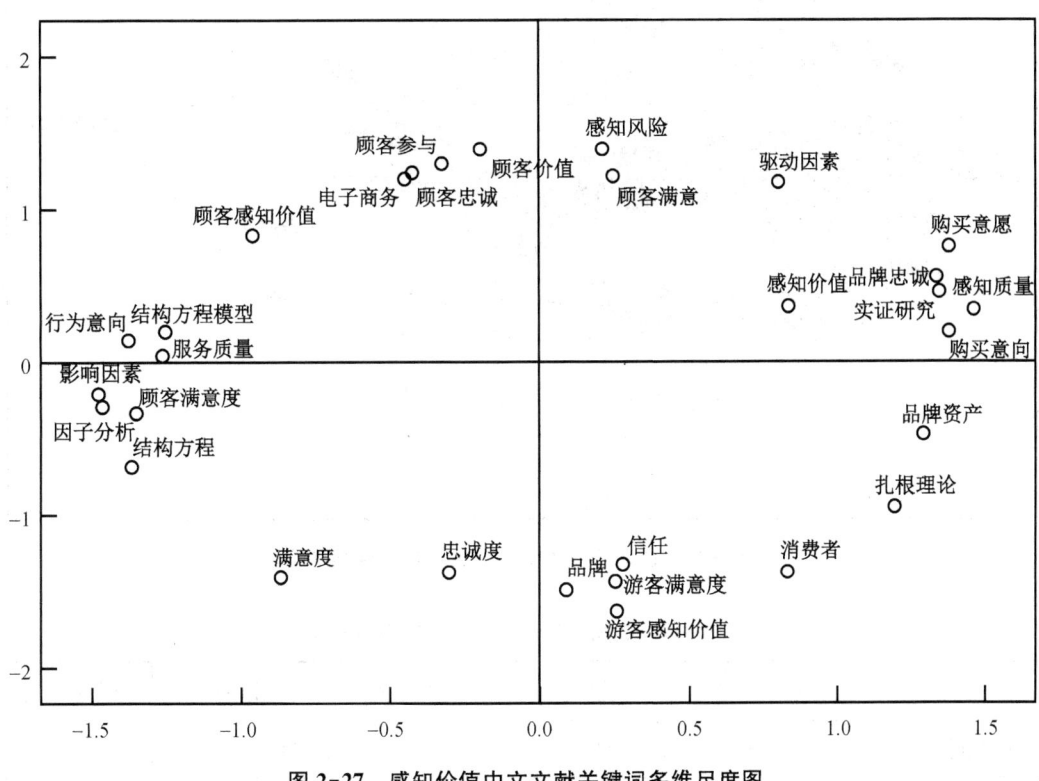

图 2-27　感知价值中文文献关键词多维尺度图

(四) 感知价值中文文献关键词共现分析

一方面,从关键词共现网络(见图 2-28)可以直观地看出,感知价值、顾客感知价值、结构方程模型、服务质量、顾客忠诚、顾客满意、品牌忠诚、满意度、影响因素、感知质量、顾客价值等的块状节点较大。由于关键词中心度的属性值与块状节点的大小相关,即中心度属性值越大,块状节点越大,所以共现网络中这些关键词非常重要,也是国内感知价值研究重点关注的领域。另一方面,从衡量节点中心性的三个重要指标,点度中心性、接近中心性和中介中心性(见表 2-14)来看,点度中心性较高的节点包括感知价值、顾客满意、顾客忠诚、感知质量、购买意向、满意度、服务质量、顾客感知价值感知风险、品牌忠诚等,说明服务质量、满意度、忠诚度、品牌、感知风险等与感知价值的影响关系研究,处于国内感知价值研究的中心位置;接近中心性较高的节点是感知价值、结构方程模型、顾客感知价值顾客满意、服务质量、满意度、顾客忠诚、品牌忠诚、影响因素、顾客价值等,说明通过这些节点可以清晰地了解国内感知价值研究的状况和讯息流向；中介中心性较高的是感知价值、结构方程模型、顾客感知价值满意度、顾客满意服务质量、顾客忠诚、忠诚度、购买意愿、游客满意度等，说明有关这些领域的研究控制了国内感知价值研究的主要资源。

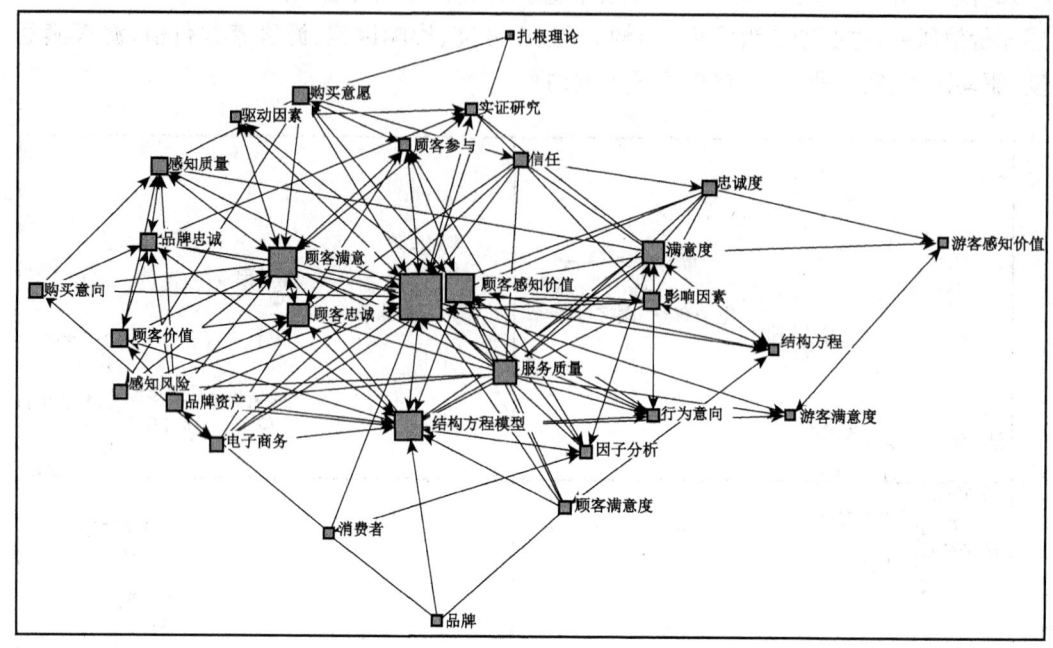

图 2-28　感知价值中文文献关键词共现网络图

表 2-14　感知价值中文文献关键词中心性

关键词	点度中心性	关键词	接近中心性	关键词	中介中心性
感知价值	0.298	感知价值	90.625	感知价值	130.432
顾客满意	0.256	结构方程模型	70.732	结构方程模型	41.285
顾客忠诚	0.171	顾客感知价值	69.048	顾客感知价值	29.029
感知质量	0.158	顾客满意	67.442	满意度	25.093
购买意向	0.122	服务质量	64.444	顾客满意	21.372
满意度	0.110	满意度	63.043	服务质量	14.567
服务质量	0.109	顾客忠诚	61.702	顾客忠诚	8.841
顾客感知价值	0.103	品牌忠诚	58.000	忠诚度	7.868
感知风险	0.103	影响因素	56.863	购买意愿	6.296
品牌忠诚	0.094	顾客价值	56.863	游客满意度	5.318

二、感知价值英文文献研究进展

(一)感知价值英文文献研究概况

第一,国外感知价值文献发表的数量。本研究以 Web of science 为数据来源,以"Perceived value"为标题限定词,检索与感知价值研究相关的国外文献,并选取 1992—2017 年为文献观察期,结果提取到与感知价值研究相关的国外文献记录 1 036 条。如图 2-29 所示,1992 年国外发表的感知价值研究文献数量是 11 篇,此后几年文献数量停滞不前,并有下降,一直到 2001 年文献数量才增加至 18 篇,增幅不大,2001 年以后的文献数量小幅增长,并偶有下降,一直到 2008 年出现了一个较大幅度的增长,当年发表的文献数量是 50 篇,比上一年增加了近 15 篇,真正的高峰期出现在 2015 年,当年文献数量为 122 篇,比 2014 年增加了 53 篇,2017 年的文献数量是 143 篇。从中可以看出,一方面,国外对感知价值的研究是一个"渐热"的过程,感知价值虽然还未成为研究热点,但也逐步受到越来越多研究者的关注;另一方面,与其他感知类的主题相比,国外对邮轮旅游的研究还相对有限,发展的空间还比较大,无论研究领域,还是研究方法,都可以进一步拓展。

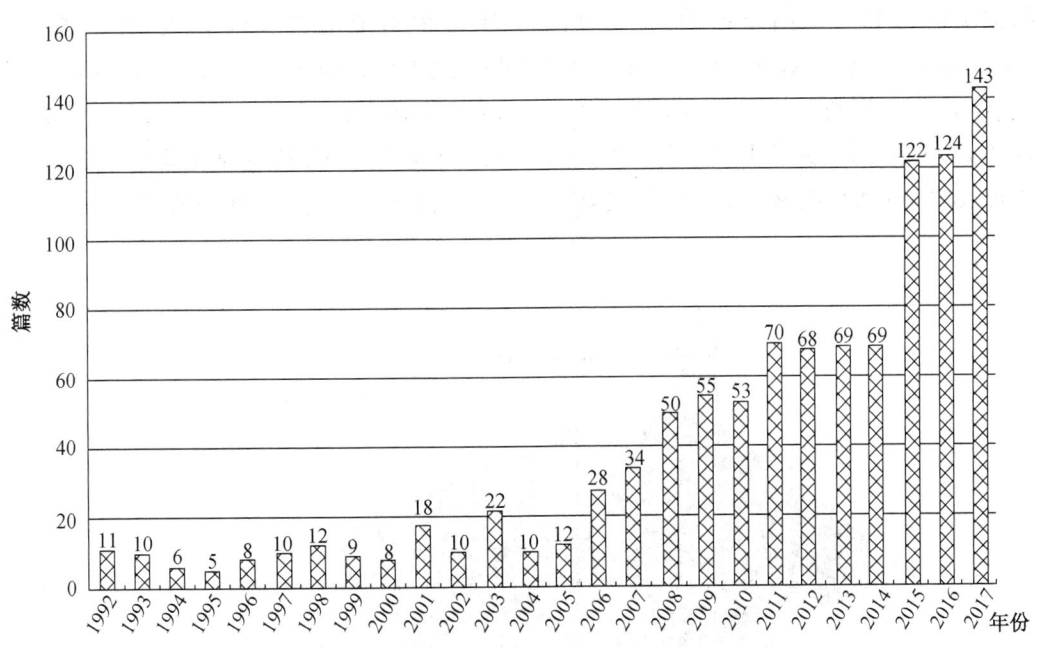

图 2-29 感知价值英文文献发表数量趋势图

第二,国外感知价值文献的学科分布。在提取到的 915 条文献记录中,与 Business(工商)相关的文献有 199 篇,与 Management(管理学)相关的有 173 篇,与 Hospitality leisure sport tourism(旅游休闲运动接待)相关的有 82 篇,与 Economics(经济学)相关的有 59 篇,与 Psychology social(社会心理学)相关的有 50 篇,与 Operations research management(运营研究管理)相关的有 46 篇,与 Computer science information systems (计算机科学信息系统)相关的有 46 篇,与 Education research(教育研究)相关的有 34 篇,与 Environmental studies(环境研究)、Nursing(护理)相关的有 19 篇,与 Transportation(交通)相关的有 18 篇,与 Business finance(商业金融)相关的有 17 篇。从学科分布可以看出,一方面,目前国外对感知价值的研究主要是从管理学,尤其是工商管理、旅游产品及服务、休闲服务等视角展开的。另一方面,学科方法和学科视角虽然多元化,但研究的数量还相对有限。在引入其他学科及方法的时候,还可以进一步深化该学科及方法在满意度领域的应用研究。

(二)感知价值研究文献的共被引网络分析

本研究以 Web of science 核心库为数据来源,以"主题＝(Perceived value)"为条件,文献时间选取 1992—2016 年,检索与感知价值相关的研究文献。在得到初步检索结果后,对文献数据进行标准化处理,删除与研究主题不相符的文献记录,合并相似字段,以提高数据分析的准确性和可靠性。最后,本研究检索到符合共被引分析要求的文献记录样本 551 个。

本研究运用 Citespace 软件对检索的研究文献进行共被引分析。感知价值研究文献共被引网络分析的结果如图 2-30 所示。图谱中形成的主要聚类包括:聚类♯0 acceptance,聚类♯1 corporate brands core value,聚类♯2 online consumer behavior,聚类♯3 online,聚类♯4 justice,聚类 5♯ organization identity orientation,聚类♯6 mass customization 等。共被引文献网络聚类是体现研究领域知识基础非常重要的指标,图谱中形成的 6 个大的共被引文献网络聚类构成了感知价值研究重要的知识基础。

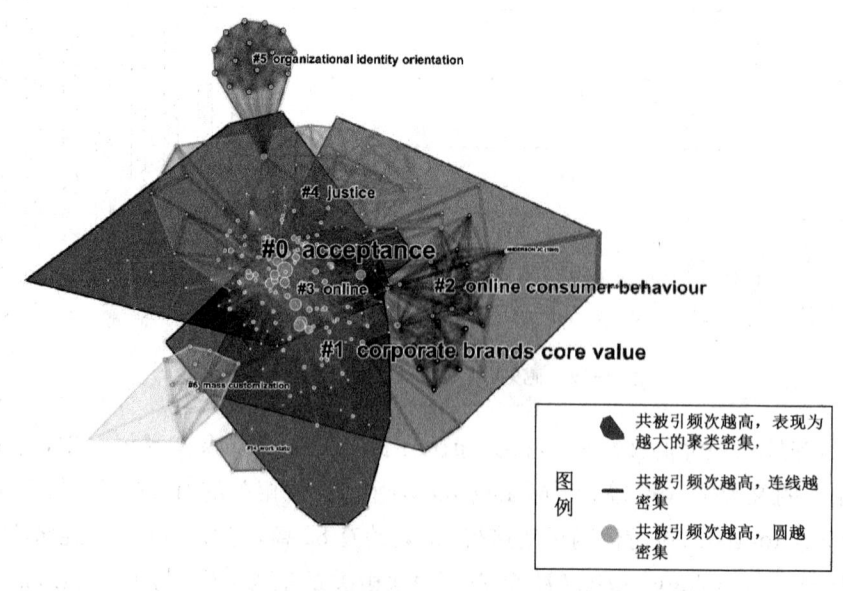

图 2-30　感知价值英文文献共被引网络聚类图

如表 2-15 所示,聚类♯0 的规模最大,所包含的文献数量为 73 篇。聚类♯5 在 1987 年左右开始形成,形成的时间较其他聚类最早,聚类♯3 和聚类♯6 都是在 2000 年以后开始形成的,其中聚类♯6 形成的时间是在 2004 年,较其他聚类最晚。聚类♯0、聚类♯1、聚类♯2 和聚类♯4 的形成时间都是在 20 世纪 90 年代。就聚类的 Silhouette 值而言,6 个主要聚类的 Silhouette 值都在 0.6 以上,而 Silhouette 值是衡量聚类成员同质性大小的指标,该数值越大,表明该聚类的文献的相似性越高,所以以上 6 个聚类的文献的相似性非常高,也说明聚类的结果有意义并且稳定。聚类♯0 acceptance 包含的是有关认可度的研究文献。认可度是反映顾客对产品或服务的价值进行主观判断的重要指标,也是对顾客感知价值产生重要影响的变量。Golsefid(2016)[①]以印度的特贾拉特银行为案例,对印度的银行顾客是否认可手机银行客户端进行了深入分析,并对影响认可度的因子做了深入探讨。

表 2-15　感知价值共被引英文文献聚类信息

聚类♯	文献规模	Silhouette 值	聚类标签 (Tfldf)	聚类标签 (Llr)	聚类标签 (Mi)	均值 (引用年份)
0	73	0.609	Acceptance	Catalytic agent	Electronic repositories	1995
1	58	0.632	Corporate brands core value	Corporate brands core value	Psychological commitment	1997
2	45	0.848	Online consumer behavior	Process	Psychological commitment	1994
3	33	0.712	Online	Social networking site	Working share	2002
4	31	0.755	Justice	Guarantee term	Electronic repositories	1990
5	16	0.988	Organizational identity orientation	Organizational identity orientation	Association	1987
6	13	0.983	Mass customization	Process effort	Value-based model	2004

(三)感知价值研究关键词共现网络分析

对文献进行关键词共现网络分析,是探索研究热点和研究前沿的重要方法。本研究以在 Web of science 核心数据库获取的并经过标准化处理的 551 条文献记录为数据,运用 Citespace 软件,在设置相关参数后运行软件进行关键词共现网络分析。关键词共词网络如图 2-31 所示,感知价值研究的高频关键词包括:structural equation model、determinants、models、consumer、perception、purchase、attitudes、preference、discrepancies、brand personality、brand image、perceived value 等。其中,频次前 5 位的

① Golsefid F A, Kiakalayeh F D. Factors affecting the acceptance of mobile banking by customers case study: the branches of Tejarat bank in Rasht city[J]. Mediterranean Journal of Social Sciences, 2016.

关键词包括：perceived value（88 次）、performance（51 次）、quality（48 次）、satisfaction（48 次）、management（47 次），其中心性分别为：0.23、0.21、0.08、0.19、0.19，如表 2-16 所示。

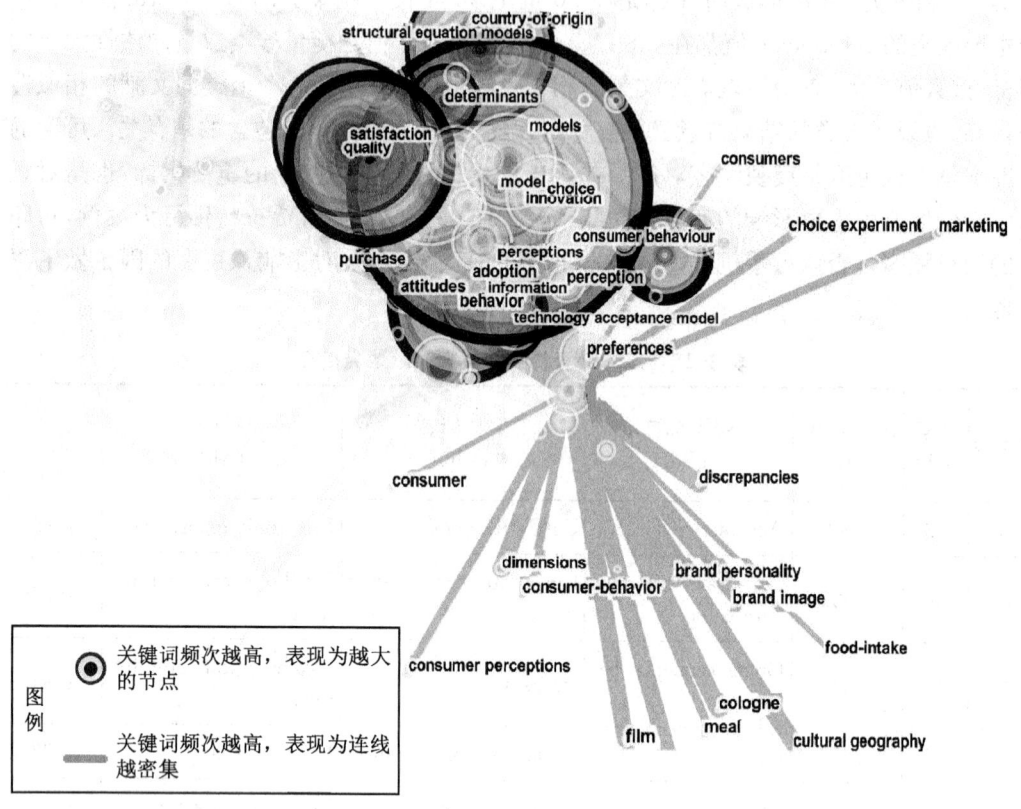

图 2-31　感知价值英文文献关键词共现网络图

表 2-16　感知价值英文文献高频关键词

关键词	频次	中介中心性	年份	关键词	频次	中介中心性	年份
Model	88	0.23	2006	Behavior	45	0.23	2006
Performance	51	0.21	2006	Trust	41	0.05	2010
Quality	48	0.08	2007	Perspective	35	0.11	2006
Satisfaction	48	0.19	2006	Perceived value	35	0.03	2006
Management	47	0.19	2006	User acceptance	31	0.02	2011

　　此外，对关键词共词网络进行聚类分析后，得到关键词网络聚类图谱，如图 2-32 所示，形成的感知价值关键词共现网络聚类包括：聚类 ♯0 catalytic agent、聚类 ♯1 prevention、聚类 ♯2 firm、聚类 ♯3 involvement、聚类 ♯4 personal value、聚类 ♯5 uk-India study、聚类 ♯6 employer branding。而突发性检测后发现关键词"word of mouth"

在2014—2016年具有高突发性，说明口碑效应也是近年来感知价值研究的一个主题热点。

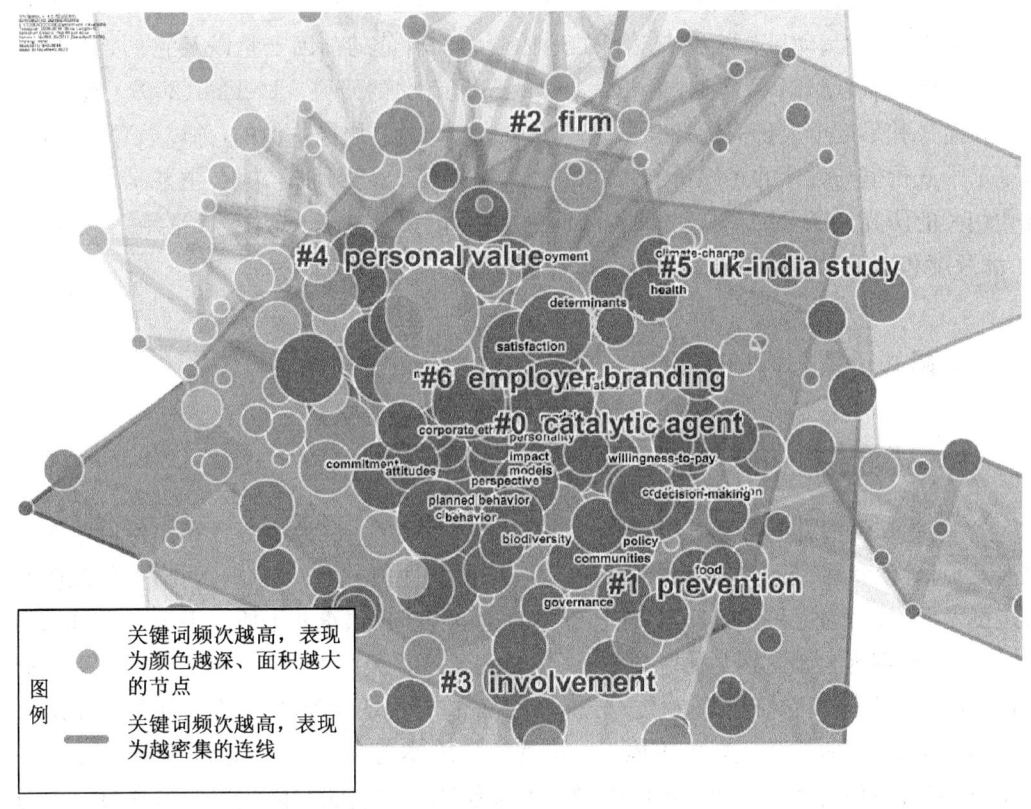

图 2-32　感知价值英文文献关键词共现网络聚类图

就聚类形成的时间而言，聚类♯4在2007年开始形成，形成的时间比其他聚类都早，聚类♯0和聚类♯1在2011年开始形成，形成的时间最晚。整体而言，6个关键词聚类形成的时间相差不大。聚类♯0的文献规模最大，含68篇文献，主要是与消费决策相关的研究。这类研究多从感知价值在顾客消费决策中所起的作用等视角展开。Hsu、Chuang、Chiu(2013)[①]深入分析了在线购物情境下，感知质量、感知价值对顾客再惠顾决策的影响作用。聚类♯1含46篇文献，主要是与公众偏好相关的研究。Glenk(2010)[②]在气候变化的背景下，分析了公众偏好的水资源管理战略。

聚类♯2含45篇文献，主要是与企业管理相关的研究。从企业管理的视角研究感知价值，一直是感知价值研究的主流之一，从供给侧提高顾客的效用，进而提升顾客的感知

---

①　Hsu M H, Chuang L W, Chiu S P. Perceived quality, perceived value and repurchase decision in online shopping context[J]. Applied Mechanics & Materials, 2013, 311(8): 43-48.

②　Glenk K, Fischer A. Insurance, prevention or just wait and see? public preferences for water management strategies in the context of climate change[J]. Ecological Economics, 2010, 69(11): 2279-2291.

价值,是此类研究的基本目标。Franke(2010)[1]基于规模定制化研究了促使消费者认为自身设计的产品更有价值的因素。聚类♯3含33篇文献,主要是与消费者涉入相关的研究。Prebensen(2013)[2]运用整合方法分析旅游者的体验价值,从理论和实证的角度验证了旅游者涉入程度、动机是旅游者对目的地体验感知价值的前因变量以及它们之间的因果关系。聚类♯4含24篇文献,主要是与个人价值有关的研究。Ledden(2007)[3]认为顾客是在定义和形成个人价值的社会文化环境中感知产品或服务价值的,并以教育为案例,验证了个人价值与教育的感知价值之间的关系。聚类♯6含19篇文献,主要是与雇主品牌化相关的研究。Davies(2008)[4]研究了雇主品牌化在影响雇员的感知差异化、密切程度、满意度和忠诚度方面的作用。

三、感知价值国内研究综述

(一) 对感知价值测度模型的研究

第一,感知价值维度和量表研究。张涛、贾生华(2008)[5]认为消费者感知价值维度不仅涉及价格、便利性、服务等方面,也涵盖了美感、社会性等方面。研究者明晰价值维度并构造测度量表,为创造和传递价值、建立节事的竞争优势提供重要手段。王莉、张宏梅、陆林(2014)[6]以湿地公园游客为研究对象,开发出测量湿地公园游客感知价值的量表,并通过在西溪湿地公园等的抽样调查数据分析,对量表进行实证检验,探索性地研究了湿地公园游客感知价值的维度,涉及环境、服务、管理、成本等方面。王朝辉、陆林、夏巧云(2011)[7]对节事旅游者的感知价值维度做了实证研究。他们的实证数据样本来自对上海世博会参观者的抽样调查。结果表明,节事旅游者的感知价值维度不仅涵盖了效用、服务、美感,还包括愉悦、价格、便利性等方面。周玮、黄震方(2012)[8]在城市公园免费开放时段,对游客的感知价值维度进行实证研究,他们选取南京中山陵为调研地,结果发现,感知价值的维度包括4个:第一是对休闲的感知价值,第二是对服务的感知价值,第三是对

① Franke N, Schreier M. Why Customers Value Self-Designed Products: the importance of process effort and enjoyment [J]. Journal of Product Innovation Management, 2010, 27(7):1020-1031.

② Prebensen N K, Woo E J, Chen J S, et al. Motivation and involvement as antecedents of the perceived value of the destination experience[J]. Journal of Travel Research, 2013, 52(2):253-264.

③ Ledden L, Kalafatis S P, Samouel P. The relationship between personal values and perceived value of education[J]. Journal of Business Research, 2007, 60(9):965-974.

④ Davies G. Employer branding and its influence on managers[J]. European Journal of Marketing, 2008, 42(5/6):667-681.

⑤ 张涛,贾生华.节事消费者感知价值的维度和测量研究[J].旅游学刊,2008,23(5):74-79.

⑥ 王莉,张宏梅,陆林.湿地公园游客感知价值研究[J].旅游学刊,2014,29(6):87-97.

⑦ 王朝辉,陆林,夏巧云.重大事件游客感知价值维度模型及实证研究——以2010上海世博会国内游客为例[J].旅游学刊,2011,26(5):90-97.

⑧ 周玮,黄震方,殷红卫,等.城市公园免费开放对游客感知价值维度的影响及效应分析——以南京中山陵为例[J]. 地理研究,2012,31(5):873-884.

文化的感知价值,第四是对环境的感知价值。马凌、保继刚(2015)①以西双版纳泼水节为例,开发出传统节庆旅游体验的感知价值测量量表,量表包含文化认知价值等7个维度,并通过实证方法对量表进行验证。丁瑜、李爽、伍艳慈(2017)②则以广州市中心城区场馆为个案,认为展览展示类公共文化空间公众感知价值包含休闲价值、资源管理价值等9个维度。

第二,对感知价值测度模型的研究。李文兵、张宏梅(2010)③以古村落游客为研究对象,通过结构方程模型对古村落游客的感知价值进行测量,并以实证数据为基础,对结构方程模型进行验证。结果发现,不同维度对感知价值的影响作用存在差异。黄颖华、黄福才(2007)④对旅游者感知价值做了系统的梳理,从实证角度分析了旅游者感知价值模型。李爱国(2007)⑤以实证数据为基础,研究了顾客对第三方物流的感知价值,并运用结构方程模型进行实证分析,模型对感知价格、感知价值和感知质量等变量做了深化和拓展,引入了感知风险、感知关系等新的变量,分析了顾客感知价值与相关前因变量和结果变量的影响关系和作用机制。田丽君、黄海军、王昕(2015)⑥从出行效益、出行负效用、到达时间感知价值3个维度构建了感知价值的静态网络均衡模型。张海洲、卢松、张宏梅(2017)⑦则从工作提升、组织承诺、职业发展等7个维度构建了酒店员工对大型组织仪式感知价值的测量模型。

(二)对感知价值影响因素及影响关系的研究

第一,对感知价值影响关系的研究。汪涛、崔楠、杨奎(2009)⑧从心理账户的禀赋效应和支付贬值视角探讨顾客参与对顾客感知价值影响的中间心理过程。王毅、景奉杰(2005)⑨从感知价值的视角出发,研究了服务失误补救和顾客满意度之间的影响关系。即以感知价值为中介变量,分析服务失误和服务补救通过感知价值对满意度的影响和影响机制。林志扬、方志斌(2011)⑩构建价值感知、社会影响因素和参与期望的关系模型,并进行实证研究。潘煜、高丽、王方华(2009)⑪以手机购买者为研究对象,研究了顾客感

① 马凌,保继刚.感知价值视角下的传统节庆旅游体验——以西双版纳傣族泼水节为例[J].地理研究,2012,31(2):269-278.

② 丁瑜,李爽,伍艳慈.大众休闲背景下展览展示类文化空间公众感知价值研究——基于广州市中心城区场馆个案的调查[J].世界地理研究,2017,26(1):146-157.

③ 李文兵,张宏梅.古村落游客感知价值概念模型与实证研究——以张谷英村为例[J].旅游科学,2010,24(2):55-64.

④ 黄颖华,黄福才.旅游者感知价值模型、测度与实证研究[J].旅游学刊,2007,22(8):42-48.

⑤ 李爱国.第三方物流顾客感知价值模型实证研究[D].成都:西南交通大学,2007,26-97.

⑥ 田丽君,黄海军,王昕.考虑到达时间感知价值的静态网络均衡模型[J].系统工程理论与实践,2015,27(6):1493-1500.

⑦ 张海洲,卢松,张宏梅.酒店员工对大型组织仪式的价值感知研究——以开元酒店集团"技术比武"为例[J].旅游学刊,2017,32(9):116-126.

⑧ 汪涛,崔楠,杨奎.顾客参与对顾客感知价值的影响:基于心理账户理论[J].商业经济与管理,2009,25(11):81-89.

⑨ 王毅,景奉杰.基于感知价值的服务失误补救后顾客满意的实证研究[J].经济管理,2005,26(24):47-53.

⑩ 林志扬,方志斌.价值感知对虚拟社区成员参与期望的影响[J].经济管理,2011,33(6):78-84.

⑪ 潘煜,高丽,王方华.生活方式、顾客感知价值对中国消费者购买行为的影响[J].系统管理学报,2009,18(6):601-608.

知价值对购买行为的影响。他们的实证数据来源于对上海手机购买者的随机抽样调查，并开发出感知价值的测量量表。何建民、潘永涛（2015）[①]基于全过程的视角，实证分析了顾客感知价值与顾客满意、行为意向之间的关系。刘好强（2015）[②]基于调节匹配理论，深入分析了调节定向与沟通策略对游客购买意愿的影响，其中以感知价值作为中介变量，验证了感知价值的中介作用。关涛、高晶、张雪桐（2017）[③]通过构建顾客感知价值函数模型，以消费者支付意愿为中介变量，研究了顾客感知价值对网络信息产品定价的影响。

第二，对感知价值影响因素的研究。周涛、鲁耀斌、张金隆（2009）[④]以移动商务用户为研究对象，从感知价值和信任两个变量入手，分析了移动商务用户的接受行为，用实证数据研究了影响移动商务用户感知价值和信任的主要因素。白长虹、范秀成、甘源（2002）[⑤]则将视角投向了顾客感知价值与服务企业品牌之间的影响关系，通过构建顾客感知价值与服务企业品牌的因果关系模型进行实证分析，其中，服务质量是中间变量。林盛、刘金兰（2006）[⑥]结合商品房市场消费的实际特点，认为价格、感知质量是影响顾客感知价值的主要因素。刘畅（2015）[⑦]基于微观消费决策视角，通过实证研究发现，商品感知质量、品牌形象、社会价值是影响高端消费品感知价值的主要因素，并对各因素进行了定量测度。黄鹏、刘艳（2015）[⑧]以玉制旅游纪念品为对象进行个案研究，探讨了旅游纪念品感知价值的影响因素，认为价格水平、投资回报等因素对旅游纪念品感知价值产生显著影响。

四、感知价值的国外研究综述

（一）对感知价值维度的研究

第一，对感知价值维度的一般研究。Puustinen、Maas、Karjaluoto（2013）[⑨]在引入投资感知价值这一概念之后，提出了投资感知价值应该包含的具体维度：经济价值——货币

---

① 何建民,潘永涛.顾客感知价值、顾客满意与行为意向关系实证研究[J].管理现代化,2015,35(1):28-30.

② 刘好强.调节定向与沟通策略对游客购买意愿的影响——感知价值的中介作用[J].旅游学刊,2015,30(12):74-84.

③ 关涛,高晶,张雪桐.顾客感知价值对网络信息产品定价的影响研究[J].财经理论与实践,2017,38(4):97-102.

④ 周涛,鲁耀斌,张金隆.基于感知价值与信任的移动商务用户接受行为研究[J].管理学报,2009,6(10):1407-1413.

⑤ 白长虹,范秀成,甘源.基于顾客感知价值的服务企业品牌管理[J].外国经济与管理,2002,24(2):7-14.

⑥ 林盛,刘金兰.商品房市场顾客感知价值研究[J].管理工程学报,2006,20(2):43-46.

⑦ 刘畅.高端消费品感知价值影响因素的定量测度[J].经济与管理研究,2015(11):131-137.

⑧ 黄鹏,刘艳.具有投资属性的旅游纪念品感知价值影响因素研究——以玉制旅游纪念品为例[J].旅游科学,2015,29(4):61-77.

⑨ Pekka Puustinen, Peter Maas, Heikki Karjaluoto. Development and validation of the perceived investment value scale [J]. Journal of Economic Psychology, 2013, 36(4):41-54.

收益；经济价值——效率；功能价值——方便；情绪价值——情绪和体验；象征价值——利他主义；象征价值——尊重。Prior(2013)[1]认为顾客感知价值和提供商代表的关系维度应该包括：沟通、计划、风险管理和协调。其中，沟通的次级维度包括信息管理和期望管理，计划的次级维度包括具体的解决方案和总体计划，风险管理的次级维度包括风险预期、风险化解和灵活性，而协调是通过实时地分配资源促进项目任务完成的过程。Li、Li、Kambele(2012)[2]研究的品牌价值维度不仅涵盖物质和经济层面，还涵盖了社会和情感层面。Floh、Zauner、Koller 等(2014)[3]认为，功能性和经济性仅是感知价值维度特征的一个方面，感知价值的维度特征还突出地表现在情感性和社会性方面。Kalajdzic、Zabkar(2017)[4]认为顾客的感知价值包含功能价值、情绪价值和社会价值等维度。

第二，对具体产品或服务感知价值维度的研究。Chang、Tseng(2013)[5]认为，实体商店环境的维度并不适用于在线购物环境。感知价值分为两个理论维度：一是功利价值，是顾客对功能收益和损失的总体评价；二是情感价值，是对体验收益和损失的总体评价。Chen、Chen(2010)[6]重点研究了旅游服务感知价值的情感维度，包括从旅游服务获得的声誉，旅游者的情感反应等。感知价值和货币价格是旅游服务感知价值的两个重要前因变量，感知价值是满意度和行为意愿的重要前因变量。Chen、Hu(2010)[7]认为购买奢侈品的顾客的感知价值既有功能维度，又有象征维度。功能价值是顾客对包含质量、传统的货币价值和便利特征等在内的价值所做的总体评价。象征价值是顾客在社交、情绪、美感和声誉等方面获得的体验价值的总体反映。Gallarza、Saura(2015)[8]通过对大学生旅游行为的实证研究，确定了大学生旅游感知价值的维度存在分异性。Kim、Thapa(2017)[9]研究了自然旅游情境下的游客感知价值各维度及流动体验对目的地忠诚度的影响。研究者认为自然情境下的游客感知价值包含质量、情绪、价格和社会 4 个维度。

① Danniel D. Prior. Supplier representative activities and customer perceived value in complex industrial solutions[J]. Industrial Marketing Management, 2013, 42(5):1192-1201.

② Guoxin Li, Guofeng Li, Zephaniah Kambele. Luxury fashion brand consumers in China: Perceived value, fashion lifestyle, and willingness to pay[J]. Journal of Business Research, 2012, 65(3):1516-1522.

③ Arne Floh, Alexander Zauner, Monika Koller, Thomas Rusch. Customer segmentation using unobserved heterogeneity in the perceived-value-loyalty-intentions link[J]. Journal of Business Research, 2014, 67(11): 974-982.

④ Arslanagic-Kalajdzic M, Zabkar V. Is perceived value more than value for money in professional business services? [J]. Industrial Marketing Management, 2017, 65(8):47-58.

⑤ En-Chi Chang, Ya-Fen Tseng. Research note: e-store image, perceived value and perceived risk[J]. Journal of Business Research, 2013, 66(11):864-870.

⑥ Ching-Fu Chen, Fu-Shian Chen. Experience quality, perceived value, satisfaction and behavioral intensions for heritage tourists[J]. Tourism Management, 2010, 31(7):29-35.

⑦ Po-Tsang Chen, Hsin-Hui Hu. The effect of relational benefits on perceived value in relation to customer loyalty[J]. International Journal of Hospitality Management, 2010, 29(11):405-412.

⑧ Gallarza M G, Saura I G. Value dimensions, perceived value, satisfaction and loyalty: an investigation of university students' travel behaviour[J]. Tourism Management, 2006, 27(3):437-452.

⑨ Kim M, Thapa B. Perceived value and flow experience: application in a nature-based tourism context[J]. Journal of Destination Marketing & Management, 2017, 60(8):203-211.

（二）对感知价值影响关系的研究

Chen、Tsai(2008)[①]研究的是消费者购买电视旅游产品的感知价值、满意度和忠诚度之间的关系，并且重点关注的是消费者的产品涉入，当消费者对产品的感知是其自我形象和高成本、高风险的反映时，产品涉入就出现了。Chen、Hu(2010)[②]通过对澳大利亚咖啡馆的实证分析，研究了关系收益对感知价值以及忠诚度的影响。研究者认为以整合的方式来理解价值概念非常重要，因为人们只有考虑某种特定的价值与其他类型的价值之间的关系，才能真正理解价值。Ryu、Han、Kim(2008)[③]认为餐馆总体形象对感知价值产生正向影响，并且对顾客满意度和行为意愿产生正向影响。同时，认为感知价值是影响餐厅形象、顾客满意度和行为意愿的重要变量。Chang、Tseng(2013)[④]研究了在线商店形象、感知价值和感知风险之间的关系。他们认为，在线购物环境下的顾客感知价值有两种类型：一类是功利价值，是对功能收益和成本的总体评价。功利价值与顾客认为购买任务是否高效，购买能否满足需求相关；另一类是情感价值，是顾客对体验收益和成本的总体评价，是在线购物能带来的娱乐性和情感性收益。

Chen、Chen(2010)[⑤]以遗产旅游者为研究对象，研究了感知价值与体验质量，感知价值与满意度，感知价值与行为意愿之间的影响关系。研究者认为相比满意度和质量，感知价值可以更好地预测再购买意愿。Hyun、Kim、Lee(2011)[⑥]研究了连锁餐饮业的广告对老顾客情感反应、感知价值和行为意愿的影响。他们认为，愉悦价值和效用价值是经典的感知价值分类方法。Kim、Park、Kim 等(2013)[⑦]研究了餐厅的卫生状况感知对感知价值的直接影响关系，以及感知价值对再惠顾意愿的间接影响。他们认为，感知价值是重要的企业因素，并且可以为企业所控，能够加强顾客满意度对忠诚度的影响。质量和感知价值是满意度的前因变量，它们之间关系的理论基础是积极评价—情感反应—信息处理模型。质量和感知价值与积极的认知相关联，并最终引发情感上的满意度，反过来影响行为意愿。

① Ching-Fu Chen, Meng-Huan Tsai. Perceived value, satisfaction, and loyalty of TV travel product shopping [J]. Tourism Management, 2008, 29(3):1166-1171.

② Po-Tsang Chen, Hsin-Hui Hu. The effect of relational benefits on perceived value in relation to customer loyalty[J]. International Journal of Hospitality Management, 2010, 29(11):405-412.

③ Kisang Ryu, Heesup Han, Tae-Hee Kim. The relationship among overall quick-casual restaurant image, perceived value, customer satisfaction, and behavioral intentions[J]. International Journal of Hospitality Management, 2008, 27(6):459-469.

④ En-Chi Chang, Ya-Fen Tseng. Research note: e-store image, perceived value and perceived risk[J]. Journal of Business Research, 2013, 66(11):864-870.

⑤ Ching-Fu Chen, Fu-Shian Chen. Experience quality, perceived value, satisfaction and behavioral intensions for heritage tourists[J]. Tourism Management, 2010, 31(7):29-35.

⑥ Sunghyup Sean Hyun, Wansoo Kim, Myong Jae Lee. The impact of advertising on patrons' emotional responses, perceived value, and behavioral intensions in the chain restaurant industry: the moderating role of advertising-induced arousal[J]. International Journal of Hospitality Management, 2011, 30(8):689-700.

⑦ Hyun Jeong Kim, Jeongdoo Park, Myung-Ja Kim, Kisang Ryu. Does perceived restaurant food healthiness matter? Its influence on value, satisfaction and revisit intensions in restaurant operations in South Korea [J]. International Journal of Hospitality Management, 2013, 33(6):397-405.

五、感知价值的国内外研究对比

（一）研究内容的异同

1. 研究内容的相同点

研究内容的相同点有以下几个方面：第一，国内外有关感知价值的研究都涉及感知价值评价模型，即针对不同研究对象，通过构建感知价值的因果关系模型，量化评价感知价值；第二，部分国内外文献对感知价值的研究都与感知价值影响关系的主题有关，包括感知价值与其他变量影响关系的等，即研究感知价值与其前因变量，如感知质量、感知价格等，或与其结果变量，如满意度、忠诚度、再惠顾意愿等的影响关系及影响机制；第三，国内外对感知价值的研究都从具体的服务类型和服务情境出发，通过开发量表，构建感知价值评价模型，对顾客感知价值进行评价，或者研究感知价值与其前因变量或结果变量的影响关系。

2. 研究内容的不同点

研究内容的不同点有以下几个方面：第一，国外对感知价值的研究起步比国内早，研究相对成熟，因此研究内容涉及的主题比国内广泛而且深入，如较早地提出了感知价值的社会性和情感性特征，认为感知价值还包括情绪、社会、象征等方面的价值。相比之下，国内虽然也涉及感知价值量表的开发研究，但有关感知价值维度的创新研究还较为有限，尤其是得到广泛引用和认可的理论维度研究还比较有限；第二，在量表的开发研究中，国内研究较多的是在借鉴国外的感知价值理论及感知价值量表的基础上，结合具体的研究对象进行修正。相比之下，国外对感知价值维度的创新研究较为充分，会对感知价值维度进行专门性研究，从理论上进行创新。

（二）研究方法的异同

1. 研究方法的相同点

研究方法的相同点有以下几个方面：第一，在研究方法上，国内外对感知价值的研究研究都应用了实证研究方法，也都是通过获得一手数据进行实证分析和研究；第二，国内外对感知价值的研究都是结合具体的服务情境或服务类型，开发出适合的测量量表；第三，国内外对感知价值的研究都采用了问卷调查、深度访谈等社会调查方法收集数据；第四，国内外对感知价值的研究都采用了构建结构方程模型的方法，提出研究假设，结合数据分析对结构方程模型和研究假设进行验证，得出研究结论；第五，国内外对感知价值的研究都运用多种统计分析方法，如探索性因子分析法、描述性统计方法等对数据进行分析。

2. 研究方法的不同点

研究方法的不同点有以下几个方面：第一，国外对感知价值维度的专门性研究较为充分，因此在研究方法上，会应用一些定性研究方法，并且综合了其他学科的研究方法，如现象学研究方法,对感知价值的本质进行探究,如扎根理论方法,通过开放性编码、选择性编码、主轴性编码、理论建构等步骤对感知价值维度进行质性研究;第二,在定量研究方法上,国内对感知价值的研究以结构方程模型为主,采用探索性因子分析、描述性统计、信度检验和效度检验等统计分析方法进行分析和验证,相比之下,国外对感知价值的研究还采用了实验设计方法、应用线性回归模型、分类数据分析、多元数据分析、分层分析等定量研究分析方法。

六、感知价值的国内外研究述评

从文献分析可以看出,国内外研究者尚未就感知价值的定义形成统一的观点,但大多数研究者都认同感知价值是感知收益与感知成本的平衡,因此感知收益和感知成本是构成感知价值的两个重要维度。Zeithaml(1988)认为感知价值是顾客根据感知收益和感知成本对产品或服务效用的总体评价,并且认为感知收益包含内部属性、外部属性和抽象收益3个维度,感知成本包括货币成本和非货币成本2个维度。Sheth(1991)认为顾客感知价值体现在功能、社会、情感、认知和情境5个方面。Sinha(1998)则认为感知价值是由价格、质量、数量、收益和成本构成的多维结构,面对不同的产品或服务类型,感知价值的维度会有变化。

本研究将借鉴 Zeithaml(1988)的感知价值定义,主要原因有二:一是该定义被引用较多,也更有影响力,受到研究者的广泛认可;二是目前中国邮轮市场的现状之一是由于包船模式导致低价竞争,旅行社从邮轮公司切舱后低价销售,吸引对价格敏感的旅游者以扩大市场份额。而对价格敏感的旅游者对收益和成本的考量更多。Zeithaml(1988)强调了感知收益和感知成本是影响感知价值的两个重要维度,本研究将在该定义的基础上界定邮轮旅游感知价值。

感知价值测量量表经历了从一维量表到多维量表的发展阶段。一维量表仅对感知价值的单一特征进行测量,也仅在感知价值研究的初期使用。随着感知价值的多重维度被发现,研究者开发出感知价值的多维测量量表。例如,Grewal(1998)的二维量表将感知价值分为交换价值和获取价值2个维度。Sweeney(2001)开发出 PERVAL 量表,将感知价值分为质量、价格、情感和社会4个维度,共19个测度项。该量表将情感和社会两个维度引入了感知价值的测量中,具有创新性,但该量表仅适用于特定产品,不具有普适性,也没有考虑信息反馈在消费者决策过程中的重要作用。Petrick(2002)构建了测量服务感知价值的 SERV-PERVAL 量表,将感知价值分为质量、情感、货币价格、行为价格和声誉5个维度。董大海(2003)开发出 DEVAL 测量量表,包含产品、服务、价格、形象、广告等5个维度,该量表测量的是特定产品,不适用其他类型的产品或服务。Kantamneni(1996)构建了测量有形产品感知价值量表,该量表将感知价值分为核心价值、经济价值、个体价值和感官价值等4个维度。

在旅游研究领域,研究者构建出测量旅游产品和服务感知价值的测量量表。Deng(2013)从感知质量和感知价格两个维度对国际酒店顾客的感知价值进行测量。

Mathwick(2007)构建出 EVS 量表,从效用和享乐两个维度测量游客的感知价值,但未涉及感知价值的社会维度和情感维度。San(2006)以西班牙旅游者为对象,开发出 GLOVAL 量表,测量包价游感知价值。该量表以 PERVAL 量表的 4 个维度为基础,增加了旅行社的功能价值维度,对包价游全过程进行测量,但量表中情感价值维度未能体现旅游产品的属性特征,且量表推广至其他类型的旅游服务仍有待优化。Hallem、Barth(2011)开发的医疗旅游感知价值量表包含功能价值、情境价值、尝新价值和社会价值 5 个维度。

国内的旅游研究者也开发出测量不同旅游产品和服务感知价值的量表。张涛、贾生华(2008)构建出节事旅游者感知价值量表,测量维度不仅包含了价格、便利性、服务等方面,也包含美感、社会性等方面。王莉、张宏梅、陆林(2014)以湿地公园游客为研究对象,开发出测量湿地公园游客感知价值的量表,涉及环境、服务、管理、成本等 6 个维度。王朝辉、陆林、夏巧云(2011)对节事旅游者的感知价值维度做了实证研究。他们的实证数据样本来自上海世博会的抽样调查。结果表明,节事旅游者的感知价值维度不仅涵盖了效用、服务、美感,还包括愉悦、价格、便利性等方面。这些量表丰富了旅游感知价值的维度,但与旅游产品和服务属性特征的融合仍有待优化。

本研究将借鉴 Zeithmal(1988)的测量量表,主要原因是该量表不仅在感知价值的研究中被引用较多,而且该量表可作为一般产品或服务的测度工具,具有普适性。而 PERVAL 量表、SERV-PERVAL 量表由于仅适用于特定产品或个别维度不适合邮轮旅游服务情境,因此本研究不予借鉴。旅游研究领域的量表,如 EVS 量表、GLOVAL 量表或其他研究者开发的旅游产品或服务感知价值量表,均是针对某一具体的旅游产品、服务,或某一类型的旅游者开发的测量量表,具有较强的针对性,部分维度和测度项不适合邮轮旅游情境,本研究也不予借鉴。

第五节　忠诚度文献研究综述

一、忠诚度中文文献研究进展

（一）忠诚度中文文献研究概况

第一，国内忠诚度文献发表的时间。本研究以中国知网（CNKI）为数据来源，以"忠诚度"为篇名限定词，检索与"忠诚度"相关的研究文献，发现国内最早发表的与"忠诚度"相关的文献是在 1993 年。本研究选取 1992—2017 年为文献观察期，结果提取到与感知价值相关的文献记录 3 772 条。如图 2-33 所示，1993 年的文献发表数量是 2 篇，也可以说是国内对忠诚度研究的"开山之作"。此后几年每年增长的文献数量都在 10 篇以内，国内对忠诚度研究的第一个高峰期出现在 2003 年，当年发表的文献数量是 95 篇，比上一年增长了近 60 篇，第二个高峰期出现在 2013 年，当年发表的文献数量是 332 篇，比上一年增长了近 70 篇，2016 年的数量是 268 篇，较 2015 年有些许回落。从中可以看出，忠诚度成为研究热点已有十多年的时间，受到了学界的广泛关注，但近年来文献数量减少的事实也说明，对忠诚度出现了"研究疲劳"现象，对该主题的研究无论从研究领域还是从研究方法而言，都有待进一步创新。

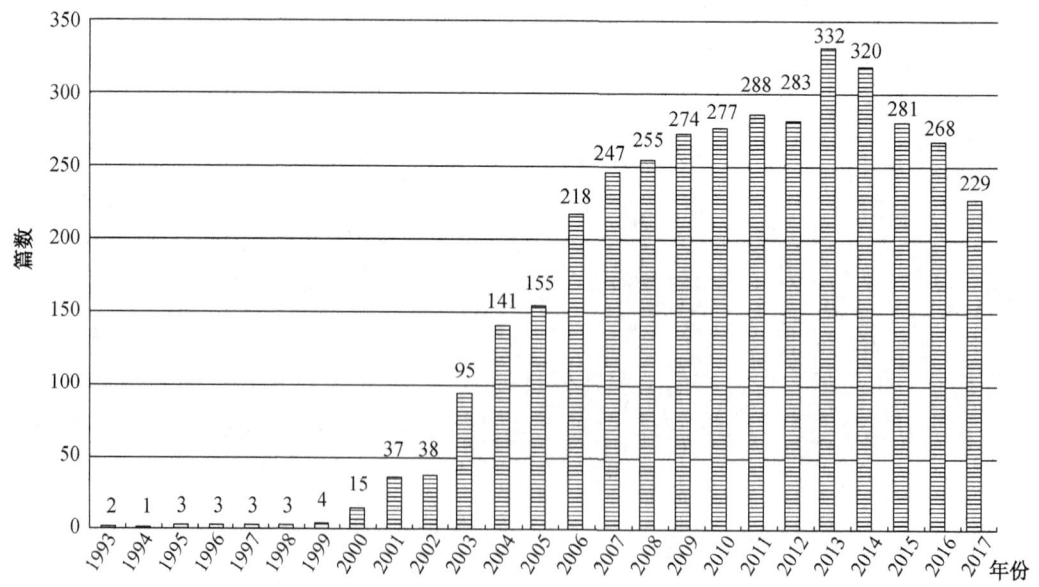

图 2-33　国内忠诚度中文文献发表数量趋势图

第二,国内忠诚度文献的学科分布。在提取的 3 772 条文献记录中,与企业经济相关的文献有 2 117 条,与贸易经济相关的有 523 条,与工业经济相关的有 357 条,与宏观经济管理相关的有 313 条,与信息经济相关的有 256 条,与金融相关的有 183 条,与服务业经济相关的有 165 条,与旅游相关的有 147 条,与计算机应用相关的有 98 条,与新闻与传媒相关的有 69 条,与汽车工业相关的有 69 条,与高等教育相关的有 62 条,与医药卫生相关的有 50 条,与市场研究与信息相关的有 45 条,与交通运输经济相关的有 42 条,与农业经济相关的有 31 条,与图书情报相关的有 28 条。从学科分布可以看出,对企业产品的忠诚度,对贸易服务的忠诚度,对信息产品和服务的忠诚度,对金融服务的忠诚度,对服务类企业的忠诚度,对旅游产品和服务的忠诚度,对医疗服务的忠诚度,对交通运输服务的忠诚度,对农业产品和服务的忠诚度,对图书情报服务的忠诚度等是当前国内研究的主要领域。在中国经济全面升级转型的背景下,提高产品和服务质量,打造品牌,提升顾客忠诚度,是当前国内对忠诚度研究的一条主线。

(二)忠诚度中文文献关键词词频分析

本研究以中国知网数据库(CNKI)为数据来源,以"忠诚度"为主题词,进行相关文献数据的检索。本研究选取其中相关度较高的 600 条文献数据,导入文献题录信息统计分析工具 SATI 进行数据分析。

从表 2-17 可以看出,国内对忠诚度的研究,出现频率较高的关键词包括:忠诚度、顾客忠诚度、员工忠诚度、品牌忠诚度、客户忠诚度、满意度、结构方程模型、顾客忠诚、顾客满意度、影响因素等。不同对象的忠诚度以及具体产品或具体服务情境下的忠诚度是国内忠诚度研究的重要内容,如购买服务及购买情境下的顾客忠诚度、客户忠诚度、品牌忠诚度、电子商务情境下的忠诚度等。忠诚度的影响因素,以及忠诚度与相关变量的影响关

表 2-17　忠诚度中文文献关键词频率

关键词	频率	关键词	频率
忠诚度	154	服务质量	18
顾客忠诚度	93	电子商务	18
员工忠诚度	56	人力资源管理	16
品牌忠诚度	48	心理契约	15
客户忠诚度	43	顾客满意	14
满意度	37	重复购买	13
结构方程模型	34	品牌忠诚	12
顾客忠诚	33	实证研究	12
顾客满意度	22	知识型员工	11
影响因素	21	服务补救	10

系也是国内忠诚度研究的重点,如顾客满意度与忠诚度、服务质量与忠诚度、忠诚度与重复购买、服务补救与忠诚度等的影响关系。工作情境下的员工忠诚度也是国内忠诚度研究的重要内容,如心理契约、知识型员工、人力资源管理等。在研究方法上,结构方程模型、实证研究等是国内忠诚度研究常用的方法。

(三) 忠诚度中文文献关键词聚类分析

从树状聚类图(见图 2-34)和多维尺度图(见图 2-35)可以看出,国内有关忠诚度的研

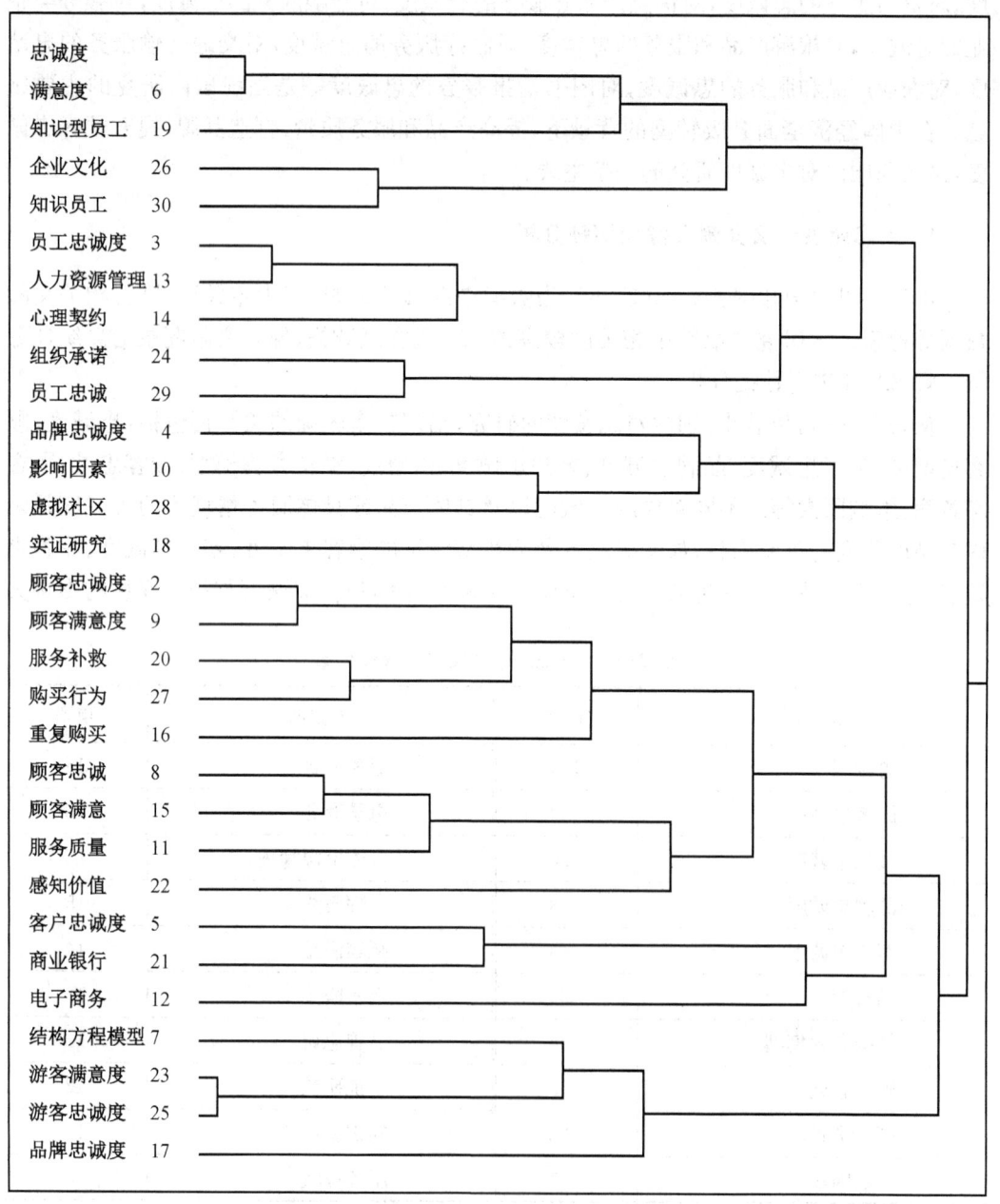

图 2-34 忠诚度中文文献关键词树状聚类图

究主要包括以下几个主题:第一,有关员工忠诚度的研究,主要涉及忠诚度、满意度、知识型员工、企业文化、知识员工、员工忠诚度、人力资源管理、心理契约、组织承诺、员工忠诚等关键词;第二,有关品牌忠诚度的研究,主要涉及品牌忠诚度、影响因素、虚拟社区、实证研究等关键词;第三,有关顾客忠诚度的研究,主要涉及顾客忠诚度、顾客满意度、服务补救、购买行为、重复购买、顾客忠诚、顾客满意、感知价值等关键词;第四,有关电子商务服务忠诚度的研究,主要涉及客户忠诚度、商业银行、电子商务;第五,有关游客忠诚度的研究,主要涉及游客满意度、游客忠诚度、品牌忠诚、结构方程模型等关键词。

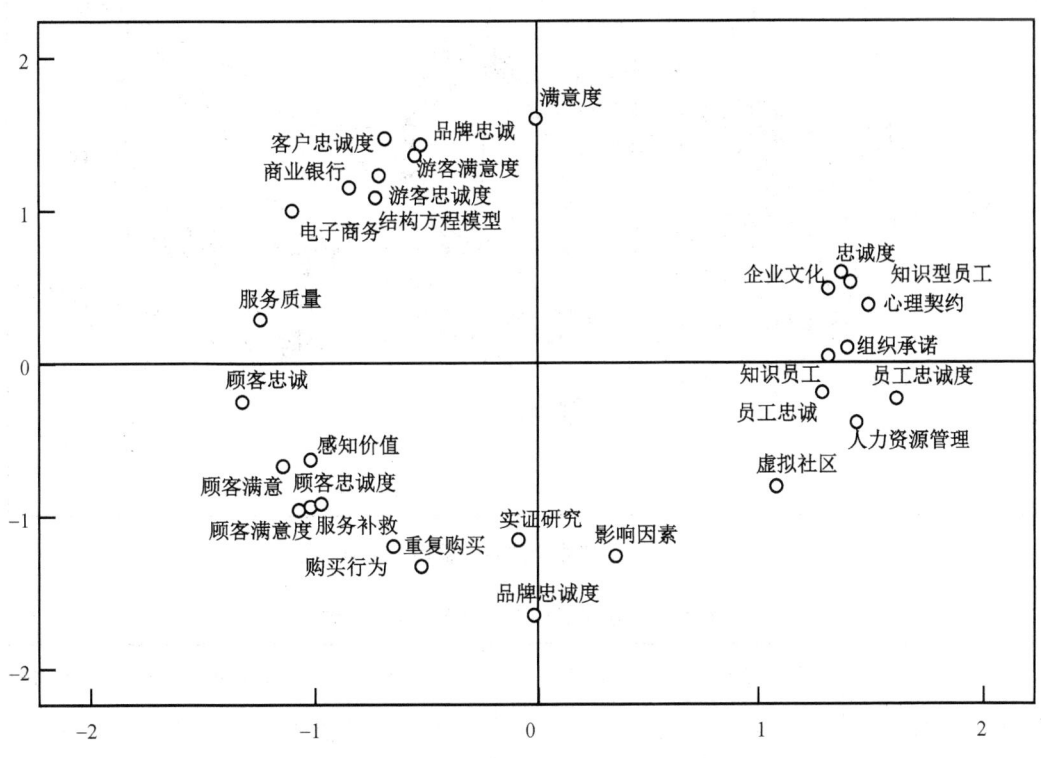

图 2-35　忠诚度中文文献关键词多维尺度图

(四) 忠诚度中文文献关键词共现分析

一方面,从关键词共现网络(见图 2-36)可以直观地看出,忠诚度、顾客忠诚度、服务质量、顾客忠诚、实证研究、员工忠诚度、影响因素、品牌忠诚度、重复购买、顾客满意度、心理契约等关键词的块状节点较大。由于关键词中心度的属性值与块状节点的大小相关,即中心度属性值越大,块状节点越大,所以共现网络中这些关键词非常重要,也是国内满意度研究重点关注的领域。另一方面,从衡量节点中心性的三个重要指标,点度中心性、接近中心性和中介中心性(见表 2-18)来看,点度中心性较高的关键词包括:顾客忠诚度、游客满意度、忠诚度、游客忠诚度、员工忠诚度、顾客满意、顾客忠诚、服务质量等,说明以顾客、员工、游客为对象的忠诚度处于国内忠诚度研究的中心位置;接近中心性较高的是忠诚度、顾客忠诚度、服务质量、结构方程模型、影响因素、感知价值、实证研究、员工忠诚度等,说明通过这些关键词可以较迅速和清晰地了解国内忠诚度研究的状况以及研究讯息的流向;中介中心性较高的是忠诚度、顾客忠诚度、结构方程模型、服务质量、实证研究、影响因素、员工忠诚度、感知价值、顾客满意等,说明与这些关键词相关的研究占据了国内忠诚度研究的主要资源。

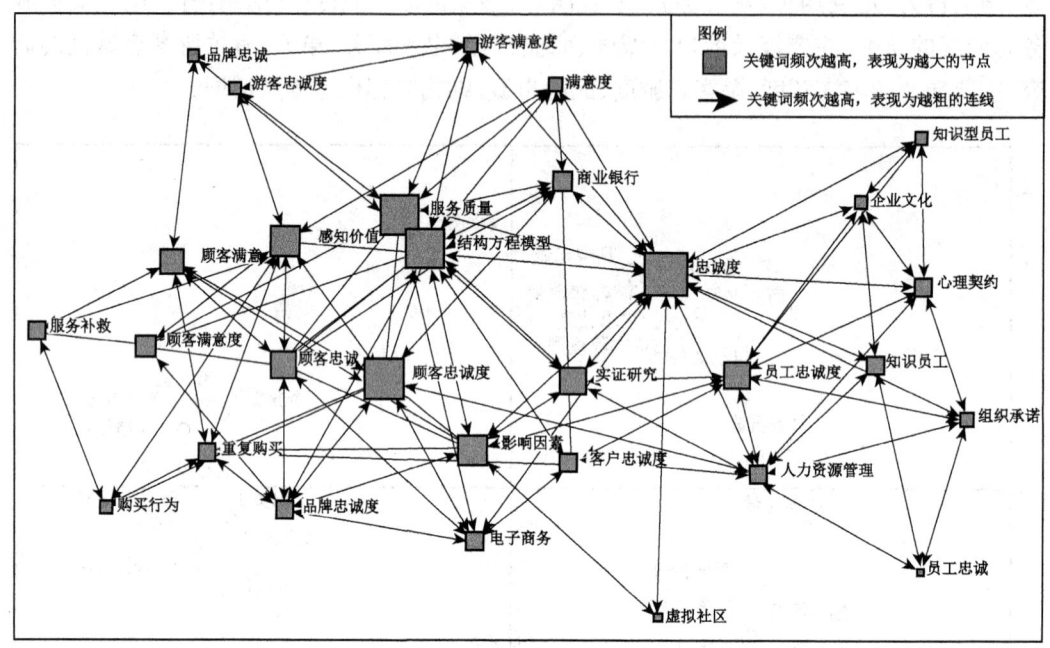

图 2-36　忠诚度中文文献关键词共现网络图

表 2-18　忠诚度中文文献关键词中心性

关键词	点度中心性	关键词	接近中心性	关键词	中介中心性
顾客忠诚度	0.397	忠诚度	69.048	忠诚度	96.707
游客满意度	0.368	顾客忠诚度	67.442	顾客忠诚度	45.258
忠诚度	0.328	服务质量	67.442	结构方程模型	42.463
游客忠诚度	0.325	结构方程模型	67.442	服务质量	33.160
员工忠诚度	0.286	影响因素	61.702	实证研究	30.439
顾客满意	0.267	感知价值	60.417	影响因素	28.180
顾客忠诚	0.244	实证研究	60.417	员工忠诚度	27.881
服务质量	0.244	商业银行	55.769	感知价值	22.327
购买行为	0.242	员工忠诚度	55.769	顾客满意	9.665
服务补救	0.239	顾客忠诚	55.769	人力资源管理	7.421

二、忠诚度英文文献研究进展

(一)忠诚度英文文献研究概况

第一,国外忠诚度文献发表的数量。本研究以 Web of Science 为数据来源,以"Loyalty"为标题限定词,检索与忠诚度研究相关的国外文献,并选取 1992—2017 年为文献观察期,结果提取到与忠诚度研究相关的国外文献记录 4 153 条。如图 2-37 所示,1992 年国外发表的忠诚度研究文献数量是 57 篇,此后文献数量不增反降,1996 年虽有增长,但增幅很小,一直到 2004 年文献数量才突破 100 篇,在 2006 年文献数量出现了相对幅度较大的增长,比 2005 年增长 50 篇,此后 2009 年、2011 年都出现了较上一年近 50 篇的增幅,文献数量真正的高峰期是在 2015 年,当年发表数量是 430 篇,较 2014 年增长 160 篇,2017 年文献数量是 465 篇。从中可以看出,一方面,从文献总量上来看,国外对忠诚度的研究相比满意度等的研究还相对有限,还有较大的发展空间;另一方面,从每年发表的文献数量来看,国外对忠诚度的研究得到了越来越多研究者的关注,尤其是近年来,已成为研究的热点。

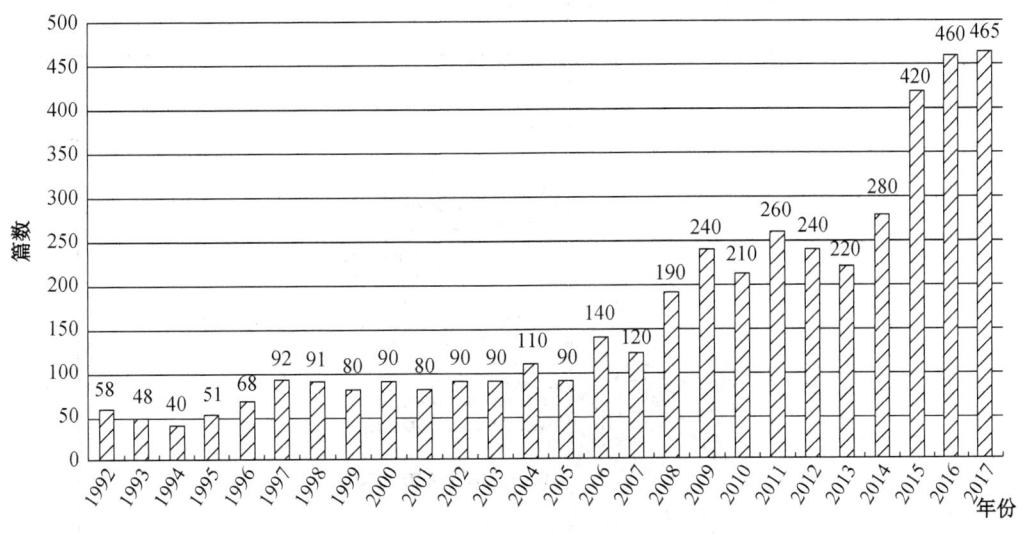

图 2-37 忠诚度英文文献发表数量趋势图

第二,国外忠诚度文献的学科分布。在提取到的 4 153 条文献记录中,与 Business(工商)相关的文献有 979 篇,与 Management(管理学)相关的有 728 篇,与 History(历史学)相关的有 433 篇,与 Hospitality Leisure Sport Tourism(旅游休闲运动接待)相关的有 291 篇,与 Economics(经济学)相关的有 267 篇,与 Computer Science Information Systems(计算机科学信息系统)相关的有 163 篇,与 Operations Research Management(运营研究管理)相关的有 161 篇,与 Political Science(政治学)相关的有 155 篇,与

Sociology(社会学)相关的有 92 篇,与 Psychology Applied(心理学应用)相关的有 69 篇,与 Business Finance(商业金融)相关的有 67 篇,与 Education Research(教育研究)相关的有 61 篇。从学科分布可以看出,一方面,国外对感知价值的研究主要从管理学,尤其是工商管理、历史学、旅游产品及服务、经济学等视角展开。另一方面,其他学科和方法在忠诚度的应用研究,还可以再进一步深化,拓展的空间还很大。

(二)忠诚度研究文献的共被引网络分析

本研究以 Web of Science 核心库为数据来源,以"主题＝(Loyalty)"为条件,文献时间选取 1992—2017 年,检索与忠诚度相关的研究文献。在得到初步检索结果后,对文献数据进行标准化处理,删除与研究主题不相符的文献记录,合并相似字段,以提高数据分析的准确性和可靠性。最后,本研究检索到符合共被引分析要求的文献记录样本 1 036 个。

本研究运用 Citespace 软件对检索的研究文献进行共被引分析。忠诚度研究文献共被引网络分析的结果如图 2-38 所示。图谱中形成的主要聚类包括:♯0 small urban retailer、♯1 using data mining method、♯2 iso、♯3 conceptual framework。共被引文献网络聚类是体现研究领域知识基础非常重要的指标,图谱中形成 4 个主要的共被引文献网络聚类构成了忠诚度研究重要的知识基础。

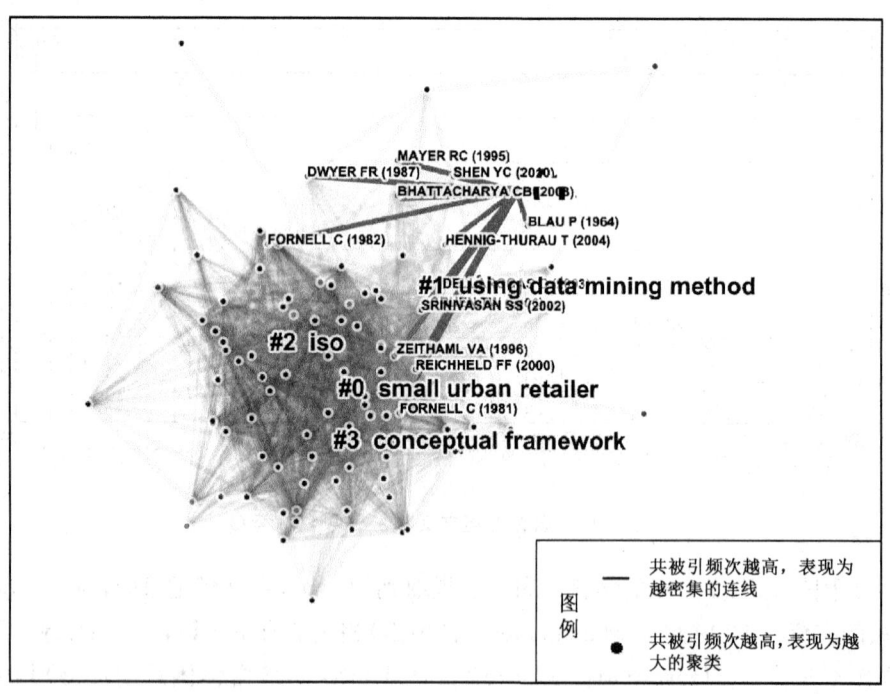

图 2-38 忠诚度英文文献共被引网络聚类图

如表 2-19 所示,聚类♯0 的规模最大,所包含的文献数量为 36 篇。就聚类形成的时间而言,聚类♯3 在 1994 年左右开始形成,形成的时间比其他聚类早,聚类♯1 在 1999 年开始形成,形成的时间比其他聚类最晚,总体而言,4个聚类形成的时间都在20世纪90年代中后期。就聚类的Silhouette值而言,聚类♯1的Silhouette值是0.552,比其他聚类高。由于Silhouette值是衡量聚类成员同质性大小的指标,该数值越大,表明该聚类的文献的相似性越高,所以聚类♯1的文献的相似性最高。聚类♯0是与城市小微零售商有关的研究文献。随着城市经济的发展,小微企业、小微零售商的作用越来越明显,特别是互联网的迅猛发展,进一步凸显了小微企业、小微零售商在城市经济中的作用。在忠诚度研究中引入小微零售商,为忠诚度研究开拓出新的领域。Monferer(2012)[①]以城市小微零售商的顾客为研究对象,分析了影响顾客购买意愿及购买忠诚度的因素。聚类♯1含30篇文献,主要与数据挖掘方法应用相关。忠诚度研究的方法日趋多元,对忠诚度的测量方法也更加多样化,数据挖掘方法被引入忠诚度的研究中,在研究方法上实现创新。Chang、Chen(2016)[②]运用数据挖掘方法,对国际酒店客人的忠诚意愿进行了测量。

表2-19 忠诚度共被引英文文献聚类信息

聚类♯	文献规模	Silhouette值	聚类标签 (Tfidf)	聚类标签 (Llr)	聚类标签 (Mi)	均值 (引用年份)
0	36	0.222	small urban retailer	value	Chinese e-retailing	1996
1	30	0.552	using data mining method	using data mining method	dynamic user workload	1999
2	24	0.367	iso	receipt	Chinese e-retailing	1995
3	15	0.371	conceptual framework	conceptual framework	Chinese e-retailing	1994

(三)忠诚度研究关键词共现网络分析

对文献进行关键词共现网络分析,是探索研究热点和研究前沿的重要方法。本研究以在Web of Science核心数据库获取并经过标准化处理的1 036条文献记录为数据,运用Citespace软件,在设置相关参数后运行软件进行关键词共现网络分析。关键词共词网络如图2-39所示,忠诚度研究的高频关键词包括:loyalty、brand loyalty、perceptions、behavior intentions、antecedents、brand equity、consumer satisfaction、service quality、perceived risk、price、consumer、identification、motivation等。其中,频次前5位的关键词包括:loyalty(284次)、satisfaction(180次)、model(124次)、customer satisfaction(99次)、trust(95次),其中心性分别为:0.15、0.14、0.10、0.05、0.06(如表2-20所示)。此外,对关键词共词网络进行聚类分析后,得到关键词网络聚类图谱(如图2-40所示),形成

① Monferrer S T, Roig J C F, García J S. Small urban retailers: what motivates their buyers? [J]. Iated, 2014, 27(3):13-21.
② Chang K C, Chen M C, Kuo N T, et al. Applying data mining methods to tourist loyalty intentions in the international tourist hotel sector[J]. Anatolia, 2016, 22(22):1-4.

的忠诚度关键词共现网络聚类包括：聚类♯0 theory studies、聚类♯1 nfc、聚类♯2 service bundle、聚类♯3 store brand、聚类♯4 cosmetics industry。

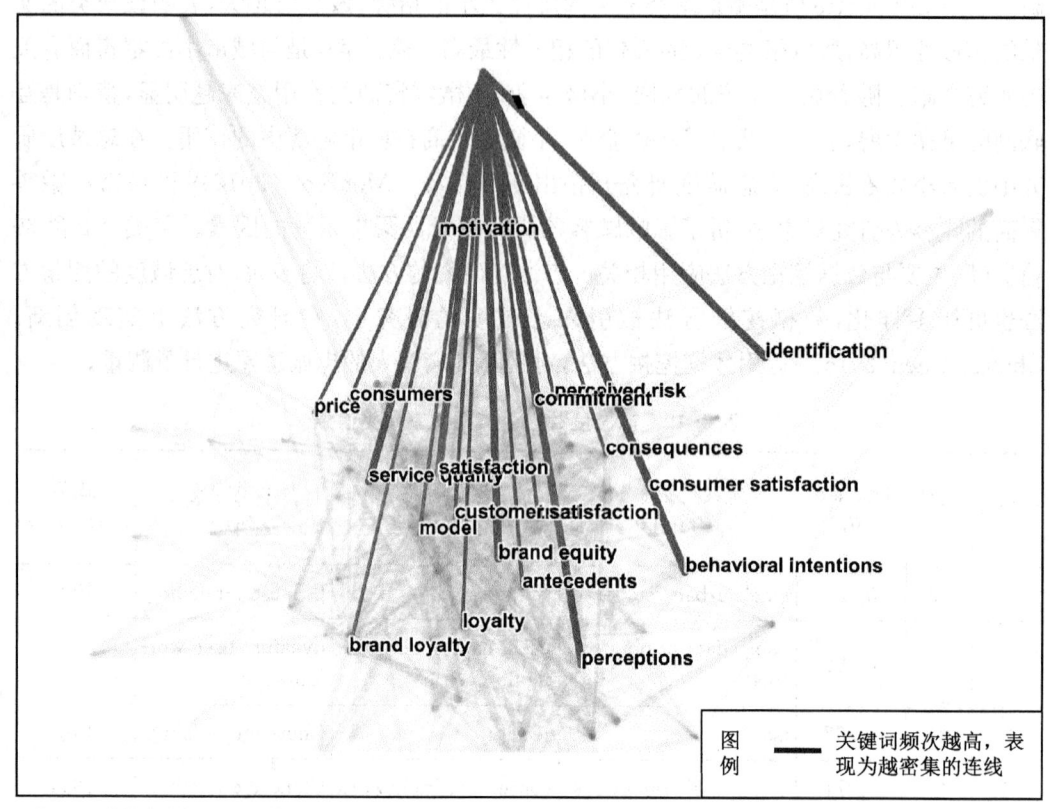

图 2-39 忠诚度英文文献关键词共现网络图

就关键词聚类形成的时间而言，5 个关键词聚类都是在 2013 年开始形成的，因此 5 个聚类也能反映出近年来忠诚度研究的热点和前沿。聚类♯0 的文献规模最大，含 19 篇文献，主要是与理论研究相关的文献。研究者通过引入其他学科的理论和方法，对忠诚度的相关理论不断创新，是忠诚度的内涵和外延得到拓展。Valvi(2013)[①]对期望——验证理论做了进一步拓展，将其运用至售书网站的研究中，认为顾客的在线忠诚度不完全受信任度的影响，价格的影响也很重要。聚类♯1 含 18 篇文献，主要与近距离无线通信服务相关。随着通信技术的发展以及通信用户的迅猛增长，无线通信服务成为现代服务业的一大主流，研究与通信服务相关的忠诚度也成为忠诚度研究的热点主题。Ozdenizci(2012)[②]通过实证研究，分析了影响近距离无线通信服务忠诚度的因子，提出了提升忠诚服务的对策。

---

① Valvi A C, West D C. E-loyalty is not all about trust，price also matters：extending expectation-confirmation theory in bookselling websites[J]. Journal of Electronic Commerce Research，2013，14(1)：99-123.

② Ozdenizci B, Ok K, Coskun V. NFC loyal for enhancing loyalty services through near field communication[J]. Wireless Personal Communications，2012，68(4)：1923-1942.

表 2-20 忠诚度英文文献高频关键词

关键词	频次	中介中心性	年份	关键词	频次	中介中心性	年份
loyalty	284	0.15	2013	customer loyalty	92	0.05	2013
satisfaction	180	0.14	2013	quality	87	0.05	2013
model	124	0.10	2013	service quality	78	0.06	2013
customer satisfaction	99	0.05	2013	impact	67	0.06	2013
trust	95	0.06	2013	behavior	57	0.02	2013

聚类♯2含18篇文献,主要是与服务包相关的研究。产品和服务提供商将多种产品或服务整合在一起,以服务包的形式提供给消费者,实现产品和服务的创新。但产品、服务的形式和内容发生变化后,对顾客感知及忠诚度也会产生影响。Dixon(2010)[①]认为事件发生的顺序对人的感知起重要作用。研究者通过构件计量经济模型,预测购买服务包顾客的再惠顾意愿及忠诚度,验证服务包各项服务的顺序对顾客忠诚度的影响关系。聚类♯3含17篇文献,主要是与商店品牌相关的研究。商店作为直接面对顾客的一线供应商,其品牌对顾客行为、顾客感知产生重要影响。与商品品牌相关的忠诚度研究也成为该研究领域的热点。Labeaga(2007)[②]运用顾客品牌选择模型测量商店品牌忠诚度,并且以

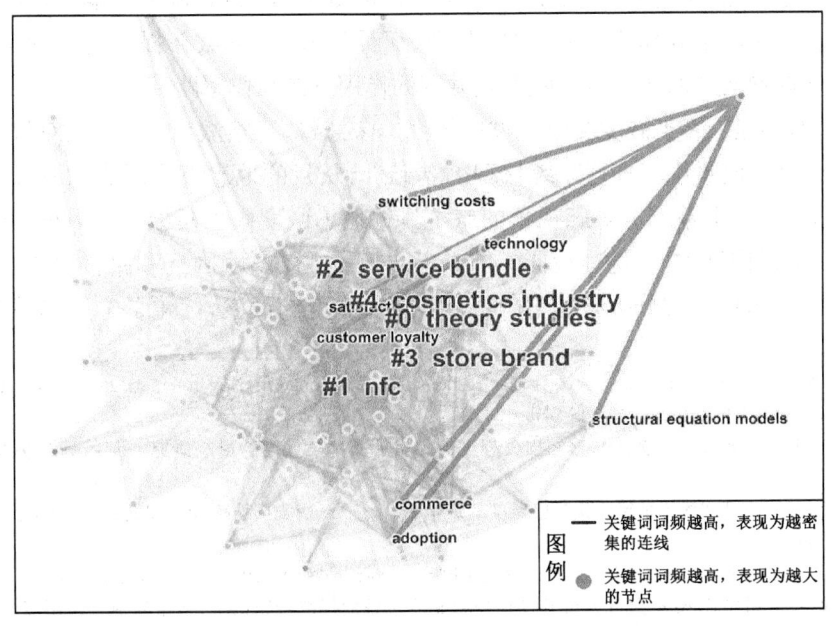

图 2-40 忠诚度英文文献关键词共现网络聚类图

① Dixon M, Verma R. Sequence effects in service bundles: marketing and operational implications[J]. Social Science Electronic Publishing, 2010, 31(3):263-264.

② Labeaga J M, Lado N, Martos M. Behavioural loyalty towards store brands[J]. Journal of Retailing & Consumer Services, 2007, 14(5):347-356.

风险感知作为解释变量,验证了因商店类别不同,商店品牌忠诚度的差异性。聚类♯4含17篇文献,主要是与化妆品行业相关的研究。近年来,随着化妆品消费量的快速增长,与化妆品行业相关的忠诚度研究也成为前沿热点。Cop(2014)①从企业伦理的视角,研究了化妆品行业企业的社会责任对顾客忠诚度的影响。

三、忠诚度的国内研究综述

(一)对顾客忠诚度的研究

第一,对顾客忠诚度影响关系的研究。曾旺明、李蔚(2008)②将研究视角转向了产品伤害事件,运用实证方法分析了感知的损失程度对消费者品牌忠诚度的影响,并建立起因果关系模型,其中品牌信任等变量被作为调节变量。白凯、郭生伟(2010)③在西安伊斯兰传统社区开展抽样调查,获得实证数据,验证了入境游客情绪体验对忠诚度的影响。宋亦平、王晓艳、许云莲(2006)④对网上商店形象的维度做了分解,并在此基础上建立了网上商店形象对网上购物者忠诚度的影响关系模型。该模型以网上商店形象各维度为自变量,以满意度和网上商店承诺为中间变量,以忠诚度为因变量,在抽样调查获得实证数据后,通过数据分析验证网上商店形象对网上购物者忠诚度的影响作用。刘文华、张明立(2015)⑤通过实证研究分析了服务人员不同互动风格对顾客忠诚的影响,并探索了不同关系利益在其中的中介作用。黎建新、刘浩、何昊(2016)⑥从服务提供商的视角出发,验证了员工顾客导向和商业友谊对顾客忠诚度的作用机制与作用路径。

第二,对构建顾客忠诚度测量模型的研究。余意峰、丁培毅(2013)⑦在对旅游目的地忠诚度概念及其测量维度进行系统梳理的基础上,从目的地忠诚度形成的阶段性和动态性出发,构建了一个基于历时态视角的旅游目的地忠诚度概念模型。王凤艳、艾时钟、厉敏(2011)⑧立足网络虚拟情境,验证了用户忠诚度的主要影响因素和路径机理。王建军、张勇、池宏(2006)⑨通过分析影响中国银行客户忠诚度的因素,优化了客户忠诚度及其影

① čop N G. The impact of corporate social responsibility on consumer loyalty in the cosmetics industry[J]. Hrvatska znanstvena bibliografija i MZOS-Svibor, 2014:60.

② 曾旺明,李蔚.产品伤害事件的感知损失程度对消费者品牌忠诚度的影响研究[J].统计与决策,2008,24(20):104-107.

③ 白凯,郭生伟.入境游客情绪体验对忠诚度的影响研究——以西安回坊伊斯兰传统社区为例[J].旅游学刊,2010,25(12):71-79.

④ 宋亦平,王晓艳,许云莲.网上商店形象对网上购物者商店忠诚度的影响[J].2006,18(11):31-42.

⑤ 刘文华,张明立,郭凌云.服务人员互动风格对顾客忠诚的影响研究:关系利益的中介作用[J].管理学报,2015,12(7):1051-1058.

⑥ 黎建新,刘浩,何昊,等.员工顾客导向、商业友谊与顾客忠诚的关系研究[J].商业经济与管理,2016,27(1):62-70.

⑦ 余意峰,丁培毅.旅游目的地忠诚:一个历时态的概念模型[J].旅游科学,2013,27(5):1-9.

⑧ 王凤艳,艾时钟,厉敏.非交易类虚拟社区用户忠诚度影响因素实证研究[J].管理学报,2011,8(9):1339-1345.

⑨ 王建军,张勇,池宏.我国商业银行客户忠诚度研究[J].南开管理评论,2006,9(4):29-34.

响因素之间的结构方程模型,并采用 PLS 方法对模型参数进行估计。王建东(2014)[①]以微博用户为研究对象,在借鉴瑞典满意度指数模型、美国满意度指数模型以及欧洲顾客满意度指数模型的基础上,构建了微博用户忠诚满意度模型,并开发出相应的测量量表。李小鹿(2015)[②]以网络团购消费者为研究对象,提出了由认知性体验价值、情绪、享乐性体验价值和网络团购消费者忠诚度等变量构成的测量模型,对网络消费者的网站忠诚度进行测量。赵相忠、梁璟鑫(2017)[③]构建了以顾客信任、微信购物特性、物流服务质量等为自变量,忠诚度为因变量的测量模型,对微信购物顾客忠诚度进行测评研究。

(二)对员工忠诚度的研究

第一,对员工忠诚度的评价研究。解东辉、李博(2007)[④]基于未确知测度数学理论构建了员工忠诚度测评体系,并以信息熵确定指标权重,建立了员工忠诚度评价测度模型。陈茂良(2008)[⑤]运用模糊数学理论及 AHP-Fuzzy 模型构建了员工忠诚度测评体系,对员工忠诚度进行评价。田东伶(2011)[⑥]将心理账户理论引入对员工忠诚度的评价中,在此基础上构建员工忠诚度测评模型。刘敏(2007)[⑦]认为员工忠诚度包含诚实、守信、奉献3个维度,通过实证方法构建和验证了中国文化背景下员工忠诚度的测评模型。郭奇、赵铭(2012)[⑧]运用属性识别模型评价员工忠诚度的等级,采用熵值法确定评价指标的属性权重,对员工忠诚度进行评价。赵观兵、梅强(2003)[⑨]运用多级模糊综合评判模型对员工忠诚度进行定量评估。杨婷(2010)[⑩]借助粗糙集理论构建了知识型员工忠诚度测评体系,对知识型员工忠诚度进行评价。宋安顺、刘佳梅(2016)[⑪]构建了以心理情感类因素、共同发展类因素和回报预期类因素等为自变量的测评模型,对保险企业员工的忠诚度进行测评研究。

第二,员工忠诚度影响关系研究。姚堂、黄文波、范秀成(2008)[⑫]假设在服务类企业已建立起承诺机制的前提下,通过实证方法验证了影响员工忠诚度的主要因素及其作用的路径机理。陈斌(2010)[⑬]专门研究了家族企业的知识型员工的忠诚度。他的实证研究

① 王建东.微博用户忠诚度影响因素研究[D].北京:中国农业大学,2014,28-95.

② 李小鹿.网络团购消费者网站忠诚度研究——基于整体体验的视角[D].沈阳:辽宁大学,2015,22-87.

③ 赵相忠,梁璟鑫.微信购物顾客忠诚度影响因素的实证研究——以新生代人群为例[J].学术论文,2017,40(3):130-134

④ 解东辉,李博.基于未确知理论的员工忠诚度评价模型研究[J].中国管理信息化,2007,10(7):49-51.

⑤ 陈茂良.基于 AHP-Fuzzy 模型的企业员工忠诚度评价[J].江苏商论,2008,35(8):90-91.

⑥ 田东伶.基于心理账户理论的员工忠诚度评价研究[D].太原:太原理工大学,2011,23-75.

⑦ 刘敏.员工忠诚度及其测验的研究与应用[D].南京:南京师范大学,2007,17-71.

⑧ 郭奇,赵铭.基于属性识别理论的知识型员工忠诚度评价[J].数学的实践与认识,2012,42(20):17-22.

⑨ 赵观兵,梅强.员工忠诚度评估的模糊综合评判模型[J].商业研究,2003(4):43-45.

⑩ 杨婷.基于粗糙集理论的知识型员工忠诚度测评与管理研究[D].天津:天津工业大学,2010.

⑪ 宋安顺,刘桂梅.保险企业员工忠诚度影响因素的实证研究[J].保险研究,2016(2):68-79.

⑫ 姚堂,黄文波,范秀成.基于组织承诺机制的服务业员工忠诚度研究[J].管理世界,2008,24(5):102-116.

⑬ 陈斌.基于心理契约的家族企业知识型员工忠诚度实证研究[D].武汉:武汉大学,2010,24-103.

以心理契约理论为基础,对家族企业知识型员工忠诚度的理论维度做了探索性研究,认为其维度和一般员工忠诚度的维度存在差异,并建立起家族企业知识型员工忠诚度的结构方程模型。在随机抽样调查获得实证数据后,对家族企业知识型员工忠诚度的影响机理进行验证。韩翼、杨百寅(2014)①通过实证方法分析了领导政治技能与员工忠诚度的影响关系,以及心理授权在此关系中的中介作用。华艺(2014)②认为企业社会责任对员工忠诚度产生重要影响,并深入探讨了企业社会责任各维度对员工忠诚度的影响作用。施德保(2015)③通过实证研究分析了领导风格、组织承诺与员工忠诚度之间的影响关系。李秉祥、袁烨(2016)④借助三元交互分析框架,探讨了经理人互惠偏好对员工忠诚度的影响路径,结果表明两者之间存在正相关关系。

四、忠诚度的国外研究综述

(一) 对忠诚度维度的研究

第一,对忠诚度内涵的研究。Grahn(1969)⑤认为忠诚度是顾客经常购买同一个品牌的可能性。Brown(1953)⑥首先提出了忠诚度的构成要素。他将忠诚度定义为:"由于品牌具有某些事实或想象的优越性,顾客倾向于再次购买该品牌。"他认为行为忠诚必须以态度忠诚为基础。Jacoby(1973)⑦认为真正的忠诚度是"建立在认知、情感、评价和倾向等因子——态度的主要构成要素——基础之上的反复购买"。Dick、Basu(1994)⑧强调,建立在态度层面和行为层面的忠诚度是"顾客对存在物(品牌/服务/企业)的态度与重复惠顾行为之间关系"的优势。在 Dick、Basu(1994)⑨有关忠诚度定义的基础上,Oliver(1997)⑩发现顾客在意愿阶段之后还有一个态度阶段,也就是行为。因此,他的忠诚度定义增加了行为阶段,一共包含四个阶段:认知、情感、意愿和行为。他认为顾客忠诚是"虽然情境会对顾客产生影响,虽然顾客存在发生转换行为的可能性,但顾客未来仍然会一如

---

① 韩翼,杨百寅.领导政治技能对员工组织忠诚的影响研究[J].科研管理,2014,35(9):147-153.

② 华艺,陶建宏,杨君岐.企业社会责任对员工忠诚度的影响[J].企业经济,2014(5):51-55.

③ 施德保.领导风格、组织承诺与员工忠诚的关系研究[D].武汉:华中师范大学,2015,20-63.

④ 李秉祥,袁烨.互惠偏好对企业技术创新能力的影响路径研究——基于三元交互分析框架[J].2016,29(2):47-53.

⑤ Grahn G L. Model of repeat-purchase loyalty: an empirical investigation[J]. Journal of Marketing Research, 1969, 30(1):72-78.

⑥ Brown G H. Brand loyalty-fact of fiction[J]. Trademark Rep, 1953, 3(6):12-21.

⑦ Jacoby J, Kyner D B. Brand Loyalty Vs. Repeat purchasing behavior[J]. Journal of Marketing Research, 1973, 10(1):1-9.

⑧ Dick A S, Basu K. Customer loyalty: toward an integrated conceptual framework[J]. Journal of the Academy of Marketing Science, 1994, 22(2):99-113.

⑨ 同上.

⑩ Oliver R, Oliver H. Using context to promote learning from information-seeking tasks[J]. Journal of the American Society for Information Science, 1997, 48(6):519-526.

既往地再次购买或反复惠顾其偏爱的产品或服务的内心承诺"。Oliver(1997)[1]认为顾客成为忠诚顾客要经历 4 个阶段。第一阶段是认知。例如,顾客初次购买的时候被企业的促销或高质量的产品所吸引;第二阶段是情感。顾客对购买行为一直很满意。它会引发顾客的意愿,顾客产生了行为意愿——对企业的信任以及作出购买的决定,即第三阶段是意愿。意愿又会引发第四个阶段:行动。顾客有意愿克服障碍,如其他竞争者的吸引或偏好的企业涨价,实现真正的购买行为。

　　第二,对忠诚度维度的研究。有关忠诚度的文献一般将顾客忠诚度分为:①行为忠诚;②态度忠诚;③态度和行为的双重忠诚。20 世纪 60 年代末对顾客忠诚度的研究是从行为层面开始的。Zeithaml、Berry、Parasuraman(1996)[2]全面提出了多维度的研究框架,用于测量服务业顾客的行为意愿。他们的研究认为,忠诚顾客的表现有:①具有强烈的购买意愿;②价格敏感度低;③给企业反馈(内部抱怨行为);④经常性的购买行为(经常购买且没有转移行为)。态度忠诚。许多研究者认为,如果没有态度忠诚,忠诚就无法成其为真正意义上的忠诚(Jacoby、Chestnut,1978)[3]。仅从行为层面定义忠诚度并不能解释产生忠诚行为的原因。忠诚度不仅仅是重复购买行为,重复购买行为还不是真正的忠诚度(Dick、Basu,1994)[4]。除了忠诚度之外,顾客选择在同一家商店选择同一个品牌的原因还有很多。例如,常见的品牌没有了;商店没有其他可供选择的品牌;或者顾客觉得寻找其他的品牌不值得。这种重复购买行为的原因是重复的满意度,而不是忠诚。Bennett、Rundle-Thiele(2002)[5]将忠诚度定义为:"顾客的品牌倾向,是心理过程的函数。"他们认为,真正的品牌忠诚应该包括态度偏好和承诺。态度忠诚是顾客忠诚行为的重要指标(Donio、Massari、Passiante,2006)[6]。态度忠诚有利于防止顾客的转移行为,有利于预测顾客保持忠诚的时间(Caceres、Paparoidamis,2007)[7]。研究者测量忠诚度主要通过:①认知要素,包括质量、成本、收益等(Huddleston、Whipple、Mattick,2009)[8];②情感要素,包括喜欢、满意、涉入和偏好(Haelsig,2007)[9];③信任度和承诺(Chiu、

　　① Oliver R, Oliver H. Using context to promote learning from information-seeking tasks[J]. Journal of the American Society for Information Science, 1997, 48(6):519-526.

　　② V Zeithaml, L Berry, A parasuraman: the behavioural consequences of service quality[J]. Journal of Marketing, 1996, 60(1):31-46.

　　③ Jacoby J, Chestnut R. Brand loyalty measurement and management[J]. Journal of Marketing Research. 1978, 15(6):32-41.

　　④ Dick A S, Basu K. Customer loyalty: toward an integrated conceptual framework[J]. Journal of the Academy of Marketing Science, 1994, 22(2):99-113.

　　⑤ Bennett R, Rundle-Thiele S. A comparison of attitudinal loyalty measurement approaches[J]. Journal of Brand Management, 2002, 9(3):193-209.

　　⑥ Donio J, Massari P, Passiante G. Customer satisfaction and loyalty in a digital environment: an empirical test [J]. Journal of Consumer Marketing, 2006, 23(7):445-457.

　　⑦ Caceres R C, Paparoidamis N G. Service quality, relationship satisfaction, trust, commitment and business-to-business loyalty[J]. European Journal of Marketing, 2007, 41(7):836-867.

　　⑧ Huddleston P, Whipple J, Mattick R N, et al. Customer satisfaction in food retailing: comparing specialty and conventional grocery stores[J]. International Journal of Retail & Distribution Management, 2009, 37(1):63-80.

　　⑨ Haelsig F, Morschett D, et al. An intersector analysis of the relevance of service in building a strong retail brand[J]. Journal of Service Theory & Practice, 2007, 17(4):428-448.

Hsieh、Wang，2008)[1]；④购买意愿(Bloemer、Odekerken—Schroder,2002)[2]；⑤积极的口碑效应(Wong、Sohal，2006[3])；⑥抱怨行为(Ibrahim、Najjar，2008)[4]；⑦转移行为(Ibrahim、Najjar，2008)[5]；⑧第一选择(Parasuraman、Zeithaml、Malhotra，2005[6])。

(二)对忠诚度影响关系的研究

第一，满意度与忠诚度的影响关系研究。Kumar、Pozza、Ganesh(2013)[7]认为顾客满意度与忠诚度之间虽然存在正向影响关系,但是顾客满意度尚不足以完全解释忠诚度,满意度和忠诚度之间还需要调节变量、中介变量、前因变量。Bielen、Demoulin(2012)[8]研究了服务情境中顾客等候时间对满意度—忠诚度关系的影响。Hoare、Butcher(2008)[9]探讨了中国人的文化价值观"面子""中庸"等对顾客满意度—忠诚度的影响。Homburg、Giering、Menon(2003)[10]通过实证方法分析了在B2B情境下顾客满意度与忠诚度影响关系变强和变弱的条件。Gustafsson、Johonson(2002)[11]以沃尔沃为案例,对满意度—忠诚度—绩效之间的影响关系链进行测评,并提出了影响关系的管理建议。Chen(2012)[12]引入承诺、信任、涉入、感知价值作为中介变量,考察了在线互动服务情境下顾客满意度与忠诚度之间的影响关系。

第二，信任与忠诚度之间的影响关系。Jambulingam、Kathuria、Nevin(2011)[13]探讨了供应商—购买者相对独立的条件下,公平性—信任—忠诚度之间的影响关系。

① Chiu H C, Hsieh Y C, Wang M C. How to encourage customers to use legal software[J]. Journal of Business Ethics, 2008, 80(10):583-595.

② Bloemer J, Odekerken-Schroder G. Store satisfaction and store loyalty explained by customer-and store-related factors[J]. Journal of Consumer Satisfaction, 2002, 15(6):68-80.

③ Wong A, Sohal A S. Understanding the quality of relationships in consumer services: a study in a retail Environment[J]. International Journal of Quality & Reliability Management, 2006, 23(3):244-264.

④ Ibrahim H, Najjar F. Assessing the effects of self-congruity, attitudes and customer satisfaction on customer behavioural intentions in retail environment[J]. Marketing Intelligence & Planning, 2008, 26(2):207-227.

⑤ 同上.

⑥ Parasuraman A, Zeithaml V A, Malhotra A. E-S-QUAL A multiple-item scale for assessing electronic service quality [J]. Journal of Service Research, 2005, 7(2):213-233.

⑦ Kumar V, Pozza I D, Ganesh J. Revisiting the satisfaction-loyalty relationship: empirical generalizations and directions for future Research[J]. Journal of Retailing, 2013, 89(3):246-262.

⑧ Bielen F, Demoulin N. Waiting time influence on the satisfaction - loyalty relationship in services[J]. Journal of Service Theory & Practice, 2012, 17(2):174-193.

⑨ Hoare R J, Butcher K. Do Chinese cultural values affect customer satisfaction/loyalty? [J]. International Journal of Contemporary Hospitality Management, 2008, 20(2):156-171.

⑩ Christian Homburg, Annette Giering PhD, Ajay Menon. Relationship characteristics as moderators of the satisfaction-loyalty link: findings in a business-to-business context[J]. Journal of Business-to-Business Marketing, 2003, 10(3):35-62.

⑪ Gustafsson A, Johnson M D. Measuring and managing the satisfaction-loyalty-performance links at Volvo[J]. Journal of Targeting Measurement & Analysis for Marketing, 2002, 10(3):249-258.

⑫ Chen S C. The customer satisfaction-loyalty relation in an interactive e-service setting: the mediators[J]. Journal of Retailing & Consumer Services, 2012, 19(2):202-210.

⑬ Jambulingam T, Kathuria R, Nevin J R. Fairness-trust-loyalty relationship under varying conditions of supplier-buyer interdependence[J]. Journal of Marketing Theory & Practice, 2011, 19(1):39-56.

Paulssen、Roulet、Wilke(2014)[①]以感知风险为调节变量,分析了信任度和忠诚度之间的影响关系,并且验证了不同风险条件下,感知产品价值和社会关系作为品牌信任和品牌忠诚度的前因变量所起的影响作用。Kajaluoto、Jayawardhena(2012)[②]研究了在无线通信行业,价值和信任度对忠诚度之间的影响机制。Alhabeeb(2007)[③]采用多维度概念和以往的理论框架,确定了顾客满意度与忠诚度之间的动态关系,并用实证方法探究了两者之间的影响机制。SanMartin、Camerero(2012)[④]对西班牙和日本的在线消费者的感知、信任度和忠诚度进行比较研究,构建的模型中网站特征是决定消费者对网站信任度和忠诚度的决定因素。Moreira、Silva(2015)[⑤]构建结构方程模型验证了私人保健服务情境中服务质量、满意度、信任度和承诺作为前因变量与忠诚度之间的影响关系。Reuver、Nikou、Bouwman(2015)[⑥]深入探讨了手机用户对手机运营商的感知成本及信任度,对用户忠诚度的影响作用,并分析了使用智能手机在其中的调节作用。

第三,转移成本与忠诚度的影响关系。Lam、Shankar、Erramilli(2004)[⑦]构建了B2B服务情境下的认知—情感—行为模型,认为转移成本与忠诚度、满意度之间存在互动效应。Yang、Peterson(2004)[⑧]认为转移成本在顾客满意度与忠诚度,感知价值与忠诚度之间起调节作用。Aydin、Ozer、Arasil(2005)[⑨]测量了转移成本对顾客忠诚度的直接影响作用和间接影响作用,并验证了顾客满意度和信任度对忠诚度的影响。Barroso、Picon(2012)[⑩]认为转移成本对顾客偏好和顾客忠诚度产生重要影响,并认为感知的转移成本是由 6 个维度构成的高阶构件,反映了顾客在转移过程中对时间、精力和花费的感知,感知转移成本的每个维度都有前因变量和结果变量。Wang、Wu、Lin

① Paulssen M, Roulet R, Wilke S. Risk as moderator of the trust-loyalty relationship[J]. European Journal of Marketing, 2014, 48(6):964-981.

② Karjaluoto H, Jayawardhena C, Leppäniemi M, et al. How value and trust influence loyalty in wireless telecommunications industry[J]. Telecommunications Policy, 2012, 36(8):636-649.

③ Alhabeeb M J. On consumer trust and product loyalty[J]. International Journal of Consumer Studies, 2007, 31(6):609-612.

④ Sonia San-Martin, Carmen Camarero. A cross-national study on online consumer perceptions, trust, and loyalty[J]. Journal of Organizational Computing & Electronic Commerce, 2012, 22(1):64-86.

⑤ Moreira A C, Silva P M. The trust-commitment challenge in service quality-loyalty relationships [J]. International Journal of Health Care Quality Assurance, 2015, 28(3):253-266.

⑥ Reuver M D, Nikou S, Bouwman H. The interplay of costs, trust and loyalty in a service industry in transition: the moderating effect of smartphone adoption[J]. Telematics & Informatics, 2015, 32(4):694-700.

⑦ Lam S Y, Shankar V, Erramilli M K, et al. Customer value, satisfaction, loyalty, and switching costs: an illustration from a business-to-business service context[J]. Journal of the Academy of Marketing Science, 2004, 32(3):293-311.

⑧ Yang Z, Peterson R T. Customer perceived value, satisfaction, and loyalty: the role of switching costs[J]. Psychology & Marketing, 2004, 21(10):799-822.

⑨ Aydin S, Özer G, Ömer Arasil. Customer loyalty and the effect of switching costs as a moderator variable: A case in the Turkish mobile phone market[J]. Science, 2005, 102(12):1-6.

⑩ Barroso C, Picón A. Multi-dimensional analysis of perceived switching costs [J]. Industrial Marketing Management, 2012, 41(3):531-543.

(2011)①探讨了在线零售情境下服务失效严重性、服务补救公正性、感知的转移成本与忠诚度之间的关系，并验证了服务补救公正性和感知的转移成本在服务失效严重性和顾客忠诚度影响关系中所起的调节作用。Blasco、Saura(2010)②认为在线忠诚度是在线服务质量和感知价值的因变量，并且转移成本在其中发挥调节作用。

第四，其他变量与忠诚度的影响关系。Pena、Jamilena、Molina(2013)③明确了乡村旅游者的行为变量以及旅游者以往的经验对游客形成忠诚度所起的调节作用。他们提出的研究模型包含了游客经验对功能感知价值、情绪感知价值、旅游企业声誉、游客满意度之间关系的调节作用，也包含了这些变量对游客忠诚度驱动因素（推荐意愿和重购意愿）的调节作用。Martinez、Bosque(2013)④认为企业社会责任成为旅游业的重要概念，其主要原因是企业社会责任对顾客忠诚度的影响。他们提出了企业社会责任对顾客忠诚度的影响模型，该模型同时包含了信任度、顾客对企业的认同、满意度等构件作为调节变量，以研究这些构件之间的直接和间接的影响关系。Ailawadi、Neslin、Luan(2014)⑤研究了顾客对四类企业社会责任的感知对其行为忠诚度的影响。四类企业社会责任是环境保护、社区活动、出售当地生产的产品以及公平对待员工。Tanford(2013)⑥研究了奖励等级对忠诚度主要指标属性的影响。Llach、Marimon、Almeida(2013)⑦研究了在线购买机票情境下在线服务质量对顾客忠诚度的影响。他们将服务质量分为2个维度：功能质量和享受质量，对617位在线购买机票的乘客进行了实证研究及运用结构方程模型研究上述影响关系。Janita、Miranda(2016)⑧研究了电子商务领域B2B情境下客户忠诚度的前因变量。他们以197位西班牙电子商务市场卖方用户提供的实证数据为基础，分析了形象、质量、满意度和价值对客户忠诚度的影响，对结构方程模型和研究假设做了验证。

---

① Wang Y S, Wu S C, Lin H H, et al. The relationship of service failure severity, service recovery justice and perceived switching costs with customer loyalty in the context of e-tailing[J]. International Journal of Information Management, 2011, 31(4):350-359.

② Maria Fuentes Blasco, Irene Gil Saura, Gloria Berenguer Contrí, et al. Measuring the antecedents of e-loyalty and the effect of switching costs on website[J]. Service Industries Journal, 2010, 30(11):1837-1852.

③ Ana Isabel Polo Pena, Dolores Maria Frias Jamilena, Miguel Angel Rodriguez Molina. Antecedents of loyalty toward rural hospitality enterprises: the moderating effect of the customer's previous experience[J]. International Journal of Hospitality Management, 2013, 34(8):127-137.

④ Patricia Martinez, Ignacio Rodriguez del Bosque. CSR and customer loyalty: the roles of trust, customer identification with the company and satisfaction[J]. International Journal of Hospitality Management, 2013, 34(5):89-99.

⑤ Kusum L Ailawadi, Scott A Neslin, Jackie Luan Y, Gail Ayala Taylor. Does retailer CSR enhance behavioral loyalty? a case for benefit segmentation[J]. Intern. J. of Research in Marketing, 2014, 31(6):156-167.

⑥ Sarah Tanford. The impact of tier level on attitudinal and behavioral loyalty of hotel reward program members [J]. International Journal of Hospitality Management, 2013, 34(10):285-294.

⑦ Josep Llach, Frederic Marimon, Maria del Mar Alonso-Almeida, Merce Bernardo. Determinants of online booking loyalties for the purchasing of airline tickets[J]. Tourism Management, 2013, 35(2):23-31.

⑧ Soledad Janita M, Javier Miranda F. The antecedents of client loyalty in business-to-business (B2B) electronic marketplaces[J]. Industrial Marketing Management, 2016, 45(11):814-823.

五、忠诚度的国内外研究对比

（一）研究内容的异同

1. 研究内容的相同点

研究内容的相同点有以下几个方面：第一，国内外有关忠诚度的研究都涉及顾客忠诚度的影响因素、顾客忠诚度与前因变量、结果变量之间的影响关系的研究，如以感知价值为前因变量，以信任为结果变量、以涉入为中介变量，研究顾客满意度与顾客忠诚度之间的影响关系，研究服务质量与顾客忠诚度之间的影响关系和影响机制等；第二，国内外有关忠诚度的研究都涉及顾客忠诚度测评的主题，即通过构建顾客忠诚度因果关系模型、或构建顾客忠诚度测评指标和测评体系，对其进行测量和评价；第三，国内外对忠诚度的研究都涉及员工忠诚度的主题，主要是对员工忠诚度评价和员工忠诚度影响关系的研究，包括对员工忠诚度等级的评价，对员工忠诚度的测量，员工信任、员工满意、组织承诺、领导风格、企业社会责任对服务员工忠诚度的影响。

2. 研究内容的不同点

研究内容的不同点有以下几个方面：第一，国外对忠诚度的研究还涉及忠诚度构件等主题，具体而言，就是对忠诚度的构成维度进行专门性研究，在理论上取得创新。例如，对忠诚度 4 个阶段的划分，认为忠诚度分为认知、情感、意愿和行为 4 个阶段，忠诚度包含了行为忠诚、态度忠诚、态度和行为的双重忠诚等维度，以及多维度的忠诚度研究框架，用于测量服务业顾客的行为意愿；第二，在对忠诚度与相关变量影响关系的研究中，有一些研究主题是国内研究涉及较少的，如与转移成本的相关研究，认为转移成本是由 6 个维度构成的高阶构件，可反映顾客在转移过程中对时间、精力和花费的感知，验证了转移成本与满意度、忠诚度之间的影响关系和影响机制。

（二）研究方法的异同

1. 研究方法的相同点

研究方法的相同点有以下几个方面：第一，国内外对忠诚度的研究都应用了实证研究方法，都通过获得一手数据进行实证分析和研究；第二，国内外对忠诚度的研究都结合具体的服务类型和服务情境，开发出适合的测量量表；第三，国内外对忠诚度的研究都通过问卷调查、深度访谈等方法采集数据；第三，国内外对忠诚度的研究都应用了结构方程模型的方法，即通过构建忠诚度与前因变量、结果变量的结构方程模型，对忠诚度进行评价及影响关系、影响机制的研究；第四，国内外对忠诚度的研究都采用了探索性因子分析、验证性因子分析、描述性统计分析、信度和效度分析、模型拟合度检验等统计分析方法对数据进行分析，进而验证研究模型和研究假设。

2. 研究方法的不同点

研究方法的不同点有以下几个方面：第一，在对工作满意度的评价研究中，国内文献采用了模糊数学理论方法构建工作忠诚度测评体系,借助粗糙集理论方法构建了知识型员工忠诚度测评体系,并运用熵值法确定评价指标的属性权重,这些方法在英文文献中较少运用;第二,国外文献的一些研究方法在国内文献中运用较少,如应用线性回归模型方法,通过建立定性回归模型,进行定量预测,对忠诚度及相关变量的数据进行分析;第三,国外对忠诚度构件的研究采用了定性研究方法,并融合了其他学科的研究方法,如心理学、经济学等,从理论上对忠诚度的构成维度进行创新研究;第四,由于国内对忠诚度构件的创新研究尚不足,因此采用多学科方法研究忠诚度构件的应用较少,目前国内有关忠诚度的研究仍以定量的实证研究方法为主。

六、忠诚度国内外研究述评

从以上文献分析可以看出,忠诚度得到了国内外研究者较多的关注,尤其是顾客忠诚度。国内外研究者的顾客忠诚理论可以归纳为以下几类:第一,从行为视角定义顾客忠诚,认为顾客忠诚是顾客重复购买所偏好的产品或服务的行为(Jacoby、Chestnut;Tucket、Lawrence);第二,从情感视角定义顾客忠诚,认为顾客忠诚是顾客对产品或服务的偏好和依恋(Ajzen、Fishbein;Dick、Basu);第三,从综合视角定义顾客忠诚,认为顾客忠诚是顾客对产品或服务在情感、行为以及其他维度上的忠诚(Oliver;Griffin)。

在对顾客忠诚度的诸多定义中,比较有影响力的是 Oliver(1997)的观点。Oliver(1997)发现顾客在意愿阶段之后还有一个态度或行为阶段。因此,他的顾客忠诚度定义增加了行为阶段,一共包含 4 个阶段:认知、情感、意愿和行为。他认为顾客忠诚是"虽然情境会对顾客产生影响,虽然顾客存在发生转换行为的可能性,但顾客未来仍然会一如既往地再次购买或反复惠顾其偏爱的产品或服务的内心承诺"。

本研究将借鉴 Oliver(1997)对顾客忠诚的定义,不仅因为该定义得到了研究者的广泛认可,还因为该定义将顾客忠诚分为认知、情感、意愿和行为 4 个阶段,贯穿了顾客购买产品及服务时,从信息获取、价值判断到购买决策及行为的全过程。该定义能够全面反映顾客忠诚度的内涵。本研究将从邮轮游客的认知忠诚、情感忠诚、意愿忠诚及行为忠诚等维度对邮轮游客忠诚进行界定。

在顾客忠诚的测量方面,研究者测量忠诚度主要通过:①认知要素,包括质量、成本、收益等(Huddleston、Whipple、Mattick,2009)[1];②情感要素,包括喜欢、满意、涉入和偏好(Haelsig,2007)[2];③信任度和承诺(Chiu、Hsieh、Wang,2008)[3];④购买意愿

---

① Huddleston P, Whipple J, Mattick R N, et al. Customer satisfaction in food retailing: comparing specialty and conventional grocery stores[J]. International Journal of Retail & Distribution Management, 2009, 37(1):63-80.

② Haelsig F, Morschett D, et al. An intersector analysis of the relevance of service in building a strong retail brand[J]. Journal of Service Theory & Practice, 2007, 17(4):428-448.

③ Chiu H C, Hsieh Y C, Wang M C. How to Encourage Customers to Use Legal Software[J]. Journal of Business Ethics, 2008, 80(10):583-595.

(Bloemer、Odekerken—Schroder，2002)①；⑤积极的口碑效应(Wong、Sohal，2006②) ；⑥抱怨行为(Ibrahim、Najjar，2008)③；⑦转移行为(Ibrahim、Najjar，2008)④；(8)第一选择(Parasuraman、Zeithaml、Malhotra，2005)⑤。

Griffin(1995)依据顾客重复购买意愿的强弱和顾客重复购买的频度，对顾客忠诚进行测量。该量表认为顾客忠诚可以分为四类：忠诚、潜在忠诚、虚假忠诚和不忠诚。其中，潜在忠诚是指顾客重复购买的意愿强烈，但是由于环境等非态度因素的影响，致使其重复购买的频度较低；虚假忠诚是指顾客由于环境等非态度因素的影响，使其重复购买本身并不喜欢的产品或服务，且重复购买的频度较高。该量表虽然将顾客的意愿取向及行为取向综合进行考量，但尚不全面，顾客对产品和服务的偏好和依恋在量表中尚未得到反映。

Bloemer、Ksaper(1995)将顾客忠诚分为真实的忠诚和不真实的忠诚两类，前者来源于产品和服务的品牌承诺，是品牌承诺的心理过程的函数，后者来源于顾客的惰性。Rowley(2005)认为顾客忠诚可以分为四类：承诺型、满意型、便利搜寻型和俘获型。Oliver(1997)从认知忠诚、情感忠诚、意愿忠诚和行为忠诚等4个维度测量顾客忠诚。其中，认知忠诚是顾客对企业产品或服务绩效的评价；情感忠诚是顾客对产品或服务满意而形成的偏爱；意愿忠诚顾客继续购买产品或服务的行为意愿或心理承诺；行为忠诚包括向他人积极评价产品或服务，向他人推荐产品或服务，向他人表示对产品或服务的偏好，继续购买等行为。

研究者结合所研究的服务类型和服务情境，通过构建不同的研究模型对顾客忠诚进行测量。例如，李小鹿(2015)⑥建立了由认知性体验价值、情绪、享乐性体验价值和网络团购消费者忠诚度等变量构成的测量模型，对网络消费者的网站忠诚度进行测量。赵相忠、梁璟鑫(2017)⑦建立了以顾客信任、微信购物特性、物流服务质量等为自变量，忠诚度为因变量的测量模型，对微信购物顾客忠诚度进行测评研究。Lam、Shankar、Erramilli(2004)⑧构建了B2B服务情境下的认知—情感—行为模型，对顾客忠诚进行测量。Pena、

---

① Bloemer J，Odekerken-Schroder G. Store satisfaction and store loyalty explained by customer-and store-related factors[J]. Journal of Consumer Satisfaction，2002，15(6):68-80.

② Wong A，Sohal A S. Understanding the quality of relationships in consumer services：a study In a retail environment[J]. International Journal of Quality & Reliability Management，2006，23(3):244-264.

③ Ibrahim H，Najjar F. Assessing the effects of self-congruity, attitudes and customer satisfaction on customer behavioural intentions in retail environment[J]. Marketing Intelligence & Planning，2008，26(2):207-227.

④ 同上.

⑤ Parasuraman A，Zeithaml V A，Malhotra A. E-S-QUAL a multiple-item scale for assessing electronic service quality [J]. Journal of Service Research，2005，7(2):213-233.

⑥ 李小鹿.网络团购消费者网站忠诚度研究——基于整体体验的视角[D]. 沈阳:辽宁大学，2015，22-87.

⑦ 赵相忠，梁璟鑫.微信购物顾客忠诚度影响因素的实证研究——以新生代人群为例[J].学术论文，2017，40(3):130-134

⑧ Lam S Y，Shankar V，Erramilli M K，et al. Customer value, satisfaction, loyalty, and switching costs：An illustration from a business-to-business service context[J]. Journal of the Academy of Marketing Science，2004，32(3):293-311.

Jamilena、Molina(2013)①建立了由游客经验对功能感知价值、情绪感知价值、旅游企业声誉、游客满意度等变量构成的模型对游客忠诚进行测量。但上述研究模型都仅限于所研究的产品和服务情境,尚不能推广至其他的产品、服务类型或服务情境。

　　本研究将借鉴 Oliver(1997)的忠诚度量表,即从认知、情感、意愿和行为等 4 个维度对邮轮游客忠诚进行测量。该量表能够全面地测量邮轮旅游忠诚度,贯穿邮轮旅游服务的全过程。

① Ana Isabel Polo Pena, Dolores Maria Frias Jamilena, Miguel Angel Rodriguez Molina. Antecedents of loyalty toward rural hospitality enterprises: the moderating effect of the customer's previous experience[J]. International Journal of Hospitality Management, 2013, 34(8):127-137.

第三章　理　论　基　础

第一节　"途径—目的链"理论

一、"途径—目的链"理论机理模型

Gutman(1982)[①]最先提出"途径—目的链"理论。他认为,"途径—目的链"可以从属性、结果、价值等3个层级进行划分,并且这三个层次是依次递进的链式反应,属性引发消费的结果,而消费的结果又引发对价值的评判。其中,属性又可以分为具体属性和抽象属性,前者指的是感官可以观察的产品属性特征,后者指的是需要通过抽象思维才能评价的属性特征。结果可以分为功能性消费结果和社会性消费结果,前者指的是直接消费产品的结果,后者指的是消费产品引发的社会意义。价值可以分为工具性价值和终极价值,前者指的是实用性的价值,后者指的是消费产品最终的目标状态。

(一)消费者感知等级价值模型

Lin、Yeh(2013)[②]依据"途径—目的链"理论,将消费者感知看作是由产品属性、消费结果、个人价值3个层次构成的概念,并提出了消费者对时装店感知的等级价值模型(见图3-1)。属性层次包含了时装店的主要特征,结果层次包含了消费者的体验,个人价值层次包含了消费者的态度及价值判断。

(二)目的地游客价值层次模型

张宏梅、洪娟、张文静(2012)[③]以"途径—目的链"理论为基础,构建了旅游目的地游客价值层次。该模型按照属性、结果、个人价值3个层次,对旅游目的地游客价值进行分解(见图3-2)。属性层次不仅包含了服务质量、景观环境等维度,旅游设施、项目成本也囊括在属性层次中;结果层次包括了娱乐审美知识结果、民族认同结果、社会结果、成本结果等维度。

---

① Gutman J. A means-end chain model based on consumer categorization processes[J]. Journal of marketing, 1982, 46(2):60-72.
② Lin L Z, Yeh H R. A means-end chain of fuzzy conceptualization to elicit consumer perception in store image [J]. International Journal of Hospitality Management, 2013, 33(33):376-388.
③ 张宏梅,洪娟,张文静.旅游目的地游客感知价值的层次关系模型[J].人文地理,2012,27(4):125-130.

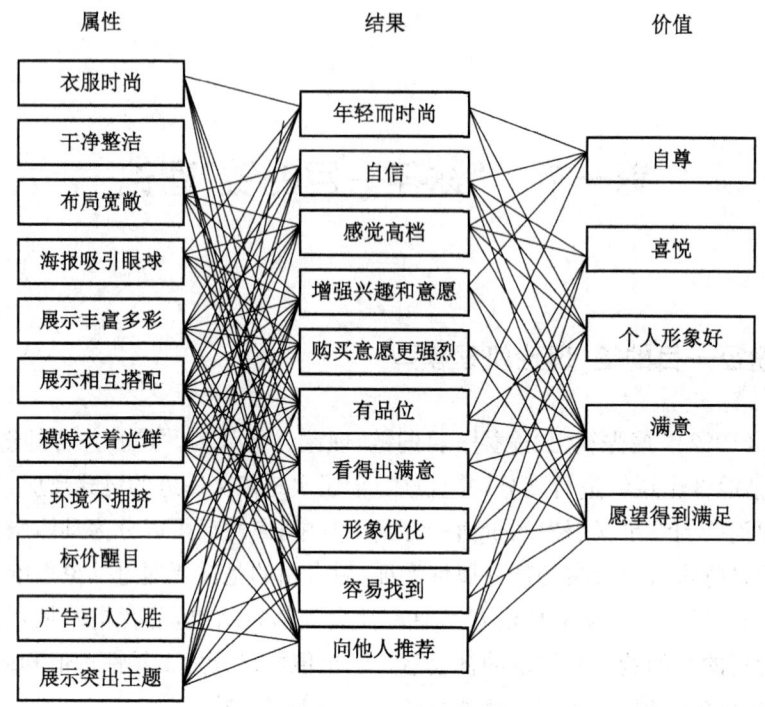

图 3-1   顾客感知等级价值模型图

资料来源：Lin、Yeh(2013)。①

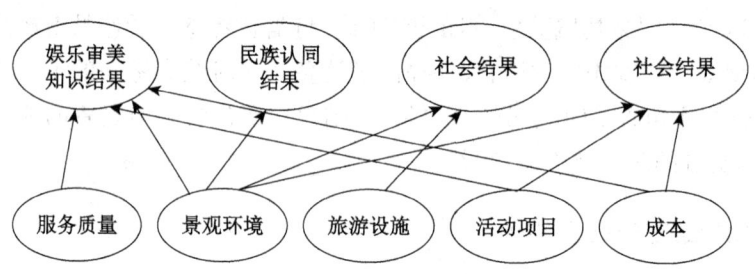

图 3-2   旅游目的地选择意向模型图

资料来源：张宏梅、洪娟、张文静(2012)②。

(三)顾客感知冲突与服务绩效关系模型

张世琪(2012)③依据"途径—目的链"理论,构建了顾客感知冲突与服务绩效关系模型。在模型中,顾客感知冲突与服务绩效的关系机理是属性—结果—个人价值,文化距离、文化认知、跨文化适应属于属性层次,服务结果冲突和服务过程冲突属于结果层次,顾

---

① Lin L Z, Yeh H R. A means-end chain of fuzzy conceptualization to elicit consumer perception in store image [J]. International Journal of Hospitality Management, 2013, 33(33):376-388.

② 张宏梅,洪娟,张文静.旅游目的地游客感知价值的层次关系模型[J].人文地理,2012,27(4):125-130.

③ 张世琪.文化距离、顾客感知冲突和服务绩效的关系研究[D].杭州:浙江大学,2012,103.

客抱怨、顾客认同和顾客价值属于个人价值层次。

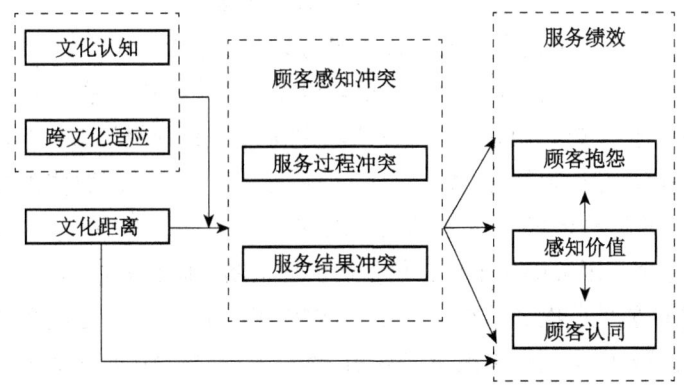

图3-3　顾客感知冲突与服务绩效关系模型图

资料来源:张世琪(2012)。[①]

二、"途径—目的链"理论国内外研究综述

(一)"途径—目的链"理论国内研究综述

第一,运用该理论开发研究价值量表。张宏梅、洪娟、张文静(2014)[②]运用"途径—目的链"理论,以旅游者为研究对象,建立了旅游目的地游客的感知价值层次模型,认为旅游目的地游客的感知价值建立在目的地具体属性、目的地抽象属性、体验的功能性结果层次和体验的社会性结果层次上,并且各属性层次、结果层次对感知价值是依次递进的链式影响。曲颖、贾鸿雁(2013)[③]运用"途径—目的链"理论开发出国内海滨城市旅游目的地推拉动机测量量表,量表形成了一个由目的地属性、旅游者消费结果、个人价值链接关系构成的层次价值图,揭示了旅游者对海滨城市旅游目的地属性及个人感知认知的感知逻辑。崔庆明、和琳珊、徐红罡(2016)[④]在对遗产旅游动机的核心—边缘结构研究中运用"途径—目的链"理论开发出测量量表,形成了从属性到结果,从结果到价值的建构。量表反映出遗产旅游动机来自多个方面的属性:遗产属性、遗产相关属性和遗产无关属性。

第二,运用该理论研究顾客价值形成机制。张新安(2013)[⑤]以手机产品作为研究对象,依据"途径—目的链"理论,从感知顾客价值的角度对"消费者为什么购买"这一问题进行了探索,认为消费者的感知价值依次建立在属性层次和结果层次上,并按三个层次建立

①　张世琪.文化距离、顾客感知冲突和服务绩效的关系研究[D].杭州:浙江大学,2012,103.

②　张宏梅,洪娟,张文静.旅游目的地游客感知价值的层次关系模型[J].人文地理,2014,21(4):125-131

③　曲颖,贾鸿雁.国内海滨城市旅游目的地推拉动机关系机制研究——"手段—目的"方法的应用[J].旅游科学,2013,27(4):9-23.

④　崔庆明,和琳珊,徐红罡.遗产旅游动机的核心—边缘结构研究——以丽江为例[J].旅游学刊,2016,31(10):84-93.

⑤　张新安.中国消费者顾客价值形成机制:以手机为对象的实证研究[J].管理世界,2013,26(1):107-123.

了消费者感知价值形成的机制模型,对属性、结果、价值进行定量分析,验证了抽象属性和社会性结果对消费者价值产生显著影响的假设。胡露露、龚箭、胡静(2013)[①]基于"途径—目的链"理论分析了海南岛旅游产品属性、旅游者消费结果以及旅游者感知价值,构建了海南旅游者等级价值模型,通过关联矩阵以及 Pearson 相关系数分析了海南旅游者的价值形成机制。杨文超、孟庆华(2016)[②]运用"途径—目的链"理论分析了格子店铺消费体验价值,认为新奇感、独特感、满足感、愉悦感等是格子店铺消费体验的最终价值。

第三,运用该理论构建顾客价值模型。朱佳(2012)[③]以"途径—目的链"理论为研究框架,基于消费者个人因素探讨了顾客价值的形成机制。研究者认为,顾客价值是在基于消费者个人因素的属性层次和结果层次上形成的,并且该研究认为顾客价值还应该包括基于消费者个人因素的个人付出因子。魏敏、李江、万映红(2006)[④]基于"途径—目的链"理论构建了目的—价值的顾客需求模型,将顾客期望的效用价值和体验价值放在同一个分析系统中,对顾客期望价值维度进行萃取,对目的与期望价值进行映射分析。周运锦、陈浪、黄淑贞(2014)[⑤]运用"途径—目的链"理论构建了新能源汽车消费行为模型,该模型探究了新能源汽车产品属性、消费者利益和消费者价值之间的关系,用因子分析方法和典型相关分析方法对模型进行了验证。葛晗(2009)[⑥]以高校学生信用卡为例,运用"途径—目的链"理论构建了顾客忠诚影响机制模型,认为顾客忠诚包含三个层次:基于产品属性的忠诚、基于结果及利益的忠诚、基于价值的忠诚,并且三个层次的忠诚因素是相互关联的。邓学平、杨毅、彭超(2016)[⑦]基于"途径—目的链"理论,运用实证方法研究了移动定位社交产品用户的价值形成机制。

第四,运用该理论研究消费决策。葛学峰(2012)[⑧]依据"途径—目的链"理论,实证分析了旅游目的地选择意向的影响因素。他认为,旅游者的选择意向是属性层次、结果层次、价值层次依次作用的结果。属性层次的因素包括旅游目的地的具体属性和抽象属性,结果层次的因素包括了旅游目的地的功能性结果和社会性结果,价值层次因素包括了旅游目的地的工具性价值和终极价值。卢东、曹忠鹏、张洁媛(2015)[⑨]按照"途径—目的链"理论,将旅游者价值看作是由旅游目的地属性、旅游者期望的结果和个人文化价值观等3

① 胡露露,龚箭,胡静.基于方法—目的链模型的海南岛旅游者价值研究[J].华中师范大学学报:自然科学版,2013,47(5):731-737.

② 杨文超,孟庆华.基于方法目的链的格子店铺消费体验价值研究[J].商业时代,2016,33(22):67-69.

③ 朱佳.基于消费者个人因素的顾客价值形成机制实证研究[J].生产力研究,2012,16(1):96-99.

④ 魏敏,李江,万映红.基于目的—价值的客户需求建模研究与实证[J].清华大学学报:自然科学版,2006,46(6):1172-1177.

⑤ 周运锦,陈浪,黄淑贞.基于方法—目的链模型的新能源汽车消费行为研究[J].北京理工大学学报,2014,北京理工大学学报,2014,36(2):124-127.

⑥ 葛晗.基于手段—目的链的顾客忠诚因素分析——以高校学生信用卡为例[D].厦门:厦门大学,2009,17-79.

⑦ 邓学平,杨毅,彭超,等.移动定位社交产品用户价值研究——基于手段目的链视角[J].重庆邮电大学学报(社会科学版),2016,28(4):100-104.

⑧ 葛学峰.旅游目的地选择意向影响因素研究[D].大连:大连理工大学,2012,21-96.

⑨ 卢东,曹忠鹏,张洁媛.游客顾客价值形成机制研究——以访澳内地游客为例[J].华东经济管理,2015,25(4):115-123.

个层级构成的概念,定量分析表明旅游者个人的文化价值观对旅游者决策中不同目的地属性的权重产生重要影响。李凌、王俊人(2015)[1]运用"途径—目的链"理论分析了竞猜型体育彩票购买决策的影响因素。胡洋(2013)[2]基于"途径—目的链"理论萃取出高端手机消费者在产品属性、消费结果、价值观三个层次上的具体需求,并探讨了 3 个层次的需求要素对消费者决策的影响。李凌、张瑞林、王俊人(2016)[3]以"途径—目的链"理论为分析框架,对购买竞猜型彩票的顾客的消费决策机制做了实证研究。

第五,运用该理论研究顾客感知。张世琪(2012)[4]基于"途径—目的链"理论的研究架构,采用实证的研究方法,分析了文化距离、顾客感知与服务绩效的影响关系。研究者基于属性和结果层次提出了文化距离的概念,并分析了文化距离对顾客属性感知和顾客结果感知的影响关系和作用机制,并在价值层次上探讨了服务绩效的因素构成,以及文化距离、顾客感知基于属性和结果层次对服务绩效在工具价值和终极价值层次上的影响。研究者通过构建结构方程模型,并基于问卷调查获得的实证数据,采用定量的统计分析方法,验证了结构方程模型和研究假设。林建良(2012)[5]立足顾客视角,运用"途径—目的链"理论,构建了产品服务系统顾客感知价值测量模型,认为顾客对产品及其服务的感知价值包含 12 个属性维度,反映了与产品相关的服务具有产品物理属性和服务属性的特点。董大海、杨毅(2008)[6]依据"途径—目的链"理论,对顾客感知价值进行有效分类,第一类是结果性感知价值,第二类是程序性感知价值,第三类是情感性感知价值,分析了网络消费情境下消费者感知价值的形成机制。厉杰、张新安、田澎(2010)[7]则分析了"途径—目的链"理论在顾客感知价值研究中的应用方法及作用意义。

(二)"途径—目的链"理论国外研究综述

第一,运用该理论对服务属性的研究。Razzouk、Seitz、Kumar(2001)[8]基于"途径—目的链"理论,运用实证方法研究了顾客感知的商品展示的完全性和不完全性对顾客选择商品的影响。研究表明,在商品不存在差异或差异程度低的情况下,顾客倾向于从展示不完全的货架上选择商品。Lai、Chong、Ismail(2015)[9]依据"途径—目的链"理论对在线服务情境的属性做了探索性研究。他们通过对在线顾客的深度访谈进行实证研究,运用阶

① 李凌,王俊人.消费者购买竞猜型体育彩票之影响因素初探[J].体育与科学,2015,36(2):11-18.
② 胡洋.基于方法—目的链的高端手机消费者需求研究[D].北京:北京邮电大学,2013,24-76.
③ 李凌,张瑞林,王俊人,等.消费者购买竞猜型体彩偏好路径的实证分析[J].体育与科学,2016,24(2):89-99.
④ 张世琪.文化距离、顾客感知冲突和服务绩效的关系研究[D].杭州:浙江大学,2012,28-97.
⑤ 林建良.基于顾客视角的产品服务系统顾客感知价值研究[D].上海:上海交通大学,2012,26-83.
⑥ 董大海,杨毅.网络环境下消费者感知价值的理论剖析[J].管理学报,2008,5(6):856-861.
⑦ 厉杰,张新安,田澎.途径—目的理论在顾客价值分析中的应用[J].管理学报,2010,7(6):851-855.
⑧ Razzouk N Y, Seitz V, Kumar V. The impact of perceived display completeness/incompleteness on shoppers' in-store selection of merchandise: an empirical study[J]. Journal of Retailing & Consumer Services, 2001, 9(1):31-35.
⑨ Kim Piew Lai, Siong Choy Chong, Hishamuddin Bin Ismail. An explorative study of shopper-based salient e-servicescape attributes: A means-end chain approach[J]. International Journal of Information Management, 2015, 35(6):517-532.

梯技术确定了在线服务情境的 7 个属性。在氛围维度中,优质的摄影图像是一个明显突出的属性,可以给在线顾客形成初始吸引力,使其进一步打开网站的内容链接;在设计维度中,导航功能、分类功能以及简约的风格是突出的属性。在互动维度中,虽然价格信息是引发在线顾客愉悦和信心的显著要素,但价格信息也会稀释他们对网站优势的感知。Lee、Hwang(2016)[①]运用"途径—目的链"理论,通过对两组消费者的比较研究,分析了有机食品的重要属性:安全性和环保性,以及这两个属性对消费者质量感知和价值感知的影响,研究发现安全性和环保性对消费者质量感知和价值感知的形成产生显著的正向影响。

第二,运用该理论对顾客感知倾向的研究。Chiu(2005)[②]运用"途径—目的链"理论探讨了在线企业如何了解在线顾客的需求从而更好地掌握顾客的感知倾向。实证结果表明,虽然在线顾客非常关注系统的安全性,但最关注的还是使用系统的舒适感。而且,在线顾客没有对系统产生满足感、归属感、自我尊重感、自我实现感、愉悦感。研究者构建了属性—结果—价值模型和技术接受模型。该模型认为结果层面的因子会引发价值层面的因子,而价值层面的因子又会引发顾客使用系统的行为意愿。Lind(2006)[③]依据"途径—目的链"理论,探讨了顾客对不同种食品的感知差异程度以及涉入程度,分析了消费者对进口的无标签食品以及当地的有标签食品的动机结构以及涉入程度。结果发现,虽然进口的无标签食品便宜,但消费者的涉入程度最低,涉入程度最高的是当地生产的有标签的有机食品。消费者的感知差异及感知价值会产生重要影响。Adina、Gabriela(2015)[④]在"途径—目的链"理论的基础上,分析了品牌的国家来源对消费者的品牌感知在认知、情感和行为 3 个层次上的影响,以及品牌的国家来源对消费者决策过程的影响。

第三,运用该理论对顾客忠诚度的研究。Koo(2006)[⑤]借助"途径—目的链"理论,探讨了在线消费者对网店形成忠诚度的原因。认为在线消费者的个体价值是潜在动机,也是解释在线消费者忠诚行为的重要变量。研究者构建的认知层次模型包含了个体价值、属性评价和忠诚行为。研究结果表明,在线消费者的个体价值:成熟型社交、幸福感、自信感引发在线消费行为的积极因素,并且成熟型社交、幸福感对忠诚度产生负向影响。Lee、Chang、Liu(2010)[⑥]运用"途径—目的链"理论分析了顾客忠诚度的作用关系,以确定百货商店服务属性、涉入程度、满意度和忠诚度之间的关系。其中,顾客涉入度、满意度和服务质量是与顾客忠诚度显著相关的构件,服务质量是铂金级顾客最重视的要素。他们通过

① Lee H J, Hwang J. The driving role of consumers' perceived credence attributes in organic food purchase decisions: A comparison of two groups of consumers[J]. Food Quality & Preference, 2016, 54(4):141-151.

② Chao-Min Chiu. Applying means-end chain theory to eliciting system requirements and understanding users' perception orientation[J]. Information & Management, 2005, 42(11):455-469.

③ Lind L W. Consumer involvement and perceived differentiation of different kinds of pork-a Means-End Chain analysis[J]. Food Quality & Preference, 2007, 18(4):690-700.

④ Adina C, Gabriela C, Roxana-Denisa S. Country-of-Origin Effects on Perceived Brand Positioning[J]. Procedia Economics & Finance, 2015, 23(10):422-427.

⑤ Koo D M. The fundamental reasons of e-consumers' loyalty to an online store[J]. Electronic Commerce Research & Applications, 2006, 5(2):117-130.

⑥ Wan-I Lee, Chih-Yuan Chang, Yu-Lun Liu. Exploring customers' store loyalty using the means-end chain approach[J]. Journal of Retailing and Consumer Services, 2010, 17(11):395-405.

对 34 位铂金级顾客的访谈收集数据用于"途径—目的链"分析,结果表明,铂金级顾客是百货商店涉入程度较高的顾客,他们对核心及外围服务质量、满意度、忠诚度产生正向影响。Kreis、Mafael(2014)[1]基于"途径—目的链"的逻辑关系,分析了有关顾客忠诚不同的设计计划对顾客动机和价值关系的影响。Inoue、Funk、McDonald(2017)[2]基于"途径—目的链"理论,用涉入程度和承诺作调节变量,通过企业社会责任来预测顾客的行为忠诚度。

第四,对该理论研究方法的研究。Hofstede、Audenaert、Steenkamp(1998)[3]认为"途径—目的链"理论通过假定产品属性、产品使用结果以及顾客价值之间的层次关系,将产品与顾客联系起来。它是营销学研究的重要理论框架。研究者认为相关类型方法作为阶梯方法的补充,是"途径—目的链"研究中使用最广泛的质性研究方法。相关类型方法分开测量属性—结果关系链,以及结果—价值关系链。两个关系链的独立是该方法有效的关键。研究者采用对数线性模型以及 4 类产品的实证数据证实了相关类型方法中两个关系链独立性。Langbroek、Beuckelaer(2007)[4]分析了"途径—目的链"理论量化研究中 4 类数据采集方法的聚合有效性。最基本的方法是传统的 APT 方法,要求受访者说明产品属性和消费收益,消费收益和消费价值之间的关系。其他的数据采集方法包括:口头采访以及两种类型的计算机采访。Grunert(2005)[5]认为"途径—目的链"理论能否用来区分对决策方案的各类看法,取决于该看法是否能够将选择方案与属性、结果和价值联系起来,而阶梯法可以用来引导受访者生成符合要求的观点。

第五,运用该理论对营销能力的研究。Botschen、Hemetsberger(1998)[6]运用"途径—目的链"理论研究了潜在营销项目标准化的程度。不同国家顾客的需求和期望的相似程度在很大程度上决定了企业营销项目活动的标准化程度。研究者运用"途径—目的链"理论分析了澳大利亚、德国和意大利 3 个国家服装行业顾客的认知结构。结果表明,详细分析个体对产品的认知定位使得企业有可能确定未来产品的标准化程度、定价以及促销决定。Guenzi、Troilo(2006)[7]探索性地运用"途径—目的链"理论分析了企业营销与销售的整合。结果表明,营销—销售一体化是由不同要素构成的多维度构件,这些要素对

① Kreis H, Mafael A. The influence of customer loyalty program design on the relationship between customer motives and value perception[J]. Journal of Retailing & Consumer Services, 2014, 21(4):590-600.

② Inoue Y, Funk D C, Mcdonald H. Predicting behavioral loyalty through corporate social responsibility: The mediating role of involvement and commitment[J]. Journal of Business Research, 2017, 75(6):46-56.

③ Frenkel ter Hofstede, Anke Audenaert, Jan-Benedict E. M. Steenkamp. An investigation into the association pattern technique as a quantitative approach to measuring means-end chains[J]. International Journal of Research in Marketing, 1998, 15(2):37-50.

④ Langbroek I, Beuckelaer A D. Between-method convergent validity of four data collection methods in quantitative Means-End-Chain research[J]. Food Quality & Preference, 2007, 18(1):13-25.

⑤ Grunert K G, Bech-Larsen T. Explaining choice option attractiveness by beliefs elicited by the laddering method[J]. Journal of Economic Psychology, 2005, 26(2):223-241.

⑥ Gunther Botschen, Andrea Hemetsberger. Diagnosing means-end structures to determine the degree of potential marketing program standardization[J]. Journal of Business Research, 1998, 42(10):151-159.

⑦ Guenzi P, Troilo G. Developing marketing capabilities for customer value creation through Marketing-Sales integration[J]. Industrial Marketing Management, 2006, 35(8):974-988.

不同的营销能力产生影响,并且营销—销售一体化存在前因变量和结果变量。Sheu(2011)[①]基于"途径—目的链"理论探讨了在对终端客户价格促销的情况下,具有收益共享合同的供应商—零售商基本分销渠道,以及不具有收益共享合同的供应商—零售商基本分销渠道,两者的均衡行为。Herrmann、Huber、Braunstein(2000)[②]在"途径—目的链"理论的基础上,认为企业内部质量的提升与对顾客满意度和需求的外部测量应该缩小差距,并构建了一个将内部和外部整合在一起的研究框架。

三、"途径—目标链"理论国内外研究对比

(一)研究内容的异同点

1. 国内外研究内容的相同点

研究内容的相同点有以下几个方面:第一,通过文献综述可以发现,国内外有关"途径—目的链"理论的应用研究都涉及顾客感知的研究主题,即运用该理论对顾客价值感知、服务质量感知、顾客期望等进行分析和研究;第二,国内外有关"途径—目的链"理论的应用研究都涉及顾客价值量表及模型的主题,即在该理论基础上开发具体的情境下的顾客价值量表及因果关系模型;第三,国内外有关"途径—目的链"理论的应用研究都涉及顾客忠诚度的主题,即运用该理论对忠诚度的维度和影响关系进行研究;第四,国内外有关"途径——价值链"的应用研究都涉及顾客消费决策的主题,即在该理论的基础上分析顾客消费决策过程及决策机制;第五,国内外有关"途径—目的链"理论的应用研究都从属性、结果、价值3个层次对具体的理论维度进行研究;第六,国内外都将该理论运用于消费行为领域,结合该领域对"途径—目的链"理论进行修改和完善,达到适合自身研究需要的目的。

2. 国内外研究内容的相异点

研究内容的相异点有以下几个方面:第一,在具体的研究内容上,部分中文文献对"途径—目的链"理论的应用研究还涉及了顾客价值形成机制,即在理论的基础上分析顾客价值的内涵及维度,确定顾客价值的研究框架、顾客价值的形成机制以及顾客价值与其他相关变量的影响关系和作用机制;第二,部分中文文献对"途径—目的链"理论的应用研究涉及游客对目的地选择的主题,即分析旅游者对目的地选择过程中,受属性因素、结果因素和价值因素的影响,确定旅游者对目的地选择的决策过程和机制;第三,部分英文文献对"途径—目的链"理论的应用研究涉及服务属性的主题,即应用该理论对具体服务类型及服务情境的属性进行研究;第四,部分英文文献对"途径—目的链"理论的应用研究涉及该

① Sheu J B. Marketing-driven channel coordination with revenue-sharing contracts under price promotion to end-customers[J]. European Journal of Operational Research, 2011, 214(2):246-255.

② Herrmann A, Huber F, Braunstein C. Market-driven product and service design:Bridging the gap between customer needs, quality management, and customer satisfaction[J]. International Journal of Production Economics, 2000, 66(1):77-96.

理论的研究方法,如将相关类型方法应用于测量属性—结果关系链,以及结果—价值关系链;第五,部分英文文献对"途径—目的链"的应用研究涉及营销能力的主题。

(二) 研究方法的异同点

1. 国内外研究方法的相同点

研究方法的相同点有以下几个方面:第一,从研究方法上看,部分中文文献和英文文献对"途径—目的链"理论的应用研究都采用了开发量表的方法,即在该理论的基础上开发适合具体研究对象和研究情境的测量量表;第二,部分中文文献和英文文献都以"途径—目的链"理论为研究框架,结合具体的研究对象,将相关变量概念化,对变量的具体维度和内涵进行研究;第三,部分中文文献和英文文献对"途径—目的链"理论的应用研究都采用了深度访谈的方法,收集质性研究数据,并在此基础上,对数据进行编码和分析;第四,部分中文文献和英文文献对"途径—目的链"理论的应用研究都采用了定量分析的方法,如通过因子分析方法和描述性统计方法等对开发的量表做统计检验。

2. 国内外研究方法的相异点

研究方法的相异点有以下几个方面:第一,部分中文文献对"途径—目的链"理论的应用研究采用或融合了其他的方法。如一些中文文献采用了内容分析法开发量表,即通过对文献内容的定量化研究,探究本质并在此基础上开发量表;第二,部分中文文献对"途径—目的链"理论的应用研究采用了动态改进层次分析法,即在该理论的基础上,通过对层次分析法的改进,从目标、准则、方案等层次分析顾客消费决策的影响因素和决策机制;第三,部分英文文献对"途径—目的链"理论的应用研究则采用了相关类型方法,作为该理论研究方法的补充;第四,部分英文文献对"途径—目的链"理论的应用研究采用了用对数线性模型证实属性—结果链和结果—价值链的独立性;第五,部分英文文献还采用了非线性典型分析、阶梯方法、线性规划模型等方法进行分析。

四、途径—目的链理论在本研究中的应用

本研究以"途径—目的链"理论为基础,深入分析国内游客对邮轮旅游服务质量认知的路径机理以及邮轮旅游服务质量各维度对旅游者情感反应和认知反应的影响,主要原因如下。

第一,"途径—目的链"理论为邮轮旅游服务质量研究提供了理论框架。旅游者对邮轮旅游服务的评价过程,正是从属性层次到结果层次再到价值层次依次递进的链式反应。旅游者对邮轮旅游服务具体属性和抽象属性的认知,会引发旅游者消费邮轮旅游服务在功能意义和社会意义上的结果,进而形成旅游者对邮轮旅游服务价值的评判。显然,将"途径—目的链"理论运用于邮轮旅游服务质量研究中,能够更好地把握邮轮旅游服务质量对旅游者情感反应和认知反应的影响,同时进一步突出邮轮旅游者作为服务质量评判者的地位以及邮轮旅游的体验价值。

第二,"途径—目的链"理论为立足邮轮旅游服务情境提供了理论支撑。"途径—目的

链"理论的视角起于产品和服务的属性层次,关注邮轮旅游服务的属性正是研究邮轮旅游服务质量的最佳着眼点。邮轮旅游起源于欧美,是舶来品。不同于传统的旅游方式,它通过航线将母港与停靠港相连,使海洋与陆地联动,而在时间相对较长的海上航行期间,游客在有限的船体空间内参与各类丰富的活动,这些都是传统旅游方式所不具备的特征。邮轮旅游者正是通过对邮轮美食、邮轮客房、邮轮娱乐活动、岸上游览、服务设施、活动氛围、公共空间等属性的认知,才引发了对邮轮旅游服务质量的评价。

第三,"途径—目的链"理论为突出邮轮游客主体地位提供了理论支撑。"途径—目的链"理论对产品和服务的关注,从属性层次到结果层次,最后上升到价值层次。也就是说,从物的消费最终上升到人的情感、体验及社会价值,实现"以人为本"。邮轮旅游是强调体验价值的旅游服务产品,游客对邮轮旅游服务各类属性的消费认知,引发的不仅是功能意义上的结果,如各类需求的满足或不满足,而且还有社会意义上的结果。功能性结果和社会性结果的综合作用,最终会上升到邮轮旅游者具有鲜明社会性的价值判断。显然,邮轮旅游者是贯穿邮轮旅游服务始终的一条主线。本研究将通过应用"途径—目的链"理论,紧紧抓住这条主线,这对提升邮轮旅游服务质量,实现邮轮旅游产品和服务的有效供给具有重要意义。

第四,"途径—目的链"理论为研究邮轮客源细分差异提供了理论支撑。借助"途径—目的链"理论,研究者不仅可以将顾客需求与产品和服务联系起来,而且还可以系统分析顾客作为独立个体的价值观对消费价值认知的影响,从而将顾客作为个体的价值观与产品或服务的属性、消费结果联系起来。事实上,邮轮旅游者在年龄、性别、职业、收入水平、受教育程度等社会人口统计特征上存在较大差异。这些差异是否会导致邮轮旅游者对服务质量或消费价值的认知差异,以及将产生何种影响,对深入研究邮轮旅游服务质量具有重要意义。"途径—目的链"理论是理想的分析工具,本研究将借助该理论深入分析客源细分差异对邮轮旅游服务质量认知的影响。

第二节　扎　根　理　论

一、扎根理论机理模型

Glaser、Strauss(1967)[1]最先提出了扎根理论。与其他的质性研究方法不同,扎根理论的突出特点在于,它既强调通过实地调研、系统收集,获得一手的质性研究数据,又强调对数据的科学分析以及在数据分析基础上按照研究者自身的理解建构理论。扎根理论将经验研究和理论研究联结起来,既避免了"闭门造车"式的单一理论研究,又避免了无格局和意象可言的单一经验研究,实现了在经验研究基础上的理论升华。

(一)扎根理论研究程序模型

Wagner、Lukassen、Mahlendorf(2010)[2]构建了扎根理论研究程序模型,将扎根理论研究程序划分为理论抽样、数据采集、开发新范畴、范畴饱和、联合编码与分析、扎根理论等几个步骤(见图 3-4)。

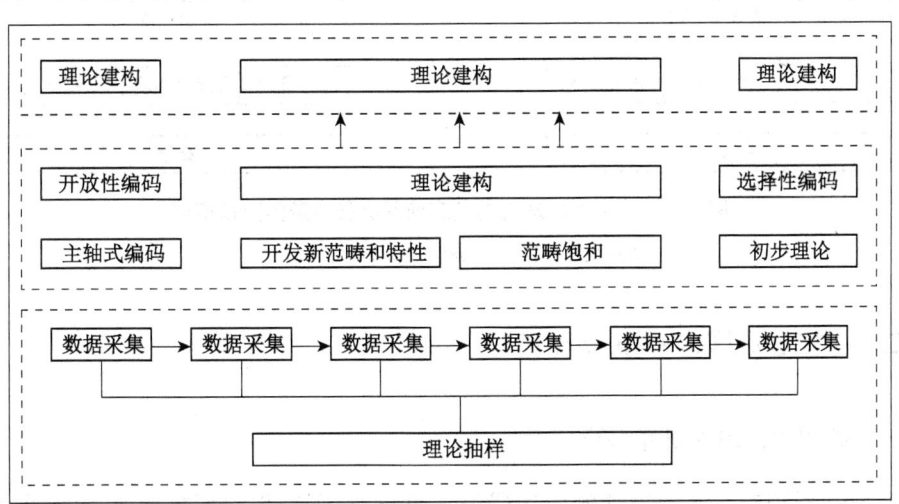

图 3-4　扎根理论研究程序模型图

资料来源:Wagner、Lukassen、Mahlendorf(2010)。[3]

---

① Glaser B G, Strauss A L. The discovery of grounded theory: strategies for qualitative research[M]. New York: Aldine, 1967.

② Wagner S M, Lukassen P, Mahlendorf M. Misused and missed use——Grounded Theory and Objective Hermeneutics as methods for research in industrial marketing[J]. Industrial Marketing Management, 2010, 39(1):5-15.

③ 同上.

（二）服务质量因素模型

吕三玉、郑钟强、李咪咪（2014）①以扎根理论为基础,构建了酒店前厅服务质量因素模型。该模型包含了时间、信息、规章制度、服务/态度、硬件/环境等5个影响前厅服务质量的主要因素,并且5个因素都是通过扎根理论方法获得的(如图3-5所示)。

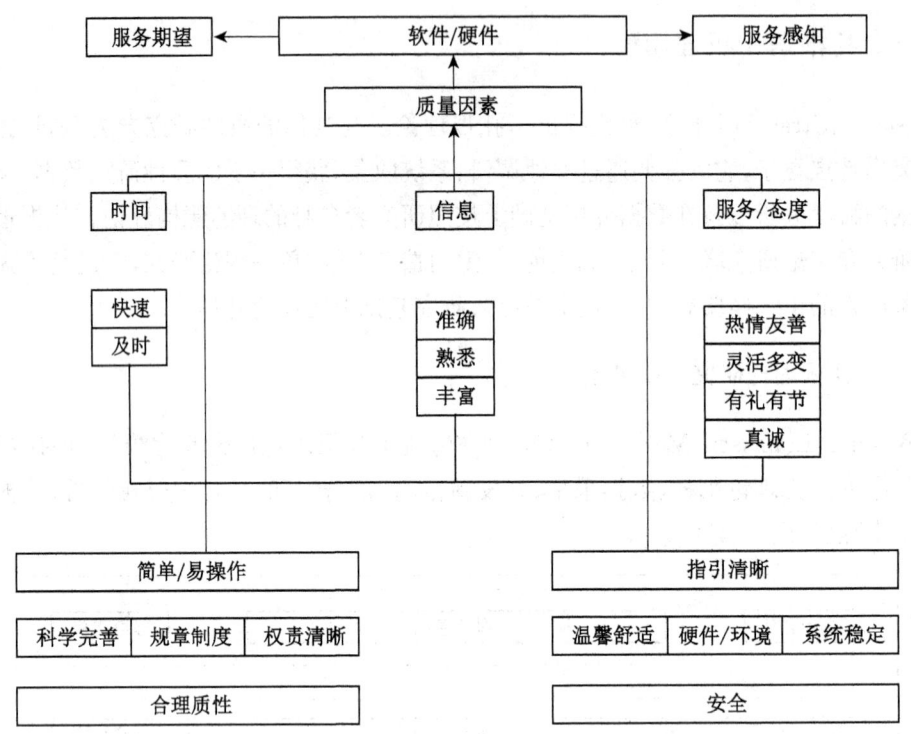

图3-5 基于扎根理论的酒店前厅服务质量因素模型图

资料来源:吕三玉、郑钟强、李咪咪(2014)。②

二、扎根理论国内外研究现状

（一）扎根理论国内研究综述

第一,扎根理论在旅游领域的应用研究。吕三玉、郑钟强、李咪咪(2014)③运用扎根理论方法研究了酒店前厅服务质量的影响因素。质性研究数据是通过焦点小组和深度访谈等方法采集的,研究者按照三级编码的程序设计对质性数据进行分析,发现了5个存在逻辑关系的因素:信息、时间、服务/态度、规章制度和硬件/环境,并在此基础上构建了酒

---

① 吕三玉,郑钟强,李咪咪.酒店前厅服务质量影响因素研究[J].旅游学刊,2014,10(29):69-77.

② 同上.

③ 同上.

店前厅服务质量模型。吴明远(2014)[①]以旅游博客为研究对象,运用扎根理论研究了旅游幸福感的构成。该研究在大量阅读旅游博客后,进行理论抽样,筛选出 35 位博主进行研究。通过开放性编码,提取了 89 个概念和 30 个范畴,主轴式编码在此基础上挖掘出 12 个主范畴,由 3 个体验和 9 个状态构成,经过结构识别过程,该研究梳理出核心范畴是寻找和体验旅游幸福感,并由此建立了旅游幸福感的概念模型。黄洁(2012)[②]运用扎根理论方法,从旅游者感知角度对风景名胜区的品牌资产进行质性研究。该研究采集数据的方式包括焦点访谈、结构访谈和半结构访谈,数据的分析方法则采用了开放性编码和选择性编码的二级编码方式,对传统的三级编码做了修正。最后的选择性编码获得了 8 个核心范畴。贾跃迁(2009)[③]运用扎根理论方法对游客景区体验的构成因素及其内在作用机制进行研究。该研究通过深度访谈完成了理论抽样,在开放性编码阶段,通过资料、概念和范畴之间的不断比较和甄别,形成了 74 个概念、17 个初始研究范畴;在主轴式编码阶段,最终形成了体验后情感、体验中情感、景区感知质量和体验评判等 4 个主要范畴以及正态情感、负态情感等 7 个次要范畴;在选择性编码阶段,该研究构建了游客景区体验的探索性理论模型。姜辽、徐红罡(2017)[④]运用扎根理论方法研究了文学旅游的审美消费。研究者借助扎根理论方法,通过深度访谈和网络博客获取质性研究数据,构建旅游审美消费模型。结果表明,旅游审美消费包含审美感知、审美情感、审美想象和审美理解等维度。

第二,扎根理论在其他领域的应用研究。沈孟如(2013)[⑤]运用扎根理论探索了电信运营企业均衡服务的构成维度。研究者通过调研和深度访谈方法,获得了一手的质性研究数据,严格按照扎根理论的研究程序,对质性数据进行编码分析。在开放式编码阶段,研究者凝练出概念,提取了与电信运营企业均衡服务相关的范畴;在主轴式编码阶段,获得了电信运营企业均衡服务的主范畴;在选择性编码阶段,获得了主范畴和次要范畴之间的关联结构及核心范畴,并在此基础上建立了电信运营企业均衡服务模型。刘建花(2014)[⑥]运用扎根理论对消费者响应企业社会责任的内在机理进行研究。研究采用开放性编码将资料概念化、范畴化,得到 10 个范畴及相应的初始概念;主轴式编码阶段,在开放式编码的基础上,在各范畴之间建立起逻辑关系,并通过聚类分析获得与企业社会责任和消费者相关的 4 个主范畴,最后在选择性编码阶段,基于主轴式编码获得主范畴和次要范畴,建立起它们之间的关系结构并抽取理论。吴刚(2013)[⑦]运用扎根理论研究方法,探索了工作场所基于项目行动学习的构成维度。研究者通过对具体企业的走访、深度访谈和实地调研获得质性数据,并且按照扎根理论的研究程序,采用三级编码的技术方法,对

① 吴明远.基于扎根理论的旅游幸福感构成——以互联网旅游博客为例[J].旅游学刊,2014,29(10):51-61.

② 黄洁.国家级风景名胜区的品牌资产研究——基于大学生短途旅游者的视角[D].上海:复旦大学,2012,77-102.

③ 贾跃迁.游客景区体验的构成因素及其内在作用机制研究[D].杭州:浙江大学,2009,47-97.

④ 姜辽,徐红罡.文学旅游的审美消费:以水泊梁山为例[J].旅游学刊,2017,32(5):71-79.

⑤ 沈孟如.基于扎根理论的电信运营企业均衡服务研究[D].北京:北京邮电大学,2013,47-67.

⑥ 刘建花.消费者响应企业社会责任的内在机理研究[D].济南:山东大学,2014,30-53.

⑦ 吴刚.工作场所中基于项目行动学习的理论模型研究——扎根理论方法的应用[D].上海:华东师范大学,2013,62-96.

质性数据进行分析,在获得的核心范畴之间建立关联结构,并建构理论模型。贾旭东、衡量、何光远(2017)[①]按照扎根理论方法的基本范式,通过对典型企业虚拟经营调研获得质性数据,并对数据采用三级编码技术方法,发现企业虚拟度包含职能虚拟度、产品虚拟度、信息化水平3个维度。

(二)扎根理论国外研究综述

第一,相关旅游因子构成的应用研究。Kim、Eves、Scarles(2009)[②]运用扎根理论方法研究了特色美食旅游的影响因素,构建了特色美食旅游的研究模型。他们的扎根理论研究是通过对20位旅游者的深度访谈,对收集的数据进行分析,在此基础上提出了美食旅游的概念模型,以此对美食旅游体验进行研究。概念模型包括3个核心范畴:动机因子(如激动人心的体验、逃离程式化的生活、关注健康、学习知识、求真的体验、相聚、获得声誉、感官吸引力、外在环境),人口统计特征因子(如性别、年龄、教育程度),生理特征因子(如新奇食物好奇、对新奇食物恐惧)。Papathanassis、Knolle(2011)[③]运用扎根理论方法探索性地研究了如何采纳和处理在线旅游评论。他们认为旅游者选择目的地不是在真空中进行的,也不是仅仅依据在线评论做出决策,有必要全面考虑更传统的旅游内容要素(如照片、文字描述)的同步影响,以及处理此类信息的认知机理。受访者在专门研发的导航模板的帮助下,接触各类旅游信息。在研究过程的初期,紧接着的观察和询问表明内容加工和决策的模式相当一致。质性研究表明,在线评论在旅游目的地选择中起到次要和补充的作用。McGinley、O'Neill、Damaske(2016)[④]应用扎根理论方法构建了旅游业的职业转换模型。在开放式编码阶段,受访者的每一条受访记录都被贴上标签,通过开放式编码确定了主要范畴,如工作—生活冲突,也确定了子范畴,如加班造成的时间冲突。开放式编码之后是主轴式编码,分成4个阶段。第一阶段明确了影响条件,也是本研究的两个推动因素:工作—生活冲突以及对职业发展的不满意;第二阶段是解释由现象引发的行为;第三阶段是解释干预条件,这些条件是影响个人策略的主要和次要因素;在第四阶段确定的主题是:工作满意度、工作—生活冲突、职业发展、社会支持以及其他职业机会。

第二,对其他相关因子构成的研究。Walsh(2014)[⑤]应用扎根理论方法研究了以使用者的信息技术文化和信息技术需求为中间变量的信息技术使用性。他的扎根理论方法运用定性和定量数据及方法,为信息系统研究提供了新的视角。他研究了几个新构件在信

① 贾旭东,衡量,何光远.基于经典扎根理论的企业虚拟度及其测评研究[J].科研管理,2017,38(5):130-140.

② Yeong Gug Kim, Anita Eves, Caroline Scarles. Building a model of local food consumption on trips and holidays:a grounded theory approach[J]. International Journal of Hospitality Management, 2009, 28(6):423-431.

③ Alexis Papathanassis, Friederike Knolle. Exploring the adoption and processing of online holiday reviews:a grounded theory approach[J]. Tourism Management, 2011, 32(8):215-224.

④ Sean McGinley, John O'Neill, Sarah Damaske, Anna S. Mattila. A grounded theory approach to developing a career change model in hospitality[J]. International Journal of Hospitality Management, 2016, 40(6):89-98.

⑤ Isabelle Walsh. A strategic path to study IT use through users' IT culture and IT needs:a mixed-method grounded theory[J]. Journal of Strategic Information Systems, 2014, 23(2):146-173.

息技术使用上的预测性价值,接受模型中应该考虑基于期望和基于需求的动机理论。他的研究表明,如果适应信息技术的使用者其不同情境下的需求被忽视,那么他们可能阻碍接受新的信息技术。主要范畴包括:个体的信息技术文化、情境式的信息技术需求、全球信息技术需求、任务式的信息技术需求、使用构成。Rowland、Parry(2009)[①]运用扎根理论方法研究了组织设计和决策团队领导力之间的关系。他们通过数据的三角验证提升扎根理论研究的有效性,量化的心理计量数据扩充了传统使用的质性研究数据。该研究以知识产业的两个组织为对象,发现合意承诺的高阶范畴解释了有效决策问题。此外,组织设计既影响领导类型,也影响决策。具体来说,产生横向工作角色的组织设计和关系领导力能够提升合意承诺。Wang(2014)[②]运用扎根理论方法探索性地研究了政府网站的效用机制。该研究通过对 51 位受访者的深度访谈收集数据,在开放性编码阶段,有用性、实用性、功能性、便利性、提供必要的服务、节约成本、满足用户的个性需求、解决问题等范畴被确定。通过进一步比较,确定了 3 个范畴:效用、相关性和价值。在选择性编码阶段,4个核心范畴:政府网站的效力、用户需求、可选择的信息来源、政府网站的效用价值被确定。每一个核心范畴的相关概念归入它的次要范畴,外生的影响因子被确定为它的情境。政府网站效用情境包括公共管理系统、信息社会的文化、信息社会的成熟度。Grover、Hasel、Manville(2016)[③]运用扎根理论方法探索性地研究了在主从关系中领导者违背诚信追随者的反应。他们分析了大量有关违背诚信的日常情境的案例,得出的结论表明,违背行为对诚信的影响应该二分,并且有修复的倾向。可修复的违背行为是常见的现象,信任可以得到修复,尽管如此反复也会使得信任变得不可修复。修复过程包括最先公开讨论违背行为的领导者以及制定计划避免将来出现违背行为的领导者。该研究表明,可修复的违背行为包括以正直、能力和善良为基础的违背行为。

三、扎根理论国内外研究对比

(一) 研究内容的异同

1. 研究内容的相同点

研究内容的相同点有以下几个方面:第一,部分中文文献和部分英文文献,对扎根理论方法的应用研究,都是结合具体的研究主题按照扎根理论的研究程序开展研究,如都涉及在旅游领域运用扎根理论探索相关变量构成维度的研究,包括扎根理论方法在酒店服

---

① Paul Rowland, Ken Parry. Consensual commitment: a grounded theory of the meso-level influence of organizational design on leadership and decision-making[J]. The Leadership Quarterly, 2009, 20(2):535-553.

② Fang Wang. Explaining the low utilization of government websites: using a grounded theory approach[J]. Government Information Quarterly, 2014, 31(11):610-621.

③ Steven L. Grover, Markus C. Hasel, Caroline Manville, Carolina Serrano-Archimi. Follower reactions to leader trust violations: a grounded theory of violation types, likelihood of recovery, and recovery process[J]. European Management Journal, 2016, 35(8):689-702.

务质量、游客感知、游客体验等方面的应用;第二,部分中文文献和部分英文文献,对扎根理论方法的应用研究,都涉及相关因子构成的主题,如运用扎根理论方法确定特色美食旅游的因子构成并构建研究模型,运用扎根理论方法研究旅游者如何采纳和处理在线旅游评论及其维度等;第三,部分中文文献和部分英文文献,对扎根理论方法的应用研究,都是通过结合不同的研究领域和研究主题,对该理论方法本身而言,都有发展和创新。例如,一些扎根理论方法的应用研究,对扎根理论方法的步骤有取舍,并根据实际的研究情境,对扎根理论方法本身做出了改进。

2. 研究内容的不同点

研究内容的不同点有以下几个方面:第一,部分中文文献有关扎根理论的应用研究,是通过扎根理论,探索了电信运营企业均衡服务的主要构成维度;第二,部分中文文献在扎根理论的基础上,探索了消费者响应企业社会责任的构成维度以及各变量之间的关联结构,并构建了影响关系模型;第三,部分中文文献有关扎根理论的应用研究还涉及酒店前厅服务质量、旅游幸福感、风景名胜区的品牌资产、游客景区体验等主题;第四,部分英文文献有关扎根理论的应用研究涉及旅游业职业改变的主题,应用扎根理论构建了旅游业职业转换模型;第五,部分英文文献有关扎根理论的应用研究涉及信息技术使用的主题,基于扎根理论确定了信息技术使用的主要范畴;第六,部分英文文献有关扎根理论的应用研究还涉及目的地的美食旅游消费、合意承诺、政府网站的效用机制、在线评论对旅游决策的影响、主从关系中可修复的违背诚信行为等。

(二) 研究方法的异同

1. 研究方法的相同点

研究方法的相同点体现在以下几个方面:第一,部分中文文献和英文文献,对扎根理论的应用研究都采用了该理论方法的一般研究范式,如主要文献都运用了理论抽样、深度访谈等方法收集数据;第二,部分中文文献和英文文献,对扎根理论的应用研究,在数据分析上都运用了开放式编码的技术方法对数据进行编码,即通过理解文本确定概念并最终提取范畴;第三,部分中文文献和英文文献,都运用了主轴式编码的技术方法对数据进行分析,即通过类聚分析在不同范畴之间建立关联;第四,部分中文文献和英文文献,在数据分析上都运用了选择性编码的技术方法对数据进行分析,即系统地分析范畴之间的逻辑关系,并提炼出典型关系结构;第五,部分中文文献和英文文献,对扎根理论的应用研究,都是基于数据分析建构抽象理论,并提出概念模型,供进一步量化研究。

2. 研究方法的不同点

研究方法的不同点体现在以下几个方面:第一,一些英文文献在借鉴扎根理论方法一般研究范式的同时,会根据研究情境的需要,对具体的研究程序和步骤做相应的调整。尤其在数据分析阶段,有些外文文献并没有严格地按照三级编码的程序展开,而是主要选取其中的几个编码程序,更能有针对性地研究问题;第二,相比较而言,中文文献在扎根理论的应用研究上,对研究程序作的改进和调整相对较少,对扎根理论方法的创新性研究相对较少;第三,一些英文文献对扎根理论方法的应用研究,在应用扎根理论方法的同时也融合了一些其他的研究方法,如结合数据三角验证的方法对通过深度访谈和随机抽样调查获得的质性数据进行分析,提升了质性研究的可信度和有效性。

四、扎根理论在本研究中的应用

第一,对服务质量的研究必须结合具体的服务情境(Brady、Cronin,2001)[①],服务质量维度的数量和性质与所研究的服务类型直接相关(Chumpitaz、Swaen,2002)[②]。也就是说,对具体某一服务质量维度的研究和测量不能简单照搬对其他服务类型的研究成果。文献综述部分的研究表明,目前对邮轮旅游服务质量及其影响作用的研究还很有限,尚未出现成熟的测量量表。本研究将借助扎根理论,立足邮轮旅游服务情境,对邮轮旅游服务质量维度做探索性研究。

第二,由于服务质量的维度取决于具体的服务类型(范秀成、杜建刚)[③],而邮轮旅游服务又有着与其他服务不同的情境属性特征,所以邮轮旅游服务质量的维度与其他类型服务的维度不同。那么,传统的 SERVQUAL 和 SERVPERF 量表也不适用于邮轮旅游服务质量研究。近年来,研究者对 SERVQUAL 量表和 SERVPERF 量表提出了许多批评意见,认为其并不具有普遍的适用性(Brady、Cronin,2001)[④]。探索邮轮旅游服务质量维度是开发出真正契合邮轮旅游服务情境测量量表的前提条件,而扎根理论是探索邮轮旅游服务质量维度科学而有效的工具。

第三,扎根理论是科学性最强,也是最严谨的质性研究方法之一。其科学性和严谨性体现在它的研究思想和研究过程汇总。扎根理论方法立足并扎根于质性数据,通过对数据反复编码和分析,最终建构理论。相比其他的质性研究方法,扎根理论方法的程序可追溯,且可以反复检验,提高了研究的可靠性和有效性。同时,扎根理论强调数据采集和数据分析是交替进行的,即在采集质性数据后及时进行分析,将提炼出的概念和范畴与上一次获得的概念和范畴进行对比,并指导下一次的质性数据采集,如此大大提高质性研究的科学性。

第四,本研究的研究主题是通过挖掘邮轮旅游者对邮轮旅游服务质量的感知,深入探讨邮轮旅游服务质量对游客价值认知和情感的作用机理。而扎根理论方法的一个基本思想就是要突出受访者的主体地位,"以人为本",深入受访者的内心世界,了解受访者的感受和体验。因此,采用扎根理论的方法能够充分而深入地了解邮轮旅游者对邮轮旅游服务质量的感知,以及服务质量感知对邮轮旅游者价值认知、情感和行为意愿的影响。

---

① Brady M K, Cronin J J. Customer Orientation: Effects on Customer Service Perceptions and Outcome Behaviors[J]. Journal of Service Research, 2001, 3(22):241-251.

② Chumpitaz R, Swaen V. Service Quality and Brand Loyalty Relationships: Investigating the Mediating effect of Customer Satisfaction[J]. European Marketing Academy Conference, 2002, 36(10):28-41.

③ 范秀成,杜建刚. 服务质量五维度对服务满意及服务忠诚的影响——基于转型期间中国服务业的一项实证研究[J]. 管理世界, 2006, 22(6):111-118.

④ Brady M K, Cronin J J. Customer Orientation: Effects on Customer Service Perceptions and Outcome Behaviors[J]. Journal of Service Research, 2001, 3(22):241-251.

第五,通过扎根理论的探索性研究,构建适合邮轮旅游服务质量研究的理论模型。由于服务质量的研究必须结合具体的服务情境,以往有关服务质量维度的研究成果以及服务质量测量量表并不适用于邮轮服务,并且目前对邮轮旅游服务质量的研究还相对较少,因此扎根理论是邮轮旅游服务质量研究理想的方法论。扎根理论强调研究者必须始终保持理论的敏感性,即面对经验数据,研究者需要具备挖掘数据内涵的能力,并从中抽取概念和范畴,最终建构理论。扎根理论的宗旨不是单纯地描述现象或验证理论。可以说,建构新的理论是应用扎根理论的价值所在,这也是本研究应用扎根理论探索邮轮旅游服务质量维度最具价值的目标之一。

第四章　游客对邮轮旅游服务质量认知的路径机理模型

第一节　邮轮旅游服务质量因子结构的质性研究

为了对邮轮旅游服务质量及其影响作用进行准确研究,本研究将从邮轮服务的实际出发,采用扎根理论的研究范式,抽取核心范畴,形成抽象理论,并在此基础上构建理论模型、开发测量量表。基于扎根理论方法的质性研究能克服照搬其他服务测量量表的缺陷,为评价邮轮旅游服务质量及其影响作用提供精准的测量工具。

一、研究对象的选择及数据采集

(一)扎根理论方法的研究程序

扎根理论方法虽然强调资料收集和分析方面的创造性和开放性,但它作为相对成熟的研究范式,也有非常严格的研究程序,主要包括 4 个阶段:第一步是对研究文献的梳理和归纳,其目的是进一步明晰所要研究的问题,确定研究目标,做到"有的放矢";第二步是质性研究数据的采集,在确定调查样本的基础上,运用恰当的抽样调查方法采集质性研究数据。需要指出的是,数据采集是连续的,一环扣一环,并不是一次完成的,它需要分多次进行,且上一次的结果决定了下一次的采集方式;第三步是对采集到的数据进行整理和分析,通过多个阶段的数据编码,凝练概念,提取主范畴,并在各主范畴之间建立起逻辑关系或联结关系。每个阶段的数据编码也是一环扣一环,通过连贯、不间断的数据编码,建立初步理论;第四步是理论建构,即对数据编码阶段获得的初步理论,通过去粗取精,去伪存真等方式的加工,剥离、抽取、整合出质性研究的成果,最终实现理论建构的目标。

经典扎根理论方法对数据的整理和分析,主要是通过三级编码的方式实现的,它们是扎根理论方法的关键程序,集中体现的扎根理论的基本思想。所谓三级编码也就是分三个阶段编码,第一阶段是开放式编码,第二阶段是主轴式编码,第三阶段是选择性编码。①开放式编码是对采集的原始质性数据进行开放式的研究,是对数据的初加工。它通过对原始质性数据的反复编码,从中寻找富有情感和意象,且具有代表性的语句,从原始材料中剥离出来,多次抽取,最后凝练成概念。接着是对概念进行聚类,将意象和指向相同或相近的概念聚集在一起,并对其进行命名,形成所谓的"范畴"。②主轴式编码是对开放式编码中形成的范畴再进行编码分析,探求各范畴之间存在的各种关联关系,既可以是某种逻辑关系,如因果关系,时间上的先后顺序等,也可以是过程关系、情境关系等其他类型的关系。在建立各范畴关联关系的同时,对主要范畴和次要范畴进行甄别。③选择性编码是在主轴式编码的基础上对数据再做进一步的编码分析,系统地研究主要范畴和次要范畴之间存在的关联关系,抽取出"故事线",最终建立各范畴间的典型关联结构,形成"核心范畴"。

(二) 研究对象的选择及数据采集

扎根理论方法选择研究对象的方法被称为理论性抽样(Theoretical Sampling)。理论性抽样是根据发展的概念和需要形成的理论而有目的性地选择样本,"采用理论性采用的研究者事先并不知道要收集何种样本,理论性抽样能够帮助研究者实验研究目的"(Coyne,1997)[1]。根据扎根理论方法要求以及本研究的实际需要,本研究的理论性采样采用目的性抽样法和滚雪球抽样法。目的性抽样是"选择适合研究的个体和地点,因为他们能够有目的性地叙述对研究问题和所研究的核心现象的理解"(Creswell,2007)[2]。它就某一个研究问题展开较深入的讨论,样本量一般较小,它强调的是研究者在自然情境下与受访者互动,在原始数据的基础上建构研究结果或提出理论(陈向明,2000)。因此,目的性抽样要求样本具有足够的典型性,能够反映出某一类别现象的重要特征,并非统计意义上所要求的代表性(王宁,2002)[3]。滚雪球抽样方法在确定具体人群以及研究敏感性问题的时候特别有效(赵俊康,2002)[4]。本研究的目标群体是在近一年内参与邮轮旅游的中国游客。

本研究采用问题聚焦访谈法 PCI(Problem-Centered in-depth Interview)。作为一种半结构访谈方法,PCI 的基本理念与扎根理论方法的基本思想是契合的,其操作方法与扎根理论方法的程序也相吻合。PCI 不同于开放式访谈法或结构式访谈法,它聚焦具体的问题,通过反复归纳、反复演绎的方式,深入了解研究对象,并获得更多有价值的信息(Mccormack, 2004)[5]。研究者的知识储备在很大程度上影响访谈的效果,尤其在采集数据的过程中,是访谈过程中想法和创意的来源,也决定了整个访谈的框架。

本研究质性研究的抽样分为 4 个阶段。第一阶段是选择并确定访谈对象;第二阶段是设计并确定访谈提纲;第三阶段是预约并确定访谈时间;第四阶段是深度访谈。

在第一阶段,选择并确定访谈对象。本研究通过上海松江大学城数所高校的学生社团组织,向学生征集参与过邮轮旅游的家人或朋友的信息。征集的标准首先是距最近一次乘邮轮旅游的时间在 1 年以内,间隔时间超过 1 年的不作为访谈对象,其目的是确保游客能清晰、准确地回忆并描述邮轮旅游体验;其次是访谈对象的居住地在上海,目的是便于进行面对面的深度访谈。本研究在实际操作中有意在上海生源的学生中征集访谈对象。另外,由于电话访谈的可控性及稳定性较差,不作为本研究的访谈手段;再次是访谈

---

① Coyne I T. Sampling in qualitative research. Purposeful and theoretical sampling; merging or clear boundaries? [J]. Journal of Advanced Nursing, 1997, 26(3):623.

② Creswell J W, Hanson W E, Plano V L C, et al. Qualitative Research Designs Selection and Implementation [J]. Counseling Psychologist, 2007, 35(2):236-264.

③ 王宁.代表性还是典型性? ——个案的属性与个案研究方法的逻辑基地[J].社会学研究,2002,17(5):123-125.

④ 赵俊康.统计调查中的抽样设计理论与方法[M].中国统计出版社,2002,27.

⑤ Coralie Mccormack. Storying stories: a narrative approach to in-depth interview conversations [J]. International Journal of Social Research Methodology, 2004, 7(3):219-236.

对象性格较为外向,愿意与他人分享旅游体验,并表达自己的看法和观点。在实际操作中,本研究通过询问提供信息的学生对家人或朋友的印象,确定是否符合性格外向的标准,其目的是在访谈过程中收集更多有价值的信息;最后是性别比例协调,避免因比例失调而产生导向性或片面性观点。本研究在第一阶段征集并确定的访谈对象有 30 位,其中男性 17 人,女性 13 人。

在第二阶段,设计并确定访谈提纲。按照 PCI 的基本思想,本研究的访谈提纲聚焦于具体的问题,以问题为导向。访谈问题的设计必须围绕和服务于质性研究目标。同时,访谈提纲比不是简单地罗列问题,各个问题的编排顺序必须讲求访谈技巧,能够让本研究的访谈对象——邮轮游客"愿意说话",并且"愿意说真话"。本研究的访谈提纲是针对邮轮游客设计的,主要由两部分组成,第一部分是访谈内容,第二部分是有关访谈对象人口统计特征等基本信息。

在第三阶段,与访谈对象预约并确定访谈时间。预约是 PCI 的一个基本技巧,也是实现质性数据采集目标的基本保证。预约的初衷是让访谈对象事先了解访谈的主题以及访谈的主要问题,使其能够有充分的时间回忆邮轮旅游的经历,让访谈对象有充分的时间梳理其对邮轮旅游服务质量的感知,总结其情感反应和认知评价。预约有利于研究者获得更多有价值的信息,提高了访谈的有效性。同时,预约也体现出研究者对访谈对象的尊重,有利于增进彼此的信任,使访谈对象愿意与研究者合作,表达自己的真实想法。研究者通过预约,也可以让访谈对象感受到访谈的"正式性",认真对待访谈。

在第四阶段,对访谈对象进行深度访谈。深度访谈是扎根理论进行数据采集的主要方式,它让受访者用自己的语言讲述故事,研究者可以记录下受访者的经验,供以后反复研究。同时,深度访谈有助于理解消费者鲜活的体验以及对体验的评价。按照 PCI 的基本要求,本研究将每次访谈的时间控制在 1 个小时左右,以保证访谈的效果。访谈的地点事先与受访者约定,并主要由受访者决定,在受访者不确定的情况下,由研究者提供可选择的地点,如一些公共区域,让受访者确定。此举是为了保证所选地点得到受访者的认可,确保访谈顺利进行。并且,为了使数据采集过程可追溯,每次访谈在征得访谈对象同意的情况下,本研究对访谈全过程进行录音。在访谈过程中,研究者配备了一名研究助手。研究助手的分工是用电脑记录访谈内容。由于人的情感和内心活动,有时会外化为表情或其他的肢体语言,因此研究助手还有一项任务是在记录受访者每段访谈内容的时候,还要标注谈话时的神态及肢体动作,通过细节来捕捉受访者的内心活动及变化,作为访谈数据的有益补充。每次访谈结束后,研究者都要对本次访谈的内容,以及是否达到预期的访谈目标进行总结,并对下一次访谈的内容做出安排,对访谈的方法和目标做出调整。

二、基于扎根理论方法的数据分析

作为一种科学的质性研究范式,扎根理论方法提供了完整、连贯的研究程序,供研究者使用,可操作性强。扎根理论方法的数据分析分为 4 个步骤,第一步是开放式编码,第二步是主轴式编码,第三步是选择式编码,第四步是理论建立。每个步骤循序渐进,一环扣一环。

(一)开放式编码

开放式编码是对采集的原始质性数据进行开放式研究,是对原始数据的初加工。其开放性体现在对原始质性数据不断编码,反复研究中。开放式编码可以分为 2 个步骤:一是凝练概念,二是抽取范畴。所谓凝练概念,就是从原始的、零散的访谈内容中寻找具有情感语义或意象表征的语句,剥离出来后进行多次抽取。这也是一个精炼语言的过程,将访谈对象口语化的语言转换成书面语言,并通过多次抽取,不断提炼,最终凝练和归纳出概念。所谓抽取范畴,就是在凝练概念的基础上,对概念进行分析和筛选,对概念本身进行优化,并基于聚类的思想,对具有相同意象的概念聚集在一起,形成范畴并对范畴命名。邮轮旅游服务质量开放性编码形成的概念及范畴如表 4-1 所示。

表 4-1　邮轮旅游服务质量开放性编码形成的概念及范畴

主范畴	概念	原始记录示例	样本码
邮轮外界条件	金碧辉煌	刚一登上邮轮,就觉得眼前一亮,金碧辉煌的感觉,背景音乐典雅舒缓	16
	灯光漂亮	皇家大道漫步长廊是游客每天集体活动的场所,灯光特别漂亮,我觉得站在这里看看就是一种享受	3
邮轮空间陈设	富有创意	房间里有很多富有创意的设计。例如,我们住的是内舱房,但一点也不觉得小,房间四面都装有镜子,增大了空间感	20
	独居匠心	房间里的衣柜设计独具匠心,外观很上档次,但又不占空间,而且实用,里面的衣架种类很多	6
	设计精妙	邮轮尾部帆船自助餐厅一角,采光极好,视野开阔,窗外进餐,心情好极了	15
	梦幻般的感觉	皇家大道还用于宾客庆典大抽奖活动、梦工厂欢乐游行、派对舞会、船长及高管互动晚会等各类活动,可以说是一条金碧辉煌的大道。每天还有几场歌手演唱和音乐演奏,感觉步入了童话般的梦幻世界	31
邮轮空间设计	美轮美奂	每天经过皇家大道,都控制不了拍照的冲动,真是太美了	11
邮轮气氛特征	场面壮观	正式晚宴的餐厅场面壮观、宏大有气势,还充满着艺术气息,难怪要求我们着正装出席	19
	引人入胜	我印象很深的是卡鲁索剧场里梦幻般的魔术表演,叹为观止的柔术表演,还有孩子们喜欢的"疯狂的帽子"互动游戏,气氛非常热烈	7
	热烈欢腾	第一晚大约 2 000 人的迎宾宴会在主餐厅举行,场面热闹。迎宾晚宴,全体餐厅员工为游客大合唱,以示欢迎	18

主范畴	概念	原始记录示例	样本码
	欢快有活力	普切尼舞厅，每天晚上9点半开始，先是不同主题的游戏，然后就是一起跳舞，很热闹，领舞的男的也帅呀，后面每天晚上我们都会去参加	4
邮轮旅游服务专业性	显得专业	刚上邮轮的时候，看见船员们一个个都面带微笑，很友善，穿着制服，动作娴熟，显得很专业	23
	值得信赖	邮轮上的服务值得信赖。一次在剧场看完节目后，我女儿的外套忘在剧场里了，我们到服务台询问，他们很耐心，细致地记录了我们的房间号，外套的颜色、款式等，很有责任心，第二天早上外套就送到我们房间了	17
邮轮旅游服务移情性	与游客分享	在船长见面会上，我们不仅认识了船长，还认识了邮轮总监、娱乐总监、客房总监、餐厅经理、大副等各部门的代表。他们都显得很专业，也很友善，落落大方，频频向我们致意，和我们分享了他们的在邮轮上的工作经历。其他游客都很好奇，不时和他们互动，报以热烈的掌声，现场气氛热烈活跃	28
	一起舞动	着正装出席船长的鸡尾酒会，品着鸡尾酒，伴着悠扬的音乐声，不少船员和游客一起舞动起来	5
	餐厅互动	餐厅经理和后厨们悉数亮相，手举火花，做欢快表演，并绕场一周，向游客致意。餐厅变成了表演场	22
	服务周到细致	邮轮上的服务还是挺讲究细节。比如，风大的时候游泳，出水的时候感觉特别冷。我印象很深的是，服务员会递上专门准备的羊毛披巾，披上以后瞬间感觉暖和多了。再如，邮轮上房间和楼层很多，但标识都很清楚，像我这样方向感不强的人也不会迷路	13
邮轮旅游服务可靠性	服务专业可靠	邮轮的餐厅服务员，上菜很及时，而且我看到服务员最多的时候一个人托着十几个盘子，这功夫可是实打实的，而且观察很仔细，每道菜都会给你及时换盘子。客房的服务员也很专业，感觉比星级的酒店还要好	25
	服务专业而优雅	我记得参加正式晚宴的时候，餐厅服务员上菜有条不紊，井然有序，一点也不慌乱；他们还要活跃餐厅的气氛，其中的菲律宾籍服务员能歌善舞，还给大家拉起了琴，跳起了欢快的舞蹈，大家的情绪立刻被感染了	33
邮轮旅游服务反应性	服务热情	进餐厅的时候，迎宾很热情，我们仅做了手势表示桌号，迎宾的服务员很专业地带我们到了餐桌旁	24
邮轮游客之间的影响	受激情感染	我原本是比较拘谨的，但看到很多参加活动的游客都很有激情，他们的热情也深深感染了我，我不由地加入了他们的行列	18
	扰乱游客的兴致	正式晚宴需要正装出席，但还是有游客穿着拖鞋、短裤去的，扰乱了大家的兴致；还有游客的小孩大声喧闹，弄得大家挺有意见的	15

（续表）

主范畴	概念	原始记录示例	样本码
邮轮游客间的互动社交	认识新朋友	我们在餐厅、酒吧、健身房认识了不少新朋友,我们与其他游客的关系非常好,每个人都很友善,大家相互到招呼	8
邮轮游客间的互动氛围	友善无防范	如果你在街上遇上陌生人,他们都是好人,但你不想和他们有瓜葛;我的意思是你这个时候会有防范心理。但是在邮轮上,这是旅游度假,情况就不一样了……一旦游客上了邮轮,他们有很多的时间,而且方方面面都可以享受到精心的服务	26
邮轮游客间的互动效果	互动欢快有趣	在邮轮上认识新朋友是件很有趣的事情,特别是在参加娱乐活动的时候,不仅仅需要船员的引导,还需要游客彼此之间的互动才能营造欢快的气氛,这样的娱乐活动才更有意思	2
邮轮游客间的互动程度	互动止于表面	邮轮上多数游客对深入了解对方的互动并不感兴趣。游客之间的互动只是表面的,大家都很友好,但还是会注意自己的隐私	22
邮轮餐饮服务	井然有序	菜品托送到餐厅中心的小餐台,再根据游客的要求送至游客面前,井然有序	10
	讲求细节	虽然是免费的餐饮,但邮轮上做得很认真,每道菜都是一个洁白的大盘子,菜品也做出来花式	14
	餐厅菜品	吃自助午餐的时候,偌大的餐厅里挤满了游客,菜品不是很多,水果和小点心倒很丰富	32
	热情耐心	早上离开房间的时候,我们想更换晚餐时间。到餐厅服务台询问,服务员很热情和耐心,记录后让我们等通知,当天晚上就是按我们换的时间就餐的	9
	餐厅表演	每天的晚餐,服务员的着装都不同,每天的晚餐,都有服务员表演节目,动感、欢快	12
	诚意致歉	午餐时我发现盘中有异物,反映给服务员及主管,船方诚意道歉,送了蛋糕还有果盘	7
邮轮餐饮质量	品种多样	主餐厅用餐,自助早餐的选择非常多,午餐还有品种多样的肉食,爱吃肉的朋友可以敞开肚子吃	24
	甜品可口	主餐厅的白巧克力蛋糕,很好吃,爱吃甜点的朋友一定不能错过	18
	中西餐汇合	帆船自助餐厅在邮轮 11 层的尾部,分左中右 3 个部分,饮食基本以西餐为主,有一部分改良后的中餐	29
	服务时间	帆船自助餐厅各取所需,随便吃,开放时间较长	12
	酒吧有情调	思古诺酒吧,这里有钢琴师演奏,品尝美酒聆听钢琴,很有情调	8
	餐厅种类多	皇家的邮轮上,各类餐厅很多,有正式晚宴的餐厅,有吃自助餐的餐厅,自助餐厅又分中午和晚上,还有专门吃披萨、小吃、甚至火锅的餐厅,还有酒吧,有免费餐厅,也有需要另外付费的餐	30

（续表）

主范畴	概念	原始记录示例	样本码
		厅。每个餐厅的开放时间段不一样，大家可以按自己的需要选择餐厅，但正式晚宴的餐厅，座位是固定的，座位号在上船时给大家发的 SEACARD 上	
	餐厅服务多样化	自助餐的菜品既有中餐，也有西餐，餐桌上摆放的餐具既有吃中餐用地额筷子，也有吃西餐用的刀叉。点菜的话，菜单分中英文，而且中餐菜单和西餐菜单是分开的。我们既想吃邮轮上的中餐，又想尝尝西餐的味道，所以点了个"中西合璧"	27
	浪漫又气派	最后一晚，餐厅里有琴师拉小提琴，感觉很浪漫，又有点离别的感伤；我印象很深的是，正式晚宴的时候，餐厅里居然点起了蜡烛，烛光晚餐我以前也见过，但这样大规模的海上烛光晚餐还没见过，感觉"高大上"	21
邮轮娱乐活动	参与性强	有教恰恰舞的，听着音乐节奏，踏着节拍，我也情不自禁地舞起来了，后来还真学会了	1
	寓学于乐	有厨艺展示，我也跟着学做"提拉米苏"蛋糕，学得有板有眼	25
	幽默惊险	我在卡鲁索剧场看过杂耍演员、杂技演员和歌手以及舞蹈演员表演的"动感视觉"节目，幽默、惊险、热烈	13
	精彩有人气	我在卡鲁索剧场看过名为"流金岁月"的演出，记得到剧场的时候就已经爆满了，演出很精彩	30
	互动性强	"歌诗达大西洋号先生选举"，开放、大胆、幽默的互动游戏给中国游客一个不一样的感受，笑翻天	26
	室外观影	躺在甲板的躺椅上看室外大屏幕电影，很惬意	10
	活动尽兴	邮轮上的活动每天早 7 点开始一直到夜间 2 点，只要你有精力可以尽情的玩	8
邮轮服务设施	方便智能	邮轮上的设施方便且都是智能化的，比如我们的信用卡关联，使用起来很方便	11
	快捷方便	观光电梯很快捷，升到高处有一览众山小的感觉	33
	免税购物	船上的免税店：18：15～19：51 所有化妆品和香水 9 折优惠促销，很多人买	24
	卡西诺赌场	早就知道卡西诺赌场是邮轮的一大特色。赌场设施很气派，服务员也很有范儿，很像电影里见过的。很多游客都去赌了一把，我们也去了，很刺激	29
	剧场设施一流	萨沃伊剧场音响效果很好，座椅特别舒适	7
邮轮设施	舞厅风格迥异	迪斯科舞厅，音响不错，舞曲跟国内的不太一样，是意大利风格吧	16
	休闲设施多样化	邮轮上好多天，我想安静的时候，就到温泉池边的休闲躺椅上躺着，晒晒日光浴，或泡泡温泉；我想动的时候，会去健身房，或	12

（续表）

主范畴	概念	原始记录示例	样本码
		者去攀岩，打打网球、乒乓球；邮轮上的室外休闲和娱乐设施挺多的，看你自己的需要	
邮轮停靠港服务	购物方便	在釜山当地购物的时候，不用自己肩挑背扛，由商家打包送到邮轮码头，游客凭票到码头取回，方便了不少	18
	购物等待	济州岛新罗免税店，门口人头攒动。可恶的购物店，我们硬是在这里焦虑的干等了2个小时	22
	项目单一	我们参加的是上海—釜山—济州岛的邮轮游。感觉在两个停靠港的旅游项目单一，只有观光和购物，而深度游的项目没有	17
邮轮客房质量	温馨雅致	我们住的是阳台房，房间小巧雅致，温馨宜人	21
	舒适整洁	我们住的阳台房每天都打扫得干净整洁，里面床很大，睡得很舒适	30
	创意服务	每天回来客房都能看到服务员用毛巾制作的各种造型，毛巾造型很有创意也很可爱，我第一次看到顿时觉得一阵惊喜	3
	服务及时	客房服务员每晚都会把每日活动指南放在床边，以便游客安排自己的活动项目	14
	免费送餐	邮轮上有免费的送早餐服务。我们在送餐的敲门声中醒来，开始享受丰盛的早餐	6
	服务细致	行李在这里托运后，游客便可轻装登船，行李由邮轮员工按照个人的船舱房间号放在门口，自己拿进房间便可，服务很细致	21
	温馨小巧	我们订的是海景套房，比酒店的套房要小一些，但给人的感觉并不小，房间明亮，干净整洁，卫生间虽然小一点，但里面功能设施都齐全，我们特别喜欢那个阳台，坐在阳台上，吹着海风，感觉很惬意	9
邮轮孩童服务	孩童看护服务	我们小孩还小，一开始担心带小孩上邮轮是拖累，没想到邮轮上的孩童看护服务非常贴心细致，我们少了很多后顾之忧，玩得挺开心的	32
	满足孩童需求	我特意等儿子放暑假的时候带他去乘邮轮。儿子喜欢大海，邮轮上还有不少他喜欢的游戏、运动设施和各类节目，玩得很开心	20
	孩童重游意愿	我们是8月份乘的邮轮，当时邮轮上有很多放了暑假的小朋友，家长特意带他们去玩的，让孩子们长长见识，开开心心的。我的孩子说下次还想去	8
邮轮船员吸引力	船员气质	我们当时旁边站着一位年长的外国船员，不仅长得帅，而且还特别有气质，就问他能否合影，他很大方地接受了我们的邀请。经过交谈才知道，他是邮轮上的通讯官，通讯官都这么有气质	26

（续表）

主范畴	概念	原始记录示例	样本码
	船员多元化	听说邮轮上有1 200多名船员服务，分别来自70多个国家，不同的肤色不同的语言，不同的宗教信仰，能管理得如此井然有序，真是令人佩服	21
	个性致谢	"我有一个梦想"演出，是由船上普通员工表演的，有调酒员的杂耍、前台人员的歌唱、房间服务人员的舞蹈，还有娱乐团队的滑稽表演等，用他们自己的方式感谢各位游客	33
邮轮旅游探新猎奇	认识新事物	通过这次乘邮轮我知道了度假和一般的旅游不一样。邮轮旅游比较注重体验，我接触了不少新鲜事物，了解了异域文化，这些都是平常生活里接触不到的	4
邮轮初次体验	第一次经历	没乘邮轮之前只在电视电影里看过。第一次乘这么大的船，和家人们一起玩得很开心	11
邮轮全新体验	完全不同	这次乘邮轮和以前的旅游经历完全不一样，会成为我美好的回忆	17
邮轮经济价值	价有所值	我觉得邮轮旅游价有所值	23
邮轮情感价值	非常开心	参加邮轮旅游非常开心，抛开了生活中所有的烦恼	7
邮轮效用价值	收获很多	参加了上海—釜山—济州岛—福冈的邮轮旅游，感觉很值，收获很多，会成为我的美好回忆	15
对邮轮价格敏感	关注促销价	我属于穷游一族……选择邮轮旅游是冲着促销价去的，住的是内舱房……	28
	价格主导	我觉得自己是否选择邮轮旅游主要还是看价格	1
对邮轮价格不敏感	不关注价格	暑假带儿子乘的邮轮，那个时候应该是旺季，价格虽然高，但一来小孩自己想去，二来我们也想让小孩增长点见识，所以也就没在乎价格了	12
	不考虑价格	帮自己父母订的邮轮旅游，主要是想让老人出去走动走动，散散心，让他们的晚年生活开心一点，也算我们晚辈的一点心意，所以也没考虑价格高低，给他们定的阳台房……	33
邮轮游客满意度	总体满意度	我们参加了歌诗达大西洋号邮轮旅游，虽然有些服务环节还不行，比如在济州岛的岸上游，但总体而言我们对这次邮轮旅游还是满意的	4
	单项满意度	我对邮轮上的服务设施、餐饮服务、客房服务、娱乐活动、儿童看护服务都很满意，但对停靠港服务不满意	28
邮轮游客态度忠诚	选择同一品牌	我乘的是皇家加勒比海洋水手号邮轮，服务确实不错，邮轮设施也好，下次乘邮轮还选皇家	19

（续表）

主范畴	概念	原始记录示例	样本码
邮轮游客 行为忠诚	再次购买	这次乘邮轮给我留下了很好的印象,明年我还想去乘一次	27
	向朋友推荐	乘邮轮回来后我们都向身边的朋友推荐,有几个朋友已经在我 们的推荐下选择了邮轮旅游……	5

本研究根据访谈录音,对原始访谈记录做了反复比对后,剥离出具有情感语义或意象表征的语句,进行多次抽取后,不断提炼,最终凝练出 86 个概念;并在此基础上,对概念进行聚类,形成了 30 个初始研究范畴,这 30 个初始范畴覆盖了所有的分析样本。

(二) 主轴式编码

主轴式编码是在开放式编码的基础上,继续对数据进行编码分析。它的基本目标是在开放式编码得到的范畴之间探索和建立起某种关联。它的基本任务:一是在各范畴之间建立起联结关系,这类联结关系既可以是某种逻辑关系,如因果关系,时间上的先后关系,也可以是情景关系、过程关系等;二是区别出主要范畴和次要范畴,并建立起次要范畴和主要范畴的关联关系。

本研究通过访谈数据的主轴式编码如表 4-2 所示,对各范畴之间联结关系的进行探索,充分分析和比较各范畴间可能存在的因果关系、情景关系、时间先后关系、过程关系等,最终形成 10 个主要范畴:服务环境质量、游客与员工的互动质量、游客之间的互动质量、服务结果质量、新奇体验、感知价值、感知价格、价格敏感度、游客满意度和游客忠诚度。邮轮旅游服务质量主轴性编码的主范畴与对应范畴如表 4-2 所示。

表 4-2　邮轮旅游服务质量主轴性编码的主范畴与对应范畴

主范畴	对应范畴	主范畴	对应范畴
邮轮旅游服务 环境质量	外界条件	邮轮旅游服务 结果质量	餐饮服务质量
	空气		娱乐活动
	气氛特征		邮轮设施
邮轮游客与员工的 互动质量	保证性		停靠港服务
	移情性		客房质量
	可靠性		孩童服务
	反应性		员工吸引力
邮轮游客之间的 互动质量	游客间的互动频率	邮轮旅游感知价格	探新猎奇
	游客间的互动氛围		初次体验
	游客间的互动效果		全新体验

（续表）

主范畴	对应范畴	主范畴	对应范畴
	游客间的互动程度		经济价值
邮轮旅游感知价格	价格期望	邮轮旅游感知价值	情感价值
	价格感知		效用价值
邮轮旅游满意度	总体满意度	邮轮旅游忠诚度	态度忠诚
	单项满意度		行为忠诚

（三）选择性编码

选择性编码以主轴式编码为基础,是对主轴式编码结果的深入分析。它对主轴式编码阶段形成的主要范畴和次要范畴进一步编码,系统地研究主要范畴和次要范畴之间存在的关联关系,抽取出"故事线",最终建立各范畴间的典型关联结构,形成"核心范畴"。各范畴间的典型关联结构,也是各范畴间的影响机制,是研究各范畴的理论框架。经过选择性编码,本研究识别出的核心范畴是"邮轮旅游服务质量的影响"。本研究的"故事线"是围绕"邮轮旅游服务质量的影响作用"这个核心范畴由前述10个主范畴构成的邮轮旅游服务质量的作用机制。故事线的典型结构如表4-3所示。

表4-3　邮轮旅游服务质量选择性编码形成的典型关系结构

典型关系结构	范畴	关系结构的内涵
服务环境质量	感知价值	邮轮服务环境的外界条件、空间陈设、气氛特征是影响邮轮游客感知价值的重要因素
	新奇体验	邮轮服务环境的外界条件、空间陈设、气氛特征是影响邮轮游客新奇体验的重要因素
	游客满意度	邮轮服务环境质量的外界条件、空间陈设、气氛特征是影响游客满意度的重要因素
	游客忠诚度	邮轮服务环境质量的外界条件、空间陈设、气氛特征是影响游客忠诚度的重要因素
游客与员工的互动质量	感知价值	邮轮游客与员工的互动质量对游客的感知价值产生影响
	新奇体验	邮轮游客与员工的互动质量对游客的新奇体验产生影响
	游客满意度	邮轮游客与员工的互动质量对游客的满意度产生影响
	游客忠诚度	邮轮游客与员工的互动质量对游客的忠诚度产生影响
游客之间的互动质量	感知价值	邮轮游客之间的互动频率、互动效果、互动程度是影响游客感知价值的重要因素
	新奇体验	邮轮游客之间的互动频率、互动效果、互动程度是影响游客新奇体验的重要因素

（续表）

典型关系结构	范畴	关系结构的内涵
	游客满意度	邮轮游客之间的互动频率、互动效果、互动程度是影响游客满意度的重要因素
	游客忠诚度	邮轮游客之间的互动频率、互动效果、互动程度是影响游客忠诚度的重要因素
服务结果质量	感知价值	邮轮餐饮服务质量、娱乐活动质量、邮轮设施质量、停靠港服务质量、客房服务质量、孩童服务质量以及员工吸引力是影响邮轮游客感知价值的重要因素
	新奇体验	邮轮餐饮服务质量、娱乐活动质量、邮轮设施质量、停靠港服务质量、客房服务质量、孩童服务质量以及员工吸引力是影响邮轮游客新奇体验的重要因素
	游客满意度	邮轮餐饮服务质量、娱乐活动质量、邮轮设施质量、停靠港服务质量、客房服务质量、孩童服务质量以及员工吸引力是影响邮轮游客感知价值的重要因素
	游客忠诚度	邮轮餐饮服务质量、娱乐活动质量、邮轮设施质量、停靠港服务质量、客房服务质量、孩童服务质量以及员工吸引力是影响邮轮游客感知价值的重要因素
感知价格	感知价值	邮轮游客对价格的感知影响游客对价值的感知

第二节　游客对邮轮旅游服务质量认知
路径机理模型构建

为进一步探讨邮轮旅游服务质量影响作用的结构关系,本研究在质性研究所得出的典型关系结构的基础上构建理论模型,并对模型各变量进行分析。

一、邮轮旅游服务质量构成要素分析

(一)邮轮服务环境质量

服务环境是顾客感知服务质量最重要的影响因素之一。例如,Bitner(1992)[1]认为服务消费所处的服务环境对顾客感知产生重要影响,因为服务的生产和消费同步,顾客需要身临其境。她提出了"服务环境"的概念,即指提供所处的,与自然环境和社会环境相对的环境(Bitner,1992)[2]。服务环境包括了实体环境的三个方面:一是外界条件;二是空间布局和功能性;三是标识、象征物和艺术品等。外界条件指环境的背景特征,如温度、光线、杂音、音乐和气味。空间布局指"机器、设备、陈设的大小,他们的空间关系以及布置的方式"。Bitner(1992)[3]的研究对服务营销和管理领域的服务质量研究产生了重要影响。

服务环境是研究者评价服务质量最重要的因素之一。随着研究的深入,许多研究者发现,如果服务消费以追求精神愉悦为目的,顾客对服务环境(也称'氛围')的反应更为重要(Ryu、Jang,2007[4];汪纯孝、温碧燕、姜彩芬,2001[5])。尽管许多服务消费是出于效用或功能的目的,但休闲服务消费大多是出于追求身心愉悦和情感愉悦的动机(Ryu、Jang,2007[6];王琪延,2006[7])。消费行为的情感内容集中于消费体验(罗盛锋、黄燕玲、程道品,2011[8]),反映了娱乐价值的需求和情感价值的需求。相比较而言,功用消费主要是任务

---

① Bitner M J. Servicescapes: The Impact of Physical Surroundings on Customers and Employees[J]. Journal of Marketing, 1992, 56(2):57-71.

② 同①.

③ 同①.

④ Ryu K S, Jang S C S. The Effect of Environmental Perceptions on Behavioral Intentions Through Emotions: The Case of Upscale Restaurants[J]. Journal of Hospitality & Tourism Research, 2007, 31(8):56-72.

⑤ 汪纯孝,温碧燕,姜彩芬.服务质量、消费价值、旅客满意感与行为意向[J].南开管理评论,2001,4(6):11-15.

⑥ 同④.

⑦ 王琪延.休闲时代旅游消费的十大趋势[J].旅游学刊,2006,21(10):7-9.

⑧ 罗盛锋,黄燕玲,程道品,等.情感因素对游客体验与满意度的影响研究——以桂林山水实景演出"印象·刘三姐"为例[J].旅游学刊,2011,26(1):51-58.

型消费,本质上属于功能性。

服务环境是影响顾客心理感知最重要的因素之一。如果顾客购买服务是出于追求精神愉悦的动机,或者当顾客长时间在服务环境中停留的时候,硬件环境就成为决定顾客心理感知的重要因素(Arnold、Reynolds,2003)。[①] 例如,高级餐厅的顾客用餐时间常常在两个小时左右或更长,Ryu、Han(2011)[②]认为餐厅舒适的环境在很大程度上决定了顾客的总体满意度和忠诚度。他们认为餐厅环境主要由6个要素构成:服务设施的美感、餐厅氛围、灯光、餐厅布局、餐桌布置、服务员。

邮轮旅游服务环境自身特征明显。在邮轮服务情境下,服务环境质量指的是影响游客体验的邮轮服务环境。游客参与邮轮旅游的动机之一是追求精神愉悦。例如,邮轮旅游者常常花一周或者更长的时间在邮轮上,在此期间,他们有意或无意地体验船上的实体环境。此外,邮轮是游客离开常住地旅行期间相对固定的起居场所,环境因素对邮轮游客而言显得尤其重要(Kwortnik,2008)[③]。需要指出的是,邮轮的实体环境既包括提供服务所处的硬件环境,也包括提供服务所处的社会环境(Kwortnik,2008)[④]。Kwortnik(2008)[⑤]将邮轮的实体环境(或者称为船体空间)分为三类:①外界因素,如气味、声音、清洁程度、光线、音乐、温度等;②设计因素,如装潢、颜色、陈设、格局、大小、娱乐建筑设计等;③社会因素,如游客聚集、排队、游客交往、游客与船员互动、友谊等。

本研究在借鉴Bitner(1992)[⑥],汪纯孝、温碧燕、姜彩芬(2001)[⑦],Kwortnik(2008)[⑧]等研究的成果基础上,认为邮轮的服务环境包括三类:一是外界条件,主要指环境的背景特征,如温度、光线、音乐、气味、清洁程度等;二是空间陈设和布局,如室内装潢、颜色、舱房的陈设、格局、大小、服务设施的美感、公共空间的设计等;三是社会因素,主要指环境的氛围特征,如游客聚集或排队的公共空间、邮轮服务员的面貌和邮轮服务员的数量。在此有必要指出的是,邮轮服务员的面貌不同于邮轮服务员的互动。互动并不是有形质量的属性。例如,专业服务员的制服能够近距离有效地传递组织的形象及核心价值。Bitner(1992)[⑨]认为社会因素,如员工的面貌及数量,对顾客的情绪产生正向影响。罗盛锋、黄

① Arnold M J, Reynolds K E. Hedonic shopping motivations[J]. Journal of Retailing,2003,79(2):77-95.

② K Ryu H H. New or repeat customers: How does physical environment influence their restaurant experience? [J]. International Journal of Hospitality Management,2011,30(3):599-611.

③ Kwortnik R J. Shipscape influence on the leisure cruise experience[J]. International Journal of Culture Tourism & Hospitality Research,2008,2(4):289-311.

④ 同上。

⑤ 同上。

⑥ Bitner M J. Servicescapes: The Impact of Physical Surroundings on Customers and Employees[J]. Journal of Marketing,1992,56(2):57-71.

⑦ 汪纯孝,温碧燕,姜彩芬.服务质量、消费价值、旅客满意感与行为意向[J].南开管理评论,2001,4(6):11-15.

⑧ Kwortnik R J. Shipscape influence on the leisure cruise experience[J]. International Journal of Culture Tourism & Hospitality Research,2008,2(4):289-311.

⑨ Bitner M J. Servicescapes: The Impact of Physical Surroundings on Customers and Employees[J]. Journal of Marketing,1992,56(2):57-71.

燕玲、程道品(2011)[①]研究发现,服务人员与期望的社会性密度相关,不仅影响顾客的情感反应和认知反应,而且影响顾客的再惠顾意愿。Ryu、Jang(2007)[②]认为服务员是构成实体环境氛围的重要因素。

(二) 游客与员工的互动质量

服务的生产、分配和消费是在顾客与服务提供者之间的互动过程中完成的。该互动过程对顾客最终的服务质量感知产生重要影响(Dagger,2007)[③]。顾客与员工的互动质量指游客在服务消费过程中对员工的感知(苏秦、李钊、徐翼,2007)[④]。服务消费过程中顾客与员工之间的互动是服务效果的体现,会影响顾客对服务体验的评价(Wall、Berry,2007)[⑤]。例如,让游客感受到特别的照顾,让他们意识到游客的快乐始终是员工最为关切的事情,会影响游客对服务质量的感知。基于顾客的视角,决定服务满意度以及再惠顾意愿的主要因素是顾客与员工之间的互动质量(Juwaheer、Ross,2003)[⑥]。员工的服务态度与顾客再惠顾意愿呈正向的影响关系(范秀成,1999)[⑦]。

研究者提出了顾客与员工之间互动质量的测量维度,主要有以下几个方面:①行为(Martinez Caro、Martinez Garcia,2008)[⑧];②技能(Brady、Cronin,2001)[⑨];③解决问题的能力(范秀成、杜建刚,2006)[⑩]。Martinez Caro、Martinez Garcia(2008)[⑪]认为行为指的是态度和行为,态度是个体通过行为表现反映出来的赞同和不赞同的情感。由于顾客和员工之间存在紧密的互动关系,因此行为对顾客满意度产生重要影响。技能是受员工专业能力影响的互动程度(范秀成,1999)[⑫]。李锐(2001)[⑬]的研究发现,技能会影响顾客对服

① 罗盛锋,黄燕玲,程道品,等.情感因素对游客体验与满意度的影响研究——以桂林山水实景演出"印象·刘三姐"为例[J].旅游学刊,2011,26(1):51-58.

② Ryu K S, Jang S C S. The Effect of Environmental Perceptions on Behavioral Intentions Through Emotions: The Case of Upscale Restaurants[J]. Journal of Hospitality & Tourism Research, 2007, 31(11):56-72.

③ Dagger T S, Sweeney J C, Johnson L W. A hierarchical model of health service quality: Scale development and investigation of an integrated model[J]. Journal of Service Research, 2007, 10(2):123-142.

④ 苏秦,李钊,徐翼.基于交互模型的客户服务质量与关系质量的实证研究[J].南开管理评论,2007,10(1):44-49.

⑤ Wall E A, Berry L L. The combined effects of the physical environment and employee behavior on customer perception of restaurant service quality[J]. Cornell Hospitality Quarterly, 2007, 48(1):59-69.

⑥ Juwaheer T D, Ross D L. A study of hotel guest perceptions in Mauritius[J]. International Journal of Contemporary Hospitality Management, 2003, 15(8):105-115.

⑦ 范秀成.服务质量管理:交互过程与交互质量[J].南开管理评论,1999,12(1):8-12.

⑧ Caro L M, García J A M. Developing a multidimensional and hierarchical service quality model for the travel agency industry[J]. Tourism Management, 2008, 29(4):706-720.

⑨ Brady M K, Cronin J J. Customer Orientation: Effects on Customer Service Perceptions and Outcome Behaviors[J]. Journal of Service Research, 2001, 3(22):241-251.

⑩ 范秀成,杜建刚.服务质量五维度对服务满意及服务忠诚的影响——基于转型期间中国服务业的一项实证研究[J].管理世界,2006,22(6):111-118.

⑪ Caro L M, García J A M. Developing a multidimensional and hierarchical service quality model for the travel agency industry[J]. Tourism Management, 2008, 29(4):706-720.

⑫ 范秀成.服务质量管理:交互过程与交互质量[J].南开管理评论,1999,12(1):8-12.

⑬ 李锐.关于服务过程质量管理的思考[J].旅游学刊,2001,16(1):27-30.

务质量的评价。Dabholkar(1996)[①]发现,顾客对服务提供者解决问题的能力和处理投诉的能力非常敏感,服务修复是服务品质的重要组成部分。员工解决问题的能力对顾客与员工之间的互动质量产生影响,并且影响顾客对服务质量的感知。

本研究在借鉴以往研究的基础上,结合质性研究的结果,认为邮轮服务情境下游客与员工之间的互动质量主要包括以下核心主题:①专业性,主要指邮轮服务人员的知识技能、礼仪风范,准确可靠地履行服务承诺的能力以及赢得游客信心和信任的能力;②响应性,主要指邮轮服务人员为游客提供服务的意愿程度以及对游客需求的反应能力;③移情性,主要指邮轮服务人员为游客提供个性化服务和特别关照的程度。

(三) 游客之间的互动质量

游客的体验一般包括三种类型的社交互动:第一种类型是游客与目的地社区的互动;第二种类型是游客与服务人员的互动;第三种类型是游客之间的互动(Pearce,2005)[②]。但由于邮轮旅游存在特殊性,其主要目的地就是邮轮,邮轮也被称为"浮动的度假地",因此第一种类型的互动对邮轮游客而言特征并不明显。

银成钺、杨雪、王影(2010)[③]认为目前对顾客间互动研究较多的一个主题是顾客的显著话语参与,既包括顾客与员工的话语互动,也包括与其他顾客的话语互动。这类研究考察了服务接触过程中顾客显著话语参与的频率、内容和可信度,顾客间显著话语互动的刺激因素(Harris、Baron,2004)[④],互动主体的角色,显著话语互动顾客的特征(Davies、Baron、Harris,1999)[⑤]。研究者也提出了顾客显著话语互动的研究框架,如内容—过程模型(Davies、Baron、Harris,1999)[⑥],刺激—表现—结果框架(Harris、Baron,2004)[⑦]。

Davies、Baron、Harris(1999)[⑧]通过现场实验发现,顾客间的话语交流能够提高顾客的满意度,并且顾客与顾客之间的话语交流比顾客与销售人员之间的话语交流可信度更高。Harris、Baron(2004)[⑨]对铁路旅游展开了人类学研究。他们发现,非熟识游客之间的话语交流可以减少游客的焦虑情绪,承担服务人员的部分角色,使游客进行社交互动,从

---

① Dabholkar P A. Consumer evaluations of new technology-based self-service options: An investigation of alternative models of service quality[J]. International Journal of Research in Marketing, 1996, 13(95):29-51.

② Pearce P L, Ukil L. Developing the Travel Career Approach to Tourist Motivation[J]. Journal of Travel Research, 2005, 43(5):226-237.

③ 银成钺,杨雪,王影.基于关键事件技术的服务业顾客间互动行为研究[J].预测,2010,29(1):15-20.

④ Cassidy K, Baron S. Consumer-to-Consumer Conversations in Service Settings[J]. Journal of Service Research, 2004, 6(3):287-303.

⑤ Davies B, Baron S, Harris K. Observable Oral Participation in the Servuction System: Toward a Content and Process Model[J]. Journal of Business Research, 1999, 44(1):47-53.

⑥ 同⑤.

⑦ 同④.

⑧ 同⑤.

⑨ 同④.

而提升游客的服务体验。Moore、Moore、Capella(2005)①研究了美发服务情境下的顾客互动。他们的研究发现,顾客对氛围的积极感知能够提升顾客之间的互动,而顾客间的互动又与顾客忠诚度和口碑效应密切相关,但顾客间互动与顾客满意度并不直接相关。

游客之间的互动可以分为群体内的互动和群体之间的互动两类。前者指旅行同伴(例如,一起旅行的朋友或家人)之间的互动,后者指的是旅行途中非熟识游客之间的互动(Pearce,2005)②。在各类旅游服务情境中,同行的游客是消费体验不可缺少的部分。目前涉及游客间互动的旅游活动主要有三类:团队旅游、背包旅行和邮轮旅游,研究者认为三类旅游活动的游客间的互动较为常见(Wu,2007)③。

有关团队旅游的研究发现,团队成员之间的互动是贯穿整个旅游体验的主题。Wang、Hsieh、Huan(2000)④认为,乘坐游览车旅行在物理空间上为游客间的社交互动提供了环境,也是整个旅行体验的关键要素。蒋婷、张峰(2013)⑤认为,团队的凝聚力是游客对旅行体验满意的前因变量。Jing(2010)⑥,蒋婷、胡正明(2011)⑦的研究发现,旅行途中建立的友情对游客的旅游体验产生积极而显著的影响。许多研究的主题与乘游览车的旅行有关,其原因显然是在游览车有限的空间内,旅行团的游客有许多时间共处,他们可以互动并分享群体信息,同时游览车将旅行团与外部世界暂时隔离开来。

Murphy(2001)⑧认为,与其他游客的社交互动是背包游客选择背包旅行的重要因素,尽管他们的互动既有功能型的,也有社交型的,考察了背包客的旅行文化是如何在背包客之间的沿途互动中形成的。Maoz(2007)⑨发现,与当地人的互动以及与其他游客的互动是构成最佳背包旅行体验的要素。其他有关自助旅游者、徒步旅行者及漂流者的研究,与对背包客的相关研究类似,也详细考察了游客之间的互动。

① Moore R, Moore M L, Capella M. The impact of customer-to-customer interactions in a high personal contact service setting[J]. Journal of Services Marketing, 2005, 19(7):482-491.

② Pearce P L, Ukil L. Developing the Travel Career Approach to Tourist Motivation[J]. Journal of Travel Research, 2005, 43(2):226-237.

③ Wu H J. The impact of customer-to-customer interaction and customer homogeneity on customer satisfaction in tourism service—The service encounter prospective[J]. Tourism Management, 2007, 28(6):1518-1528.

④ Wang K C, Hsieh A T, Huan T C. Critical service features in group package tour: An exploratory research[J]. Tourism Management, 2000, 21(2):177-189.

⑤ 蒋婷,张峰.游客间互动对再惠顾意愿的影响研究——基于游客体验的视角[J].旅游学刊,2013,28(7):90-100.

⑥ Jing X A C. Service Experience and Package Tours[J]. Asia Pacific Journal of Tourism Research, 2010, 15(2):177-194.

⑦ 蒋婷,胡正明.服务接触中游客间互动行为研究——基于关键事件技术的方法[J].旅游学刊,2011,26(10):42-52.

⑧ Murphy L. Exploring social interactions of backpackers[J]. Annals of Tourism Research, 2001, 28(10):50-67.

⑨ Maoz D. Backpackers' motivations the role of culture and nationality[J]. Annals of Tourism Research, 2007, 34(1):122-140.

有关邮轮游客之间互动的系统研究非常有限。Foster(2006)[①]从人类学的视角出发,研究了邮轮游客的"短暂交往"文化。显然,与游客之间的互动相比,邮轮游客对沿途的自然美景和目的地抱有更大的兴趣。但 Koth、Field、Clark(2012)[②]之后对前往阿拉斯加的邮轮游客的研究却发现,游客对景点的兴趣在游览第一个停靠港之后呈现下降的趋势,此后他们的兴趣点转移至娱乐和社交活动。他们还注意到,邮轮上的接待活动和群体性的娱乐活动为游客打开了交流的渠道,有利于群体分享信息,在经历了相对较长的时间之后,"社交网络和信息渠道变得相对稳定"。他认为游客之间的社交互动是散播解释性信息的途径和渠道。Bull(2011)[③]研究了前往南极的邮轮旅游者的行为模式,结果发现游客之间的互动是邮轮上第二个最受游客欢迎的活动。Yarnal、Kerstetter(2005)[④]通过参与观察发现,邮轮是一个不同于日常生活的阈限空间。空间的阈限性是邮轮游客之间建立社交关系的重要原因,而社交关系的建立对提升邮轮游客的旅游体验具有积极的影响。

本研究在借鉴以往相关研究的基础上,结合质性研究,发现了游客间互动质量的 4 个关键主题:游客间的互动频率、游客间的互动氛围、游客间的互动效果、游客间的互动程度。

(四) 结果质量

范秀成(2006)[⑤]认为结果质量是服务产品——服务的具体特性。服务效果是顾客评价服务的基础。Carman(2000)[⑥],汪纯孝、温碧燕、姜彩芬(2001)[⑦],Dabholkar(2000)[⑧],Chiou(2006)[⑨],李坚飞、韩庆兰(2014)[⑩]都认为服务结果对顾客服务质量感知的影响显

① Foster G M. South seas cruise a case study of a short-lived society[J]. Annals of Tourism Research, 2006, 33(2):215-238.

② Field D R, Clark R N, Koth B A. Cruiseship Travel in Alaska: A Profile of Passengers[J]. Journal of Travel Research, 2012, 51(4):2-8.

③ Bull H J. The Cruise of the 'Antarctic' to the South Polar regions, etc[M]. British Library, Historical Print Editions, 2011, 31.

④ Kerstetter D L, Yen I Y, Yarnal C M. Plowing Uncharted Waters: A Study of Perceived Constraints to Cruise Travel[J]. Tourism Analysis, 2005, 10(2):137-150(14).

⑤ 范秀成,杜建刚.服务质量五维度对服务满意及服务忠诚的影响——基于转型期间中国服务业的一项实证研究[J].管理世界,2006,(6):111-118.

⑥ Carman J M. Patient perceptions of service quality. Combining the dimensions[J]. Journal of Management in Medicine, 2000, 14(5):339-356.

⑦ 汪纯孝,温碧燕,姜彩芬. 服务质量、消费价值、旅客满意感与行为意向[J]. 南开管理评论, 2001, 4(6):11-15.

⑧ Dabholkar P A, Shepherd C D, Thorpe D I. A comprehensive framework for service quality: an investigation of critical conceptual and measurement issues through a longitudinal study[J]. Journal of Retailing, 2000, 76(2):139-173.

⑨ Chiou J S, Cornelia Droge. Service Quality, Trust, Specific Asset Investment, and Expertise: Direct and Indirect Effects in a Satisfaction-Loyalty Framework[J]. Journal of the Academy of Marketing Science, 2006, 34(4):613-627.

⑩ 李坚飞,韩庆兰.零售企业服务质量的复杂性特征及实证研究[J].南开管理评论,2014,17(3):133-141.

著。Gronroos(2007)[①]对服务结果的定义是服务过程结束后留给顾客的印象,认为服务结果属于"技术质量"。在质性研究和借鉴 Brady、Cronin(2001)[②]的研究结论的基础上,本研究将等候时间和口碑作为服务结果的次级维度。Parasuraman 等(1994)[③]认为服务的准时性是顾客服务质量感知不可分割的一部分。Chow(2005)[④]认为准时性是服务质量的一个因子。该因子与服务提供商能否进行有效的需求管理相关。质性研究表明,游客在接受服务之前的等候时间会影响对服务质量的评价。最后一个次级维度是口碑。与Brady、Cronin(2001)[⑤]的研究结论相一致,口碑是决定顾客认为服务效果优劣的核心因子。在邮轮服务情境中,游客会衡量各类心理收益,如放松身心、减轻压力等。本研究的质性研究结论与 Brady、Cronin(2001)[⑥],汪纯孝、温碧燕、姜彩芬(2001)[⑦]的研究结论相一致,都认为口碑是服务效果的关键决定因子。Wu、Cheng(2013)[⑧]对航空服务质量的研究中增加了结果质量的一个测量维度:便捷程度,它指的是人们到达期望目的地的便利性和速度。便捷程度包含两个次级维度:①信息(Howat、Absher、Crilley,2005)[⑨];②方便(Shonk、Chelladurai,2008)[⑩]。第一个次级维度——信息——是对公共交通有利的因素。Howat、Absher、Crilley(2005)[⑪]认为,信息是及时获取各类服务信息的可行性。就交通服务而言,顾客很少光顾实体门店,因此方便获取相关产品和服务信息的方式就是电话和因特网。第二个次级维度是方便,指的是意在节约资源和减少阻力的维度(Shonk、Chelladurai,2008)[⑫]。

在邮轮服务情境中,结果质量指的是服务接触过程中邮轮游客接受的服务,它是游客服务质量感知的决定因素。换句话说,也是邮轮服务的技术质量(Brady、Cronin,2001)[⑬]。

---

① Gronroos C. Service Management and Marketing[M]. Wiley Johnsons, 2007, 2-4.

② Brady M K, Cronin J J. Customer Orientation: Effects on Customer Service Perceptions and Outcome Behaviors[J]. Journal of Service Research, 2001, 3(22):241-251.

③ Parasuraman A, Berry L L. Reassessment of Expectations as a Comparison Standard in Measuring Service Quality: Implications for Further Research[J]. Journal of Marketing, 1994, 58(1):111-124.

④ Chow C C, Luk P. A strategic service quality approach using analytic hierarchy process[J]. Managing Service Quality, 2005, 15(3):278-289.

⑤ 同②.

⑥ 同②.

⑦ 汪纯孝,温碧燕,姜彩芬.服务质量、消费价值、旅客满意感与行为意向[J].南开管理评论,2001,10(6):11-15.

⑧ Wu H C, Cheng C C. A hierarchical model of service quality in the airline industry[J]. Journal of Hospitality & Tourism Management, 2013, 36(20):13-22.

⑨ Gary Howat, Duncan Murray, Gary Crilley. Reducing measurement overload: Rationalizing performance measures for public aquatic centres in Australia[J]. Managing Leisure, 2005, 10(2):128-142.

⑩ Shonk D J, Chelladurai P, Dwyer L, et al. Service quality, satisfaction, and intent to return in event sport tourism.[J]. Journal of Sport Management, 2008, 22(5):587-602.

⑪ Gary Howat, Duncan Murray, Gary Crilley. Reducing measurement overload: Rationalizing performance measures for public aquatic centres in Australia[J]. Managing Leisure, 2005, 10(2):128-142.

⑫ Shonk D J, Chelladurai P, Dwyer L, et al. Service quality, satisfaction, and intent to return in event sport tourism.[J]. Journal of Sport Management, 2008, 22(5):587-602.

⑬ Brady M K, Cronin J J. Customer Orientation: Effects on Customer Service Perceptions and Outcome Behaviors[J]. Journal of Service Research, 2001, 3(22):241-251.

以往的研究集中于确认影响邮轮游客决策的可见因素和属性。例如,Xie(2012)[1]发现了影响游客决策的邮轮属性。其研究结果表明,娱乐活动、休闲和运动设施、辅助设施、核心产品和服务(如客舱、餐厅、餐饮、客房服务等)、健身设施和保健设施、儿童中心等属性对游客的决策产生影响。Petrick(2006)[2]验证了对邮轮游客产生正面和负面影响的属性。其研究结果发现,服务问题、船员及服务人员、餐饮、娱乐/活动、邮轮设施、停靠港、儿童看护、客舱、价格、政策以及其他各类问题(如邮轮航行及安全)对邮轮游客体验的总体评价产生影响。

本研究在质性研究的基础上,借鉴以往的相关研究文献,认为影响邮轮服务结果质量的关键要素包括如下几个。

(1) 餐饮质量。邮轮的餐饮质量是影响游客总体体验的关键因素(Andriotis、Agiomirgianakis,2010[3];Petrick,2007[4];Qu、Ping,1999[5])。Qu、Ping(1999)[6]对 5 艘邮轮上的 330 位游客进行了个人访谈,结果发现餐饮质量是决定游客再惠顾的重要因素。Petrick(2006)[7]对加勒比海 7 日游的邮轮游客分两次航程进行数据采集(第一次航程 394 位游客,第二次航程 398 位游客),并对数据做了分析,结果发现餐饮质量是影响邮轮游客体验评价(如满意度和再惠顾意愿)的关键因素。Andriotis、Agiomirgianakis(2010)[8]对164 位结束旅行的邮轮游客进行访谈,研究结果表明满足邮轮游客对餐饮的预期是获得游客高满意度的关键。在与邮轮相关的研究中,一个得到广泛认可的结果是高质量的餐饮是获得邮轮旅游积极评价的关键因素。如果游客较高的餐饮质量感知,那么他们就能获得生活品质提升的体验,因为消费精致的美食是评价生活质量的重要标准之一(Agget、Waimun,2012)[9]。

(2) 娱乐活动。娱乐活动是邮轮上供游客娱乐消遣、享乐欢愉的活动。具有吸引力的娱乐活动能够吸引旅游者参与邮轮旅游(Andriotis、Agiomirgianakis,2010[10];Qu、Ping,1999[11]),影响游客对邮轮的总体满意度,进而影响再惠顾意愿(Hosany、Witham,

---

① Xie H, Kerstetter D L, Mattila A S. The attributes of a cruise ship that influence the decision making of cruisers and potential cruisers[J]. International Journal of Hospitality Management, 2012, 31(1):152-159.

② Petrick J F, Tonner C, Quinn C. The utilization of critical incident technique to examine cruise passengers' repurchase intentions.[J]. Journal of Travel Research, 2006, 44(3):273-280.

③ Andriotis K, Agiomirgianakis G. Cruise visitors' experience in a Mediterranean port of call[J]. International Journal of Tourism Research, 2010, 12(4):390-404.

④ 同②.

⑤ Qu H, Ping E W Y. A service performance model of Hong Kong cruise travelers' motivation factors and satisfaction[J]. Tourism Management, 1999, 20(2):237-244.

⑥ 同⑤.

⑦ 同②.

⑧ 同③.

⑨ Aggett M, Waimun L. Service quality and the cruise industry[J]. Business & Management of Ocean Cruises, 2012, 21(6):17-26.

⑩ 同③.

⑪ 同⑤.

2010[①];Petrick,2007[②])。由于旅游者对邮轮旅游期间娱乐活动的多样性有较高的期望，所以众多邮轮公司致力于开发和提供全面而有吸引力的娱乐项目，如一流的表演秀以及汇聚知名艺人/喜剧演员的娱乐节目。

（3）邮轮设施。范秀成（2006）[③]认为，顾客将有形的服务设施作为评价服务的一个重要指标，有形服务设施也是顾客形成质量感知过程中需要考虑的因素。随着邮轮业的不断发展，邮轮上一般已配备了门类齐全的设施，如运动/健身中心，购物长廊、戏院、卡西诺赌场，以及其他的便利设施和具有吸引力的服务设施（Yarnal、Kerstetter，2005）[④]。根据Qu、Ping（1999）[⑤]的实证研究结果，多数邮轮游客乐于利用船上的便利设施，如船上的免税购物，戏院的电影放映设施等。当游客们在室内泳池游泳的时候，他们感觉像在大海里游泳，室内泳池也成为邮轮设计的一个基本要求。Hung、Petrick（2011）[⑥]的研究发现，卡西诺赌场对游客而言是特别的体验，自20世纪90年代以来，卡西诺赌场已成为邮轮的重要设施。Han、Kim、Hyun（2011）[⑦]认为高档豪华、多样化的服务设施能够引发游客积极的情绪反应，从而形成积极的服务质量感知。一些实证研究进一步验证了上述观点。例如，Nguyen、Leblanc（2002）[⑧]通过对两个服务行业（包括保险公司的272位客户和酒店的238位客人）的数据采集及分析，证明了服务设施对服务质量感知的影响。他们在数据分析的基础上发现，高质量的服务设施能够让顾客形成积极有利的服务质量感知。同样，Hwang、Ok（2013）[⑨]的研究结果发现，高质量的服务设施能够引发顾客对餐厅积极的评价，形成较高的满意度和积极的再惠顾意愿。

（4）停靠港。停靠港是邮轮航行期间停靠的地方。游客在邮轮停靠港口期间开展岸上游，游览目的地及景点。因为邮轮旅游者大部分的旅行时间都在邮轮上，所以停靠港对游客而言是愉快的体验，能够满足游客探新猎奇，追求新奇性的动机。Andriotis、

---

① Hosany S, Witham M. Dimensions of cruisers' experiences, satisfaction and intention to recommend[J]. Journal of Travel Research, 2011, 49(3):351-364.

② Petrick J F, Li X A, Park S Y. Cruise Passengers' Decision-Making Processes[J]. Journal of Travel & Tourism Marketing, 2007, 23(1):1-14.

③ 范秀成,杜建刚.服务质量五维度对服务满意及服务忠诚的影响——基于转型期间中国服务业的一项实证研究[J].管理世界,2006,22(6):111-118.

④ Yarnal C M, Kerstetter D. Casting off: an exploration of cruise ship space, group tour behavior, and social interaction[J]. Journal of Travel Research, 2005, 43(6):368-379.

⑤ Qu H, Ping E W Y. A service performance model of Hong Kong cruise travelers' motivation factors and satisfaction[J]. Tourism Management, 1999, 20(2):237-244.

⑥ Hung K, Petrick J F. Why do you cruise? Exploring the motivations for taking cruise holidays, and the construction of a cruising motivation scale[J]. Tourism Management, 2011, 32(2):386-393.

⑦ Han H, Kim W, Hyun S S. Switching intention model development: Role of service performances, customer satisfaction, and switching barriers in the hotel industry[J]. International Journal of Hospitality Management, 2011, 30(3):619-629.

⑧ Nguyen N, Leblanc G. Contact personnel, physical environment and the perceived corporate image of intangible services by new clients[J]. International Journal of Service Industry Management, 2002, 13(3):242-262.

⑨ Hwang J, Ok C. The antecedents and consequence of consumer attitudes toward restaurant brands: A comparative study between casual and fine dining restaurants[J]. International Journal of Hospitality Management, 2013, 32(2):121-131.

Agiomirgianakis(2010)①,Petrick(2007)②,Henthorne(2000)③的研究表明,具有吸引力的停靠港能为邮轮航行带来全新的变化和体验,有利于游客总体满意度的最大化。

具有吸引力的停靠港也为邮轮航行创造了独特性的体验和感觉。例如,停靠港安排的珊瑚岛浮潜或轻便潜水活动能为游客带来独特的体验和感觉。其他的包价游还可以体验在沙岛的岸上游览。Andriotis、Agiomirgianakis(2010)④,Gibson、Bentley(2007)⑤认为,许多邮轮旅游者在选择邮轮航线的时候会具体考虑航线中安排的停靠港及游览活动,促使邮轮公司将具有独特性和吸引力的各类停靠港纳入航线设计中。

(5)孩童服务设施及项目。Brejla、Gilbert(2014)⑥的研究发现,大约70%的邮轮游客会带小孩旅行。所以,为儿童提供具有吸引力的服务设施和项目是邮轮公司经营的重要内容。针对儿童的高质量服务设施和娱乐项目能够发挥两方面的作用:一是满足儿童的需求,提高孩子的总体满意度。孩子们在获得较高的满意度之后通常会要求父母在不久再乘邮轮。二是高质量的儿童看护服务能够让父母们旅行期间无后顾之忧,尽情地享受旅游。Andriotis、Agiomirgianakis(2010)⑦的实证研究表明,针对儿童的高质量服务设施和项目是旅游结束后诸如满意度、感知价值、口碑效应和再惠顾意愿等体验评价重要的预测变量。所以,邮轮公司致力于为儿童提供各类具有吸引力的项目/场所。例如,世界第二大邮轮公司皇家加勒比精心设计和安排了针对不同年龄段的儿童项目,包括针对3~5岁的潜航员项目;针对6~8岁的探索者项目;针对9~11岁的航行者项目。迪斯尼邮轮公司也为孩童和青少年提供了具有吸引力的服务设施和项目(如游乐场、泳池、戏院和影视长廊)。

一般而言,带孩子的旅行具有挑战性。如果缺少让孩子们满意的服务设施和项目,他们可能在走廊、餐厅或其他公共区域大声吵闹,影响父母和其他游客的情绪。相反,如果孩子们可以享受专为其设计的服务设施和娱乐项目,父母和其他游客的游兴不会受到干扰。此外,针对孩童的服务设施和项目可使孩童专享符合自己年龄特征的服务项目,与成年游客区分开来。有必要指出的是,低质的孩童服务设施及项目会显著降低游客对服务质量的感知水平。如果孩童服务项目乏味无趣,或者为孩童划出的空间缺乏吸引力,那么孩子们会退出这些活动和场所,转而到公共空间(如走廊、餐厅、甲板等)

① Andriotis K, Agiomirgianakis G. Cruise visitors' experience in a Mediterranean port of call[J]. International Journal of Tourism Research, 2010, 12(4):390-404.

② Petrick J F, Li X A, Park S Y. Cruise Passengers' Decision-Making Processes[J]. Journal of Travel & Tourism Marketing, 2007, 23(1):1-14.

③ Henthorne T L. An Analysis of Expenditures by Cruise Ship Passengers in Jamaica[J]. Journal of Travel Research, 2000, 38(11):246-250.

④ Andriotis K, Agiomirgianakis G. Cruise visitors' experience in a Mediterranean port of call[J]. International Journal of Tourism Research, 2010, 12(4):390-404.

⑤ Gibson P, Bentley M. A Study of Impacts—Cruise Tourism and the South West of England[J]. Journal of Travel & Tourism Marketing, 2007, 20(3):63-77.

⑥ Brejla P, Gilbert D. An exploratory use of Web content analysis to understand cruise tourism services[J]. International Journal of Tourism Research, 2014, 16(2):157-168.

⑦ 同④。

玩耍,孩子们常见的行为,如大声吵闹、争抢玩具、做游戏,会对其他游客形成干扰。所以,低质的孩童服务设施及项目对游客的邮轮体验产生显著的负面影响,使旅行变得毫无吸引力。

(6)客房质量。客房是邮轮游客放松和休息的场所,Petrick(2007)[①]认为,客房质量是邮轮业的一个关键问题。根据现有的文献,客房质量很大程度上由5个维度决定:一是客房大小(Qu、Ping,1999[②]);二是整洁程度(Teye、Leclerc,2003[③]);三是安静程度(Heung,2003[④]);四是寝具的舒适程度,包括床、床垫、枕头等(Choi、Chu,2001[⑤]);五是厕所用品(Choi、Chu,2001[⑥])。

Qu、Ping(1999)[⑦]考察了对邮轮总体满意度产生重要影响的客房属性。他们总结了330位邮轮游客的体验评价,结果发现其中的两个因素是游客满意度的重要预测变量,一个是客房大小,另一个是客房整洁程度。Teye、Leclerc(2003)[⑧]分析了491位皇家加勒邮轮公司游客的体验评价,其研究也发现客房的整洁程度是影响总体邮轮体验的重要因素。Tony、Babu、William(2013)[⑨]研究了牙买加游客对邮轮的评价,结果表明客房大小是影响客房质量评价最重要的因素之一。Heung(2003)[⑩],Choi、Chu(2001)[⑪]强调指出寝具(床、床垫、枕头)舒适度和厕所用品是影响客房质量评价的关键要素。本研究综合以上文献,将上述5个属性作为评价客房质量的要素。酒店管理研究认为,客房质量是影响服务质量认知的重要因素。例如,黄燕玲、黄震方、袁林旺(2006)[⑫]的实证研究发现,高质量的客房营造出奢华的氛围,有助于形成和提升客人的满意度,进而形成积极的再惠顾意愿。

(7)服务员/船员吸引力。金立印(2008)[⑬]的实证研究认为,企业员工的外在吸引力

① Petrick J F, Li X A, Park S Y. Cruise Passengers' Decision-Making Processes[J]. Journal of Travel & Tourism Marketing, 2007, 23(1):1-14.

② Qu H, Ping E W Y. A service performance model of Hong Kong cruise travelers' motivation factors and satisfaction[J]. Tourism Management, 1999, 20(2):237-244.

③ Teye V, Leclerc D. The white Caucasian and ethnic minority cruise markets: some motivational perspectives[J]. Journal of Vacation Marketing, 2003, 9(3):227-242.

④ Heung V C S, Lam T. Customer complaint behaviour towards hotel restaurant services[J]. International Journal of Contemporary Hospitality Management, 2003, 15(5):283-289.

⑤ Choi T Y, Chu R. Determinants of hotel guests' satisfaction and repeat patronage in the Hong Kong hotel industry[J]. International Journal of Hospitality Management, 2001, 20(1):277-297.

⑥ 同⑤.

⑦ 同②.

⑧ 同③.

⑨ Tony L. Henthorne, Babu P. George, William C. Smith. Risk Perception and Buying Behavior: An Examination of Some Relationships in the Context of Cruise Tourism in Jamaica[J]. International Journal of Hospitality & Tourism Administration, 2013, 14(1):66-86.

⑩ Heung V C S, Lam T. Customer complaint behaviour towards hotel restaurant services[J]. International Journal of Contemporary Hospitality Management, 2003, 15(5):283-289.

⑪ Choi T Y, Chu R. Determinants of hotel guests' satisfaction and repeat patronage in the Hong Kong hotel industry[J]. International Journal of Hospitality Management, 2001, 20(1):277-297.

⑫ 黄燕玲,黄震方,袁林旺.基于SEM的饭店顾客满意度测评模型研究[J].旅游学刊,2006,21(11):54-60.

⑬ 金立印.服务接触中的员工沟通行为与顾客响应——情绪感染视角下的实证研究[J].经济管理,2008,18(9):28-35.

是影响顾客总体体验评价的重要因素,并且这种影响往往是积极的。顾客倾向于积极评价具有外在吸引力员工提供的产品或服务。在零售业服务情境下,员工的外在吸引力会提高顾客购买产品或服务的可能性(李坚飞、韩庆兰,2014[①];Gazolli、Hancer、Kim,2013[②];Foster、Resnick,2013[③])。所以,李坚飞、韩庆兰(2014)[④],Gazolli、Hancer、Kim(2013)[⑤]的研究认为,服务业企业常常雇佣具有外在吸引力的员工。

此外,员工的外在吸引力有利于顾客形成积极的服务质量感知(Bower、Landreth,2003[⑥])。相关的实证研究进一步验证了上述观点。例如,Tsaur(2009)[⑦]基于480位顾客的抽样数据,通过实证研究方法,分析了员工的外在吸引力如何影响顾客对服务质量的感知。结果发现,与长相普通的服务人员相比,具有外在吸引力的服务人员会提升顾客对服务质量的感知。Tsaur(2009)[⑧]进一步指出,具有外在吸引力的员工给顾客留下亲和、容易沟通交流的印象,从而提升企业形象。类似地,Shao、Baker、Wagner(2004)[⑨]研究了员工的外在吸引力对实际购买意愿的影响。他们收集了200位顾客的数据并进行分析,结果表明外在吸引力会形成积极的服务质量感知,进而引发实际购买意愿。

(五) 新奇体验

探新猎奇是用于阐释旅游者旅游决策并分析休闲旅游动机的概念。以往有关游客选择邮轮旅游动机的研究表明,探新猎奇是邮轮旅游的动机之一(Hung、Petrick,2011[⑩];Qu、Ping,1999[⑪])。旅游者寻求引发情感的记忆,从而形成长久的个人体验。许多休闲旅游者寻求能够打动内心、激发情感和思绪的旅游体验。Jang、Feng(2007)[⑫]对新奇性的定义是:顾客当前感知与以往经历的对比程度,新奇与熟悉相对。他们认为具有新奇性的旅行

---

① 李坚飞,韩庆兰.零售企业服务质量的复杂性特征及实证研究[J].南开管理评论,2014,17(3):133-141.

② Gazzoli G, Hancer M, Kim B C. Explaining why employee-customer orientation influences customers' perceptions of the service encounter[J]. Journal of Service Management, 2013, 24(19):382-400.

③ Carley Foster, Sheilagh Resnick. Service worker appearance and the retail service encounter: the influence of gender and age[J]. Service Industries Journal, 2013, 33(2):236-247.

④ 同①.

⑤ 同②.

⑥ Amanda B. Bower, Stacy Landreth. Is Beauty Best? Highly versus Normally Attractive Models in Advertising [J]. Journal of Advertising, 2001, 30(1):1-12.

⑦ Tsaur S H. Physical attractiveness stereotypes and service quality in customer-server encounters[J]. Service Industries Journal, 2009, 29(8):1093-1104.

⑧ Tsaur S H. Physical attractiveness stereotypes and service quality in customer-server encounters[J]. Service Industries Journal, 2009, 29(8):1093-1104.

⑨ Shao C Y, Baker J A, Wagner J. The effects of appropriateness of service contact personnel dress on customer expectations of service quality and purchase intention: The moderating influences of involvement and gender[J]. Journal of Business Research, 2004, 57(10):1164-1176.

⑩ Hung K, Petrick J F. Why do you cruise? Exploring the motivations for taking cruise holidays, and the construction of a cruising motivation scale[J]. Tourism Management, 2011, 32(2):386-393.

⑪ Qu H, Ping E W Y. A service performance model of Hong Kong cruise travelers' motivation factors and satisfaction[J]. Tourism Management, 1999, 20(2):237-244.

⑫ Jang S C, Feng R. Temporal destination revisit intention: The effects of novelty seeking and satisfaction[J]. Tourism Management, 2007, 28(2):580-590.

的主要特征是与以往生活经历不同、新颖而陌生的体验。Assaker、Vinzi(2011)[①]对新奇性的来源进行归类，他们认为发现新奇的旅游目的地以及从他人获得赞誉和关注都属于新奇性的范畴。Hung、Petrick(2011)[②]认为探新猎奇是影响旅游者决策的重要因素。

随着旅游动机情感化倾向的增强，邮轮公司应增加产品和服务的情感价值，创造令游客满意的旅游体验。而且，邮轮旅游非常注重体验，参与邮轮旅游的游客有机会获得独特和难忘的体验(Hosany、Witham,2010)[③]。邮轮公司经营者应注重让游客在独特的邮轮环境中形成难忘的情感体验。因此，新兴的邮轮业应越来越注重满足邮轮旅游者的情感需求。

（六）感知价格

Raab(2009)[④]认为价格是购买交易引起的花费数量。Zeithaml(1988)[⑤]对价格的定义是："为获取产品而对等做出的放弃或付出。"郝辽钢、高充彦、贾建民(2008)[⑥]的研究将价格分为两类，一类是实际价格，另一类是感知价格。其中，实际价格是产品客观存在的价格，感知价格是顾客对产品价格的主观感知。Johnson、Cui(2013)[⑦]的研究表明，顾客在做出购买决策的时候经常将客观价格和内部参考价格进行比较。内部参考价格是根据产品类别感知的总体价格范围。在产品或服务消费结束后，顾客并不一定能记住该产品或服务的实际价格，他们以自己富有意义的方式为价格编码。例如，一些顾客难以记住某一产品或服务的准确价格，但他们会以"便宜"或"昂贵"替价格。客观价格只有在顾客对价格进行主观解释的时候才变得有意义。

邮轮公司提供各类产品或服务，邮轮的价格千差万别，它取决于邮轮公司的类别，航行的时间、客房的类型。在如此复杂的定价环境下，采用客观价格研究价格的作用以不合时宜。

（七）感知价值

Zeithaml(1988)[⑧]在探索性研究的基础上认为感知价值的主要特征：一是价格低；二

---

① Assaker G, Vinzi V E, O'Connor P. Examining the effect of novelty seeking, satisfaction, and destination image on tourists' return pattern: A two factor, non-linear latent growth model[J]. Tourism Management, 2011, 32(4):890-901.

② Hung K, Petrick J F. Why do you cruise? Exploring the motivations for taking cruise holidays, and the construction of a cruising motivation scale[J]. Tourism Management, 2011, 32(2):386-393.

③ Hosany S, Witham M. Dimensions of Cruisers' Experiences, Satisfaction and Intention to Recommend[J]. Journal of Travel Research, 2011, 49(3):351-364.

④ Raab C, Mayer K, Kim Y S, et al. Price-Sensitivity Measurement: a Tool for Restaurant Menu Pricing[J]. Journal of Hospitality & Tourism Research, 2009, 33(1):93-105.

⑤ Zeithaml V A. Consumer Perceptions of Price, Quality, and Value: A Means-End Model and Synthesis of Evidence[J]. Journal of Marketing, 1988, 52(3):2-22.

⑥ 郝辽钢,高充彦,贾建民.价格折扣呈现方式对促销效果影响的实证研究[J].管理世界,2008,24(10):106-114.

⑦ Johnson J W, Cui A P. To influence or not to influence: External reference price strategies in pay-what-you-want pricing[J]. Journal of Business Research, 2013, 66(2):275-281.

⑧ Zeithaml V A. Consumer Perceptions of Price, Quality, and Value: A Means-End Model and Synthesis of Evidence[J]. Journal of Marketing, 1988, 52(3):2-22.

是产品满足顾客的需求;三是价格与产品质量匹配;四是收益与支出匹配。体现感知价值4个特征的完整定义是:"顾客根据支出和收益对产品效用的总体评价。"该定义表明,价值是产品或服务消费中顾客支出和收益之间的平衡。效用理论是该研究的理论基础。Overby、Lee(2006)[①]根据效用理论认为感知价值是顾客一般以某一价格水平购买产品或服务,并在效用的基础上获得产品或服务价值。

本研究测量的是邮轮服务情境下效用层面的感知价值。效用价值指对功能收益和支出的总体评价。效用价值指的是顾客在认知层面对产品或服务的态度,如价值的价格,对便利程度和节约时间的评价。本研究根据 Zeithaml(1988)[②]对感知价值的定义,认为感知价值是游客从邮轮旅游获得的收益(如质量)与支付(如时间和货币)之间的平衡。

(八) 满意度

Westbrook、Reilly(1983)[③]认为满意度是与购买的特定产品或服务、购买或消费行为,以及消费环境有关的情感反应,并认为满意度可以分为总体满意度和具体满意度。总体满意度是对产品或服务、消费行为或体验的总体评价,而具体满意度是对产品或服务的具体属性、消费行为或消费行为的具体评价。Oliver(1981)[④]认为满意度是在顾客产生预期落空的情绪以及对先前的消费体验进行认知的时候,一种总体的心理状态。同时,满意度是建立在消费体验后的基础上,它的一个重要的结果变量是忠诚度。

本研究测量的是邮轮旅游情境下的满意度,是与邮轮旅游产品或服务、邮轮旅游行为及邮轮旅游体验相关情感反应,是对邮轮旅游产品或服务、邮轮旅游体验的总体评价。

(九) 忠诚度

Dick、Basu(1994)[⑤]认为忠诚度有态度忠诚和行为忠诚之分,是"顾客对存在物(品牌/服务/企业)的态度与重复惠顾行为之间关系"的优势。Oliver(1997)[⑥]发现顾客在意愿阶段之后还有一个态度阶段,也就是行为。因此,他的忠诚度定义增加了行为阶段,一共包含4个阶段:认知、情感、意愿和行为。他认为顾客忠诚是"虽然情境会对顾客产生影响,虽然顾客存在发生转换行为的可能性,但顾客未来仍然会一如既往地再次购买或反复惠顾其偏爱的产品或服务的内心承诺"。

---

① Overby J W, Lee E J. The effects of utilitarian and hedonic online shopping value on consumer preference and intentions[J]. Journal of Business Research, 2006, 59(11):1160-1166.

② Zeithaml V A. Consumer Perceptions of Price, Quality, and Value: A Means-End Model and Synthesis of Evidence[J]. Journal of Marketing, 1988, 52(3):2-22.

③ Westbrook R A, Reilly M D. Value-Percept Disparity: An Alternative to the Disconfirmation of Expectations Theory of Consumer Satisfaction[J]. Advances in Consumer Research, 1983, 10(4):256-261.

④ Oliver R L, Linda G. Effect of satisfaction and its antecedents on consumer preference and intention[J]. Advances in Consumer Research, 1981, 16(5):25-33

⑤ Dick A S, Basu K. Customer loyalty: Toward an integrated conceptual framework[J]. Journal of the Academy of Marketing Science, 1994, 22(2):99-113.

⑥ Oliver R, Oliver H. Using context to promote learning from information-seeking tasks[J]. Journal of the American Society for Information Science, 1997, 48(6):519-526.

本研究测量的是邮轮旅游情境下的忠诚度,是邮轮游客对邮轮产品或服务再惠顾的内心承诺。它包含了邮轮游客的态度忠诚和行为忠诚,邮轮游客重游意愿是忠诚度的衍生品。

二、游客对邮轮旅游服务质量认知路径机理研究假设

(一)邮轮旅游服务质量与邮轮游客新奇体验的关系假设

顾客与服务人员、服务环境的互动以及顾客之间的互动会引发情感反应,尤其是在休闲旅游的服务情境下。一些研究已经证实通过服务质量评价可以预测顾客的情感状态。例如,崔立新(2001)[①],Jang、Namkung(2009)[②]等的研究发现,感知质量因子,如产品质量、氛围质量、服务质量,对引发正面或负面的情绪产生重要影响。在邮轮服务情境下,众多的刺激因素会影响邮轮游客的情绪状态。而新奇感正是一种情绪状态,所以本研究认为邮轮游客的服务质量感知对他们的新奇感产生重要影响。如果邮轮公司经营者能够提供优质的旅游体验,那么邮轮旅游者获得旅游新奇感的可能性就更大。当处于服务情境中的个体具有全新的感觉时,他获得新奇性体验的可能性就更大。因此,提出假设 H1。

H1a:邮轮游客与员工之间的互动质量与游客的新奇体验正相关。

H1b:邮轮游客之间的互动质量与游客的新奇体验正相关。

H1c:邮轮游客对服务环境质量的感知与游客的新奇体验正相关。

H1d:邮轮游客对服务效果质量的感知与游客的新奇体验正相关。

具体如图 4-1 所示。

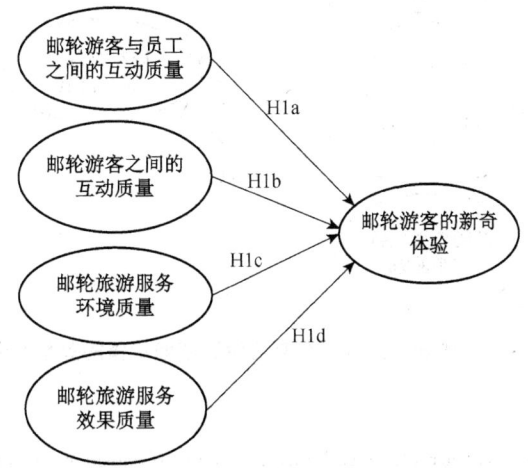

图 4-1　邮轮旅游服务质量与游客新奇体验的关系假设

①　崔立新.顾客感知服务质量的价值曲线评价方法[J].南开管理评论,2001,4(6):21-25.

②　Jang S C, Namkung Y. Perceived quality, emotions, and behavioral intentions: Application of an extended Mehrabian-Russell model to restaurants[J]. Journal of Business Research, 2009, 62(4):451-460.

(二) 邮轮旅游服务质量与邮轮游客感知价值的关系假设

Prebensen、Woo、Chen(2013)[①]认为,只有当服务结束之后感知价值才会在决策过程中发挥作用。大量的文献表明服务质量感知是价格感知的预测变量。杨韫、颜麒(2011)[②]研究了酒店服务情境下服务员绩效的影响因素。他们的研究结果表明,前台、客房清扫、停车场的服务员的绩效对服务质量感知具有显著影响,而服务质量又会影响服务价值感知。Cronin 等(2000)[③]评价了在 6 种服务情境下,行为意愿受服务质量、感知价值、满意度等变量影响的作用机制。结果表明,6 类服务业的服务质量对服务价值产生正向影响。He、Song(2009)[④]针对参加旅行社包价旅游的旅游者研究了旅游者服务质量感知、价值感知、满意度和再惠顾意愿之间的关系。结果表明,服务质量感知对价值感知产生显著影响。该研究结果也证实了积极的服务质量感知会引发积极的价值感知。因此,提出假设 H2。

H2a:邮轮游客与员工之间的互动质量与游客的感知价值正相关。

H2b:邮轮游客之间的互动质量与游客的感知价值正相关。

H2c:邮轮游客对服务环境质量的感知与游客的感知价值正相关。

H2d:邮轮游客对服务效果质量的感知与游客的感知价值正相关。

具体如图 4-2 所示。

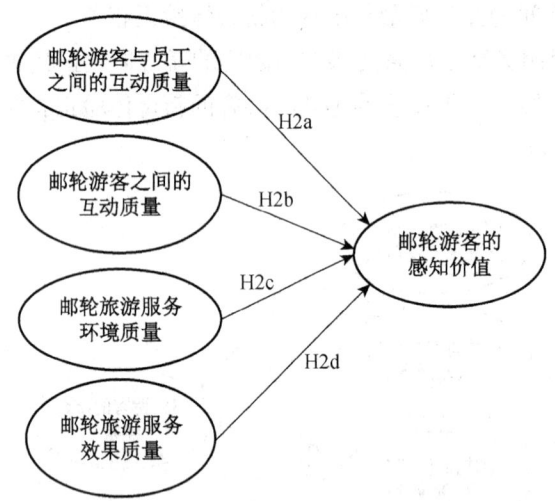

图 4-2　邮轮旅游服务质量与游客感知价值的关系假设

---

①　Prebensen N K, Woo E J, Chen J S, et al. Motivation and Involvement as Antecedents of the Perceived Value of the Destination Experience[J]. Journal of Travel Research, 2013, 52(2):253-264.

②　杨韫,颜麒.度假酒店服务绩效感知环节及要素探索性研究[J].旅游学刊,2011,26(7):36-43.

③　Cronin J J, Brady M K, Hult G T M. Assessing the Effects of Quality, Value, and Customer Satisfaction on Consumer Behavioral Intentions in Service Environments[J]. Journal of Retailing, 2000, 76(8):193-218.

④　He Y Q, Song H Y. A Mediation Model of Tourists' Repurchase Intentions for Packaged Tour Services[J]. Journal of Travel Research, 2009, 47(3):317-331.

（三）邮轮游客新奇体验与邮轮游客感知价值的关系假设

很多研究强调了情感因子对研究价值感知的重要性，如罗盛锋、黄燕玲、程道品（2011）[①]，Duman、Mattila（2005）[②]等人的研究。虽然一些研究者认为情感反应是感知价值的构成要素，但罗盛锋、黄燕玲、程道品（2011）[③]，Duman、Mattila（2005）[④]认为情感反应是感知价值的前因变量。本研究认为新奇感是影响邮轮游客感知价值的情感因子。新奇感是休闲体验的重要组成部分。邮轮游客在旅游过程中可能受到情感的引导和影响。随着休闲服务消费的情感倾向越来越明显，新奇感也成为决定价值感知越来越重要的因素。也就是说，情感性越强的消费体验给顾客带来的价值感越强。正如前面提到的，价值感知是从认知层面对收益和成本感知进行评价的结果。邮轮旅游获得的新奇感对认知层面的价值评价产生影响。因此，提出假设 H3。

H3：邮轮游客的新奇体验与游客的感知价值正相关。

（四）邮轮游客的感知价格与邮轮游客感知价值的关系假设

以往的研究证实，如果感知价格越高，那么感知价值就越低。Afsar（2014）[⑤]研究了品牌和价格信息对质量感知、价值感知和购买意愿的影响。结果表明，价格对价值感知产生负向影响。Beneke、Zimmerman（2014）[⑥]通过实验研究检验了品牌等级、品牌意识和价格对价值感知及行为意愿的影响。结果表明，感知价值和感知价值呈负向的影响关系。Kwun、Oh（2004）[⑦]验证了餐厅顾客的价值感知的前因变量和结果。结果表明，感知价格与感知价值负相关。因此，本研究认为，如果感知价格越高，那么感知价值就越低。因此，提出假设 H4。

H4：邮轮游客的感知价格与感知价值负相关。

（五）邮轮游客新奇体验与邮轮游客满意度的关系假设

Assaker（2011）[⑧]、Duman、Mattila（2005）[⑨]的研究表明，情感状态对顾客的满意度

① 罗盛锋，黄燕玲，程道品.情感因素对游客体验与满意度的影响研究——以桂林山水实景演出"印象·刘三姐"为例[J].旅游学刊，2011，26（1）：51-58.

② Duman T，Mattila A S. The role of affective factors on perceived cruise vacation value[J]. Tourism Management，2005，26（3）：311-323.

③ 同①.

④ 同②.

⑤ Afsar B. Effect of perceived Price，Brand Image，perceived Quality and Trust on Consumer's buying Preferences[J]. International Journal of Economics & Business Research，2014，1（1）：7-20.

⑥ 同⑤.

⑦ Joon-Wuk Kwun PhD，Haemoon Oh PhD. Effects of Brand，Price，and Risk on Customers' Value Perceptions and Behavioral Intentions in the Restaurant Industry[J]. Journal of Hospitality & Leisure Marketing，2004，11（1）：31-49.

⑧ Assaker G，Vinzi V E，O'Connor P. Examining the effect of novelty seeking，satisfaction，and destination image on tourists' return pattern：A two factor，non-linear latent growth model[J]. Tourism Management，2011，32（4）：890-901.

⑨ Duman T，Mattila A S. The role of affective factors on perceived cruise vacation value[J]. Tourism Management，2005，26（3）：311-323.

产生直接影响,且影响显著。本研究认为,新奇感是影响邮轮旅游满意度的情感因素。邮轮旅游是游客追求身心愉悦的旅游消费活动。也就是说,邮轮游客在旅行期间可能受到情感状态的影响。新奇感是促使旅游者寻求全新体验的基本动机之一,也是休闲动机的重要构成部分,它对邮轮游客的满意度水平将产生重要影响。如果新奇感是一种旅游动机,那么游客强烈的新奇体验会引发高水平的满意度。因此,提出假设 H5。

H5:邮轮游客的新奇体验与满意度正相关。

(六) 邮轮游客的感知价值与邮轮游客满意度的关系假设

众多有关各类服务情境的实证研究表明,价值感知是顾客满意度的重要前因变量。Petrick(2007)[①]验证了预测邮轮游客行为意愿的众多竞争模型(如满意度模型、感知价值模型和服务质量模型)。研究结果表明,价值感知和质量感知是邮轮游客满意度的前因变量,而邮轮游客满意度可预测其行为意愿。Ha、Jang(2010)[②]通过实证研究考察了美国餐馆和韩国餐馆顾客的价值感知对顾客行为的影响作用。结果表明,决定顾客满意度的显著因素分别是愉悦价值和效用价值。Kwun(2011)[③]验证了新的研究框架,该框架整合了校园餐饮服务属性,深入研究了校园餐饮服务与感知价值,校园餐饮服务与满意度,校园餐饮服务与顾客态度之间的影响关系。结果表明,感知价值对男性顾客和女性顾客的满意度产生显著影响。因此,提出假设 H6。

H6:邮轮游客的感知价值与满意度正相关。

(七) 邮轮游客新奇体验与邮轮游客重游意愿的关系假设

有关旅游目的地的研究涉及新奇感与游客重游意愿之间的关系。例如,陈海波(2012)[④]研究了追求新奇感对游客重游目的地方式的影响。实证研究发现,探新猎奇意愿强烈的旅游者选择目的地的方式不同,他们不可能再游览相同的目的地。Assaker(2011)[⑤]的研究发现,强烈的新奇感不会激发旅游者短期内重游的意愿,但会激发旅游者未来重游的意愿。Jang、Feng(2007)[⑥]的研究表明,新奇感对旅游者中期内(3 年以后)的

---

① Petrick J F, Li X A, Park S Y. Cruise Passengers' Decision-Making Processes[J]. Journal of Travel & Tourism Marketing, 2007, 23(1):1-14.

② Ha J, Jang S C. Effects Of Servicequality And Food Quality: The Moderating Role Of Atmospherics In An Ethnic Restaurant Segment[J]. International Journal of Hospitality Management, 2010, 29(3):520-529.

③ Kwun J W. Effects of campus foodservice attributes on perceived value, satisfaction, and consumer attitude: A gender-difference approach[J]. International Journal of Hospitality Management, 2011, 30(2):252-261.

④ 陈海波.旅游地吸引力的游客感知差异及其对重游意愿的影响——以海南国际旅游岛为例[J].北京第二外国语学院学报,2012,29(9):73-77.

⑤ Assaker G, Vinzi V E, O'Connor P. Examining the effect of novelty seeking, satisfaction, and destination image on tourists' return pattern: A two factor, non-linear latent growth model[J]. Tourism Management, 2011, 32(4):890-901.

⑥ Jang S C, Feng R. Temporal destination revisit intention: The effects of novelty seeking and satisfaction[J]. Tourism Management, 2007, 28(2):580-590.

重游意愿具有显著影响,但对旅游者短期内(1 年内)的重游意愿没有影响,对旅游者长期(5 年以后)的重游意愿没有影响。上述实证研究得出的结论是,寻求新奇感对旅游者的选择行为产生重要的影响。但是,有关服务营销的研究文献并没有验证在体验式服务情境下,尤其在邮轮服务情境下,新奇感与忠诚度之间的关系。因此问题就是,新奇的邮轮体验在多大程度上激发了游客的忠诚度? 可以假设,如果游客寻求的是新奇体验,那么强烈的新奇体验会引发游客对该邮轮公司强烈的情感依附、积极的口碑效应,以及强烈的重游意愿。因此,提出假设 H7。

H7:邮轮游客的新奇体验与忠诚度正相关。

(八)邮轮游客感知价值与邮轮游客忠诚度的关系假设

服务营销文献和旅游研究文献对感知价值和顾客忠诚度之间的本质关系有较多的关注。研究者认为,作为前因变量,感知价值对消费结束后的有直接的影响关系。例如,Parasuraman、Grewal(2000)[①]指出,感知价值是技术服务情境中预测顾客再惠顾意愿的直接变量。Hutchinson(2009)[②]认为高尔夫旅游者对价值的感知对其重游意愿和口碑评价有显著的影响。隋丽娜、李颖科、程圩(2009)[③]的研究结果表明,感知价值是文化遗产旅游者行为意愿的关键驱动因素。这些研究者集中研究了价值对顾客消费后行为的重要影响。因此,提出假设 H8。

H8:邮轮游客的感知价值与忠诚度正相关。

(九)邮轮游客满意度与邮轮游客忠诚度的关系假设

以往的研究一再表明,游客满意度是游客形成忠诚度的必要条件。例如,陈海波(2012)[④]认为旅游者对接待服务、餐饮、客房、价格的满意度是决定游客重游意愿和推荐意愿的重要因素。同样,Bowen、Chen(2001)[⑤]的研究证实,酒店顾客满意度的细小变化对其忠诚度产生显著影响。Gallarza、Saura(2011)[⑥]的研究表明,游客对旅游体验的满意度是忠诚度的正向前因变量。这些实证研究都关乎满意度对忠诚度的影响,表明对服务消费满意度越高的游客越可能形成态度忠诚和行为忠诚。因此,提出假设 H9。

---

① Parasuraman A, Grewal D. Serving customers and consumers effectively in the twenty-first century: A conceptual framework and overview[J]. Journal of the Academy of Marketing Science, 2000, 28(1):9-16.

② Hutchinson J, Lai F, Wang Y. Understanding the relationships of quality, value, equity, satisfaction, and behavioral intentions among golf travelers[J]. Tourism Management, 2009, 30(2):298-308.

③ 隋丽娜,李颖科,程圩.中西方文化遗产旅游者感知价值差异研究[J].旅游科学,2009,23(6):14-20.

④ 陈海波.旅游地吸引力的游客感知差异及其对重游意愿的影响——以海南国际旅游岛为例[J].北京第二外国语学院学报,2012,29(9):73-77.

⑤ Bowen J T, Chen S. The relationship between customer loyalty and customer satisfaction.[J]. International Journal of Contemporary Hospitality Management, 2001, 13(5):213-217.

⑥ Gallarza M G, Gil-Saura I, Holbrook M B. The value of value: Further excursions on the meaning and role of customer value[J]. Journal of Consumer Behaviour, 2011, 10(4):179-191.

H9：邮轮游客的满意度与忠诚度正相关。

（十）价格敏感程度的调节作用

价格在心理层面对顾客行为的影响是营销学的重要研究课题，旅游业也不例外。研究价格敏感度有必要对参考价格和价格公正性进行定义。为确立有效的营销策略，营销管理者应该考虑参考价格在顾客决策过程中所起的作用。Low、Lee、Cheng（2013）[①]参考价格存在顾客的记忆中，是顾客未来购买行为参考比较的价格。也就是说，顾客认为某一产品或服务应该值多少。韩飞、于洪彦（2011）[②]认为参考价格来源于顾客上一次的支付价格、经常支付的价格、其他顾客购买相同产品或服务的支付价格，以及市场价格和标价。Petrick（2005）[③]的研究表明，价格的公平性来源于顾客对参考价格和实际支付价格的比较。如果顾客需要支付的价格比参考价格低，那么顾客获得收益感知。如果顾客需要支付的价格比参考价格高，那么顾客获得损失感知。相较于获得产品或服务价值，如果顾客的感知收益更大，那么就产生正的交易效用。相反，如果相比获得的产品或服务价值，顾客的感知损失更大，那么就产生负的交易效用。此外，Campbell（2007）[④]的研究认为，如果顾客认为企业出于不良动机利用消费者，那么顾客会认为此时的价格不公平。虽然一些研究发现顾客对损失的消极反应比对收益的积极反应强烈，但仍有众多研究表明顾客对损失并不都表现出消极的反应。对后者的合理解释是参考价格周围存在容忍区域（或称价格不敏感区域），因为价格的细小变化对顾客的购买决策不会产生显著影响。只要参考价格和实际价格的差距在容忍区域之内，顾客就不会产生正负效用。Nicolau（2012）[⑤]的研究表明，旅游者对价格上涨的反应比对价格下跌的反应强烈。旅游者对旅游产品实际价格和参考价格的反应尤其强烈，其原因是越来越多的促销活动引起价格弹性。旅游者在选择休闲活动的时候，会将旅游获得的愉悦感和必须支付的货币成本进行比较。认为价格是旅游决策重要影响因素的旅游者对价格的变动会表现得敏感。

价格弹性是指由产品价格的变化引起产品需求的变化，价格敏感度描述了顾客对不同价格的反应。具体而言，价格敏感度是"个体消费者对不同价格水平及价格水平变化反应的个体差异"。价格敏感度也指"引发消费者取消购买行为的价格增长水平"。一般而言，对价格敏感度高的消费者对价格变动反应强烈（例如，价格上涨需求变小，价格下跌需求变大），而对价格敏感度低的消费者对价格变动对价格变动的反应不会作出强烈的

① Low W S, Lee J D, Cheng S M. The link between customer satisfaction and price sensitivity: An investigation of retailing industry in Taiwan[J]. Journal of Retailing & Consumer Services，2013，20(8)：1-10.

② 韩飞，于洪彦. 消费者价格敏感影响因素的实证研究[J]. 价格理论与实践，2011，26(11)：70-71.

③ Petrick J F. Segmenting cruise passengers with price sensitivity[J]. Tourism Management，2005，26(5)：753-762.

④ Campbell M C. "Says Who?!" How the Source of Price Information and Affect Influence Perceived Price(Un)fairness[J]. Journal of Marketing Research，2007，44(2)：261-271.

⑤ Nicolau J L. Battle royal: Zero-price effect vs relative vs referent thinking[J]. Marketing Letters，2012，23(3)：661-669.

反应。

　　一方面,随着中国邮轮市场的竞争越来越激烈,一些邮轮公司经营者采用价格折扣或低价方式吸引各类细分市场的消费者,也使价格敏感度高成为中国邮轮市场的一大特征。Petrick(2005)[①]对价格敏感度不同的邮轮细分市场进行实证研究,包括各细分市场的人口统计特征(如年龄、受教育程度、家庭收入)和行为特征(如消费水平、对服务和活动的评价、感知价格、感知价值、满意度、情感依附、购买意愿等)。研究结果表明,价格敏感度高的邮轮游客积极评价其旅游体验的可能性更大(如对服务和活动的评价、感知价格、感知价值、满意度、情感依附、购买意愿);另一方面,价格敏感度低的邮轮游客在旅游期间的花费越高。有必要指出的是,Petrick(2005)[②]的研究目的并不是对邮轮游客的行为进行解释,而是进行合理的分类。为了给邮轮公司提供详尽的策略选择信息,不仅有必要研究价格敏感度高和价格敏感度低的游客群体之间的差异,而且有必要研究形成差异的原因。Chua、Lee、Goh(2015)[③]也探讨了价格对邮轮旅游体验的影响。

　　与 Petrick(2005)[④]的研究类似,本研究也关注价格敏感度,用价格敏感度测量价格对邮轮游客购买决策的影响程度。随着邮轮旅游人数的增多,邮轮业的大船时代已经到来,超大体量的邮轮可以为游客提供更多的空间(如套房、特色餐厅、专享娱乐活动、孩童服务设施),也增加了邮轮公司的服务成本。但是,有些游客仍愿意购买各类邮轮服务。基于这一原理可得,游客对产品或服务的反应由于价格敏感度的不同而存在差异。本研究认为价格敏感度是服务质量、价格、新奇感、价值、满意度和忠诚度之间关系的调节变量。也就是说,价格敏感度高的邮轮游客的反应不同于价格敏感度低的游客。因此,提出假设 H10。

　　H10:邮轮游客的价格敏感度对邮轮旅游服务质量、邮轮旅游新奇感、邮轮旅游感知价值、邮轮旅游感知价格、邮轮旅游满意度和邮轮旅游忠诚度之间的关系具有调节作用。

三、游客对邮轮旅游服务质量认知的路径机理模型

　　在扎根理论研究及文献研究的基础上,本研究构建了游客对邮轮旅游服务质量认知的路径机理模型,如图 4-3 所示。

---

　　① Petrick J F. Segmenting cruise passengers with price sensitivity[J]. Tourism Management, 2005, 26(5):753-762.

　　② Nicolau J L. Battle royal: Zero-price effect vs relative vs referent thinking[J]. Marketing Letters, 2012, 23(3):661-669.

　　③ Chua B L, Lee S, Goh B, et al. Impacts of cruise service quality and price on vacationers' cruise experience: Moderating role of price sensitivity[J]. International Journal of Hospitality Management, 2015, 44(8):131-145.

　　④ Petrick J F. Segmenting cruise passengers with price sensitivity[J]. Tourism Management, 2005, 26(5):753-762.

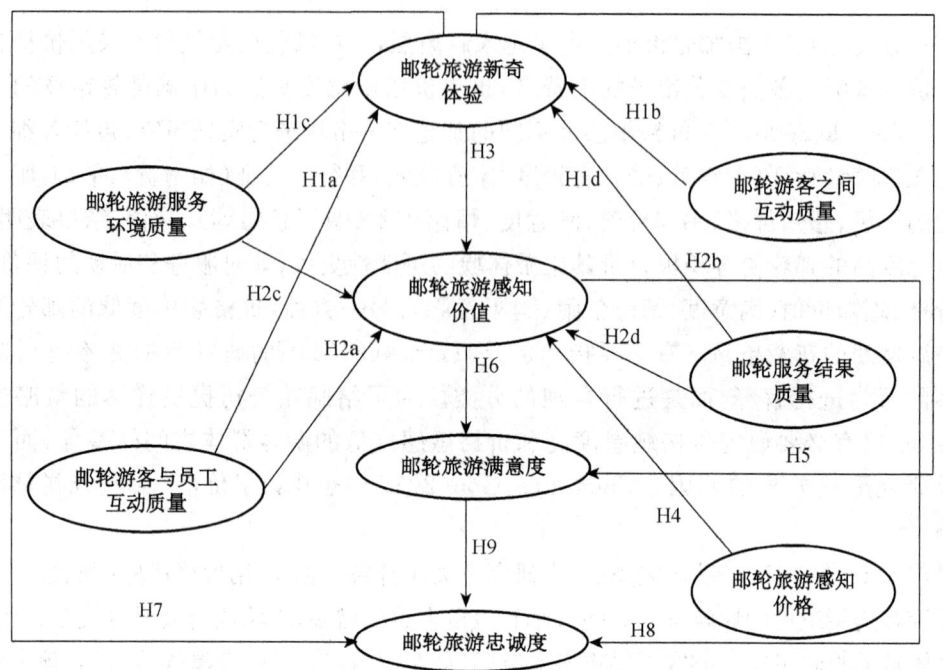

图 4-3　游客对邮轮旅游服务质量认知的路径机理模型图

第五章 游客对邮轮旅游服务质量认知路径机理的数据来源

第一节　邮轮旅游服务质量量表开发

本研究根据质性研究的结果开发邮轮旅游服务质量次级维度的测量量表,包括邮轮旅游服务环境质量、邮轮游客与员工之间的互动质量、邮轮游客之间的互动质量、邮轮旅游服务效果质量,以及新奇感、感知价值、感知价格、满意度、忠诚度、价格敏感度的测量量表。

一、对邮轮旅游服务质量各维度的测量

(一) 对服务环境质量的测量

本研究在借鉴 Bitner(1992)[①],汪纯孝、温碧燕、姜彩芬(2001)[②],Ryu、Han(2011)[③],Kwortnik(2008)[④]等研究成果的基础上,认为邮轮的服务环境包括三类:一是外界条件,主要指环境的背景特征,如温度、光线、音乐、气味、清洁程度等;二是空间陈设和布局,如室内装潢、颜色、舱房的陈设、格局、大小、服务设施的美感、公共空间的设计等;三是社会因素,主要指环境的氛围特征,如游客聚集或排队的公共空间、参与性娱乐活动的氛围等。邮轮服务员的面貌和邮轮服务员的数量。在此有必要指出的是,邮轮服务员的面貌不同于与邮轮服务员的互动。互动并不是有形质量的属性。例如,专业服务员的制服能够近距离有效地传递组织的形象及核心价值。Bitner(1992)[⑤]认为社会因素,如员工的面貌及数量,对顾客的情绪产生正向影响。Tombs、Kennedy(2003)[⑥]研究发现,服务人员与期望的社会性密度相关,不仅影响顾客的情感反应和认知反应,而且影响顾客的再惠顾意愿。Ryu、Jang(2007)[⑦]认为服务员是构成服务环境氛围的重要因素。

---

① Bitner M J. Servicescapes:The Impact of Physical Surroundings on Customers and Employees[J]. Journal of Marketing, 1992, 56(2):57-71.

② 汪纯孝,温碧燕,姜彩芬.服务质量、消费价值、旅客满意感与行为意向[J].南开管理评论,2001,4(6):11-15.

③ K Ryu H H. New or repeat customers:How does physical environment influence their restaurant experience [J]. International Journal of Hospitality Management, 2011, 30(3):599-611.

④ Kwortnik R J. Shipscape influence on the leisure cruise experience[J]. International Journal of Culture Tourism & Hospitality Research, 2008, 2(4):289-311.

⑤ 同①.

⑥ Tombs A, Mccoll-Kennedy J R. Social-servicescape conceptual model[J]. Marketing Theory, 2003, 3(4):447-475.

⑦ Ryu K S, Jang S C S. The effect of environmental perceptions on behavioral intentions through emotions:the case of upscale restaurants[J]. Journal of Hospitality & Tourism Research, 2007, 31(1):56-72.

有关服务环境质量各测度项(见表 5-1)的理论依据,本研究说明如下:测度项 1 的理论依据是 Bitner(1992)[①]的研究,测度项 2 的理论依据是 Kwortnik(2008)[②]的研究,测度项 3 的理论依据是 Ryu、Han(2011)[③]的研究,测度项 4 的理论依据是 Kwortnik(2008)[④]的研究,测度项 5 的理论依据是 Bitner(1992)[⑤]的研究,测度项 6 的理论依据是 Kwortnik(2008)[⑥]的研究,Ryu、Han(2011)[⑦]的研究,测度项 7 的理论依据是 Ryu、Han(2011)[⑧]的研究,测度项 7 的理论依据是 Ryu、Han(2011)[⑨]的研究,测度项 8 的理论依据是汪纯孝、温碧燕、姜彩芬(2001)[⑩]的研究,测度项 9 的理论依据是汪纯孝、温碧燕、姜彩芬(2001)[⑪]的研究,测度项 10 的理论依据是 Ryu、Han(2011)[⑫]的研究。

表 5-1   邮轮旅游服务环境质量测度项及测度项名称

变量	测度项	测度项名称	理论依据
邮轮旅游服务环境质量	邮轮上的环境干净整洁	服务环境质量测度项 1	Bitner(1992)
	邮轮上的灯光非常漂亮	服务环境质量测度项 2	Kwortnik(2008)
	邮轮的室内温度很舒服	服务环境质量测度项 3	Ryu、Han(2011)
	背景音乐让人放松惬意	服务环境质量测度项 4	Kwortnik(2008)
	邮轮内部装潢奢华考究	服务环境质量测度项 5	Bitner(1992)
	空间设计巧妙且有创意	服务环境质量测度项 6	Kwortnik(2008)
	邮轮公共空间宽敞舒适	服务环境质量测度项 7	Ryu、Han(2011)
	邮轮上的气氛欢快热烈	服务环境质量测度项 8	汪纯孝等(2001)
	积极参与邮轮娱乐活动	服务环境质量测度项 9	汪纯孝等(2001)
	公共空间聚集很多游客	服务环境质量测度项 10	Ryu、Han(2011)

---

① Bitner M J. Servicescapes：The Impact of Physical Surroundings on Customers and Employees[J]. Journal of Marketing，1992，56(2)：57-71.

② Kwortnik R J. Shipscape influence on the leisure cruise experience[J]. International Journal of Culture Tourism & Hospitality Research，2008，2(4)：289-311.

③ K Ryu H H. New or repeat customers：How does physical environment influence their restaurant experience [J]. International Journal of Hospitality Management，2011，30(3)：599-611.

④ 同②.

⑤ 同①.

⑥ 同②.

⑦ 同③.

⑧ 同③.

⑨ 同③.

⑩ 汪纯孝,温碧燕,姜彩芬.服务质量、消费价值、旅客满意感与行为意向[J].南开管理评论,2001,4(6):11-15.

⑪ 同上.

⑫ 同③.

（二）对邮轮游客与员工互动质量的测量

本研究在借鉴以往研究的基础上,结合质性研究的结果,认为邮轮服务情境下游客与员工之间的互动质量主要包括 3 个核心主题:①专业性,主要指邮轮服务人员的知识技能、礼仪风范,准确可靠地履行服务承诺的能力以及赢得游客信心和信任的能力;②响应性,主要指邮轮服务人员为游客提供服务的意愿程度以及对游客需求的反应能力;③移情性,主要指邮轮服务人员为游客提供个性化服务和特别关照的程度。

有关游客与员工互动质量各测度项(见表 5-2)的理论依据,本研究说明如下:测度项 1 的理论依据是 Martinez Caro、Martinez Garcia(2008)[①]的研究,测度项 2 的理论依据是 Brady、Cronin(2001)[②]的研究,测度项 3 的理论依据是 Wall、Berry(2007)[③]的研究,测度项 4 的理论依据是 Brady、Cronin(2001)[④]的研究,测度项 5 的理论依据是范秀成、杜建刚(2006)[⑤]的研究,测度项 6 的理论依据是 Martinez Caro、Martinez Garcia(2008)[⑥]的研究,测度项 7 的理论依据是苏秦、李钊、徐翼(2007)[⑦]的研究,测度项 8 的理论依据是 Wall、Berry(2007)[⑧]的研究,测度项 9 的理论依据是范秀成、杜建刚(2006)[⑨]的研究,测度项 10 的理论依据是 Martinez Caro、Martinez Garcia(2008)[⑩]的研究,测度项 11 的理论依据是 Brady、Cronin(2001)[⑪]的研究。

表 5-2　邮轮游客与员工互动质量测度项及测度项名称

变量	测度项	测度项名称(代码)	理论依据
邮轮游客与员工的互动质量	邮轮服务员着装干净整洁	游客与员工互动质量测度项 1	Martinez
	邮轮服务员专业技能娴熟	游客与员工互动质量测度项 2	Brady、Cronin(2001)
	邮轮服务员仪表仪态很好	游客与员工互动质量测度项 3	Wall、Berry(2007)

① Caro L M, García J A M. Developing a multidimensional and hierarchical service quality model for the travel agency industry[J]. Tourism Management, 2008, 29(4):706-720.

② Brady M K, Cronin J J. Customer Orientation: Effects on Customer Service Perceptions and Outcome Behaviors[J]. Journal of Service Research, 2001, 3(22):241-251.

③ Wall E A, Berry L L. The combined effects of the physical environment and employee behavior on customer perception of restaurant service quality[J]. Cornell Hospitality Quarterly, 2007, 48(1):59-69.

④ 同②.

⑤ 范秀成,杜建刚.服务质量五维度对服务满意及服务忠诚的影响——基于转型期间中国服务业的一项实证研究[J].管理世界,2006,22(6):111-118.

⑥ 同①.

⑦ 苏秦,李钊,徐翼.基于交互模型的客户服务质量与关系质量的实证研究[J].南开管理评论,2007,16(1):44-49.

⑧ 同③.

⑨ 范秀成,杜建刚.服务质量五维度对服务满意及服务忠诚的影响——基于转型期间中国服务业的一项实证研究[J].管理世界,2006,24(6):111-118.

⑩ 同①.

⑪ 同②.

（续表）

变量	测度项	测度项名称（代码）	理论依据
	邮轮服务员让我感觉安全	游客与员工互动质量测度项4	Brady、Cronin(2001)
	邮轮服务员的反应很迅速	游客与员工互动质量测度项5	范秀成、杜建刚(2006)
	邮轮服务员耐心解答疑问	游客与员工互动质量测度项6	Martinez
	邮轮服务员热心帮助游客	游客与员工互动质量测度项7	苏秦等(2007)
	邮轮服务员的服务很精准	游客与员工互动质量测度项8	Wall、Berry(2007)
	邮轮上的服务员值得信赖	游客与员工互动质量测度项9	Martinez
	服务员理解游客个性需求	游客与员工互动质量测度项10	Brady、Cronin(2001)
	服务员能提供个性化服务	游客与员工互动质量测度项11	Wall、Berry(2007)

（三）对邮轮游客之间互动质量的测量

本研究在借鉴以往相关研究的基础上，结合质性研究，发现了游客间互动质量的4个测量维度：游客间的互动社交、游客间的互动氛围、游客间的互动情感、游客间的互动价值。其中，游客间的互动社交指的是游客间以社交为目的的互动；游客间的互动氛围是游客间互动形成的氛围特征；游客间的互动情感指的是游客间互动对双方情感产生的影响；互动价值指的是游客对彼此互动关系的评价。

有关邮轮游客之间互动质量各测度项（见表5-3）的理论依据，本研究说明如下：测度项1的理论依据是Pearce(2005)[①]的研究，测度项2的理论依据是Koth、Field、Clark(2012)[②]的研究，测度项3的理论依据是Bull(2011)[③]的研究，测度项4的理论依据是Pearce(2005)[④]的研究，测度项5的理论依据是蒋婷、张峰(2013)[⑤]的研究，测度项6的理论依据是Yarnal、Kerstetter(2005)[⑥]的研究，测度项7的理论依据是蒋婷、胡正明(2011)[⑦]

[①] Pearce P L, Ukil L. Developing the Travel Career Approach to Tourist Motivation[J]. Journal of Travel Research, 2005, 43(5):226-237.

[②] Field D R, Clark R N, Koth B A. Cruiseship Travel in Alaska: A Profile of Passengers[J]. Journal of Travel Research, 2012, 51(4):2-8.

[③] Bull H J. The Cruise of the 'Antarctic' to the South Polar regions[M]. British Library, Historical Print Editions, 2011.

[④] 同①.

[⑤] 蒋婷,张峰.游客间互动对再惠顾意愿的影响研究——基于游客体验的视角[J].旅游学刊,2013,28(7):90-100.

[⑥] Kerstetter D L, Yen I Y, Yarnal C M. Plowing Uncharted Waters: A Study of Perceived Constraints to Cruise Travel[J]. Tourism Analysis, 2005, 10(2):137-150.

[⑦] 蒋婷,胡正明.服务接触中游客间互动行为研究——基于关键事件技术的方法[J].旅游学刊,2011,26(10):42-52.

的研究,测度项 8 的理论依据是 Bull(2011)[1]的研究,测度项 9 的理论依据是 Yarnal、Kerstetter(2005)[2]的研究,测度项 10、测度项 11 及测度项 12 的理论依据是 Bull(2011)[3]的研究。

表 5-3　邮轮游客之间互动质量测度项及测度项名称

变量	测度项	测度项名称	理论依据
邮轮游客之间的互动质量	我乘邮轮认识了不少新朋友	游客之间互动质量测度项 1	Pearce(2005)
	我与其他游客有很多交往	游客之间互动质量测度项 2	Koth、Field、Clark(2012)
	不相识的游客交往也很友善	游客之间互动质量测度项 3	Bull(2011)
	游客交往时没有特意的防范	游客之间互动质量测度项 4	Pearce(2005)
	邮轮上认识新朋友很开心	游客之间互动质量测度项 5	蒋婷、张峰(2013)
	游客交往时的气氛欢快放松	游客之间互动质量测度项 6	Yarnal、Kerstetter(2005)
	认识新朋友使我开阔眼界	游客之间互动质量测度项 7	蒋婷、胡正明(2011)
	其他游客的热情感染了我	游客之间互动质量测度项 8	Bull(2011)
	认识新朋友让邮轮更有趣	游客之间互动质量测度项 9	Pearce(2005)
	游客间的互动只是表面的	游客之间互动质量测度项 10	Koth、Field、Clark(2012)
	我会注意保护自己的隐私	游客之间互动质量测度项 11	Bull(2011)
	邮轮上其他游客不会影响我	游客之间互动质量测度项 12	Pearce(2005)

(四) 对邮轮旅游服务结果质量的测量

本研究在文献研究和扎根理论研究的基础上,认为对服务结果质量的测量应该从餐饮质量、特色服务质量、客房质量、服务员/船员吸引力等次级维度展开。测度项在文献研究和质性研究的基础上生成,测度项内容及其理论依据如表 5-4 所示。

有关邮轮游服务结果质量各测度项(见表 5-4)的理论依据,本研究说明如下:测度项 1 的理论依据是 Andriotis、Agiomirgianakis(2010)[4]的研究,测度项 2 的理论依据是 Petrick(2007)[5]的研究,测度项 3 的理论依据是 Qu、Ping(1999)[6]的研究,测度项 4 的理

---

①　Bull H J. The Cruise of the 'Antarctic' to the South Polar regions, etc[M]. British Library, Historical Print Editions, 2011.

②　Kerstetter D L, Yen I Y, Yarnal C M. Plowing Uncharted Waters: A Study of Perceived Constraints to Cruise Travel[J]. Tourism Analysis, 2005, 10(2):137-150(14).

③　同①.

④　Andriotis K, Agiomirgianakis G. Cruise visitors' experience in a Mediterranean port of call[J]. International Journal of Tourism Research, 2010, 12(4):390-404.

⑤　Petrick J F, Li X A, Park S Y. Cruise Passengers' Decision-Making Processes[J]. Journal of Travel & Tourism Marketing, 2007, 23(1):1-14.

⑥　Qu H, Ping E W Y. A service performance model of Hong Kong cruise travelers' motivation factors and satisfaction[J]. Tourism Management, 1999, 20(2):237-244.

论依据是 Petrick(2007)[1]的研究,测度项 5 的理论依据是 Hosany、Witham(2010)[2]研究,测度项 6 的理论依据是 Andriotis、Agiomirgianakis(2010)[3]的研究,测度项 7 的理论依据是 Han、Kim、Hyun(2011)[4]的研究,测度项 8 的理论依据是 Hung、Petrick(2011)[5]的研究,测度项 9 的理论依据是 Yarnal、Kerstetter,(2005)[6]的研究,测度项 10 理论依据是 Gibson、Bentley(2007)[7]的研究,测度项 11 的理论依据是 Petrick(2007)[8],Andriotis、Agiomirgianakis(2010)[9]的研究,测度项 12 的理论依据是 Brejla、Gilbert(2014)[10]的研究,测度项 13 的理论依据是 Andriotis、Agiomirgianakis(2010)[11]的研究,测度项 14 的理论依据是 Heung(2003)[12]的研究,测度项 15 的理论依据是 Choi、Chu(2001)[13]的研究,测度项 16 的理论依据是 Qu、Ping(1999)[14]的研究,测度项 17 的理论依据是李坚飞、韩庆兰(2014)[15]的研究,测度项 18 的理论依据是 Shao、Baker、Wagner(2004)[16],Tsaur(2009)[17]的研究。

[1] Petrick J F, Li X A, Park S Y. Cruise Passengers' Decision-Making Processes[J]. Journal of Travel & Tourism Marketing, 2007, 23(1):1-14.

[2] Hosany S, Witham M. Dimensions of Cruisers' Experiences, Satisfaction and Intention to Recommend[J]. Journal of Travel Research, 2011, 49(3):351-364.

[3] Andriotis K, Agiomirgianakis G. Cruise visitors' experience in a Mediterranean port of call[J]. International Journal of Tourism Research, 2010, 12(4):390-404.

[4] Han H, Kim W, Hyun S S. Switching intention model development: Role of service performances, customer satisfaction, and switching barriers in the hotel industry[J]. International Journal of Hospitality Management, 2011, 30(3):619-629.

[5] Hung K, Petrick J F. Why do you cruise? Exploring the motivations for taking cruise holidays, and the construction of a cruising motivation scale[J]. Tourism Management, 2011, 32(2):386-393.

[6] Yarnal C M, Kerstetter D. Casting off: an exploration of cruise ship space, group tour behavior, and social interaction[J]. Journal of Travel Research, 2005, 43(7):368-379.

[7] Gibson P, Bentley M. A Study of Impacts—Cruise Tourism and the South West of England[J]. Journal of Travel & Tourism Marketing, 2007, 20(3):63-77.

[8] 同[1].

[9] 同[3].

[10] Brejla P, Gilbert D. An exploratory use of Web content analysis to understand cruise tourism services.[J]. International Journal of Tourism Research, 2014, 16(2):157-168.

[11] 同[3].

[12] Heung V C S, Lam T. Customer complaint behaviour towards hotel restaurant services[J]. International Journal of Contemporary Hospitality Management, 2003, 15(5):283-289.

[13] Choi T Y, Chu R. Determinants of hotel guests' satisfaction and repeat patronage in the Hong Kong hotel industry[J]. International Journal of Hospitality Management, 2001, 20(1):277-297.

[14] Qu H, Ping E W Y. A service performance model of Hong Kong cruise travelers' motivation factors and satisfaction[J]. Tourism Management, 1999, 20(2):237-244.

[15] 李坚飞,韩庆兰. 零售企业服务质量的复杂性特征及实证研究[J]. 南开管理评论, 2014, 23(3):133-141.

[16] Shao C Y, Baker J A, Wagner J. The effects of appropriateness of service contact personnel dress on customer expectations of service quality and purchase intention: The moderating influences of involvement and gender[J]. Journal of Business Research, 2004, 57(10):1164-1176.

[17] Tsaur S H. Physical attractiveness stereotypes and service quality in customer-server encounters[J]. Service Industries Journal, 2009, 29(8):1093-1104.

表 5-4　邮轮服务结果质量测度项及测度项名称

变量	测度项	测度项名称	理论依据
邮轮旅游服务结果质量	邮轮餐厅菜品种类很丰富	服务结果质量测度项 1	Andriotis、Agiomirgianakis(2010)
	邮轮餐厅的菜肴非常可口	服务结果质量测度项 2	Petrick(2007)
	邮轮餐厅的服务很有特色	服务结果质量测度项 3	Qu、Ping(1999)
	邮轮上娱乐活动参与性强	服务结果质量测度项 4	Petrick(2007)
	邮轮上娱乐活动丰富多彩	服务结果质量测度项 5	Hosany、Witham(2010)
	邮轮上娱乐活动有吸引力	服务结果质量测度项 6	Andriotis、Agiomirgianakis(2010)
	邮轮上的服务设施很完善	服务结果质量测度项 7	Han 等(2011)
	邮轮上服务设施方便快捷	服务结果质量测度项 8	Hung、Petrick(2011)
	卡西诺赌场刺激有吸引力	服务结果质量测度项 9	Yarnal、Kerstetter(2005)
	岸上活动以购物观光为主	服务结果质量测度项 10	Gibson、Bentley(2007)
	停靠港旅游服务细致周到	服务结果质量测度项 11	Petrick(2007)
	邮轮上孩童看护服务周到	服务结果质量测度项 12	Andriotis、Agiomirgianakis(2010)
	孩童设施和项目有吸引力	服务结果质量测度项 13	Brejla、Gilbert(2014)
	邮轮上的客房很舒适整洁	服务结果质量测度项 14	Andriotis、Agiomirgianakis(2010)
	邮轮上客房服务细致耐心	服务结果质量测度项 15	Heung(2003)
	邮轮上的客房服务很及时	服务结果质量测度项 16	Choi、Chu(2001)
	邮轮上的员工富有亲和力	服务结果质量测度项 17	Qu、Ping(1999)
	邮轮上的员工很容易沟通	服务结果质量测度项 18	李坚飞、韩庆兰(2014)

二、对邮轮旅游服务质量其他变量的测量

(一) 对邮轮旅游新奇体验的测量

本研究根据新奇体验相关文献研究和质性研究的结果,生成测量新奇体验的测度项。相关测度项内容和理论依据如表 5-5 所示,主要测度项包括:邮轮旅游是一次全新的体验,我感觉邮轮旅游是激动人心的奇异经历,邮轮旅游对自己是一种挑战,邮轮旅游是令人激动兴奋的经历,邮轮旅游接触到新鲜事物。

有关邮轮旅游新奇体验各测度项(见表 5-5)的理论依据,本研究说明如下:测度项 1 的理论依据是 Hung、Petrick(2011)[①]的研究,测度项 2 的理论依据是 Jang、Feng

---

① Hung K, Petrick J F. Why do you cruise? Exploring the motivations for taking cruise holidays, and the construction of a cruising motivation scale[J]. Tourism Management, 2011, 32(2):386-393.

(2007)①,测度项 3 的理论依据是 Hosany、Witham(2010)②,测度项 4 的理论依据是 Assaker、Vinzi(2011)③,测度项 5 的理论依据是 Hosany、Witham(2010)④。

表 5-5　邮轮旅游新奇体验测度项及测度项名称

变量	测度项	测度项名称	理论依据
邮轮旅游新奇体验	邮轮旅游是一次全新的体验	新奇体验测度项 1	Hung、Petrick(2011)
	邮轮旅游是激动人心的奇异的经历	新奇体验测度项 2	Jang、Feng(2007)
	邮轮旅游对自己是一种挑战	新奇体验测度项 3	Hosany、Witham(2010)
	邮轮旅游是令人激动兴奋的经历	新奇体验测度项 4	Assaker、Vinzi(2011)
	邮轮旅游接触到新鲜事物	新奇体验测度项 5	Hosany、Witham(2010)

(二)对邮轮旅游感知价值的测量

本研究根据 Overby、Lee(2006)⑤,Zeithaml(1988)对感知价值的研究成果,认为感知价值是游客从邮轮旅游获得的收益(如质量)及支付(如时间和货币)之间的平衡。在相关文献研究结果和质性研究的基础上,本研究生成了测量感知价值的测度项(见表 5-6)。

有关服务环境质量各测度项的理论依据,本研究说明如下:测度项 1、测度项 2 和测度项 3 的理论依据都是 Overby、Lee(2006)⑥的研究。

表 5-6　邮轮旅游感知价值测度项及测度项名称

变量	测度项	测度项名称	理论依据
邮轮旅游感知价值	我乘邮轮的付出是值得的	感知价值测度项 1	Overby、Lee(2006)
	我乘邮轮的收获大于付出	感知价值测度项 2	Overby、Lee(2006)
	我上次的邮轮旅游很值得	感知价值测度项 3	Overby、Lee(2006)

(三)对邮轮旅游感知价格的测量

本研究在借鉴相关文献研究结果和质性研究结论的基础上,生成了测量感知价格的

①　Jang S C, Feng R. Temporal destination revisit intention: The effects of novelty seeking and satisfaction[J]. Tourism Management, 2007, 28(2):580-590.

②　Hosany S, Witham M. Dimensions of Cruisers' Experiences, Satisfaction and Intention to Recommend[J]. Journal of Travel Research, 2011, 49(3):351-364.

③　Assaker G, Vinzi V E, O'Connor P. Examining the effect of novelty seeking, satisfaction, and destination image on tourists' return pattern: A two factor, non-linear latent growth model[J]. Tourism Management, 2011, 32(4):890-901.

④　同②.

⑤　Overby J W, Lee E J. The effects of utilitarian and hedonic online shopping value on consumer preference and intentions[J]. Journal of Business Research, 2006, 59(11):1160-1166.

⑥　同上.

测度项。相关测度项内容和理论依据如表 5-7 所示。主要测度项包括：我购买的邮轮旅游价格高，我购买的邮轮旅游不便宜，我购买的邮轮旅游价格比我期望的高。

有关感知价值各测度项的理论依据，本研究说明如下：测度项 1 的理论依据是 Johnson、Cui(2013)[1]的研究，测度项 2 的理论依据是 Raab(2009)[2]的研究，测度项 3 的理论依据是 Johnson、Cui(2013)[3]的研究。

表 5-7　邮轮旅游感知价格测度项及测度项名称

变量	测度项	测度项名称	理论依据
邮轮旅游感知价格	我购买的邮轮旅游价格高	感知价格测度项 1	Johnson、Cui(2013)
	我购买的邮轮旅游不便宜	感知价格测度项 2	Raab(2009)
	邮轮旅游价格比期望的高	感知价值测度项 3	Johnson、Cui(2013)

（四）对邮轮旅游满意度的测量

本研究在借鉴相关文献研究结果和质性研究结论的基础上，生成了测量邮轮游客总体满意度的测度项。相关测度项内容和理论依据如表 5-8 所示。主要测度项包括：我对邮轮旅游感到满意，邮轮旅游让我心情很好，我参加邮轮旅游真的很开心。

有关邮轮旅游满意度各测度项（见表 5-8）的理论依据，本研究说明如下：测度项 1 的理论依据是 Assaker(2011)[4]的研究，测度项 2 的理论依据是 Kwun(2011)[5]，测度项 3 的理论依据是 Gallarza、Saura(2011)[6]。

表 5-8　邮轮旅游满意度测度项及测度项名称

变量	测度项	测度项名称	理论依据
邮轮旅游满意度	我对邮轮旅游感到满意	满意度测度项 1	Assaker(2011)
	邮轮旅游让我心情很好	满意度测度项 2	Kwun(2011)
	我参加邮轮旅游真的很开心	满意度测度项 3	Gallarza、Saura(2011)

---

① Johnson J W，Cui A P. To influence or not to influence：External reference price strategies in pay-what-you-want pricing[J]. Journal of Business Research，2013，66(2)：275-281.

② Raab C，Mayer K，Kim Y S，et al. Price-Sensitivity Measurement：a Tool for Restaurant Menu Pricing[J]. Journal of Hospitality & Tourism Research，2009，33(1)：93-105.

③ Johnson J W，Cui A P. To influence or not to influence：External reference price strategies in pay-what-you-want pricing[J]. Journal of Business Research，2013，66(2)：275-281.

④ Assaker G，Vinzi V E，O'Connor P. Examining the effect of novelty seeking，satisfaction，and destination image on tourists' return pattern：A two factor，non-linear latent growth model[J]. Tourism Management，2011，32(4)：890-901.

⑤ Kwun J W. Effects of campus foodservice attributes on perceived value，satisfaction，and consumer attitude：A gender-difference approach[J]. International Journal of Hospitality Management，2011，30(2)：252-261.

⑥ Gallarza M G，Gil-Saura I，Holbrook M B. The value of value：Further excursions on the meaning and role of customer value[J]. Journal of Consumer Behaviour，2011，10(4)：179-191.

（五）对邮轮旅游忠诚度的测量

本研究在借鉴相关文献研究结果和质性研究结论的基础上，生成了测量邮轮游客忠诚度的测度项。相关测度项内容和理论依据如表 5-9 所示。主要测度项包括：我选择的邮轮公司值得信赖，我所选择的邮轮公司对我而言还有个人情感的意义，我会向他人推荐，我会与他人分享，我会积极评价，我还会参加邮轮旅游。

有关邮轮旅游忠诚度各测度项（见表 5-9）的理论依据，本研究说明如下：测度项 1 的理论依据是 Parasuraman、Grewal（2000）[①]的研究，测度项 2 的理论依据是 Hutchinson（2009）[②]的研究，测度项 3 的理论依据是 Gallarza、Saura（2011）[③]的研究，测度项 4 的理论依据是 Gallarza、Saura（2011）[④]的研究，测度项 5 的理论依据是 Gallarza、Saura（2011）[⑤]的研究，测度项 6 的理论依据是 Parasuraman、Grewal（2000）[⑥]的研究。

表 5-9　邮轮旅游忠诚度测度项及测度项名称

变量	测度项	测度项名称	理论依据
邮轮旅游忠诚度	我所选择的邮轮公司值得信赖	忠诚度测度项 1	Parasuraman、Grewal（2000）
	我所选择的邮轮公司对我而言有个人情感的意义	忠诚度测度项 2	Hutchinson（2009）
	我会向他人推荐	忠诚度测度项 3	Gallarza、Saura（2011）
	我会与他人分享	忠诚度测度项 4	Gallarza、Saura（2011）
	我会积极评价	忠诚度测度项 5	Gallarza、Saura（2011）
	我还会参加游轮旅游	忠诚度测度项 6	Parasuraman、Grewal（2000）

（六）对邮轮旅游价格敏感度的测量

本研究在借鉴相关文献研究结果和质性研究结论的基础上，生成了测量邮轮游客价格敏感度的测度项，相关测度项内容和理论依据如表 5-10 所示。主要测度项包括：乘邮轮，我不介意多花钱；如果我觉得邮轮价格高，就不会乘；我知道邮轮价格高，但我不介意；乘邮轮，多花点钱也值得。

① Parasuraman A, Grewal D. Serving customers and consumers effectively in the twenty-first century: A conceptual framework and overview[J]. Journal of the Academy of Marketing Science, 2000, 28(1):9-16.

② Hutchinson J, Lai F, Wang Y. Understanding the relationships of quality, value, equity, satisfaction, and behavioral intentions among golf travelers[J]. Tourism Management, 2009, 30(2):298-308.

③ Gallarza M G, Gil-Saura I, Holbrook M B. The value of value: Further excursions on the meaning and role of customer value[J]. Journal of Consumer Behaviour, 2011, 10(4):179-191.

④ 同上.

⑤ 同上.

⑥ Parasuraman A, Grewal D. Serving customers and consumers effectively in the twenty-first century: A conceptual framework and overview[J]. Journal of the Academy of Marketing Science, 2000, 28(1):9-16.

有关邮轮旅游价格敏感度各测度项(见表5-10)的理论依据,说明如下:测度项1的理论依据是Low、Lee、Cheng(2013)[1]的研究,测度项2的理论依据是Petrick(2005)[2]的研究,测度项3的理论依据是Low、Lee、Cheng(2013)[3]的研究,测度项4的理论依据是Petrick(2005)[4]的研究。

表5-10 邮轮旅游价格敏感度测度项及测度项名称

变量	测度项	测度项名称	理论依据
邮轮旅游价格敏感度	乘邮轮,我不介意多花钱	价格敏感度测度项1	Low、Lee、Cheng(2013)
	如果我觉得邮轮价格高,就不会乘	价格敏感度测度项2	Petrick(2005)
	我知道邮轮价格高,但我不介意	价格敏感度测度项3	Low、Lee、Cheng(2013)
	乘邮轮,多花点钱也值得	价格敏感度测度项4	Petrick(2005)

[1] Low W S, Lee J D, Cheng S M. The link between customer satisfaction and price sensitivity: An investigation of retailing industry in Taiwan[J]. Journal of Retailing & Consumer Services, 2013, 20(8):1-10.

[2] Petrick J F. Segmenting cruise passengers with price sensitivity[J]. Tourism Management, 2005, 26(5):753-762.

[3] Low W S, Lee J D, Cheng S M. The link between customer satisfaction and price sensitivity: An investigation of retailing industry in Taiwan[J]. Journal of Retailing & Consumer Services, 2013, 20(8):1-10.

[4] 同[2].

第二节　邮轮旅游服务质量问卷预检验及数据采集

一、邮轮旅游服务质量问卷预检验访谈

为了进一步提高问卷内容的有效性,确保各个测度项准确地测量相关变量,本研究邀请了 10 位旅游管理专业或专门研究邮轮产业的专家学者、15 位邮轮公司的工作人员和 5 位旅游局工作人员阅读问卷并对本研究的内容及变量关系、内涵做出解释,请他们提出对问卷的修改意见。在访谈对象反馈意见的基础上,本研究对问卷的测度项做了修正。修正的内容包括测度项语义的表述、测度项的数目等,一定程度上提高了问卷的有效性和可靠性。修正后的初始问卷包括 9 个变量、71 个测度项。

初始调查问卷包括了两大部分内容:第一大部分是对理论模型中各主要变量的测量。测量采用的是 7 级里克特量表,对各测度项选项及其对应的分值如下:完全同意为 7 分,比较同意为 6 分,有点同意为 5 分,不确定为 4 分,有点不同意为 3 分,比较不同意为 2 分,完全不同意为 1 分。这 9 个变量又分为 3 个次级量表:邮轮旅游服务质量量表,包括服务环境质量、游客与员工互动质量、游客之间的互动质量以及结果质量,共 51 个测度项;感知量表,包括新奇体验、感知价值、感知价格,共 11 个测度项;满意度和忠诚度量表,包括满意度和忠诚度,其测度项为 9 个。

初始调查问卷的第二部分是受访者的人口统计特征,包括常住地、性别、年龄、婚姻状况、受教育程度、职业、月收入水平等。

二、邮轮旅游服务质量问卷预检验

关于预检验样本数,吴明隆(2001)[①]认为预检验的样本数量最少应该是测度项最多的次级量表所含测度项数的 3 倍。在本研究的预检验问卷中,测度项最多的次级量表是"邮轮旅游服务质量"量表,测度项数目为 50 个。因此,预检验样本量的最少应该是 150 份。

(一) 数据采集

本研究预检验问卷的发放主要通过扎根理论访谈对象的熟人关系,找到更多已有乘邮轮经历的旅游者,开展"滚雪球"式的调查。预检验问卷共发放问卷 190 份,回收问卷

---

① 　吴明隆.Spss 统计应用实务[M].北京:中国铁道出版社,2000,25.

186 份,问卷回收率为 97.8%,其中回收的有效问卷为 178 份,有效率 95.6%。回收的有效问卷符合预检验的样本最少 150 份的数量要求。

本研究对初始问卷的预检验,主要从两个指标进行评价,一个是可靠性(reliability),另一个是有效性(validity)。本研究运用 SPSS23.0 对预检验量表进行上述两项指标的检验。

(二)预检验结果

本研究通过预调查收集的问卷数据,对 9 个变量的 71 个测度项的可靠性和有效性进行检验。

1. 有效性检验

量表的有效性,既包括了内容的有效性,也包括结构的有效性。因此,对量表的检验也包含了这两个方面。首先,从内容有效性来看,本研究的量表内容建立在质性研究的基础上,通过对邮轮旅游服务质量维度的探索性研究,对原始访谈数据进行开放式编码、主轴式编码以及选择性编码分析,最终确定了各范畴之间典型的关系结构,以及核心范畴,并完成了理论建构。在此基础上,本研究结合相关的研究文献,在参考已有服务质量量表的情况下,开发出针对国内游客的邮轮旅游服务质量量表,并通过深度访谈等方式征询了邮轮旅游领域研究者及从业人员的意见和建议,并据此对量表做了修正。量表的内容符合研究的主题与研究的目标,也符合量表开发的范式,因此本研究的量表内容具有较好的有效性。

其次,从量表的结构来看,对量表结构有效性的评价主要有两个指标,一是聚合有效性,二是区别有效性。前者指的是同一变量所属的不同测度项,能够对该变量进行有效测量,各测度项之间的内容具有一致性;后者指的是不同变量所属测度项之间的内容存在差异,不同变量所属测度项之间的内容能够有效区分。一般而言,对聚合有效性和区别有效性两项指标的检测,常用的方法是探索性因子分析。如上所述,本研究已将 71 个测度项分为 3 个次级量表:邮轮旅游服务质量量表、感知量表、满意度和忠诚度量表,划分次级量表的目的也是为了便于进行探索性因子分析。

由于 *KMO* 值和 Barlett 检验的显著性水平,是决定能否进行探索性因子分析的关键指标,因此,在进行探索性因子分析之前,本研究先得出 3 个次级量表的 *KMO* 值和 Barlett 检验的显著性水平,据此来判断各次级量表是否可以进行探索性因子分析,然后,对各分量表的聚合有效性和区别有效性进行评价。

"邮轮旅游服务质量"量表的 *KMO* 值为 0.751,Barlett 球体检验的显著性水平为 0.000,量表满足进行探索性因子分析的要求。本研究运用主成分分析法,特征值大于 1 的抽取为因子。由于 4 个特征值均大于 1,故可以抽取 4 个因子,结果如表 5-11 所示。为对"邮轮旅游服务质量"量表的各个测度项进行归类和解释,本研究对主成分进行转轴,得到如表 5-11 所示的主成分矩阵。其中,测度项"游客交往时没有特意的防范"和测度项"邮轮其他游客不会影响我"在 4 个因子的载荷均低于 0.5,不能对其进行归类和解释,所以删除上述两个测度项。在删除这两个测度项后重新进行探索性因子分析,提取的 4 个因子的累积方差解释比例为 68.453%,比删除两个测度项之前的 65.816% 提升了

2.637%。

表 5-11 邮轮旅游服务质量量表预调查因子分析

因子	测度项	成分			
		1	2	3	4
邮轮旅游服务环境质量	邮轮上的环境干净整洁	0.087	0.135	0.797	0.162
	邮轮上的灯光非常漂亮	0.282	0.177	0.648	0.204
	邮轮的室内温度很舒服	−0.345	−0.361	0.692	0.195
	背景音乐让人放松惬意	0.173	0.058	0.782	−0.012
	邮轮内部装潢奢华考究	0.227	0.167	0.803	0.143
	空间设计巧妙且有创意	0.375	−0.284	0.816	0.306
	邮轮公共空间宽敞舒适	−0.142	0.335	0.720	0.265
	邮轮上的气氛欢快热烈	0.391	0.198	0.605	0.310
	我积极参与邮轮娱乐活动	0.271	0.247	0.685	0.282
	公共空间有很多游客聚集	−0.350	0.381	0.594	0.351
邮轮游客与员工的互动质量	邮轮服务员着装干净整洁	0.614	0.094	0.044	0.179
	邮轮服务员专业技能娴熟	0.851	0.282	0.168	0.104
	邮轮服务员仪表仪态很好	0.794	0.169	0.192	−0.098
	邮轮服务员让我感觉安全	0.838	0.255	−0.124	0.233
	邮轮服务员的反应很迅速	0.692	0.274	0.362	0.385
	邮轮服务员耐心解答疑问	0.711	0.299	0.236	0.261
	邮轮服务员热心帮助游客	0.825	0.303	−0.215	0.205
	邮轮服务员的服务很精准	0.836	0.189	0.178	0.218
	邮轮上的服务员值得信赖	0.747	0.279	0.293	0.196
	服务员能理解游客个性需求	0.635	0.348	0.382	0.124
	服务员能提供个性化服务	0.718	0.052	0.369	0.351
邮轮游客之间的互动质量	我乘邮轮认识了不少新朋友	−0.260	0.836	0.094	0.103
	我与其他游客有很多交往	0.351	0.614	0.253	0.196
	不相识的游客交往也很友善	0.132	0.637	0.306	0.172
	游客交往时没有特意的防范	0.284	0.107	−0.348	0.083
	邮轮上认识新朋友很开心	0.371	0.573	0.259	0.217
	游客交往时的气氛欢快放松	0.304	0.749	0.160	0.229
	认识新朋友使我开阔眼界	−0.103	0.713	0.062	0.348
	其他游客的热情感染了我	0.288	0.528	0.156	0.301

（续表）

因子	测度项	成分			
		1	2	3	4
	认识新朋友让邮轮旅游更有趣	0.370	0.553	0.231	0.215
	游客间的互动只是表面的	0.363	0.607	−0.293	0.136
	我会注意保护自己的隐私	−0.283	0.592	0.072	0.182
	邮轮上其他游客不会影响我	−0.194	0.276	0.106	0.107
邮轮旅游服务结果质量	邮轮餐厅菜品种类很丰富	0.291	0.356	0.333	0.585
	邮轮餐厅的菜肴很可口	−0.333	0.337	0.045	0.642
	邮轮餐厅的服务有特色	0.251	0.051	0.017	0.693
	邮轮上娱乐活动参与性强	0.279	0.133	0.249	0.782
	邮轮上娱乐活动丰富多彩	−0.148	0.139	0.285	0.603
	邮轮上娱乐活动有吸引力	0.236	0.206	0.351	0.639
	邮轮上的服务设施很完善	0.391	0.187	0.301	0.820
	邮轮上服务设施方便快捷	0.103	0.273	0.258	0.803
	卡西诺赌场刺激有吸引力	−0.199	0.339	0.180	0.732
	岸上活动以购物观光为主	0.281	0.303	0.201	0.633
	停靠港旅游服务细致周到	0.346	0.381	0.361	0.827
	邮轮上孩童看护服务周到	0.215	0.269	0.077	0.702
	孩童设施和项目有吸引力	−0.338	0.204	0.254	0.635
	邮轮上的客房舒适整洁	0.391	0.279	0.283	0.741
	邮轮上客房服务细致耐心	0.280	0.352	0.029	0.737
	邮轮上的客房服务很及时	0.207	0.470	0.278	0.580
	邮轮上的员工富有亲和力	0.166	0.311	0.230	0.633
	邮轮上的员工很容易沟通	0.385	0.086	0.351	0.826
特征值	1.737	1.249	1.691	1.553	1.724
累计方差解释比例	65.816%				

　　通过探索性因子分析，预调查问卷中"邮轮旅游服务质量量表"所含的除测度项"游客交往时没有特意的防范"和"邮轮上其他游客不会影响我"之外的其余49个测度项都可分别归入4个因子。"邮轮上的环境干净整洁"等10个测度项反映服务环境质量。"邮轮服务员着装干净整洁"等11个测度项反映游客与员工的互动质量。"我乘邮轮认识了不少新朋友"等10个测度项反映游客之间的互动质量。"邮轮餐厅菜品种类很丰富"等18个测度项反映结果质量。49个测度项与所属因子的相关系数均大于0.5，与非所属因子的

相关系数均小于 0.4。按照结构有效性的评价标准，只有测度项与因子的相关系数大于 0.5 才满足聚合有效性。同时，只有测度项与非相关因子的系数小于 0.4 才满足区别有效性，所以"邮轮旅游服务质量量表"的 49 个测度项具有较好的聚合有效性和区别有效性。

预调查"感知量表"中的 KMO 值为 0.767，Barlett 球体检验的显著水平为 0.000，由此可知，量表满足进行探索性因子分析的要求。本研究同样运用主成分分析法，将特征值大于 1 的抽取为因子。由于 3 个特征值均大于 1，故可以抽取 3 个因子，探索性因子分析结果如表 5-12 所示。为对"感知量表"的各测度项项进行归类和解释，本研究对主成分进行转轴，得到如表 5-12 所示的主成分矩阵，3 个因子的累积方差解释比例为 72.931%，说明 3 个因子能够较好地对变量做出解释。通过探索性因子分析，预调查问卷中"感知量表"的 11 个测度项解析出 3 个因子，"邮轮旅游是一次全新的体验"等 5 个测度项反映新奇体验。"我购买的邮轮旅游价格高"等 3 个测度项反映感知价格。"我乘邮轮的付出是值得的"等 3 个测度项反映感知价值。11 个测度项与各自所属因子的相关系数均在 0.5 以上，与非所属因子的相关系数均在 0.4 以下，由此可得，"感知量表"具有较好的聚合有效性和区别有效性。

表 5-12　邮轮旅游服务质量感知量表预调查因子分析

因子	测度项	成分		
		1	2	3
邮轮旅游新奇体验	邮轮旅游是一次全新的体验	0.327	0.592	0.142
	邮轮旅游是激动兴奋的经历	0.304	0.724	0.085
	邮轮旅游对自己也是一种挑战	0.275	0.688	0.193
	邮轮旅游是令人兴奋的经历	0.163	0.640	0.267
	我乘邮轮接触到很多新鲜事物	0.248	0.769	0.181
邮轮旅游感知价值	我乘邮轮的付出是值得的	0.251	0.320	0.607
	我乘邮轮的收获大于付出	0.155	0.158	0.628
	我上次的邮轮旅游很值得	0.023	0.037	0.671
邮轮旅游感知价格	我购买的邮轮旅游价格高	0.626	0.151	0.135
	我购买的邮轮旅游不便宜	0.681	0.258	0.153
	邮轮旅游价格比期望的高	0.716	0.203	0.134
特征值	1.447	1.659	1.583	1.626
累计方差解释比例	72.931%			

预调查"满意度和忠诚度量表"的 KMO 值为 0.692，Barlett 球体检验的显著水平为 0.000，由此可知，量表满足进行探索性因子分析的要求。本研究同样运用主成分分析法，特征值大于 1 的抽取为因子。由于 2 个特征值均大于 1，故可以抽取 2 个因子，探索性因

子分析结果如表 5-13 所示。为对"满意度和忠诚度量表"的各个测度项进行归类和解释，本研究对主成分进行转轴，得到如表 5-13 所示的主成分矩阵，2 个因子的累积方差解释比例为 74.263%，说明 2 个因子能够较好地对变量做出解释。通过探索性因子分析，预调查问卷中"满意度和忠诚度量表"的 9 个测度项可以解析出 2 个因子："我对邮轮旅游感到满意"等 3 个测度项反映满意度；"我所选择的邮轮公司值得信赖"等 6 个测度项反映忠诚度。9 个测度项与各自所属因子的相关系数均在 0.5 以上，与非所属因子的相关系数均在 0.4 以下，由此可得，"满意度和忠诚度量表"具有较好的聚合有效性和区别有效性。

表 5-13　邮轮旅游服务质量满意度和忠诚度量表预调查因子分析

因子	测度项	成分	
		1	2
邮轮旅游满意度	我对邮轮旅游感到满意	0.204	0.832
	邮轮旅游让我心情很好	0.182	0.762
	参加邮轮旅游真的很开心	0.166	0.717
邮轮旅游忠诚度	我所选择的邮轮公司值得信赖	0.583	0.138
	我所选择的邮轮公司有个人情感	0.625	0.293
	我会推荐我所选的这家邮轮公司	0.683	0.182
	我会与别人分享自己的邮轮经历	0.725	0.178
	我会积极评价我所选择的邮轮公司	0.738	0.132
	我还会乘这家邮轮公司的邮轮	0.719	0.156
特征值	1.673	1.836	1.752
累积方差解释比例	74.263%		

2. 可靠性检验

为评价受访者对同一变量所有测度项答案的一致性，本研究采用 SPSS23.0 对预调查问卷中的 9 个变量进行可靠性检验。由于 Cronbach's α 是检验量表可靠性的关键指标，因此本研究主要对 Cronbach's α 进行检验，结果如表 5-14 所示。

表 5-14　邮轮旅游服务质量预调查中变量的可靠性检验

变量	测度项数目	Cronbach's α
邮轮旅游服务环境质量	10	0.785
邮轮游客与员工的互动质量	11	0.836
邮轮游客之间的互动质量	10	0.727
邮轮旅游服务结果质量	18	0.882
邮轮旅游新奇体验	5	0.850
邮轮旅游感知价值	3	0.937

变量	测度项数目	Cronbach's α
邮轮旅游感知价格	3	0.731
邮轮旅游满意度	3	0.922
邮轮旅游忠诚度	6	0.749

从表 5-14 可知,有关预调查样本的信度分析中,9 个变量"服务环境质量""游客与员工的互动质量""游客之间的互动质量""结果质量""新奇体验""感知价值""感知价格""满意度""忠诚度"的 Cronbach's α 系数均大于 0.7,表明 9 个变量均具有较好的信度,符合研究的要求。

最终,经过预调查的前测,形成了用于正式调查的问卷。问卷包括两大部分,第一部分是对理论模型中 9 个变量的测量,每个变量的测量均采用 7 级里克特量表,对各测度项选项及其对应的分值如下:完全同意为 7 分,比较同意为 6 分,有点同意为 5 分,不确定为 4 分,有点不同意为 3 分,比较不同意为 2 分,完全不同意为 1 分。问卷共 73 个测度项;第二部分是受访者的人口统计特征调查,包括性别、年龄、婚姻状况、受教育程度、职业、月收入水平等。

三、邮轮旅游服务质量相关数据采集

问卷调研选取的地点包括邮轮"海洋水手号"、宝山吴淞口国际邮轮港、虹口北外滩国际邮轮港等,调研对象是邮轮旅游者。其中,在"海洋水手号"邮轮上的调研时间是 2016 年 8 月,按照其预定航程及航线"上海—济州岛—福冈—上海"在邮轮上对游客做了问卷调研。调研对象的选取具有随机性、广泛性等特点,符合随机抽样调查的基本特征和要求。

在宝山吴淞口国际邮轮港的问卷调研分为两个阶段,第一阶段的调研时间是从 2016 年 9 月至 2016 年 11 月,这两个月是邮轮停靠吴淞口邮轮港较为集中的时间,包括皇家加勒比邮轮公司的"海洋量子号""海洋水手号",歌诗达邮轮公司的"赛琳娜号"等;第二阶段的调研时间是从 2016 年 12 月至 2017 年 1 月,以开辟冬季航线的邮轮为调研对象。这一阶段本研究的调研对象主要是乘坐歌诗达邮轮公司"幸运号"的邮轮游客。

在虹口北外滩国际邮轮港的问卷调研时间是在 2016 年 10 月,考虑到北外滩邮轮港停泊的邮轮,无论是从邮轮的类型、吨位,还是从停靠的邮轮艘次来看,比吴淞口国际邮轮港都要少,所以调研的重点放在了吴淞口国际邮轮港。在北外滩国际邮轮港的调研对象是钻石邮轮公司"辉煌号"的邮轮游客。

在"海洋水手号"邮轮,以及在宝山吴淞口国际邮轮港、虹口北外滩国际邮轮港的调研都利用了研究者所任教的学校邮轮经济与管理专业的学生上船实习以及到邮轮港实习的机会,对邮轮上的游客以及下船后在邮轮港等候的游客发放问卷进行调研。其中,参与邮

轮调研的是邮轮经济与管理专业大三的学生,参与邮轮港调研的是邮轮经济与管理专业大四的学生。他们都具备较好的沟通协调能力,且有相关专业知识的基础。在调研开始前,本研究对参与调研的学生进行了培训,培训内容包括问卷调查的基本规范和基本程序、如何评判有效问卷、被拒访时的应对策略等。

正式调查采用实地发放问卷、实地回收问卷的方式。为了增强被调查对象的合作意愿,调动其积极性,提高问卷的有效率,本研究采用的方法包括:一是派发小礼品,作为填写问卷的物质激励;二是每次现场发放问卷都要向受访者解释清楚本次调研的目的,纯粹是用于学术研究,不涉及任何的商业活动,让受访者能够安心、诚实地填写问卷;三是在问卷的设计上,问卷导语用醒目的字体书写,向受访者解释清楚,本次调研是匿名调查,且为受访者严格保密。

一些研究者对适合进行因子分析的样本数量做了专门研究。例如,Comrey(1988)[1]认为,如果样本数小于100,则不适宜做因子分析,并且如果样本数大于300,更适宜做因子分析;Gorsuch(1989)[2]计算样本数量的方法是,将测度项数量乘以5,并且样本数量的下限是100;Breckler(1990)[3]在对大量结构方程模型进行分析之后得出结论,可以进行结构方程模型分析的样本数量在40至356之间,但如果样本数量少于100,那么无法保证参数估计的结局具有可靠性;Little、Cunningham(2002)[4]则认为如果运用结构方程模型方法进行实证研究,样本数量的下限是100,因为样本数量少于100,结构方程模型的稳定性无法得到保证。本研究用于正式调查的问卷,其测度项数量是69项,由于结构方程模型是本研究将要采用的实证分析方法,所以本研究共发放调查问卷867份,剔除有漏项、集中作答同一个选项等无效问卷84份,回收有效问卷783份,有效率90.31%。显然,有效问卷数大于调查问卷测度项数量的5倍,符合对样本数量的要求,也能够满足结构方程模型研究的需要。

①　Comrey A L. Factor-Analytic Methods of Scale Development in Personality and Clinical Psychology. [J]. Journal of Consulting & Clinical Psychology, 1988, 56(5):754-761.

②　Gorsuch R L, Mcpherson S E. Intrinsic/Extrinsic Measurement: I/E-Revised and Single-Item Scales[J]. Journal for the Scientific Study of Religion, 1989, 28(3):348-354.

③　Breckler S J. Applications of covariance structure modeling in psychology: cause for concern? [J]. Psychological Bulletin, 1990, 107(2):260-273.

④　Little T D, Cunningham W A, Shahar G, et al. To parcel or not to parcel: Exploring the question, weighing the merits. Structural Equation Modeling[J]. Structural Equation Modeling, 2002, 9(2):151-173.

第六章　游客对邮轮旅游服务质量认知路径机理的研究结果

第一节 邮轮旅游服务质量量表有效性及可靠性检验

对测量模型的检验可以界定变量的测量效度。本研究对测量模型的检验从可靠性和有效性两个方面进行。

一、邮轮旅游服务质量研究样本描述

通过问卷调查得到的有效问卷有 783 份,样本的主要人口统计特征如表 6-1 所示。

表 6-1 邮轮旅游服务质量受访者社会人口统计特征

主要变量	类别	样本量	所占百分比
年龄	25 岁以下	92	11.75%
	26~35 岁	144	18.39%
	36~45 岁	176	22.48%
	46~55 岁	184	23.50%
	56 岁以上	187	23.88%
性别	男	403	51.47%
	女	380	48.53%
婚姻状况	单身	75	9.58%
	已婚	708	90.42%
受教育程度	高中/中专/技校	194	24.90%
	大专	213	27.20%
	本科	210	26.82%
	研究生及以上	166	21.08%
月收入	4 000 元以下	107	13.80%
	4 001~5 000 元	136	24.90%
	5 001~6 000 元	129	16.50%
	6 001~8 000 元	160	20.40%
	8 001~10 000 元	114	14.60%
	10 000 元以上	77	9.80%

主要变量	类别	样本量	所占百分比
职业	企业工作人员	230	29.38%
	事业单位工作人员	147	18.76%
	政府公务员	49	6.27%
	自由职业者	161	20.55%
	专业技术人员	41	5.23%
	学生	90	11.46%
	其他	65	8.35%

二、邮轮旅游服务质量量表有效性检验

评价量表有效性的关键指标有两个，一个是量表内容的有效性，另一个量表结构的有效性。其中，评价量表结构有效性的关键指标也是两个，一个是量表的聚合有效性，另一个是量表的区别有效性。

量表的内容是否有效，关键看量表测度项是否能够充分、准确地解释和反应所测变量。当然，对一个量表要首先考虑内容有效性的要求，其次才考虑其结构是否具备有效性。本研究在问卷设计过程中，严格遵循量表开发的规范步骤，通过深度访谈及扎根理论方法抽象出 9 个核心范畴，并在相关文献研究的基础上，参考了较为成熟的研究量表和测量指标，形成了初始问卷。在此基础上，经过征求相关专家的意见，以及预调查收集数据，检验了变量的可靠性和有效性，对测度项进行修正，完成了对初始问卷的预检验。

结构有效性衡量的是测度项内容对理论特质或概念的检测程度。本研究的样本量为 783，满足数据分析对样本量的要求。本研究通过探索性因子分析对结构有效性进行检验。运用 SPSS23.0 对量表进行 KMO 和 Barlett's 球体检验，结果表明，量表的 *KMO* 值为 0.782，Barlett's 球体检验的显著水平为 0.000，说明正式调查收集的数据满足因子分析的要求。

探索性因子分析的结果表明，累积方差解释比例为 78.635%，表明量表的测度项能够较好地解释和反映变量。本研究在经过 7 次迭代后获得转轴后的主成分矩阵，69 个测度项汇聚成 9 个特征值大于 1 的有效因子，如表 6-2 所示。因子分析结果发现，一方面，邮轮旅游服务质量量表各测度项与所属因子的相关系数均在 0.5 以上，说明同一因子所属的不同测度项，能够对该因子进行有效测量，各测度项之间的内容具有一致性；另一方面，邮轮旅游服务质量量表各测度项，与非所属因子的相关系数均在 0.4 以下，说明不同因子所属的测度项之间，内容存在差异，不同变量所属测度项之间的内容能够有效区分。上述结果说明正式调查问卷具有良好的聚合有效性和区别有效性。

表 6-2　邮轮旅游服务质量正式调查量表的探索性因子分析

邮轮旅游服务质量测度项	成分								
	1	2	3	4	5	6	7	8	9
邮轮上的环境干净整洁							0.625		
邮轮上的灯光非常漂亮							0.673		
邮轮的室内温度很舒服							0.709		
背景音乐让人放松惬意							0.756		
邮轮的内部装潢奢华考究							0.648		
空间设计巧妙且富有创意							0.633		
邮轮的公共空间宽敞舒适							0.740		
邮轮上的气氛欢快热烈							0.813		
我积极参与邮轮娱乐活动							0.775		
公共空间有很多游客聚集							0.693		
邮轮服务员着装干净整洁	0.752								
邮轮服务员专业技能娴熟	0.738								
邮轮服务员仪表仪态很好	0.694								
邮轮服务员让我感觉安全	0.741								
邮轮服务员的反应很迅速	0.763								
邮轮服务员耐心解答疑问	0.642								
邮轮服务员热心帮助游客	0.680								
邮轮服务员的服务很精准	0.629								
邮轮上的服务员值得信赖	0.784								
服务员理解游客个性需求	0.726								
服务员能提供个性化服务	0.791								
我认识了不少邮轮新朋友				0.584					
我与其他游客有很多交往				0.672					
不相识的游客也友善交往				0.694					
邮轮上认识新朋友很开心				0.771					
游客交往的气氛欢快放松				0.726					
认识新朋友使我开阔眼界				0.838					
其他游客的热情感染了我				0.625					
认识新朋友让邮轮更有趣				0.680					
游客间的互动只是表面的				0.851					

（续表）

邮轮旅游服务质量测度项	成分								
	1	2	3	4	5	6	7	8	9
我会注意保护自己的隐私				0.645					
邮轮餐厅的菜品种类丰富		0.582							
邮轮餐厅的菜肴很可口		0.644							
邮轮餐厅的服务有特色		0.698							
邮轮上娱乐活动参与性强		0.725							
邮轮上娱乐活动丰富多彩		0.541							
邮轮上娱乐活动有吸引力		0.824							
邮轮上的服务设施很完善		0.850							
邮轮上服务设施方便快捷		0.729							
卡西诺赌场刺激有吸引力		0.602							
岸上活动以购物观光为主		0.881							
停靠港旅游服务细致周到		0.630							
邮轮上孩童看护服务周到		0.547							
孩童设施和项目有吸引力		0.626							
邮轮上的客房舒适整洁		0.753							
邮轮上客房服务细致耐心		0.794							
邮轮上的客房服务很及时		0.850							
邮轮上的员工富有亲和力		0.823							
邮轮上的员工很容易沟通		0.837							
邮轮对我是一次全新体验			0.735						
邮轮是激动人心奇异经历			0.829						
邮轮旅游对我是一种挑战			0.844						
邮轮是令人兴奋的经历			0.742						
我接触到很多新鲜事物			0.785						
我乘邮轮的付出是值得的								0.686	
我乘邮轮的收获大于付出								0.692	
我上次邮轮旅游很值得								0.663	
我购买的邮轮旅游价格高						0.752			
我购买的邮轮旅游不便宜						0.708			
邮轮旅游价格比期望的高						0.743			

（续表）

邮轮旅游服务质量测度项	成分								
	1	2	3	4	5	6	7	8	9
我对这次乘邮轮感到满意									0.803
邮轮旅游让我心情很好									0.824
我乘邮轮真的很开心									0.761
我选的邮轮公司值得信赖					0.752				
我选的邮轮有个人情感					0.793				
我会推荐我选的邮轮公司					0.846				
我会分享自己的邮轮经历					0.832				
我积极评价这家邮轮公司					0.629				
我还会乘这家公司的邮轮					0.667				

三、邮轮旅游服务质量量表可靠性检验

本研究采用 SPSS23.0 对正式调查问卷中的 9 个变量进行可靠性检验。由于评价量表可靠性的关键指标是 Cronbach's α，因此本研究主要对邮轮旅游服务质量量表的 Cronbach's α 进行检验。结果如表 6-3 所示。

表 6-3　邮轮旅游服务质量正式问卷变量的可靠性检验

变量	测度项数目	Cronbach's α
邮轮旅游服务环境质量	10	0.852
邮轮游客与员工的互动质量	11	0.823
邮轮游客之间的互动质量	10	0.839
邮轮旅游服务结果质量	18	0.864
邮轮旅游新奇体验	5	0.786
邮轮旅游感知价值	3	0.871
邮轮旅游感知价格	3	0.775
邮轮旅游满意度	3	0.858
邮轮旅游忠诚度	6	0.832

从数据分析结果可以看出,9 个变量的 Cronbach's α 系数均大于 0.7,且多数大于0.8。按照一般原则,Cronbach's α 值在 0.60～0.65 时最好不要;在 0.65～0.70 是最小可接受值,0.70～0.80 表示可靠性不错,0.80～0.90 表示可靠性很好,大于 0.90 表示具有很高的可靠性。表 6-3 的分析结果表明本研究对 9 个变量的测量具有较好的稳定性和可靠性。

第二节 游客对邮轮旅游服务质量认知的路径 机理模型及研究假设检验

一、邮轮旅游服务质量路径机理模型的验证性因子分析

如表 6-4 所示，本研究运用 LISREL9.2 软件计算组合信度（Composite Reliability，CR）和平均变异数抽取量（Average Variance Extracted，AVE）检测构件的聚合有效性和区别有效性。一般认为，如果 CR 值大于 0.7 以及 AVE 值大于 0.5，说明聚合有效性较好。数据分析结果如表 6-4 所示，所有构件的组合信度估计值在 0.912～0.952，大于被研究者接受的临界值 0.70(Fornell、Larcker，1981)[1]。组合信度检验结果表明，测量每个构件的多个测度项是可靠的。同时，所有的标准因子载荷均大于临界值 0.40，并且都显著（$p < 0.001$），说明测度模型具有较好的聚合有效性。此外就 AVE 值而言，邮轮游客与员工的互动质量、邮轮游客之间的互动质量、邮轮旅游服务环境质量、邮轮旅游新奇感、邮轮旅游感知价格、邮轮旅游感知价值、邮轮旅游满意度、邮轮旅游忠诚度的 AVE 值均大于最低标准 0.50(Fornell、Larcker，1981)[2]。

表 6-4　邮轮旅游服务质量路径机理模型的验证性因子分析

因子	测度项	标准因子载荷	平均变异数抽取量	组合信度
邮轮旅游服务环境质量	邮轮上的环境干净整洁	0.821	0.582	0.935
	邮轮上的灯光非常漂亮	0.795		
	邮轮的室内温度很舒服	0.743		
	背景音乐让人放松惬意	0.837		
	邮轮的内部装潢奢华考究	0.751		
	空间设计巧妙且富有创意	0.766		
	邮轮的公共空间宽敞舒适	0.819		
	邮轮上的气氛欢快热烈	0.735		
	我积极参与邮轮娱乐活动	0.878		
	公共空间很多游客聚集	0.789		

---

① Fornell C, Robinson W T. Industrial Organization and Consumer Satisfaction/Dissatisfaction[J]. Journal of Consumer Research, 1983, 9(4):403-412.

② 同①.

因子	测度项	标准因子载荷	平均变异数抽取量	组合信度
邮轮游客与员工的互动质量	邮轮服务员着装干净整洁	0.733	0.673	0.952
	邮轮服务员专业技能娴熟	0.829		
	邮轮服务员仪表仪态很好	0.784		
	邮轮服务员让我感觉安全	0.776		
	邮轮服务员的反应很迅速	0.850		
	邮轮服务员很耐心地解答	0.836		
	邮轮服务员热心帮助游客	0.862		
	邮轮服务员的服务准确	0.871		
	邮轮上的服务员值得信赖	0.759		
	服务员理解游客个性需求	0.764		
	服务员能提供个性化服务	0.792		
邮轮游客之间的互动质量	我认识了不少新朋友	0.736	0.624	0.934
	我与其他游客有很多交往	0.729		
	不相识的游客也友善交往	0.783		
	邮轮上认识新朋友很开心	0.801		
	游客交往的气氛欢快放松	0.744		
	认识新朋友让我开阔眼界	0.752		
	其他游客的热情感染了我	0.826		
	新朋友让我觉得邮轮有趣	0.770		
	游客间的互动只是表面的	0.732		
	我会注意保护自己的隐私	0.818		
邮轮旅游服务结果质量	邮轮餐厅的菜品种类丰富	0.701		
	邮轮餐厅的菜肴很可口	0.736		
	邮轮餐厅的服务有特色	0.778		
	邮轮上娱乐活动参与性强	0.802		
	邮轮上娱乐活动丰富多彩	0.815		
	邮轮上娱乐活动有吸引力	0.729		
	邮轮上的服务设施很完善	0.753		
	邮轮上服务设施方便快捷	0.714		
	卡西诺赌场刺激有吸引力	0.782		
	岸上活动以购物观光为主	0.646		

（续表）

因子	测度项	标准因子载荷	平均变异数抽取量	组合信度
	停靠港旅游服务细致周到	0.683		
	邮轮上孩童看护服务周到	0.733		
	孩童设施和项目有吸引力	0.807		
	邮轮上的客房舒适整洁	0.658	0.593	0.912
	邮轮上客房服务细致耐心	0.692		
	邮轮上的客房服务很及时	0.748		
	邮轮上的员工富有亲和力	0.730		
	邮轮上的员工容易沟通	0.811		
邮轮旅游新奇体验	邮轮对我是一次全新体验	0.788		
	邮轮是激动人心奇异经历	0.796		
	邮轮旅游对我是一种挑战	0.815	0.706	0.923
	邮轮是激动兴奋的经历	0.823		
	我接触到很多新鲜事物	0.772		
邮轮旅游感知价值	参加邮轮旅游的付出值得	0.875		
	我旅游的收获比付出多	0.882	0.789	0.930
	我上次邮轮旅游很值得	0.859		
邮轮旅游感知价格	我购买的邮轮旅游价格高	0.894		
	我购买的邮轮旅游不便宜	0.903	0.806	0.926
	邮轮旅游价格比期望的高	0.877		
邮轮旅游满意度	我对这次乘邮轮感到满意	0.863		
	邮轮旅游让我心情很好	0.872	0.817	0.935
	我乘邮轮真的很开心	0.910		
邮轮旅游忠诚度	我选的邮轮公司值得信赖	0.821		
	我选的邮轮有个人情感	0.845		
	我会推荐我选的邮轮公司	0.798	0.742	0.931
	我会分享自己的邮轮经历	0.764		
	我积极评价这家邮轮公司	0.903		

本研究通过比较 AVE 和两个构件相关系数的平方评价测度模型的区别有效性。如表 6-5 所示，除了邮轮游客与员工之间的互动质量、邮轮旅游服务环境质量两个构件之外，其余所有构件中任意一对构件相关系数均小于每个构件 AVE 值的平方根。由于邮

轮游客与员工之间的互动质量、邮轮旅游服务环境质量两个构件的情况异常,为进一步评价测度模型的区别有效性,本研究将上述两个构件合并为一个构件。然后,分别对合并构件之前的测度模型和合并构件之后的测度模型进行卡方差异检验。最终得到的卡方差异值为341.469,差异值在0.001的水平下显著。区别效度检验的结果表明,构件"邮轮游客与员工之间的互动质量""邮轮游客之间的互动质量""邮轮旅游服务环境质量""邮轮旅游感知价值""邮轮旅游感知价格""邮轮旅游满意度""邮轮旅游忠诚度"都具有唯一性,每个构件的信息都是其他构件不具有的,也就是说,每个构件的信息都不重复。

表6-5 邮轮旅游服务质量变量的描述性统计分析及相关系数①

因 子	邮轮旅游服务环境质量	邮轮游客与员工之间的互动质量	邮轮游客之间互动质量	邮轮旅游服务结果质量	邮轮旅游新奇体验	邮轮旅游感知价值	邮轮旅游感知价格	邮轮旅游满意度	邮轮旅游忠诚度
邮轮旅游服务环境质量	0.763								
邮轮游客与员工互动质量	0.709	0.820							
邮轮游客之间互动质量	0.714	0.261	0.789						
邮轮旅游服务结果质量	0.523	0.503	0.498	0.770					
邮轮旅游新奇体验	0.233	0.227	0.216	0.358	0.840				
邮轮旅游感知价值	0.172	0.223	0.211	0.208	0.295	0.888			
邮轮旅游感知价格	0.013	0.005	0.013	0.021	0.007	0.024	0.806		
邮轮旅游满意度	0.213	0.297	0.289	0.238	0.323	0.696	0.009	0.898	
邮轮旅游忠诚度	0.254	0.321	0.315	0.319	0.468	0.523	0.003	0.818	0.861

本研究通过几个拟合度测量数据评价测度模型的拟合程度。测度模型自由度915,Chi-square统计值为2 231.694,统计显著($p<0.001$)。考虑到Chi-square检验对样本大小的敏感性,本研究又进行了其他几个拟合度指标的检验。以上数据表明,测度模型具有较好的拟合度($\chi^2/df=2.439$,$NFI=0.868$,$IFI=0.918$,$TLI=0.911$,$CFI=0.917$,$RMSEA=0.061$)。

二、结构方程模型分析及研究假设检验

本研究借助LISREL9.2软件,通过结构方程模型分析,一是检验游客对邮轮旅游服

---

① 注:对角线上的数据为各变量AVE值的平方根。

务质量认知的路径机理模型,二是检验游客对邮轮旅游服务认知的各个研究假设。研究模型的相关拟合度指标表明,模型与数据的拟合度较好($\chi^2 = 2\ 266.323$, $df = 927$, $p < 0.001$, $\chi^2/df = 2.445$, $NFI = 0.866$, $IFI = 0.916$, $TLI = 0.910$, $RMSEA = 0.061$)。假设检验的结果如表 6-6 及图 6-1 所示。

表 6-6 游客对邮轮旅游服务质量认知的路径机理研究假设检验

研究假设	路径	标准路径系数	T 值	研究结果
H1a 邮轮游客与员工之间的互动质量与游客的新奇体验正相关。	邮轮游客与员工的互动质量→邮轮游客的新奇体验	0.081	0.754	不支持
H1b 邮轮游客之间的互动质量与游客的新奇体验正相关。	邮轮游客之间的互动→邮轮游客新奇体验	0.316	3.008**	支持
H1c 邮轮游客对服务环境的认知与游客的新奇体验正相关。	邮轮旅游服务环境质量→邮轮游客的新奇体验	0.054	0.572	不支持
H1d 邮轮游客对服务结果质量的认知与游客的新奇体验正相关。	邮轮旅游服务结果质量→邮轮游客的新奇体验	0.517	6.243***	支持
H2a 邮轮游客与员工之间的互动质量与游客的感知价值正相关。	邮轮游客与员工之间的互动质量→邮轮游客的感知价值	0.305	3.118**	支持
H2b 邮轮游客之间的互动质量与游客的感知价值正相关。	邮轮游客之间的互动质量→邮轮游客的感知价值	0.063	0.798	不支持
H2c 邮轮游客对服务环境的认知与游客的感知价值正相关。	邮轮旅游服务环境质量→邮轮游客的感知价值	−0.059	0.601	不支持
H2d 邮轮游客对结果质量的认知与游客的感知价值正相关。	邮轮旅游服务结果质量→邮轮游客的感知价值	0.081	0.992	不支持
H3 邮轮游客的新奇体验与游客的感知价值正相关。	邮轮游客的新奇体验→邮轮游客的感知价值	0.386	6.429***	支持
H4 邮轮游客的感知价格与感知价值负相关。	邮轮游客的感知价格→邮轮游客的感知价值	−0.182	−4.213***	支持
H5 邮轮游客的新奇体验与满意度正相关。	邮轮游客的新奇体验→邮轮游客的满意度	0.173	4.011***	支持
H6 邮轮游客的感知价值与满意度正相关。	邮轮游客的感知价值→邮轮游客的满意度	0.751	15.962***	支持
H7 邮轮游客的新奇体验与忠诚度正相关。	邮轮游客的新奇体验→邮轮游客的忠诚度	0.272	7.481***	支持
H8 邮轮游客的感知价值与忠诚度正相关。	邮轮游客的感知价值→邮轮游客的忠诚度	−0.157	−2.686	不支持
H9 邮轮游客的满意度与忠诚度正相关。	邮轮游客的满意度→邮轮游客的忠诚度	0.884	12.413***	支持

注:** $p < 0.01$, *** $p < 0.001$。

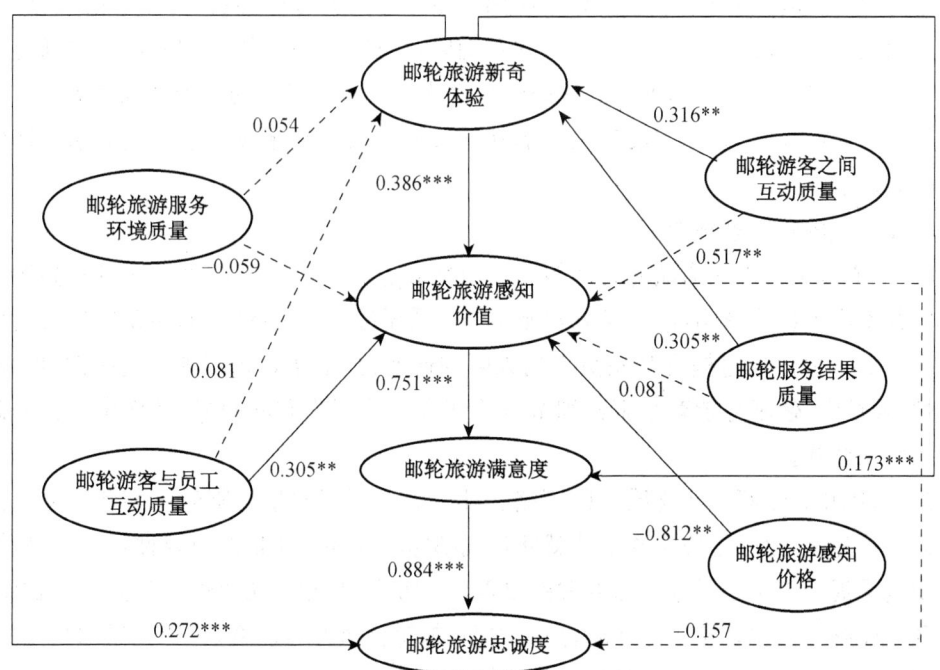

图 6-1 游客对邮轮旅游服务质量认知的结构方程模型路径系数图

注：** $p<0.01$，*** $p<0.001$。

虽然邮轮游客与员工的互动质量对新奇体验并没有显著影响（$\beta=0.081$，$t=0.754$，$p>0.05$），但它对邮轮游客的感知价值产生显著影响（$\beta=0.305$，$t=3.118$，$p<0.01$）。邮轮游客之间的互动质量对新奇体验有显著影响（$\beta=0.316$，$t=3.008$，$p<0.01$），但它对邮轮游客的感知价值并不产生显著影响（$\beta=0.063$，$t=0.798$，$p>0.05$）。此外，邮轮服务环境质量对邮轮游客的新奇体验并没有显著影响（$\beta=0.054$，$t=0.572$，$p>0.05$），并且服务环境质量对邮轮游客的感知价值也没有显著影响（$\beta=-0.059$，$t=-0.601$，$p>0.05$）。

（一）邮轮旅游新奇体验影响关系假设检验

研究假设 H1 是有关邮轮游客与员工之间的互动质量、邮轮游客之间的互动质量、邮轮服务环境质量、邮轮服务结果质量与邮轮旅游新奇体验影响关系的假设。数据分析结果表明，研究假设 H1a：邮轮游客与员工之间的互动质量与邮轮旅游新奇体验正相关不被支持（$\beta=-0.081$，$t=-0.754$，$p>0.05$），研究假设 H1c：邮轮旅游服务环境的认识与游客新奇体验正相关也不被支持（$\beta=-0.054$，$t=-0.572$，$p>0.05$）。主要原因如下。

第一，非邮轮游客核心体验的原因。新奇体验是能够有效并最大限度满足邮轮游客求新猎奇需求的旅游体验。虽然邮轮员工的人际沟通技巧以及邮轮服务环境是邮轮旅游体验的重要组成部分，但并非邮轮游客追求并提升情绪状态的核心体验，还不足以创造明显的新奇感，因此邮轮游客与员工之间的互动质量以及邮轮服务环境质量对新奇体验并没有显著影响。

第二,新奇体验不同有个体差异的原因。新奇感对游客个体而言是具体的。即使在同一艘邮轮上,不同的游客个体与员工的互动以及对服务环境的认知所获得的新奇感有较大差异。新奇体验的个体差异源于邮轮游客旅游经验、知识储备、个体偏好等多方面因素的不同。因此,邮轮游客与员工之间的互动质量以及邮轮服务环境质量对新奇体验并没有显著影响。

与此相应的营销策略如下。

第一,提升员工人际沟通能力的策略。虽然邮轮游客与员工的互动质量对游客的新奇体验并不产生显著影响,但却是邮轮旅游服务质量极为重要的方面,也是邮轮旅游体验的重要组成部分。通过提升邮轮员工的人际沟通能力,增强邮轮服务的响应性、保证性、可靠性、移情性,使邮轮游客在服务细节方面切身感受到优质的服务,从而全面提升邮轮游客的愉悦体验。

第二,优化邮轮服务环境质量的策略。邮轮服务环境质量与邮轮旅游新奇体验的影响关系并不显著,但邮轮公司并不能就此忽视邮轮服务环境质量的重要性,因为邮轮服务环境质量是提升邮轮公司竞争力的关键要素。一方面,邮轮公司可通过装潢的主题设计、改善环境设施等优化邮轮实体环境;另一方面,邮轮公司可通过策划丰富多彩的各类娱乐活动,有效利用公共空间,优化邮轮的环境氛围。

数据分析结果还表明,研究假设 H1b:邮轮游客之间的互动质量与邮轮旅游新奇体验正相关被支持($\beta=0.316$, $t=3.008$, $p<0.01$),研究假设 H1d:邮轮游客对服务结果质量的认知与邮轮旅游新奇体验正相关也被支持($\beta=0.517$, $t=6.243$, $p<0.001$)。主要原因如下。

第一,游客间积极互动增强新奇体验的原因。游客之间的互动,尤其是非熟识游客之间的互动交往能够增强游客彼此之间的新奇感,接触新事物、认识新朋友是构成邮轮旅游新奇体验的重要内容。因此,邮轮游客之间的互动质量对邮轮旅游新奇体验产生显著影响。

第二,邮轮游客本质上追求愉悦体验的原因。当邮轮公司提供优质的邮轮产品和服务时,包括美食、餐饮、客房接待、娱乐活动、辅助服务设施等,邮轮游客通过对服务结果质量的认知产生新奇感。因此,邮轮服务结果质量对邮轮旅游新奇体验产生正向影响。

与此相对应的营销策略如下。

第一,培育和激发游客之间积极互动行为的策略。与只注重企业—顾客关系的传统思维相比,激发游客间积极的交流和互动行为,能够使游客间的互动成为价值增值的渠道以及服务体验的识别要素,邮轮公司就能形成自己的服务特色和竞争力。策划趣味性强、有吸引力的群体活动以及小众化的参与性活动是邮轮公司可以借鉴的策略。

第二,改善和提升邮轮旅游服务结果质量的策略。邮轮公司应不断提供种类丰富、别出心裁的活动和服务,减少游客的厌倦感,提升游客的新奇体验,也可以根据季节或主题(如万圣节、圣诞节等)提供各类不同的产品和服务。邮轮公司应重视优质健康的美食体验、多样化的停靠港游览、舒适的客房接待、优质的娱乐活动及辅助设施等。

(二)邮轮旅游感知价值影响关系假设检验

研究假设 H2 是有关邮轮游客与员工之间的互动质量、邮轮游客之间的互动质量、邮轮服务环境质量、邮轮服务结果质量与感知价值影响关系的假设。数据分析结果表明,研究假设 H2b:邮轮游客之间的互动质量与游客的感知价值正相关不被支持($\beta=0.063$, $t=0.798$, $p>0.05$),研究假设 H2c:邮轮游客对服务环境质量的认知与游客的感知价值正相关不被支持($\beta=-0.059$, $t=-0.601$, $p>0.05$),以及研究假设 H2d:邮轮游客对服务结果质量的认知与游客的感知价值正相关也不被支持($\beta=0.081$, $t=0.754$, $p>0.05$)。主要原因如下。

第一,经济价值是感知价值重要维度的原因。邮轮游客形成积极的价值感知,经济价值是重要的因素。邮轮不仅提供的客房种类、餐饮种类多样,而且娱乐互动非常丰富,可以让游客愉悦尽兴。虽然这些活动及设施对游客形成新奇体验非常重要,但尚不足以让游客对邮轮旅游形成积极的价值感知。价值感知是邮轮游客对感知收益和成本支出的总体评价。

第二,感知价格对感知价值产生影响的原因。邮轮游客的价值感知不仅与感知收益相关,而且与成本支出相关。在邮轮游客的成本支出中,邮轮产品和服务的支付价格是重要的组成部分。由于邮轮游客的收入水平等因素存在差异,因此其感知价格也会存在差异,也就是消费者剩余不同,从而影响邮轮游客的感知价值。

与此相应的策略如下。

第一,邮轮品牌提升的策略。增强邮轮游客的感知收益是形成积极价值感知的途径之一。品牌具有附加值,能够使邮轮游客获得更多的感知收益。目前在中国市场运营的国际邮轮公司,如嘉年华、皇家加勒比、歌诗达、公主等,都是成熟的国际邮轮品牌,本土化是其提升品牌的战略方向。相较而言,本土邮轮公司更应在打造品牌上着力,提升邮轮旅游服务质量是塑造邮轮品牌的有效方式。

第二,注重情感沟通的策略。情感沟通是以邮轮游客心理需求,注重游客心理情绪感觉的服务方式,其目的是使邮轮游客对服务产生认同感和信任感,增强再惠顾的意愿。邮轮游客情绪状态的提升、需求得到满足等能使其形成积极的收益感知。邮轮员工在服务过程中应让游客感受到亲和力、诚意及用心,及时耐心地为游客解决问题,在服务过程中传递信任和自信。

数据分析结果表明,研究假设 H2a:邮轮游客与员工之间的互动质量与游客的感知价值正相关被支持($\beta=0.305$, $t=3.118$, $p<0.01$)。主要原因如下。

第一,游客认为员工服务是重要收益的原因。邮轮员工的服务直接影响游客对邮轮旅游服务质量的评价。高质量的服务会让邮轮游客产生物有所值的认同感,认为是旅游过程中的收益,并形成积极的价值感知。因此,邮轮游客与员工的互动质量对邮轮旅游感知价值产生正向影响。

第二,邮轮游客与员工互动时间更长的原因。邮轮游客从登船开始到离船结束,都需要与邮轮公司的员工不停地互动。尤其在海上航行期间,邮轮旅游是在船体空间内进行的,因此邮轮游客与员工的互动时间更长,机会更多。互动质量直接关系邮轮游客对服务质量的认知与评价。

与此相应的策略如下。

第一,准确高效履行服务承诺的策略。邮轮公司应该使员工的服务质量满足或超过游客的期望,应致力于提高并保持员工服务的反应性、保证性、可靠性和移情性,以应对市场竞争。邮轮公司员工也应意识到,员工代表了公司的形象,与游客高质量的互动是其工作职责的一部分,应关注游客的个体需求,甚至是一些琐碎的需求,乐于帮助游客,准确高效地履行服务承诺。

第二,制定员工绩效改进计划的策略。邮轮公司可以通过员工绩效考核改进员工的工作绩效,提高员工的职业发展能力。评选出的最佳员工可获得绩效激励,而考核不合格的员工应该关注绩效低的原因,可能是技能不娴熟、工作意愿不强,然后有针对性地为不合格员工制定绩效改进计划。

(三) 邮轮游客新奇体验与邮轮游客感知价值影响关系的假设检验

研究假设 H3 是有关邮轮游客新奇体验与邮轮游客感知价值影响关系的假设。数据分析结果表明,研究假设 H3:邮轮游客的新奇体验与游客的感知价值正相关被支持($\beta=0.386$, $t=6.429$, $p<0.001$)。主要原因如下。

第一,新奇体验是游客重要感知收益的原因。邮轮旅游本质上是追求愉悦体验的旅游活动,体验是邮轮旅游的基本属性。新奇体验能够有效并最大限度地满足邮轮游客求新猎奇的需求。需求得到满足是邮轮游客重要的感知收益,能让邮轮游客觉得物有所值,甚至物超所值,从而形成积极的价值感知。

第二,新奇体验具有经济和社会价值的原因。邮轮游客根据感知收益和成本支出对经济价值进行评价。新奇体验是邮轮游客重要的感知收益,新奇体验能够增强邮轮游客对经济价值的感知。同时,新奇体验也来自游客的社会交往过程中,具有明显的社会属性,因此新奇体验也能增强邮轮游客对社会价值的感知。

与此相应的营销策略如下。

第一,全面提升游客新奇体验的策略。邮轮公司为邮轮游客提供优质的产品和服务,包括美食餐饮、客房接待、岸上游览、辅助服务设施等。美食餐饮应注重样式、种类、营养、口味、新鲜程度;客房接待应注重客房的环境氛围、整洁程度、便利设施和空间感;岸上游览可设计不同主题的活动,注重与海上航游的衔接;提供优质的辅助服务设施,策划内容新颖形式多样的娱乐活动。

第二,增强新奇体验社会价值的策略。游客间互动已成为邮轮体验设计的管理性要素,其目的是通过对邮轮服务情境中的物质要素和关系要素进行细致的策划,为邮轮游客创造新奇体验。邮轮游客之间友好、合作、有趣、愉悦的互动对其新奇体验产生积极影响。策划趣味性强、有吸引力的群体活动以及小众化的参与性活动是邮轮公司可以借鉴的策略。

（四）邮轮游客感知价格与邮轮游客感知价值影响关系假设检验

研究假设 H4 是有关邮轮游客感知价格与邮轮游客感知价值影响关系的假设。分析结果表明，研究假设 H4：邮轮游客感知价格与感知价值负相关被支持（$\beta = -0.182$，$t = -4.213$，$p < 0.001$）。主要原因如下。

第一，成本支出影响游客感知价值的原因。邮轮游客的感知价值是对收益和成本支出的总体评价。购买邮轮产品和服务的支付价格，是邮轮游客主要的成本支出。即使是相同的价格，由于消费者剩余不同，因此邮轮游客的感知价格存在差异，进而影响感知价值。因此邮轮游客的感知价格与感知价值存在负向的影响关系。

第二，价格敏感程度影响感知价格的原因。由于邮轮游客的收入水平、购买能力等存在差异，因此其对价格的敏感程度也存在差异。不同的价格敏感程度会影响邮轮游客对价格的感知，进而影响感知价值。因此，邮轮游客的感知价格与感知价值存在负向影响关系。

与此相应的营销策略如下。

第一，邮轮产品差别定价的策略。邮轮公司可以根据收入水平对邮轮游客进行有效的市场细分，在有效区分各细分市场的基础上，针对不同的细分群体实施差别定价，这也是邮轮公司实施收益管理的基本理念。对邮轮产品实施差别定价，能够最大限度地攫取邮轮游客的消费者剩余，实现邮轮公司利润最大化。

第二，优化邮轮服务质量的策略。邮轮公司可以通过优化邮轮服务环境质量、增强邮轮公司员工服务的响应性、保证性、可靠性、移情性，优化邮轮游客之间的互动质量，营造良好的互动氛围，为邮轮游客提供优质的美食体验、客房住宿体验、停靠港游览体验，策划丰富且新颖的娱乐活动，进一步提升邮轮服务质量。

（五）邮轮游客新奇体验与邮轮游客满意度影响关系假设检验

研究假设 H5 是有关邮轮游客新奇体验和邮轮游客满意度影响关系的假设。分析结果表明，研究假设 H5：邮轮游客新奇体验与满意度正相关被支持（$\beta = 0.173$，$t = 4.011$，$p < 0.001$）。主要原因如下 。

第一，邮轮游客追求新奇体验动机的原因。游客参与邮轮旅游的一个主要动机是为了放松身心、远离程式化的日常生活、探新猎奇，并寻求精神的愉悦，因此邮轮游客存在寻求新奇体验需求。当邮轮游客追求新奇体验的动机得到满足，自然能够提升其对邮轮旅游服务质量的满意度。

第二，新奇体验满足邮轮游客需求的原因。随着国内旅游者旅游经验的日益成熟，旅游者对体验性强、休闲功能突出的新型旅游产品的需求越来越强烈。邮轮旅游起源于欧美，属于舶来品，对国内旅游者来说，参与邮轮旅游的一个主要动机是求新猎奇。因此，邮轮游客新奇体验与邮轮游客满意度正相关。

与此相应的营销策略如下。

第一，突出邮轮旅游新奇体验的策略。邮轮公司提供邮轮产品和服务，在坚持标准的同时,应注重产品和服务的创新。例如,提供不同样式、口味的优质美食,营造舒适的用餐环境和氛围;客房服务在讲求舒适的同时,注重个性需求;停靠港的活动可突破观光游览的定式思维,策划和设计不同主题的体验性活动,如历史文化主题、亲水康乐主题等。

第二,满足游客求新猎奇需求的策略。对国内游客来说,邮轮旅游是舶来品。国际邮轮公司在为国内游客提供符合国际标准的邮轮产品和服务的同时,还应注重国际品牌的本土化。唯有本土化与国际化相结合,才能更好地满足游客求新猎奇的需求,如盛世公主号、诺唯真喜悦号等。而本土邮轮公司,更应在打造一流品牌和声誉上发力,提供优质的邮轮产品和服务。

(六)邮轮游客感知价值与邮轮游客满意度影响关系的假设检验

研究假设 H6 是有关邮轮游客感知价值与邮轮游客满意度影响关系的假设。分析结果表明,邮轮游客的感知价值也是满意度的正向函数($\beta=0.751$, $t=15.962$, $p<0.001$),研究假设 6 被支持。主要原因如下。

第一,感知价值反映感知收益与成本支出的原因。邮轮游客的感知价值是对收益和成本支出的总体评价。邮轮游客的感知价值越高,说明其物有所值,甚至物超所值的认知就越强烈。邮轮游客对邮轮产品和服务的期望与实际感受的对应程度就越高。因此,邮轮游客感知价值与邮轮游客满意度存在正向影响关系。

第二,邮轮旅游产品与服务注重体验价值的原因。体验是邮轮旅游的基本属性。邮轮游客参与邮轮旅游的一个主要动机,就是探新猎奇、追求精神的愉悦。邮轮游客在消费邮轮产品和服务过程中获得的新奇体验以及精神的愉悦,会形成积极的价值感知,使邮轮游客的实际感受能够满足甚至超越其期望值。

与此相应的营销策略如下。

第一,合力提升游客积极的价值感知的策略。提升邮轮游客积极的价值感知,有赖于邮轮旅游服务各环节以及邮轮旅游全过程的合力作用。从通关登船到海上航游,从美食餐饮到住宿接待,从娱乐活动到邮轮设施,从岸上游览到离船登岸,不仅仅是核心的新奇体验,邮轮旅游的各环节都需要优质的产品和服务,唯有合力才能提升邮轮游客积极的价值感知。

第二,创造邮轮旅游多样化体验价值的策略。邮轮旅游是典型的体验型旅游产品。邮轮公司可通过设计形式多样的产品和服务,形成产品系列,为邮轮游客创造多样化的体验,提升游客的体验价值。例如,诺唯真喜悦号开发出海上卡丁车、海上滑水道等品牌项目,皇家加勒比的海洋量子号则开发出北极星、甲板跳伞、甲板冲浪等经典项目。

(七)邮轮游客新奇体验与邮轮游客忠诚度影响关系的假设检验

研究假设 H7 是有关邮轮游客新奇体验和邮轮游客忠诚度影响关系的假设。分析结果表明,研究假设 H7:邮轮游客新奇体验与忠诚度正相关被支持($\beta=0.272$, $t=7.481$, $p<0.001$)。主要原因如下。

第一,新奇体验最大限度满足游客需求的原因。邮轮游客参与邮轮旅游的一个主要动机是探新猎奇,休闲体验的需求非常强烈。新奇体验能够最大限度地满足邮轮游客探新猎奇的需求,并被其视为重要的旅游收益。当邮轮游客的实际感受符合甚至超过其期望值时,再惠顾的意愿得到强化。

第二,新奇体验引发邮轮游客行为忠诚的原因。获得新奇体验的邮轮游客,不仅在态度上对邮轮公司提供的产品和服务予以认可和积极评价,形成品牌偏好,而且在行为上还会积极向他人推荐所购买的邮轮产品和服务,形成积极的口碑效应,邮轮游客自身的重游意愿也会变得强烈,引发行为忠诚。

与此相应的营销策略如下。

第一,文化创意与邮轮旅游相融合的策略。邮轮旅游起源于欧美,对国内游客而言是舶来品。邮轮公司可以深度挖掘异域文化内涵,将文化创意融入邮轮产品创新中。例如,歌诗达邮轮公司结合地域特色,深入挖掘意大利文化,将"海上意大利"的形象表现得淋漓尽致。邮轮外观、内部装潢、纯正的意式餐饮、休闲娱乐活动都体现了古老优雅的意大利文化。

第二,主题策划与邮轮旅游相结合的策略。利用不同主题吸引邮轮游客是一个明显的趋势。主题邮轮体现了"邮轮＋"的理念。例如,以"北极星之恋"为主题的"邮轮＋情侣婚纱摄影",以"星全旗美"为主题的"邮轮＋古典文化",以"花样爷爷"为主题的"邮轮＋明星娱乐",以"爸妈去哪儿"为主题的"邮轮＋中老年度假"。海洋礼赞号首航与故宫博物院合作,天海邮轮与"中国好声音"合作。

(八) 邮轮游客感知价值与邮轮游客忠诚度影响关系的假设检验

分析结果表明,研究假设 H8:邮轮游客感知价值与忠诚度正相关不被支持($\beta = -0.157$, $t = -2.686$, $p > 0.05$)。游客忠诚度的强度随着认知评价(例如花费的钱、时间、精力等)的提高而下降。游客与员工的互动质量、新奇体验、价格均与感知价值直接相关。但是,感知价值并不能保证游客产生积极的忠诚度,甚至可能会降低游客的忠诚度。主要原因如下。

第一,感知价格心理安慰作用的原因。

第一,感知价值与收益和成本相关的原因。邮轮游客的感知价值是对感知收益和支付成本总体评价的原因。不仅与收益相关,而且与成本支出相关。邮轮游客积极的价值感知,既可能是因为感知收益增加,也可能是因为感知成本减少。因此,邮轮游客的感知价值与邮轮游客忠诚度并不存在正向影响的关系。感知价值并不能保证游客产生积极的忠诚度的原因。

第二,感知价格具有心理安慰作用的原因。本研究对感知价值的研究充分考虑了价格。如果游客对产品或服务质量的期望是基于价格而起的,那么就会产生感知价格的心理安慰作用。一般而言,如果感知价格高,那么游客对产品或服务质量的期望就高,反之亦然。邮轮产品大幅降价会提高游客感知价值,但可能会降低游客对该邮轮公司的偏好,进而影响忠诚度。

与此相应的策略如下。

第一,增强邮轮游客感知收益的策略。邮轮游客的感知收益既可能是经济收益,也可能是社会收益,还可能是心理情绪上的收益,如精神的愉悦等。邮轮游客感知收益的表现形式是多样的。因此,增强邮轮游客的感知收益可从多方面展开。这也需要邮轮旅游的每一个环节都提供优质的产品和服务,提升服务质量贯穿邮轮旅游全过程。

第二,培育邮轮游客态度忠诚的策略。邮轮游客的态度忠诚是指对已消费的邮轮产品和服务形成的心理偏好及心理承诺。培育邮轮游客态度忠诚的有效途径还是提升服务质量,在服务中融入情感沟通,在服务中传递信任和自信。提升邮轮旅游服务的定制化水平,注重游客的个性需求,增强服务的移情性,使邮轮游客切身感受到用心服务。

(九)邮轮游客满意度与邮轮游客忠诚度影响关系的假设检验

研究假设 H9 是有关邮轮游客满意度与邮轮游客忠诚度影响关系的假设。分析结果表明,研究假设 H9:邮轮游客满意度与邮轮游客忠诚度正相关被支持($\beta = 0.884$, $t = 12.413$, $p < 0.001$)。主要原因如下。

第一,高满意度增强再惠顾意愿的原因。邮轮游客的满意度高,说明其消费邮轮产品和服务的实际感受与期望相符,甚至可能超越原有期望。高满意度意味着邮轮游客的需求得到满足,感知收益高,形成了积极的价值感知。因此,具有高满意度的邮轮游客更可能产生再惠顾的意愿。

第二,高满意度增强偏好及承诺的原因。满意度高的邮轮游客,由于所消费的产品和服务能够有效满足需求,因此会对该产品和服务形成心理偏好及心理承诺,也就是态度忠诚,并引发行为忠诚。因此,邮轮游客满意度与邮轮游客忠诚度存在正向影响关系。

与此相应的策略如下。

第一,建立邮轮游客情感信任的策略。情感信任是提高邮轮游客忠诚度的前提条件。情感信任意味着对产品和服务的信赖,会形成心理偏好和承诺。建立邮轮游客情感信任,有赖于邮轮公司提供定制化的服务,邮轮公司的员工能够及时准确地履行服务承诺,在服务接触过程中与游客形成良好的互动,传递信任和自信,满足游客的个性化需求。

第二,培育邮轮品牌口碑效应的策略。积极的口碑效应不仅能够对邮轮游客的消费决策产生正向影响,而且能够培育忠诚游客群体。形成积极的口碑效应,一方面需要提升邮轮旅游服务质量,使满意度高的游客成为邮轮公司的形象大使,向他人积极推荐所购买的邮轮产品和服务;另一方面需要借助于新兴媒体,如微博、微信、自媒体等社交媒体平台,扩大邮轮品牌的影响力。

三、对邮轮旅游价格敏感度调节作用的检验

本研究采用多群组分析方法研究价格敏感度在构件之间的调节作用。在进行分析之前,首先把价格敏感度测量量表中受访者回答每一个测度项的分值加起来求和,然后除以测度项的个数,计算出价格敏感度的均值为 5.121。根据价格敏感度的均值,受访者被分成两个独立的群组:价格敏感度小于或等于均值 5.121 的受访者被分入价格敏感度低的

一组($n=376$),价格敏感度大于均值 5.121 的被分入价格敏感度高的一组($n=407$)。

接下来,为了评估两组受访者中价格敏感度的不同作用,本研究分别对未受约束的模型和受约束的模型进行 Chi-square 差异检验。结果表明,未受约束的模型和约束模型之间的 Chi-square 差异显著($\Delta\chi^2=94.499$,$p<0.001$),说明服务质量以及感知价格对新奇体验、感知价值、满意度和忠诚度的影响在两个价格敏感群组中存在显著差异。

为了确认两个群组中哪些构件之间的关系存在显著差异,本研究通过分析约束模型和无约束模型之间的 Chi-square 差异,对构件之间的关系进行独立估计。具体而言,就是两个群组构件之间的路径关系被限定为相同,然后将约束模型和无约束模型(所有的路径关系都是自由估计)进行比较。

有关价格敏感度的研究结果列示在表 6-7 中。统计检验表明,价格敏感度的调节作用只存在于:①新奇体验和满意度之间;②新奇体验和感知价值之间。对调节作用的检验部分验证了邮轮游客因价格敏感度不同从而对邮轮体验的反应存在差异的看法,研究假设 10 部分被支持。所以,本研究通过统计检验认为,新奇体验在价格敏感度低的群组对满意度的影响更显著,而它在价格敏感度高的群组对感知价值的影响更显著。上述结果表明,新奇体验对价格敏感度低的游客和对价格敏感度高的游客而言都是重要因素。

表 6-7 邮轮旅游价格敏感度调节作用检验

研究假设与路径	标准路径系数		$\Delta\chi^2$
	价格敏感度低 ($n=376$)	价格敏感度高 ($n=407$)	
H1a 游客与员工之间的互动质量→新奇体验	0.151	-0.028	0.629
H1b 游客之间的互动质量→新奇体验	0.379	0.265	1.142
H1c 服务环境质量→新奇体验	0.017	0.138	0.345
H1d 结果质量→新奇体验	0.508	0.477	0.109
H2a 游客与员工之间的互动质量→感知价值	0.386	0.185	1.034
H2b 游客之间的互动质量→感知价值	0.299	0.163	1.018
H2c 服务环境质量→感知价值	-0.016	-0.120	0.185
H2d 结果质量→感知价值	0.117	0.042	0.367
H3 新奇体验→感知价值	0.238	0.561	3.128*
H4 感知价格→感知价值	-0.181	-0.160	0.543
H5 新奇体验→满意度	0.244	0.063	9.194**
H6 感知价值→满意度	0.713	0.802	0.680
H7 新奇体验→忠诚度	0.204	0.415	0.806
H8 感知价值→忠诚度	-0.163	-0.084	0.697
H9 满意度→忠诚度	0.948	0.665	2.983

注:* $p<0.05$,** $p<0.01$。

作为调节变量,价格敏感度的调节作用存在差异的原因如下。

第一,对价格敏感度高的邮轮游客来说,价格是其消费决策主要影响因素。价格敏感度高的邮轮游客,由于收入水平有限及其他因素的影响,其对邮轮产品和服务的期望主要基于价格而起,价格是影响其消费决策的主要因素。价格敏感程度不同的邮轮游客,即使相同的价格,其感知价格也存在较大差异。

第二,对价格敏感度低的邮轮游客来说,评价其邮轮体验更注重情感要素。价格敏感度低的邮轮游客,其消费决策受到收入水平的刚性约束较少,其对邮轮旅游收益的感知较少基于货币收益,而更注重心理情绪价值或社会价值,因此评价其邮轮体验更注重情感要素,如新奇体验。相反,价格敏感度高的游客在评价其邮轮体验时注重价值感知。

与此相应的策略如下。

第一,实施有效市场细分的策略。邮轮公司可以根据游客对折扣价格的偏好程度进行有效的市场细分。根据价格敏感度对游客进行细分有助于邮轮公司确定游客的具体需求。根据不同的细分市场创造不同的邮轮体验,能够让游客意识到邮轮产品和服务、邮轮体验都是为他们量身定做、定制化设计的,也是提高公司销售收入的有效方法。

第二,设计不同航游体验的策略。价格敏感度低的游客不论是否有价格折扣都会购买邮轮产品,他们也愿意为更优质的邮轮体验支付更高的价格,当然也就更关注邮轮产品和服务的质量。较高的价格能够增强游客对服务质量的感知。对价格敏感度低的游客,邮轮公司应该将其寻求新奇体验的需求最大化,激发他们的再惠顾意愿。

第七章　邮轮旅游服务质量认知的客源细分差异研究

第一节　邮轮旅游服务环境质量认知路径的客源细分差异

一、邮轮游客对邮轮旅游服务环境质量认知的主成分因子分析

如表 7-1 所示,游客对邮轮旅游服务环境质量感知样本的 KMO 值为 0.649,表明因子分析适用于样本数据,各因子间不仅具有相关度,而且相关度较为明显。根据 Bartlett 球形检验,卡方值为 2 045.894,P 值为 0.000,小于 0.01,而统计量间具有非常显著的相关性,再则不是单位矩阵,因此因子分析适用。本研究通过主成分法提取因子,并且利用正交旋转提取公因子,公因子的选择条件是特征值大于 1.000、因子载荷大于 0.500 的因子。筛选后的 3 个邮轮旅游服务环境质量感知主成分因子的特征值分别为 2.195、2.103、1.682,累积解释变量方差的 59.8%。

表 7-1　邮轮游客对邮轮旅游服务环境质量认知的 KMO 和 Bartlett 球形度检验

邮轮游客对邮轮旅游服务质量认知的 KMO 值		0.649
Bartlett 球形度检验	卡方	2045.894
	自由度	45
	显著性	0.000

如表 7-2 所示,所提取的游客对邮轮旅游服务环境质量认知主成分因子累计方差贡

表 7-2　游客对邮轮旅游服务环境质量认知的主成分因子分析

潜变量	潜变量公因子	潜变量公因子测度项	变量因子载荷	特征值	方差贡献率	累积方差贡献率
邮轮旅游服务环境质量	环境的氛围特征	邮轮的公共空间宽敞舒适	0.848	2.195	21.947%	21.974%
		邮轮上的气氛欢快热烈	0.791			
		我积极参与邮轮娱乐活动	0.615			
	空间陈设与布局	邮轮的内部装潢奢华考究	0.899	2.103	21.032%	42.979%
		空间设计巧妙且富有创意	0.889			
	环境的背景特征	邮轮上的环境干净整洁	0.524	1.682	16.821%	59.800%
		邮轮上的灯光非常漂亮	0.826			
		邮轮上的室内温度宜人	0.769			
		邮轮上的背景音乐让人放松惬意	0.515			

献率为 59.8%,结果较为理想。公因子"环境的氛围特征"与"空间陈设与布局"的方差贡献率分别为 21.947%、21.032%,为公因子中最高的也是包含最多的信息数量,因此是邮轮旅游者对邮轮旅游服务环境质量感知公因子中最为重要的。公因子"环境的背景特征"服务环境质量方差贡献率分别为 16.821%,也具有代表性。

二、邮轮旅游服务环境质量认知的客源细分差异

(一)不同性别的邮轮游客对邮轮旅游服务环境质量认知的比较分析

如表 7-3 所示,不同性别细分市场的邮轮游客对邮轮旅游服务环境质量的 3 个公因子"环境的背景特征""空间陈设与布局""环境的氛围特征"的认知均不存在显著性差异。主要原因如下。

表 7-3 不同性别的邮轮游客对邮轮旅游服务环境质量认知的比较分析

潜变量	邮轮旅游服务环境质量公因子	样本组别	均值	F 值	Sig.
邮轮旅游服务环境质量	环境的背景特征	男	5.20	20.534	0.115
		女	4.88		
	空间陈设与布局	男	4.95	9.851	0.102
		女	4.63		
	环境的氛围特征	男	4.58	2.273	0.132
		女	4.70		

注:* $P<0.05$,** $P<0.01$,*** $P<0.001$。

第一,休闲需求强烈的原因。一方面,消费者的可支配收入和闲暇时间呈现增长趋势,其休闲需求日趋强烈。另一方面,随着消费者旅游经验的成熟,其对新兴旅游活动的需求尤为强烈。邮轮旅游起源于欧美,在中国的发展起步较晚,有别于传统的旅游活动,因此游客对邮轮旅游服务环境质量的认知,就性别而言其差异并不显著。

第二,体验特征鲜明的原因。邮轮本身就是旅游目的地,体验性强是邮轮产品的主要特点。在邮轮旅游过程中,游客可以参加各类体验性的活动,如迷你高尔夫、攀岩、卡丁车、滑水道、各类娱乐活动等,在公共空间,一般都有乐队表演、游戏活动等,因此邮轮旅游的体验性特征非常鲜明,也使得不同性别游客对服务环境质量的认知不存在显著差异。同时,邮轮海上航行日时间较长,游客对服务环境较为熟悉,因此不同性别游客对邮轮服务环境质量的认知无显著差异。

在分析原因的基础上,本研究有针对性地提出邮轮旅游服务环境质量营销策略如下。

第一,推广邮轮文化的营销策略。邮轮旅游起源于欧美,是舶来品。作为全新的旅游方式和新兴的旅游业态,邮轮旅游能够更好地满足消费者的休闲需求,并且游客对邮轮旅游服务质量的认知,在性别上差异并不明显。因此,邮轮企业以及旅行社等中间商应当加

大邮轮文化的推广力度,通过与新媒体、社区等的合作进一步宣传邮轮文化。

第二,邮轮体验项目创意策略。邮轮旅游公司应突出邮轮产品的体验性,策划具有创意的体验性邮轮活动项目。应根据市场调研结果,创新设计能够吸引不同性别旅游者的娱乐项目,应对邮轮旅游项目的名称有针对性设计,拟订富有联想空间的项目名称,以吸引旅游者参与体验,以此维护良好的邮轮旅游服务环境质量。应淘汰体验性不强的活动项目,更新体验程度高的项目。

(二)不同年龄的邮轮游客对邮轮旅游服务环境质量认知的比较分析

如表 7-4 所示,不同年龄的邮轮游客对邮轮旅游服务环境质量中"环境的背景特征""空间陈设与布局"的认知不存在显著性差异,对"环境的氛围特征"的认知存在显著性差异。

表 7-4　不同年龄的邮轮游客对邮轮旅游服务环境质量认知的比较分析

潜变量	邮轮旅游服务环境质量公因子	样本组别	均值	F 值	Sig.
邮轮旅游服务环境质量	环境的背景特征	25 岁以下	5.09	1.205	0.307
		26～35 岁	5.02		
		36～45 岁	5.16		
		46～55 岁	5.05		
		56 岁及以上	4.94		
	空间陈设与布局	25 岁以下	5.13	4.204	0.002**
		26～35 岁	4.95		
		36～45 岁	4.65		
		46～55 岁	4.94		
		56 岁及以上	4.53		
	环境的氛围特征	25 岁以下	4.68	0.806	0.522
		26～35 岁	4.66		
		36～45 岁	4.71		
		46～55 岁	4.66		
		56 岁及以上	4.53		

注:* $P < 0.05$, ** $P < 0.01$, *** $P < 0.001$。

首先,不同年龄细分市场的邮轮游客对"环境的背景特征""空间陈设与布局"服务环境质量公因子感知不存在显著性差异,主要原因如下。

第一,邮轮服务设施先进的原因。邮轮旅游属于高端旅游产品,发端于欧美等旅游业发达国家,近年来才逐渐引入我国,传承与保持了优秀的邮轮旅游服务环境质量管理理念与经验。邮轮旅游公司注重邮轮内饰环境设计与管理,在灯光设计、环境卫生、温度控制、内部装饰等方面达到较高标准,不同年龄的邮轮游客对邮轮旅游设施服务环境质量的认知评价较高。

第二,旅游经验逐步成熟的原因。我国的国内旅游及出入境旅游都保持了较快增长,全民休闲旅游发展态势良好。不同年龄阶段的国内游客,出游率都有显著增长,对旅游服务环境更加熟悉。虽然邮轮旅游与传统旅游方式不同,但随着不同年龄旅游者旅游经验的逐步成熟,游客对邮轮服务环境的认知在年龄上并不呈现显著差异。

在分析原因的基础上,本研究有针对性地提出邮轮旅游服务环境质量营销策略。

第一,邮轮服务环境优化策略。自20世纪60年代起,现代邮轮旅游突出休闲度假功能,一直注重服务环境的改善,但对中国游客而言,邮轮旅游属于舶来品,服务环境仍面临本土化的问题,重点是增加中国游客对服务环境的亲近感,从标识语言、设施的便利程度、活动策划、环境氛围等方面进一步优化邮轮服务环境。例如,公主邮轮公司的"盛世公主号"就是为中国游客量身定制的国际邮轮。

第二,空间布局主题化的策略。虽然不同年龄阶段的游客对邮轮空间布局与陈设不存在显著差异,但不同邮轮可以通过对空间布局的主题化设计,实现邮轮品牌形象的塑造,使服务环境成为邮轮品牌差异化形象的一部分。主题设计的灵感,既可以来源于历史文化,也可以来源于现代科技,设计的创意和独具匠心是增强服务环境吸引力的首要因素。例如歌诗达"大西洋号"的设计灵感来源于古罗马的神话传说,皇家加勒比的"海洋量子号"融入了许多现代科技的元素。

其次,不同年龄游客对邮轮服务环境中"环境氛围特征"的认知存在显著性差异。其中,25岁及以下邮轮旅游者的感知均值最高,56岁及以上邮轮旅游者的感知均值最低,其他年龄段邮轮旅游者感知均值居中,年龄段次序分别为26~35岁、46~55岁、36~45岁,其原因如下。

第一,环境氛围偏好存在差异的原因。对于25岁以下以及年龄较轻的邮轮旅游者,喜好热烈而有激情的邮轮环境氛围,恰与以愉悦欢快为主基调的邮轮旅游服务氛围相适,认知评价水平较高。对于56岁及以上以及其他年龄较长的邮轮旅游者,喜好宁静、文化氛围浓厚环境,对以欢快为主基调的邮轮旅游服务环境氛围的认知评价水平较低。

第二,环境认知经验存在差异的原因。在多数情况下,旅行经验与年龄呈正相关的关系。25岁以下及年龄较小的邮轮旅游者,旅行经验相对较少,对旅游服务环境的认知经验也相对较少,因此对邮轮旅游服务环境氛围的认可程度较高,认知评价水平较高;56岁以上以及年龄较大的邮轮旅游者,对旅游服务环境的认知经验较多,相对更挑剔,因此对邮轮服务环境氛围的认知评价水平较低。

在分析原因的基础上,提出相应的邮轮旅游服务环境质量营销策略。

第一,环境氛围优化的策略。邮轮公共空间的环境氛围是构成邮轮服务环境质量的重要部分,它对于调动邮轮游客的情绪有重要的作用。对于25岁以下以及年龄较轻的邮轮旅游者,应注重策划具有动感活力,凸显欢快愉悦氛围的活动项目;对与56岁以上以及其他年龄较长的旅游者,应注重策划节奏舒缓,但娱乐性强的活动项目。

第二,环境氛围差异化策略。对于25岁以下以及年龄较轻的邮轮旅游者,应开发参与性强的娱乐项目,从灯光、内饰、背景音乐、服务设施等方面营造愉悦氛围。对于 56 岁及以上以及其他年龄较长的旅游者,应注重观景平台、中庭等公共空间氛围的营造,注重营造休闲惬意的环境氛围,提升这类游客群体对邮轮旅游服务环境氛围质量的认知。

(三) 不同婚姻状况的邮轮游客对邮轮旅游服务环境质量认知的比较分析

如表 7-5 所示,不同婚姻状况的邮轮游客对邮轮服务环境中的"环境的背景特征""空间陈设与布局"公因子的认知不存在显著性差异,对"环境氛围特征"公因子的认知存在显著性差异。

表 7-5　不同婚姻状况的邮轮游客对邮轮旅游服务环境质量认知的比较分析

潜变量	邮轮旅游服务环境质量公因子	样本组别	均值	F 值	Sig.
邮轮旅游服务环境质量	环境的背景特征	单身	5.25	3.524	0.061
		已婚	5.03		
	空间陈设与布局	单身	5.26	8.408	0.004**
		已婚	4.75		
	环境的氛围特征	单身	4.62	0.030	0.863
		已婚	4.64		

注:* $P<0.05$, ** $P<0.01$, *** $P<0.001$。

首先,不同婚姻状况的邮轮游客对"环境的背景特征""空间陈设与布局"服务环境质量公因子的认知不存在显著性差异,其原因如下。

第一,邮轮设施升级优化的原因。邮轮旅游已逐渐为我国旅游者熟悉,随着邮轮旅游客源市场规模不断壮大,邮轮旅游者数量激增。为保持良好邮轮旅游服务环境质量,邮轮旅游管理方注重邮轮设施设备的升级优化,且能够长久保持较高服务环境质量水准。因此,无论对于单身还是对于已婚的邮轮游客,对邮轮旅游服务设施服务环境质量感知均不存在显著性差异。

第二,空间感知视角相似的原因。邮轮游客尽管在婚姻状况上存在差异,但乘邮轮出游追求休闲体验却有很大的相似性,因此在对邮轮空间陈设与布局的认知上并无明显不同的视角。再加之,不同婚姻状况的游客,尽管所处的家庭生命周期的阶段不同,但是出游的意愿都很强烈,因此无论是单身状态,还是已婚状态的游客,旅游经验不断累积和成熟,对旅游服务环境已有一定的认知基础,对邮轮服务环境的空间陈设与布局的认知也不会存在显著差异。

在分析原因的基础上,本研究有针对性地提出邮轮旅游服务环境质量营销策略。

第一,设施设备及时维护的策略。邮轮管理方应加强设施设备维修维护,应招聘邮轮设施设备日常维修人员,确保及时对损坏设施设备进行维修。应对邮轮易损坏设备有充足储备,能够及时替换已损坏设施设备。邮轮应建立设施设备报修电话,并建立反应快捷的维修制度,及时对报修设施设备进行修复,通过硬件设施维修维护体现邮轮旅游服务环境质量。

第二,空间布局多样化的策略。不同婚姻状况的邮轮游客,虽然对邮轮空间布局和陈设的认知并无显著性差异,但由于其所处的生命周期阶段不同,因此他们在公共空间的社交意愿、需求和动机等会存在差异。空间不仅具有物理性,更具有社会性。对邮轮船体空间的布局要力求多样性,能够让不同婚姻状况的邮轮游客满足各自的休闲、社交等需求。

其次,不同婚姻状况的邮轮游客对"环境氛围特征"邮轮服务环境质量公因子的认知存在显著性差异。其中,单身游客的感知均值高于已婚游客,其原因如下。

第一,休闲动机存在差异的原因。单身邮轮游客由于还没有组建家庭,追求休闲体验的同时并无家庭顾虑,已婚邮轮游客在旅游过程中则必定要考虑家人的情绪和感受。事实上,相当一部分邮轮旅游是以家庭的方式出游,其动机之一就是通过邮轮旅游来进一步密切家人的情感。而休闲动机的差异,必然会影响他们对邮轮活动的选择和偏好,进而对环境氛围特征的认知存在显著差异。

第二,行为特征存在差异的原因。单身邮轮游客无家庭顾虑,在消费行为上多表现为更偏好个体性强、冒险性强的活动项目,已婚有家庭的邮轮游客则需考虑家庭,在消费行为上多表现为偏好群体性强,需要多人参与、协作的活动项目。由于婚姻状况差异导致的消费行为、消费偏好的差异,必然会影响游客对邮轮服务环境中环境氛围特征的认知。相同的活动项目,不同婚姻状况的游客在认知上存在显著差异。

在分析原因的基础上,本研究有针对性地提出邮轮旅游服务环境质量营销策略。

第一,环境氛围多样化策略。对于单身邮轮旅游者,邮轮旅游公司应提供个体参与程度高、娱乐性和社交性都较强的参与项目,应加强公共娱乐产品供给,营造欢快积极的气氛,提高单身游客对环境氛围特征的认知。对于已婚邮轮旅游者,应提供适宜家庭、老年人或者儿童参与的休闲娱乐项目,并针对相应的家庭成员,设计亲子系列、情侣系列的活动项目。

第二,活动项目主题定位策略。一方面,为一些主打的活动项目设计主题,增强不同类型游客的认知程度;另一方面,通过设计主题,实现活动项目的差异化,明确活动的主要参与对象,使活动项目的设计更有针对性,不同类型的游客都能够找到适合自己偏好的活动项目。例如,对于已婚邮轮旅游者,邮轮公司可以设计以一些如"天长地久""爱情永恒""与子携手"等为主题的活动项目。

(四)不同学历的邮轮游客对邮轮旅游服务环境质量认知的比较分析

如表7-6所示,不同学历邮轮游客对"环境的背景特征""空间陈设与布局""环境的氛围特征"等邮轮服务环境质量公因子的认知存在显著性差异。

在对"环境的背景特征"的认知群体中,高中/中专/技校、大专学历邮轮游客的感知均值最高,硕士及以上学历邮轮游客的感知均值最低,大学本科学历邮轮游客的感知均值居中;在对"空间陈设与布局"的认知群体中,高中/中专/技校学历和大专学历的游客感知均值较高,大学本科学历和硕士以上学历邮轮游客的感知均值较低,"环境氛围特征"的认知群体中,高中/中专/技校学历邮轮游客的感知均值最高,大专学历和大学本科学历的邮轮

表7-6　不同学历的邮轮游客对邮轮旅游服务环境质量认知的比较分析

潜变量	邮轮旅游服务环境质量公因子	样本组别	均值	F 值	Sig.
邮轮旅游服务环境质量	环境的背景特征	高中/中专/技校	5.35	7.951	0.000***
		大专	5.35		
		大学本科	5.02		
		硕士及以上	4.88		
	空间陈设与布局	高中/中专/技校	5.25	9.899	0.000***
		大专	5.13		
		大学本科	4.91		
		硕士及以上	4.94		
	环境的氛围特征	高中/中专/技校	4.77	4.420	0.004***
		大专	4.70		
		大学本科	4.71		
		硕士及以上	4.63		

注：* $P<0.05$，** $P<0.01$，*** $P<0.001$。

游客居中，硕士及以上学历邮轮游客的感知均值最低。主要原因如下。

第一，旅游者文化底蕴的原因。学历背景为高中/中专/技校、大专的邮轮旅游者，存在文化底蕴与知识见识等方面局限，对硬件设施方面的邮轮旅游服务环境质量评价更积极。对于学历为大学本科、硕士及以上的邮轮旅游者，知识积累深厚，具有一定深度的文化底蕴，对邮轮旅游服务设施环境质量评价有更多方面的认识，其感知评价水平偏低。

第二，旅游者体验敏感性的原因。旅游者对邮轮环境的评价，需要调动已有的知识储备，运用习惯的思考方式，对从外界获得各类信息和刺激进行分析和判断，进而做出评价。不同学历或受教育程度，使得邮轮旅游者的知识储备、文化修养、思考方式等存在差异，从而旅游者对服务环境的体验敏感性也会不尽相同。所以不同学历或受教育程度的游客，对服务环境背景特征的认知存在显著差异。

第三，认知基础存在差异的原因。邮轮空间的陈设与布局一般都融入了文化元素，如歌诗达"赛琳娜号"的装饰灵感就来源于古罗马的神话传说。不同学历或教育背景的游客，由于知识储备和文化素养存在差异，因此对邮轮空间陈设与布局的认知也会存在差异。学历程度低的游客，由于新奇感等原因，感知均值较高，学历程度高的游客，感知均值偏低。

第四，审美水平存在差异的原因。邮轮游客审美水平的高低于其学历或受教育程度有关。学历高或受教育程度高的游客，眼界开阔，见识广，审美水平较高，当然也更挑剔，容易持批判的眼光。反之，审美水平较低。具有异域风情或文化元素较浓的空间陈设与布局，对于学历或受教育程度低的游客来说，新鲜感更强，出于好奇等原因，他们的感知均值较高；相反，学历或受教育程度高的游客，对空间陈设和布局的认识相比更深入，也更挑剔,因此感知均值较低。

在分析原因的基础上,本研究有针对性地提出邮轮旅游服务环境质量营销对策。

第一,邮轮环境底蕴提升策略。对于高中/中专/技校、大专学历邮轮旅游者,应提高内部装饰环境的豪华程度,营造邮轮旅游高端优雅服务环境,维持良好的邮轮旅游娱乐氛围服务环境质量。对于大学本科、硕士及以上高学历邮轮旅游者,应营造具有文化底蕴的邮轮装饰环境,如在休闲、观景、聊天场所设置读物阅览架,采用深色作为背景颜色等。

第二,细分市场需求满足策略。对于高中/中专/技校、大专学历邮轮旅游者,邮轮旅游公司应明确该细分市场的需求特征,应提高娱乐、餐饮产品品质及其服务环境质量,营造诚信的消费环境。对于大学本科、硕士及以上高学历邮轮旅游者,应在其邮轮旅游服务环境质量建设与管理中植入文化与地域特色,扩展产品服务、消费环境的文化内涵。

第三,邮轮公共空间扩展策略。对于高中/中专/技校学历旅游者,应注重休闲娱乐公共空间建设与扩容,同时增加休闲娱乐服务设施设备,满足旅游者休闲娱乐需要。对于大学本科学历以及大专、硕士及以上学历旅游者,应注重休闲娱乐空间服务环境质量管理,突出邮轮旅游服务环境质量的文化性、优雅性,应通过预定降低热点休闲空间的拥挤感知水平。

第四,普及与优化并举的策略。一方面,在学历或受教育程度较低的游客中进一步普及和推广邮轮文化,让他们了解现代邮轮的演进过程,以及邮轮内部装饰的设计创意及独具匠心之处,提高这部分游客对邮轮空间陈设与布局的认知水平;另一方面,在学历或受教育程度较高的游客中,通过调研获得反馈,了解从他们的视角是如何评价空间陈设与布局的,还需要做哪些改进和优化。

(五) 不同月收入的邮轮游客对邮轮旅游服务环境质量认知的比较分析

如表 7-7 所示,不同月收入的邮轮游客对邮轮旅游服务环境质量公因子"环境的背景特征""空间陈设与布局"的认知不存在显著性差异,对邮轮旅游服务环境质量的另一个公因子"环境的氛围特征"的认知存在显著性差异。

首先,不同月收入的邮轮游客对邮轮旅游服务环境质量公因子"环境的背景特征""空间陈设与布局"的认知不存在显著性差异,主要原因如下。

第一,对类似旅游服务环境认知经验积累的原因。国内旅游长期以来持续保持了较快的发展势头,国内游客尽管收入水平存在差异,但是出游频率、出游次数总体上都处于较高水平,不同收入水平的游客,其旅游经验在不断成熟,对各类旅游服务环境的认知经验也在不断累积。邮轮旅游虽然源自欧美,但随着国内游客旅游经验的不断积累,其对邮轮旅游服务环境背景特征的认知并不存在显著差异。

第二,空间陈设与布局的本土化程度提高的原因。对国内游客而言,邮轮旅游是一种全新的旅游方式,邮轮旅游进入中国市场本身也是"西风东渐"的过程。国际邮轮公司针对中国游客,也在积极寻求邮轮旅游的本土化策略,反映在空间陈设与布局方面,就是融入了更多的中国元素。例如,诺唯真邮轮公司"喜悦号"、公主邮轮公司"盛世公主号"等,都是为中国市场定制的邮轮。因此,不同收入水平的游客对邮轮空间陈设与布局的认知

表 7-7　不同月收入的邮轮游客对邮轮旅游服务环境质量认知的比较分析

潜变量	邮轮旅游服务环境质量公因子	样本组别	均值	F 值	Sig.
邮轮旅游服务环境质量	环境的背景特征	4 000 元以下	5.25	1.493	0.203
		4 001～5 000 元	5.11		
		5 001～6 000 元	5.03		
		6 001～8 000 元	4.97		
		8 001～10 000 元	5.11		
		10 000 元以上	5.07		
	空间陈设与布局	4 000 元以下	5.39	2.416	0.047*
		4 001～5 000 元	5.22		
		5 001～6 000 元	5.41		
		6 001～8 000 元	5.65		
		8 001～10 000 元	4.97		
		10 000 元以上	5.02		
	环境的氛围特征	4 000 元以下	5.08	0.401	0.808
		4 001～5 000 元	4.70		
		5 001～6 000 元	5.17		
		6 001～8 000 元	5.18		
		8 001～10 000 元	4.77		
		10 000 元以上	5.15		

注：* $P < 0.05$，** $P < 0.01$，*** $P < 0.001$。

不存在显著差异。

在分析原因的基础上，有针对性地提出邮轮旅游服务环境质量营销对策。

第一，邮轮服务环境主题定位的策略。邮轮旅游公司应注重邮轮环境风格统一，避免无主题的邮轮空间环境装饰。应注重邮轮功能环境完善，在完善服务环境功能的同时增强环境的美感，突出环境的主题定位。邮轮空间环境设计应凸显地域文化特色，通过邮轮旅游服务环境质量体验，传递邮轮旅游价值内涵。应增加邮轮典型设施设备与功能环境的解说标识，提高旅游者对邮轮旅游认识与兴趣。

第二，邮轮服务环境制定标准的策略。邮轮旅游公司应贯彻标准化的服务理念，应在细节方面加强邮轮旅游服务环境标准的制定，注重通过服务程序改良以维持标准化、高质量的服务环境质量。此外，邮轮旅游公司应注重对旅游者的个性化、关怀性服务，应对一线员工进行关怀性服务意识与技能培训，在对客服务过程中提升邮轮旅游者对服务软环境质量的认知评价。

其次，不同月收入的邮轮游客对邮轮旅游服务环境质量另一个公因子"环境的氛围特征"的认知存在显著性差异,其中,月收入为 6 001～8 000 元的邮轮旅游者感知均值最高,月收入为 8 001～10 000 元的邮轮旅游者的感知均值最低,其他月收入邮轮旅游者的感知均值居中,主要原因如下。

第一,邮轮消费层次差异原因。对于月收入为 6 001～8 000 元以及其他中等月收入的邮轮旅游者,属大众邮轮旅游消费群体,邮轮旅游消费主要以涵盖在船票价格中的基本项目为主。对于月收入 8 001～10 000 元以及其他高收入的邮轮旅游者,邮轮旅游消费在基本项目之外还有二次消费项目,对邮轮服务环境的氛围特征认知存在差异,此类邮轮旅游者的认知评价偏低。

第二,环境氛围认可差异原因。对于月收入为 6 001～8 000 元以及其他中等月收入邮轮旅游者,对邮轮服务环境的氛围特征认知持正面态度。对于月收入为 8 001～10 000 元以及其他高收入的邮轮旅游者,对邮轮活动项目及服务环境的定制化程度要求较高,对环境氛围的个性化需求较强烈,导致此类邮轮旅游者对邮轮服务环境的氛围特征,尤其是基本项目中服务环境的氛围特征认知评价偏低。

在分析原因的基础上,有针对性地提出邮轮旅游服务环境质量营销对策。

第一,邮轮旅游价格差异策略。对于月收入为 6 001～8 000 元以及其他中等月收入的邮轮旅游者,邮轮公司应提供在价格上具有吸引力的邮轮产品,同时提高船票价格所包含的基本消费项目的服务质量,增加此类邮轮旅游者的感知价值。对于月收入为 8 001～10 000 元以及其他高收入的邮轮旅游者,邮轮公司应提供高端旅游服务产品,尤其是提高高端服务产品的定制化水平,在服务环境氛围的营造上要突出个性化特征,满足此类游客的个性化需求。

第二,邮轮主体客源营销策略。月收入为 6 001～8 000 元以及其他中等月收入旅游者已成为邮轮旅游的主体客源,应调研此类旅游者对邮轮旅游服务环境氛围质量的评价,在营造和提升服务环境氛围质量上有的放矢,同时注入创意元素。对于月收入为 8 001～10 000 元以及其他高收入的邮轮旅游者,邮轮公司应采取高质高价策略,强化高端典雅并极富个性化特征的邮轮旅游服务环境氛围质量。

(六) 不同职业的邮轮游客对邮轮旅游服务环境质量认知的比较分析

如表 7-8 所示,不同职业的邮轮游客对邮轮旅游服务质量环境公因子"环境的背景特征""空间陈设与布局"的认知不存在显著性差异,对公因子"环境氛围特征"服务环境质量公因子感知存在显著性差异。

首先,不同职业的邮轮游客对邮轮服务质量环境公因子"环境的背景特征""空间陈设与布局"的认知不存在显著性差异,其原因如下。

第一,服务环境功能完善的原因。虽然邮轮旅游引入我国时间尚短,但在欧美等发达国家,邮轮旅游已是较为成熟的旅游产品,其空间规划与设计、服务质量等方面有丰富经验。进入我国旅游市场后,邮轮空间功能设计与邮轮旅游服务环境质量管理能够满足旅游者,因此,不同职业的邮轮游客对邮轮服务环境质量感知不存在显著性差异。

第二,服务环境规范标准的原因。邮轮旅游公司具有悠久的经营历史,具有深厚的服

表 7-8 不同职业的邮轮游客对邮轮旅游服务环境质量认知的比较分析

潜变量	邮轮旅游服务环境质量公因子	样本组别	均值	F 值	Sig.
邮轮旅游服务环境质量	环境的背景特征	企业工作人员	4.80	1.493	0.203
		政府工作人员	5.34		
		事业工作人员	4.72		
		自由职业者	5.07		
		专业技术人员	5.48		
		学生	4.20		
		其他	5.07		
	空间陈设与布局	企业工作人员	5.19	2.416	0.047*
		政府工作人员	5.61		
		事业工作人员	5.00		
		自由职业者	5.26		
		专业技术人员	5.35		
		学生	5.57		
		其他	5.12		
	环境的氛围特征	企业工作人员	5.21	0.401	0.808
		政府工作人员	4.84		
		事业工作人员	4.88		
		自由职业者	5.05		
		专业技术人员	5.34		
		学生	4.96		
		其他	5.03		

注：* $P<0.05$，** $P<0.01$，*** $P<0.001$。

务环境质量管理经验,邮轮旅游服务环境质量能够达到较高的规范与标准。此外,邮轮旅游管理精细,邮轮服务空间陈设与布局能够保持较高水准,因此不同职业的邮轮游客实际体验始终保持较高水平的认知评价。

在分析原因的基础上,有针对性地提出邮轮旅游服务环境质量营销对策。

第一,邮轮装饰风格创新策略。邮轮旅游公司应对内部装饰风格进行本土化创新。国际邮轮的内部功能环境设计往往以国外旅游者的需求为准,进入中国市场后,应注意中西方旅游者需求差异,应以中国邮轮旅游者需求为依据,在邮轮内部功能环境设计进行创新,创新邮轮装饰风格,迎合中国邮轮旅游者的审美需要及对邮轮旅游服务环境质量的需要。

第二,服务环境推介传播策略。邮轮旅游公司应通过多种传播渠道,尤其是新媒体及社交媒体,对邮轮旅游服务环境进行推介。邮轮服务环境,尤其是主题化的空间陈设与布局,具有较强的观赏性和艺术性。邮轮公司可以通过旅行社与公司网站宣传和推介邮轮服务环境,活动项目、空间陈设与布局。在旅游过程中,可发放邮轮活动项目指南、服务目录清单,向旅游者推介邮轮活动项目。

其次,不同职业的邮轮游客对邮轮旅游服务质量公因子"环境的氛围特征"的认知存在显著性差异。其中,职业为专业技术人员的邮轮游客感知均值最高,职业为政府工作人员的邮轮游客感知均值最低,其他职业类型邮轮游客的感知均值居中,主要原因如下。

第一,职业环境存在差异的原因。专业技术人员、企业工作人员主要从事与技术相关的工作,所处的工作环境压力较大,而邮轮旅游服务设施环境质量相对豪华舒适,对比之下此类邮轮旅游者更可能做出积极评价。职业为政府工作人员、事业工作人员等职业的邮轮旅游者,工作环境压力相对较小且相对更优越,对于邮轮旅游服务环境氛围特征可能给出较低的认知评价。

第二,邮轮环境期望差异原因。对于专业技术人员、企业工作人员等职业的邮轮旅游者,对邮轮旅游服务环境的氛围质量的期望与实际体验差距较小,对邮轮旅游服务环境氛围质量的评价较高。对于政府工作人员、事业工作人员等职业的邮轮旅游者,对邮轮旅游服务环境氛围质量的实际体验与其期望有差距较大,导致此类邮轮游客的认知评价偏低。

在分析原因的基础上,有针对性地提出邮轮旅游服务环境质量营销对策。

第一,邮轮环境状况优化策略。对于专业技术人员、企业工作人员等职业的邮轮旅游者,邮轮公司应通过创意设计,营造出休闲惬意、欢快愉悦的休闲环境氛围。对于职业为政府工作人员、事业工作人员等的邮轮旅游者,邮轮公司还应提升邮轮装饰环境的文化品位,凸显主题装饰风格,在环境氛围的营造上增强文化内涵,提高此类邮轮旅游者对服务环境氛围质量的认知评价。

第二,邮轮旅游环境宣传策略。邮轮旅游企业应加强邮轮旅游服务环境,尤其是环境氛围的宣传和推介,将休闲度假理念培育与邮轮旅游宣传推广结合起来,推出具有吸引力的邮轮旅游活动项目及邮轮旅游线路,全面提升邮轮服务环境氛围质量。对职业为专业技术人员、企业工作人员等职业的邮轮旅游者,邮轮公司可注重体验式服务产品与环境氛围的宣传;对职业为政府工作人员、事业工作人员等的旅邮轮游者,可注重邮轮文化、产品特色内涵信息宣传,注重宣传邮轮改善生活品质、环境设计技术等方面信息。

第二节　邮轮游客与员工互动质量认知的客源细分差异

一、邮轮游客与员工互动质量认知的主成分因子分析

Weiner、Schinka、Velicer(2013)[1]认为,当 KMO 值大于 0.70 是适用因子分析的充分条件,本研究关于邮轮旅游者对游客与员工互动服务质量的样本中 KMO 值为 0.786,表明因子分析适用,并且各因子间具有较为显著的相关度。按照 Bartlett 球形检验,本研究的数据样本卡方值为 2 033.893,P 值为 0.000 小于 0.01 和 0.001,一方面,统计量间的相关性非常显著,另一方面又不是单位矩阵,因此考虑做因子分析(余佳霖,2010)[2]。本研究关于邮轮旅游者对游客与员工互动服务质量感知的市场调研数据,通过主成分分析法提取因子,并且通过正交旋转提取公因子,选择条件是特征值大于1.00、因子载荷大于 0.600 的因子,筛选后的 3 个公因子,即"互动的响应性""互动的专业性""互动的移情性"的特征值分别为 2.365、2.096、1.768,同时解释变量方差为56.624%。

表 7-9　邮轮游客与员工互动服务质量认知的 KMO 和 Bartlett 球形度检验

邮轮游客与员工互动质量认知的 KMO 值		0.703
Bartlett 球形度检验	卡方	2 033.893
	自由度	55
	显著性	0.000

如表 7-9 所示,所选择的邮轮游客与员工互动服务质量中的 3 个公因子,即"互动的响应性""互动的专业性""互动的移情性"的累计方差贡献率为 56.624%,表明能够解释超过一半的因子项目,公因子提取结果较为理想,能够满足研究的需要。其中,公因子 1"互动响应性"的方差贡献率为 21.497%,为三个公因子中最高,因此在邮轮游客与员工互动服务质量的主成分公因子中占据更为重要的地位;公因子 2"互动专业性"的方差贡献率为 19.057%,具有重要代表性;而公因子 3"互动移情性"的方差贡献率为 16.070%,同样具有一定的代表性。

---

① Weiner I B, Schinka J A, Velicer W E. Handbook of Psychology, Research Methods in Psychology[M]. Hoboken: John Wiley & Sons, 2013: 169-170.

② 余佳霖.结构方程式模型:专题分析[M].台北:秀威资讯科技股份有限公司,2010:269-273.

表 7-10　邮轮游客与员工互动质量认知主成分因子分析

潜变量	潜变量公因子	潜变量公因子测度项	变量因子载荷	特征值	方差贡献率	累积方差贡献率
邮轮游客与员工的互动质量	互动响应性	邮轮上的服务员对游客的需求反应很迅速	0.703	2.365	21.497%	21.497%
		邮轮上的服务员很耐心地解答游客的疑问	0.697			
		邮轮上的服务员能准确地执行游客的要求	0.635			
		邮轮上的服务员热心主动地帮助游客	0.632			
	互动专业性	邮轮上的服务员很专业,技能娴熟	0.843	2.096	19.057%	40.554%
		邮轮上的服务员着装干净整洁	0.729			
		邮轮上的服务员仪表仪态很好	0.586			
		邮轮上的服务员让我感觉很安全	0.551			
	互动移情性	邮轮上的服务员能够提供个性化的服务	0.697	1.768	16.070%	56.624%
		邮轮上的服务员能够理解游客的个性需求	0.660			
		邮轮上的服务员值得信赖	0.656			

二、邮轮游客与员工互动质量认知的客源细分差异

基于以上对邮轮游客与员工互动质量认知的探索性因子分析,本研究以不同人口统计特征及其他相关影响因素为标准,深入研究邮轮游客与员工互动质认知的市场特征,并提出相应的市场营销策略。由统计学研究结果可知,显著性水平取决于 P 值,如果 P 值小于 0.05 左右(或小于 0.06 左右),那么就可以认为差异显著和具有统计学意义;而如果 P 值小于 0.01,那么就可以认为差异极为显著(Howell, 2011)[①]。

表 7-11 至表 7-16 是分别基于邮轮旅游者的性别、年龄、婚姻状况、学历、月收入、职业等人口统计特征,对邮轮游客与员工互动质量认知的市场细分特征进行比较分析。数据分析结果初步表明,不同特征的邮轮游客对游客与员工互动服务质量的认知存在一定程度的差异,这是分析与制定相应营销策略的基础。

---

① Howell D C. Statistical Methods for Psychology(8th Ed.)[M]. Belmont: Cengage Brain, 2011: 93-94.

（一）不同性别的邮轮游客对游客与员工互动质量认知的比较分析

由表 7-11 可知,邮轮游客与员工互动质量中的"互动的响应性"的 P 值小于 0.05,表明不同性别的邮轮游客对游客与员工互动质量中"响应性"的认知存在显著性差异;而对"互动的专业性""互动的移情性"的 P 值大于 0.05,表明不同性别的邮轮游客对游客与员工互动专业性、移情性的感知并不存在显著性差异。

表 7-11 不同性别的邮轮游客对游客与员工互动质量认知的比较分析

潜变量	邮轮游客与员工互动质量公因子	样本组别	均值	F 值	Sig.
邮轮游客与员工互动的质量	邮轮旅游互动响应性	男	5.24	9.447	0.002**
		女	5.04		
	邮轮旅游互动专业性	男	4.51	2.842	0.092
		女	4.64		
	邮轮旅游互动移情性	男	4.61	0.305	0.554
		女	4.56		

注: * $P<0.05$, ** $P<0.01$, *** $P<0.001$。

首先,不同性别的邮轮游客对游客与员工互动质量中"响应性"的认知差异显著,原因有二。

第一,男性游客对服务相对不挑剔的原因。男性邮轮游客对游客与员工互动服务响应性的认知程度相对较高。对于该部分群体,由于男性日常忙于工作,希望能够在邮轮旅游中享受到惬意与放松,因此对于邮轮游客与员工的互动服务质量,相对不挑剔。

第二,女性游客对服务主动参与的原因。女性邮轮游客对游客与员工互动服务质量的响应性的认知程度相对较低。对于该部分群体,由于女性自我价值的不断提升,其主动参与社会互动的积极性高涨,因此对于邮轮旅游互动中的服务响应要求更高。

因此,相应的邮轮旅游客与员工互动游服务质量营销策略如下。

第一,男性理性化互动服务质量的营销策略。考虑到男性邮轮游客对游客与员工互动服务质量响应性的认知程度较高的情况下,应注重对男性细分市场贴心化互动服务质量的关注。通过理解男性邮轮旅游互动服务质量的理性需求,提高适合其需要的互动服务质量响应效率,以获得该部分群体的忠诚度。

第二,女性专属化互动服务质量的营销策略。考虑到女性邮轮游客对游客与员工互动服务质量响应性的认知程度较低,应注重对女性细分市场特殊化互动服务质量的关注。通过关注女性服务需求,定制专属化的互动服务质量,尤其是在语言沟通、服务接触之中能够做到及时性、礼貌性相统一,以此提高女性细分市场对邮轮旅游互动服务质量响应的质量感知程度。

其次,不同性别的邮轮游客对游客与员工互动质量中"互动专业性""互动移情性"的认知并不存在显著性差异,其原因如下。

第一,互动服务质量需求同质化的原因。邮轮旅游中游客与员工的互动性较为普遍,尤其是各类社交活动的举办等,邮轮旅游受访者希望能够得到专业、满意的服务,因此在邮轮游客与员工互动专业技能、总体质量方面并不存在显著性差异。

第二,性别差异影响减弱化的原因。受知识水平、时代观念等的影响,性别差异产生的影响逐渐缩小,在旅游活动中的互动交往也如此,由此导致不同性别的邮轮旅游受访者对于游客与员工互动服务质量的感知并不会产生显著性差异。

因此,相应的邮轮旅游客与员工互动游服务质量营销策略如下。

第一,强化互动服务质量专业技能的营销策略。由于不同性别的邮轮旅游者对于邮轮游客与员工互动专业技能并不存在显著性差异,因此可以通过专业培训、绩效考核等方式强化互动服务质量专业技能,辅之以邮轮旅游者对于员工服务专业技能的反馈报告,以此从整体上提高邮轮游客对于游客与员工互动专业技能的认知。

第二,优化互动服务质量总体质量的营销策略。由于不同性别的邮轮旅游者对游客与员工互动移情性并不存在显著性差异,因此可以通过制定详实的互动服务质量计划、完善互动服务质量标准以及科学的互动服务质量评价等,保证邮轮游客与员工互动移情性的提升,以此提高邮轮游客的满意度与忠诚度。

(二) 不同年龄的邮轮游客对游客与员工互动质量认知的比较分析

由表 7-12 可知,邮轮游客与员工互动质量中的“互动响应性”和“互动专业性”的 P 值大于 0.05,表明不同年龄的邮轮游客对游客与员工互动质量响应性和专业性的认知并不存在显著性差异;而邮轮游客与员工互动质量中的“互动移情性”的 P 值小于 0.05,表明不同年龄的邮轮游客对游客与员工互动移情性的认知存在显著性差异。

首先,不同年龄细分的邮轮游客对游客与员工互动服务质量中的移情性的认知存在显著性差异,其原因如下。

第一,年龄对个性化服务需求差异的原因。年龄小的邮轮游客独立性强,更追求自由的体验,年龄大的邮轮游客行为更加谨慎,从众心理更明显,因此年龄小的邮轮游客对游客与员工互动质量中“移情性”的感知均值较高,年龄大的邮轮游客感知均值偏小。

第二,年龄影响个性化服务认知评价的原因。36～45 岁的邮轮游客对“邮轮旅游互动移情性”的感知均值最低,其原因在于该部分群体工作经验、生活阅历等相对较为丰富,因此在评价互动移情性的过程中会提高其评判标准,因此在该方面的质量感知相对较低。

在分析原因的基础上,本研究提出相应的营销策略如下。

第一,提升邮轮旅游互动活动质量的营销策略。鉴于 25 岁以下的邮轮游客对游客与员工互动服务质量中的“邮轮旅游互动移情性”的感知最高,针对该部分群体的邮轮旅游营销应从互动服务质量的提高化出发,增强活动的吸引力,获得该部分群体对邮轮旅游互动总体质量的高层次评价。

第二,优化游客与员工互动评价的营销策略。鉴于 36～45 岁的邮轮游客对游客与员工互动服务质量中的“邮轮旅游互动移情性”的感知最低,针对该部分群体的邮轮旅游营销应关注评价标准的科学化,规范互动质量的评价过程,避免因个人经历不同而造成评判

表 7-12 不同年龄的邮轮游客对游客与员工互动质量认知的比较分析

潜变量	邮轮游客与员工互动质量公因子	样本组别	均值	F 值	Sig.
邮轮游客与员工互动质量	邮轮旅游互动响应性	25 岁以下	5.12	0.396	0.812
		26～35 岁	5.15		
		36～45 岁	5.21		
		46～55 岁	5.13		
		56 岁及以上	5.10		
	邮轮旅游互动专业性	25 岁以下	4.31	6.997	0.063
		26～35 岁	4.48		
		36～45 岁	4.40		
		46～55 岁	4.88		
		56 岁及以上	4.62		
	邮轮旅游互动移情性	25 岁以下	4.78	2.609	0.035*
		26～35 岁	4.67		
		36～45 岁	4.44		
		46～55 岁	4.71		
		56 岁及以上	4.48		

注：* $P<0.05$，** $P<0.01$，*** $P<0.001$。

结果的差别。

最后，不同年龄的游客对游客与员工互动服务质量中的"互动响应性"和"互动专业性"的认知并不存在显著性差异，其原因如下。

第一，年龄群体反应相似化的原因。不同年龄细分市场的邮轮游客对于游客与员工互动服务质量的理解主要基于个人体验经历满足的基础上，期待实现个人邮轮旅游的参与需要，因此对于邮轮旅游互动服务质量的响应情况并不会刻意要求，因此并不存在显著性差异。

第二，邮轮员工服务专业性强的原因。一方面，邮轮员工来自不同国家，其构成具有多样性，并且邮轮公司对员工的专业技能有非常严格的要求，他们也经过了专业技能的培训；另一方面，对不同年龄阶段的游客而言，邮轮旅游与传统的旅游方式不同，对邮轮员工的专业技能都较为认同。

在分析原因的基础上，本研究提出相应的营销策略如下。

第一，氛围集成式的营销策略。鉴于不同年龄的邮轮游客对游客与员工互动服务质量中的互动响应性和互动专业性的认知并不存在显著性差异，针对邮轮游客的营销应从互动服务质量氛围的集成式出发，根据邮轮游客对响应性和专业性的需求，对现有的员工服务情绪、效率进行改善与升级，以此构建邮轮游客与员工之间和谐的互动服务质量氛围。

第二，细分聚类式的营销策略。鉴于不同年龄的邮轮游客对游客与员工互动服务质量中的互动响应性和互动专业性的认知并不存在显著性差异，针对邮轮游客的营销应从聚类、集体式的互动服务质量出发，关注邮轮游客对于互动响应性和专业性的普遍评价，以此为标准对员工进行严格要求，以尽可能满足各个不同年龄阶段的邮轮游客对互动响应性和互动专业性的需求。

（三）不同婚姻状况的邮轮游客对游客与员工互动质量认知的比较分析

由表7-13可知，邮轮游客与员工互动服务质量中的"互动响应性""互动专业性"以及"互动移情性"的 P 值均大于0.05，表明不同婚姻状况的邮轮游客对游客与员工互动服务质量中的响应性、专业性以及移情性的认知并不存在显著性差异，主要原因如下。

表7-13　不同婚姻状况的邮轮游客对游客与员工互动服务质量认知的比较分析

潜变量	邮轮游客与员工的互动质量公因子	样本组别	均值	F 值	Sig.
邮轮游客与员工的互动质量	邮轮旅游互动响应性	单身	5.23	0.724	0.395
		已婚	5.14		
	邮轮旅游互动专业性	单身	4.42	1.722	0.190
		已婚	4.59		
	邮轮旅游互动移情性	单身	4.70	1.696	0.404
		已婚	4.58		

注：* $P<0.05$，** $P<0.01$，*** $P<0.001$。

第一，游客与员工互动服务质量趋同化的原因。对于邮轮游客与员工的互动服务质量而言，为了维持邮轮旅游活动的正常进行，邮轮旅游员工在日常工作中会按照要求接受相关服务的培训与指导，无论邮轮游客是单身或已婚，邮轮旅游员工提供的互动服务质量差异性不大，因此不同婚姻状况的细分市场的邮轮旅游者对以上三个方面的质量感知并不存在显著性差异。

第二，游客与员工互动服务质量形式大众化的原因。邮轮旅游的出行方式一般以家庭或结伴为主，邮轮旅游项目中的互动服务质量同样以服务大多数人为宗旨，主要提供大众化的互动服务质量；单身与已婚的邮轮游客对于集体式邮轮旅游活动的感知大致基于相同的目的，即放松与愉悦。因此不同婚姻状况的细分市场的邮轮旅游者对以上三个方面的质量感知并不存在显著性差异。

在分析原因的基础上，本研究提出相应的营销策略如下。

第一，游客与员工互动服务质量全面提升的策略。鉴于不同婚姻状况的邮轮游客对游客与员工互动服务质量中的"互动响应性""互动专业性""互动移情性"的质量感知并不存在显著性差异，针对邮轮旅游的营销应当从邮轮旅游互动服务质量的全面提升出发，满足不同婚姻状况的邮轮游客群体的需要，例如对于带小孩的家庭提供专业孩童服务等。

第二，游客与员工互动服务质量形式多元的策略。鉴于不同婚姻状况的邮轮游客对游客与员工互动服务质量中的"互动响应性""互动专业性""互动移情性"的质量感知并不存在显著性差异,针对邮轮旅游的营销应当从邮轮旅游互动服务质量形式的多元性、系统性出发,避免老套、陈旧的互动服务质量形式对邮轮旅游互动服务质量产生消极影响。

(四) 不同学历的邮轮游客对游客与员工互动质量认知的比较分析

由表7-14可知,邮轮游客与员工互动服务质量中的"互动响应性""互动专业性""互动响应性"的 P 值均小于0.05,表明不同学历的的邮轮游客对游客与员工互动服务质量中的"互动响应性""互动专业性"以及"互动移情性"的认知存在显著性差异。

表 7-14　不同学历的邮轮游客对游客与员工互动服务质量认知的比较分析

潜变量	邮轮游客与员工互动质量公因子	样本组别	均值	F 值	Sig.
邮轮游客与员工互动的质量	邮轮旅游互动响应性	高中/中专/技校	5.24	2.726	0.043*
		大专	5.36		
		大学本科	5.11		
		硕士及以上	5.08		
	邮轮旅游互动专业性	高中/中专/技校	4.18	4.268	0.005**
		大专	4.50		
		大学本科	4.64		
		硕士及以上	4.61		
	邮轮旅游互动移情性	高中/中专/技校	4.85	8.241	0.000***
		大专	4.83		
		大学本科	4.38		
		硕士及以上	4.72		

注:* $P<0.05$,** $P<0.01$,*** $P<0.001$。

首先,不同学历的邮轮游客对游客与员工互动服务质量中的互动响应性的认知存在显著性差异,其原因如下。

第一,学历对邮轮旅游互动服务质量响应要求影响性的原因。学历相对较低的邮轮游客对于游客与员工互动服务质量的认知程度相对较高,主要基于活动中邮轮旅游员工的主动提供,对于员工的响应效率、态度以及效果的质量要求不高,相对更容易满足,因此对于邮轮旅游中游客与员工的一般性互动服务质量响应的质量感知较高。

第二,学历对邮轮旅游互动服务质量独立意识影响性的原因。硕士及以上的邮轮旅游者对于邮轮游客与员工服务质量中的互动服务响应的感知较低,这是因为包括博士、硕士在内的研究生学历的人群独立意识较强,对服务也更加挑剔;因此对于邮轮旅游中游客与员工的一般性互动服务质量响应的质量感知并不高。

因此,相应的邮轮旅游客与员工互动游服务质量营销策略如下。

第一,游客与员工互动服务质量信息普及化的营销策略。鉴于较低的邮轮旅游邮轮游客对游客与员工互动服务质量中的互动响应性的感知均值较高,针对该部分群体的营销,应当从游客与员工互动服务质量信息的普及化出发,注重对游客反馈意见的接收与处理,积极提升游客与员工的互动服务质量,正确面对互动服务质量响应性存在的问题,根据游客的反馈意见和评价不断改进,以促进邮轮旅游的整体市场竞争力。

第二,游客与员工互动服务质量内容特色化的营销策略。鉴于硕士及以上学历的邮轮游客对游客与员工互动服务质量中的互动响应性的感知均值较低,针对该部分群体的营销,应当从游客与员工互动服务质量内容的特色化出发,注重融入富有文化特色、地域风情的邮轮旅游互动活动,调动起该部分群体参与邮轮旅游活动的积极性,而不是单纯依靠个人的能力便能实现原有目的,从而增强该部分群体的有损旅游忠诚度。

其次,不同学历的邮轮游客对游客与员工互动服务质量中的互动专业性的认知存在显著性差异,主要原因如下。

第一,学历对邮轮旅游互动专业技能了解性的原因。受知识水平的影响,拥有本科学历的邮轮游客对游客与员工互动服务质量中的互动专业性的了解程度相对较高,尤其是专业程度较高服务提供的过程中,该群体对邮轮旅游互动专业服务的更有感触,因此在对邮轮游客与员工互动服务质量感知中对于服务专业技能的感知较强。

第二,学历对邮轮旅游互动专业技能关切性的原因。高中/中专/技校学历的邮轮游客对游客与员工互动服务质量中的互动专业性的关切程度并不高,而是将注意力集中于邮轮旅游服务设施、邮轮娱乐活动等方面,期待在邮轮旅游中获得与邮轮船票价格相匹配的邮轮体验,因此在面对邮轮旅游互动服务质量的专业性方面感知并不高。

因此,相应的邮轮旅游客与员工互动游服务质量营销策略如下。

第一,体验游客与员工互动专业技能的营销策略。鉴于本科学历的邮轮游客对游客与员工互动服务质量中的互动专业性的感知均值较高,针对该部分群体的营销,可从体验游客与员工互动的专业技能出发,通过角色互换、活动设计等让该部分邮轮旅游者学习并体验邮轮旅游互动专业技能,以增强邮轮游客对于邮轮旅游互动专业技能的深层了解,从而提高其邮轮旅游互动服务质量的满意度。

第二,展示邮轮旅游互动专业技能的营销策略。鉴于高中/中专/技校学历的邮轮游客对游客与员工互动服务质量中的互动专业性的感知均值较低,针对该部分群体的营销,可从展示邮轮旅游互动专业技能出发,让这部分游客认识到邮轮服务人员高超的专业水平,以及专业技能在游客与员工互动服务质量中扮演的重要角色,以此促进该部分群体对整个邮轮旅游服务内涵的深入关切,从而提高其邮轮旅游满意度。

最后,不同学历的邮轮游客对游客与员工互动服务质量中的互动移情性存在显著性差异,主要原因如下。

第一,学历影响个性化服务需求的原因。学历相对较低的邮轮游客,由于文化素养、知识储备等相对不足,因此其对个性化服务的需求并不强烈;而学历或受教育程度高的邮轮游客,见识较广,知识较丰富,对个性化服务的需求更加强烈。因此,不同学历的邮轮游客,对游客与员工互动服务质量中的互动移情性的认知存在显著差异。

第二,学历影响对互动移情性理解的原因。学历或受教育程度较高的邮轮游客,在对游客与员工互动服务质量中的互动移情性的理解相对较为深刻,会在个人所参与或体验的互动服务的基础上进行更加深层次的理解,例如是否对于弱势群体给予关爱性的互动服务等,因此该部分群体对于邮轮旅游互动总体质量的感知较低。

在分析原因的基础上,本研究提出相应的营销策略。

第一,融入定制化服务的营销策略。游客与员工的比率是反映邮轮旅游服务水平高低非常重要的标准。如果该比率高,说明每位邮轮员工需要服务的游客数就多,邮轮旅游服务水平较低,相反则较高。邮轮公司应该在提供的服务中融入更多的定制化要素,体现服务的个性化特征,有针对性地满足不同学历背景游客的需求,提升邮轮游客的满意度和忠诚度。

第二,反馈式与挖掘式并举的营销策略。鉴于学历较高的邮轮旅游者对游客与员工互动服务质量中的互动移情性感知较低,一方面根据这部分游客的反馈意见,发现在哪些服务环节互动移情性还不够,积极改进;另一方面,深入挖掘互动移情性的内涵,创新思路,注重服务的细节,从整体而不仅仅是服务的哪一个方面,全面提升互动的移情性,以吸引更多潜在的邮轮旅游者。

(五) 不同月收入的邮轮游客对游客与员工互动质量认知的比较分析

由表 7-15 可知,邮轮游客与员工互动服务质量中的“互动移情性”的 P 值小于 0.05,表明不同月收入的邮轮游客对游客与员工互动服务质量中的互动移情性的认知存在显著性差异;而邮轮游客与员工互动服务质量中的“互动响应性”“互动专业性”的 P 值均大于 0.05,表明不同月收入的邮轮旅游者对游客与员工互动服务质量中的响应性、专业性的认知并不存在显著性差异。

首先,不同月收入的邮轮游客对游客与员工互动服务质量中的互动移情性的认知存在显著性差异,其原因如下。

第一,邮轮旅游购买力受限的原因。月收入在 4 000 元以下的邮轮游客对游客与员工互动服务质量中的互动移情性的感知均值最高,原因在于该部分邮轮旅游群体对邮轮旅游的价格相对更敏感,在一次性支付船票价格后,在邮轮上的二次消费水平相对有限,因此对游客与员工互动服务质量的互动移情性更容易满足。

第二,邮轮旅游层次性差异的原因。月收入在 8 000～10 000 元之间的邮轮游客,对邮轮游客与员工互动服务质量中的互动移情性的感知最低,原因在于该部分邮轮旅游群体鉴于以往的旅游经验,期待能够获得优质的个性化服务,但邮轮公司提供的游客互动服务,移情性与期望值有差距,因此感知均值较低。

在分析原因的基础上,本研究提出相应的营销策略。

第一,增强基本项目个性化水平的营销策略。邮轮的一些基本消费项目,如客房服务、餐饮服务、娱乐活动等是包含在一次性支付的船票价格中的。鉴于月收入在 4 000 元以下的邮轮游客对游客与员工互动服务质量中的互动移情性的感知均值最高,而他们在邮轮上的二次消费能力有限。因此,针对该部分群体的营销,应从增强基本项目中互动移情性的策略出发,提升基本消费项目中的个性化服务水平。

表 7-15　不同月收入的邮轮游客对游客与员工互动服务质量认知的比较分析

潜变量	邮轮游客与员工互动质量公因子	样本组别	均值	F 值	Sig.
邮轮游客与员工互动的质量	邮轮旅游互动响应性	4 000 元以下	5.15	0.088	0.986
		4 001～5 000 元	5.15		
		5 001～6 000 元	5.14		
		6 001～8 000 元	5.12		
		8 001～10 000 元	5.17		
		10 000 元以上	5.13		
	邮轮旅游互动专业性	4 000 元以下	4.47	0.420	0.794
		4 001～5 000 元	4.62		
		5 001～6 000 元	4.61		
		6 001～8 000 元	4.57		
		8 001～10 000 元	4.53		
		10 000 元以上	4.54		
	邮轮旅游互动移情性	4 000 元以下	4.86	3.108	0.015*
		4 001～5 000 元	4.53		
		5 001～6 000 元	4.72		
		6 001～8 000 元	4.58		
		8 001～10 000 元	4.48		
		10 000 元以上	4.51		

注：* $P<0.05$，** $P<0.01$，*** $P<0.001$。

第二，提升高端项目定制化水平的营销策略。邮轮上还有很多的消费项目在一次性支付的船票价格之外，如酒吧、SPA、卡西诺等。鉴于月收入在 8 000～10 000 元之间的邮轮游客对游客与员工互动服务质量中的互动移情性的感知均值最高，而这部分群体在邮轮上的二次消费能力更强，当然对服务也更挑剔，因此，针对该部分群体的营销应提升高端消费项目的定制化水平，更好地满足这部分群体的个性化需求。

其次，不同月收入的邮轮游客对游客与员工互动服务质量中的互动响应性、互动专业性的认知并不存在显著性差异，其原因如下。

第一，邮轮旅游市场低价竞争的原因。一方面，由于中国邮轮市场特有的包船模式，邮轮公司的销售主要依靠旅行社的分销，导致市场出现低价竞争的局面；另一方面，邮轮公司为了扩大市场份额，通过低报价、价格折扣等方式促销，导致低价竞争。因此，尽管邮轮游客的月收入各不相同，但受邮轮市场低价竞争的影响，其对游客与员工互动服务质量中的互动响应性与互动专业性的认知并不存在显著性差异。

第二，邮轮游客收入与消费匹配的原因。对于不同收入水平的邮轮旅游者而言，其支付的邮轮旅游支出与所获得服务呈正比例关系,尤其是对于邮轮旅游中的购物、酒吧服务、SPA 等额外付费项目而言,邮轮旅游者可以个人收入水平为基础选择相应的服务项目,以获得相应服务。

在分析原因的基础上,本研究提出相应的营销策略。

第一,游客与员工互动服务质量精品化的营销策略。鉴于不同月收入的邮轮旅游者对于游客与员工互动服务质量中的互动响应性和互动专业性的认知不能存在差异性,针对各收入水平的游客,可制定游客与员工互动服务质量精品化的营销策略,从提升互动服务质量出发,打造精品化的邮轮旅游,以形成独特的邮轮旅游市场竞争优势,赢得更广泛的潜在邮轮旅游群体。

第二,游客与员工互动服务细节认证型的营销策略。互动响应性和互动专业性无一例外地要求邮轮公司提供的服务必须注重细节。鉴于不同月收入的邮轮旅游者对于游客与员工互动服务质量中的互动响应性和互动专业性的认知不能存在差异性,针对各收入水平的游客,可制定游客与员工互动服务细节认证型的营销策略,对员工的服务细节制定认证标准,提升员工对游客需求的反应能力,满足游客需求的准确性,是服务细节成为邮轮旅游服务的亮点。

(六) 不同职业的邮轮游客对游客与员工互动质量认知的比较分析

由表 7-16 可知,邮轮游客与员工互动服务质量中的"互动响应性""互动专业性""互动移情性"的 P 值均小于 0.05,表明不同职业的邮轮游客对邮轮游客与员工互动服务质量中的互动响应性、互动专业性以及互动移情性的认知存在显著性差异。

首先,不同职业细分的邮轮游客对游客与员工互动服务质量中的互动响应性认知存在显著性差异,其原因如下。

第一,职业属性差异的原因。职业为政府工作人员的邮轮游客对游客与员工互动服务质量中的互动响应性的感知较低,原因在于政府工作人员日常工作中对于标准化的要求较高,对邮轮员工的响应性会持较高的评价标准,因此对邮轮旅游互动服务质量中互动响应性的服务质量感知较低。

第二,职业习惯差异的原因。职业为专业技术人员的邮轮游客,对游客与员工互动服务质量中的"互动响应性"的感知均值较高,原因在于专业技术人员长期从事技术性工作,与人沟通或协调性的工作较少,因此更加愿意依靠自己的力量解决所面对的问题,因此对游客与员工互动服务质量中的互动响应性更为认可。

在分析原因的基础上,本研究提出相应的营销策略。

第一,游客与员工互动响应标准化的营销策略。职业为政府工作人员的邮轮游客对于游客与员工互动服务质量中的"互动响应性"的感知均值较低,针对该部分群体的营销应制定提升游客与员工互动响应标准的策略,关注游客与员工互动服务质量中的互动响应速度、响应方式等标准的制定与落实,以满足邮轮游客的总体满意度的提升。

第二,游客与员工互动响应定制化的营销策略。职业为专业技术人员的邮轮游客对于游客与员工互动服务质量中的"互动响应性"的感知均值较高,针对该部分群体的营销

表 7-16 不同职业的邮轮游客对游客与员工互动质量认知的比较分析

潜变量	邮轮游客与员工互动质量公因子	样本组别	均值	F 值	Sig.
邮轮游客与员工互动的质量	邮轮旅游互动响应性	企业工作人员	5.17	2.928	0.013*
		政府工作人员	4.99		
		事业工作人员	5.09		
		自由职业者	5.14		
		专业技术人员	5.55		
		学生	5.15		
		其他	5.10		
	邮轮旅游互动专业性	企业工作人员	4.67	3.463	0.004**
		政府工作人员	4.54		
		事业工作人员	4.37		
		自由职业者	4.62		
		专业技术人员	4.05		
		学生	4.63		
		其他	4.55		
	邮轮旅游互动移情性	企业工作人员	4.43	4.223	0.001**
		政府工作人员	4.76		
		事业工作人员	4.56		
		自由职业者	4.60		
		专业技术人员	5.14		
		学生	4.50		
		其他	4.68		

注：* $P<0.05$，** $P<0.01$，*** $P<0.001$。

应实施游客与员工互动响应定制化的策略，在提供服务时关注少数群体对个人空间的要求，从而满足该部分群体隐私性的要求。

其次，不同职业的邮轮游客对游客与员工互动服务质量中的互动专业性的认知存在显著性差异，主要原因有二。

第一，职业的专业化程度高的原因。职业为专业技术人员的邮轮游客，日常工作中主要以专业技术为主，对游客与员工互动服务质量中的专业技能方面更为敏感，他们希望在个人知识范围内对员工所提供的专业服务技能进行完善与提升，因此该群体对游客与员工互动的专业性的认知较低。

第二，休闲目的更为强烈的原因。职业为企业工作人员的邮轮游客的工作相对较为单调，因此在对游客与员工互动质量的认知中，主要关注于个人体验的满足，而对于互动专业技能并不会做出刻意要求,因此该群体对游客与员工互动质量中的互动专业性的感知均值较高。

在分析原因的基础上,本研究提出相应的营销策略。

第一,细分互动专业技能的营销策略。鉴于职业为专业技术人员的邮轮游客对互动专业技能的感知均值较高,针对该群体的邮轮旅游营销可制定细分互动专业技能的策略,以对应不同细分市场邮轮游客的需求,尤其是本身从事专业技术类工作的邮轮游客,以更好地满足其旅游需求,提升整体满意度。

第二,展示互动专业技能的营销策略。鉴于职业为企业工作人员的邮轮游客对于互动专业技能的感知均值较低,针对该群体的邮轮旅游营销可制定展示互动专业技能的策略,海上航行期间可通过技能表演、组织有游客参与的技能竞赛等方式,让邮轮游客欣赏高水平的服务技能以及专业技能表现出来的美感,打造邮轮旅游的特色化服务。

最后,不同职业的邮轮游客对游客与员工互动服务质量中互动移情性的认知存在显著性差异,主要原因有二。

第一,职业类别多样化的原因。职业为企业工作人员的邮轮游客,由于企业类型的多样性、行业组织的结构性等特点,该类群体在认知范围、认知评价等方面会存在不同程度的差异,因此对邮轮游客与员工互动服务质量中互动移情性的感知均值较低。

第二,职业惯性作用的原因。职业为专业技术人员的邮轮游客,由于职业的专业性和技术性强的特点,其日常工作相对更受重视,对游客与员工互动服务质量的评价更加包容,因此对于游客与员工互动服务质量中互动移情性的感知均值较高。

在分析原因的基础上,相应的游客与员工互动质量的营销策略如下。

第一,突出游客与员工互动服务特色的营销策略。鉴于职业为企业工作人员的邮轮旅游者对游客与员工互动质量中互动移情性的感知均值较低,针对该部分群体的邮轮旅游营销可突出游客与员工互动特色服务质量的特色,关注于满足不同人群的心理诉求,以此提高邮轮游客与员工互动服务质量中的互动移情性的认知。

第二,营造游客与员工互动服务氛围的营销策略。鉴于职业为专业技术人员的邮轮旅游者对游客与员工互动质量中互动移情性的感知均值较高,针对该部分群体的邮轮旅游营销可营造游客与员工互动的良好氛围,以情感营销的方式获取该部分群体的理解与归属,以实现情感共鸣。

第三节 邮轮游客之间互动质量认知的客源细分差异

一、邮轮游客之间互动质量认知的主成分因子分析

从表 7-17 可以看出,邮轮游客对游客之间互动服务质量调研样本的 KMO 值为 0.650,四舍五入后为 0.7,Weiner 等(2013)[1]认为,当 KMO 值大于 0.70 是适用因子分析的充分条件,表明样本不仅适用因子分析,而且各因子的相关度较为显著。按照 Bartlett 球形检验,Approx. Chi-Squar 值为 1 636.937,P 值为 0.000,小于 0.05 和 0.01,不仅统计量间的相关性非常显著,而且不是单位矩阵,因此因子分析适用(余佳霖,2010)[2]。

表 7-17 邮轮游客对游客之间互动质量认知的 KMO 和 Bartlett 球形度检验

邮轮游客对游客之间互动质量认知的 *KMO* 值		0.650
Bartlett 球形度检验	卡方	1 636.937
	自由度	45
	显著性	0.000

本研究通过主成分分析法提取因子,并且通过正交旋转提取公因子,选择条件是特征值大于 3.00、因子载荷大于 0.400 的因子,筛选后的四个公因子"游客之间的互动社交""游客之间的互动情感""游客之间的互动氛围"和"游客之间的互动价值"的特征值分别为 2.141、1.571、1.518 和 1.492,同时解释变量方差的 67.216%。

从表 7-18 可以看出,所选择的邮轮游客之间互动质量的四个公因子,其累计方差贡献率为 67.216%,表明能够解释的因子信息在 50%以上,结果较为理想。其中,邮轮游客之间互动质量的公因子"游客之间的互动社交"的方差贡献率为 21.408%,是最重要的公因子。公因子"游客之间的互动情感"、公因子"游客之间的互动氛围"与公因子"游客之间的互动价值"的方差贡献率分别为 15.706%、15.184%和 14.917%,故此也具有重要的代表性。

---

① Weiner, I. B., Schinka, J. A. and Velicer, W. E. Handbook of Psychology, Research Methods in Psychology [M]. Hoboken: John Wiley & Sons. 2013, 169-170.

② 余佳霖.结构方程式模型:专题分析[M].台北:秀威资讯科技股份有限公司.2010,269-273.

表 7-18　邮轮旅游者对游客之间互动质量认知的主成分因子分析

潜变量	潜变量公因子	潜变量公因子测度项	变量因子载荷	特征值	方差贡献率	累积方差贡献率
邮轮游客之间的互动质量	游客之间的互动社交	我在邮轮上认识了不少新朋友	0.792	2.141	21.408%	21.408%
		我在邮轮上与其他游客有很多交往	0.721			
		邮轮上游客间的互动只是表面性的	0.696			
		认识新朋友让我觉得邮轮旅游更有趣	0.612			
	游客之间的互动情感	即使不相识的游客彼此交往也很友善	0.861	1.571	15.706%	37.114%
		在邮轮上认识新朋友开心有趣	0.592			
	游客之间的互动氛围	我与其他游客交往会注意保护自己的隐私	0.827			
		邮轮上游客在交往时气氛一般欢快放松	0.511			
	游客之间的互动价值	邮轮上其他游客的热情感染了我	0.777	1.518	15.184%	52.298%
		在邮轮上认识新朋友让我开阔了眼界	0.701			

二、对邮轮游客之间互动质量认知的客源细分差异

Howell(2011)[1]认为，P 值决定了显著性水平。如果 P 小于 0.05 左右（或小于 0.06 左右），就可以认为存在非常显著的差异，并具有统计学意义；而如果 P 值小于 0.01，那么就可以认为存在较为显著的差异，如果 P 小于 0.001，那么就可以认为存在极为显著的差异。

表 7-19 至表 7-24 是邮轮旅游者对邮轮游客之间互动质量认知的比较分析结果。根据性别、婚姻状况、年龄、受教育程度、收入水平、职业等人口统计特征进行比较分析。结果表明，各不同特征群体之间存在着一定的差异，也为进一步的邮轮旅游市场营销策略分析提供必要的条件。

（一）不同性别的邮轮游客对游客之间互动质量认知的比较分析

由表 7-19 可知，邮轮游客之间互动质量公因子"邮轮游客之间的互动氛围"和公因子"邮轮游客之间的互动价值"的 P 值分别为 0.000 和 0.040，表明不同性别的邮轮游客对游

① Howell D C. Statistical Methods for Psychology(8th Ed.)[M]. Belmont：Cengage Brain. 2011，93-94.

客之间的互动氛围和互动价值的认知存在显著性差异,但对公因子"邮轮游客之间的互动社交"和公因子"邮轮游客之间的互动情感"的认知不存在显著性差异。

表7-19 不同性别的邮轮游客对游客之间互动质量认知的比较分析

潜变量	邮轮游客之间的互动质量公因子	样本组别	均值	F 值	Sig.
邮轮游客之间的互动质量	邮轮游客之间的互动社交	男	4.36	0.312	0.577
		女	4.31		
	邮轮游客之间的互动情感	男	4.57	1.216	0.271
		女	4.47		
	邮轮游客之间的互动氛围	男	5.24	24.240	0.000***
		女	4.88		
	邮轮游客之间的互动价值	男	5.30	4.221	0.040*
		女	5.16		

注:* $P<0.05$,** $P<0.01$,*** $P<0.001$。

首先,在对邮轮游客之间互动质量公因子"邮轮游客之间的互动氛围"和公因子"邮轮游客之间的互动价值"的认知上,不同性别的邮轮旅游者差异显著,其原因有二。

第一,游客性别细分差异化原因。男性邮轮旅游者对游客之间互动服务质量公因子"邮轮游客之间的互动氛围"和公因子"邮轮之间的互动价值"的感知程度比女性高。结果表明,邮轮旅游互动氛围和互动价值是男性邮轮游客最重要的动机因素。

第二,不同类型信息需求程度原因。邮轮旅游者对邮轮游客之间互动质量的认知存在性别差异,对公因子游客之间的互动氛围、游客之间的互动价值等不同类别的信息的认知的侧重点有所不同,男性对其认知的差异程度更大。

在分析原因的基础上,提出相应的邮轮游客之间互动质量的营销策略。

第一,性别差异化营销策略。鉴于男性邮轮旅游者对于邮轮游客之间互动服务质量公因子"游客之间的互动氛围"和公因子"游客之间的互动价值"的评分较高,在制定邮轮旅游营销策略时,应该将邮轮旅游产品与服务有针对性地推广,营造游客之间良好的互动氛围,提升游客在互动中所感知的价值。

第二,邮轮多样化营销策略。在邮轮旅游产品的开发中,从客户个体需求的角度出发,依托已有客户资源为基础,细分旅游产品,丰富产品内容,以多样化的产品吸引对邮轮游客之间互动质量认知存在差异的邮轮旅游者,扩大邮轮旅游产品的目标受众和潜在游客人群。

其次,不同性别的邮轮旅游者对游客之间互动质量公因子"游客之间的互动社交"和"游客之间的互动情感"的认知差异并不显著,主要原因如下。

第一,情感体验一致性原因。不同性别的邮轮旅游者对于邮轮旅游过程中人际的交往和互动、交往和互动产生的情感和体验,以及对独特的邮轮旅游经历、对广交朋友以及拓展社交的认知不存在显著差异。

第二,性别平等普遍化原因。当今社会,男女的地位、权利和义务越来越平等,而且不论是男性还是女性,工作压力、生活压力都不可避免,邮轮旅游者都希望能够通过游客彼此之间的互动来缓解日常工作、生活中的压力。

在分析原因的基础上,本研究有针对性地提出邮轮游客之间互动服务质量营销策略如下。

第一,邮轮旅游情感导向型营销策略。不论男女对真挚情感都心怀向往,邮轮旅游营销者可以利用广告、新闻报道、文化促销活动的方式,尽量帮助那些潜在的邮轮旅游者完成追寻情感的梦想,对邮轮游客之间互动服务质量有物有所值甚至物超所值的消费体验。

第二,邮轮旅游信息全面型营销策略。从两个公因子的均值上来看,无论是男性邮轮旅游者还是女性邮轮旅游者对两类感知的需求都较高,所以邮轮公司需要提供全面周到的服务,满足不同性别的旅游者对邮轮游客之间互动质量的社交和情感方面的需求。

(二) 不同年龄的邮轮游客对游客之间互动质量认知的比较分析

由表 7-20 可知,邮轮游客之间互动质量公因子"邮轮游客之间的互动氛围"的 P 值为 0.000,小于 0.01,表明不同年龄的邮轮旅游者对邮轮旅游互动氛围感知上存在显著性差异。不同年龄的邮轮游客对其他 3 个公因子的认知不存在显著性差异。

首先,不同年龄的邮轮游客对游客之间互动质量公因子"邮轮游客之间的互动情感"的认知存在显著差异,其中,46～55 岁的邮轮游客的均值为 4.46,属于均值最低的群体;26～25 岁的邮轮游客的均值为 4.87,属于均值最高的群体;其他年龄的邮轮旅游者属于均值居中的群体,其原因如下。

第一,不同年龄情感需求差异性大。不同年龄阶段的邮轮游客有着自己特定的情感需求,对邮轮游客之间互动质量中"邮轮上即使不相识的游客彼此交往也很友善""认识新朋友是件开心有趣的事情"等测度项的认知也有所差异。

第二,邮轮旅游社交文化主导性强。社交文化是目前邮轮旅游的重要内容,特别是游客认识新朋友开阔了眼界,而且邮轮上游客交往时气氛一般欢快放松,能够满足不同年龄段的邮轮旅游者在与其他游客互动过程中的情感需求。

在分析原因的基础上,本研究有针对性地提出邮轮游客之间互动服务质量营销策略如下。

第一,邮轮旅游求同存异型营销策略。营销人员应加强和不同年龄段的邮轮旅游者的沟通,了解这些邮轮游客对游客之间互动情感的认知和需求的不同之处,同时也注重收集他们对邮轮游客之间互动服务质量细节需求的反馈,争取以更低的成本来满足最多游客的需求。

第二,邮轮旅游多样共存型营销策略。营销人员应该充分做好邮轮游客之间互动服务质量的调研,对不同年龄段邮轮旅游者的休闲偏好深入了解,提供多样而且专业的目的地娱乐、岸上游、购物等,让广大的目标受众都能通过邮轮旅游满足自身的旅游信息需求。

其次,不同年龄的邮轮游客对游客之间互动质量公因子"邮轮游客之间的互动社交"、公因子"邮轮游客之间的互动氛围"和公因子"邮轮游客之间的互动价值"的认知差异并不

表 7-20   不同年龄的邮轮游客对游客之间互动质量认知的比较分析

潜变量	邮轮游客之间的互动质量公因子	样本组别	均值	F 值	Sig.
邮轮游客之间的互动质量	邮轮游客之间的互动社交	25 岁以下	4.57	1.156	0.329
		26～35 岁	4.31		
		36～45 岁	4.35		
		46～55 岁	4.35		
		56 岁及以上	4.25		
	邮轮游客之间的互动情感	25 岁以下	4.69	7.182	0.000***
		26～35 岁	4.87		
		36～45 岁	4.60		
		46～55 岁	4.46		
		56 岁及以上	4.51		
	邮轮游客之间的互动氛围	25 岁以下	5.13	0.886	0.472
		26～35 岁	5.15		
		36～45 岁	5.01		
		46～55 岁	5.12		
		56 岁及以上	4.98		
	邮轮游客之间的互动价值	25 岁以下	5.17	1.034	0.388
		26～35 岁	5.23		
		36～45 岁	5.27		
		46～55 岁	5.33		
		56 岁及以上	5.14		

注: * $P<0.05$, ** $P<0.01$, *** $P<0.001$。

显著,主要原因有二。

第一,邮轮旅游动机大众化原因。虽然不同年龄的邮轮旅游者可能在旅游需求上存在差异性,但是年龄上的差异并不会直接导致对邮轮游客之间互动质量中互动社交认知的差异;尤其是邮轮旅游者认识新朋友、交往时欢快放松的氛围不会因为年龄不同而存在显著差异。

第二,旅游经验日趋成熟的原因。随着社会经济发展,旅游业已成为当今居民普遍的生活休闲方式,大众旅游频率越来越高,对旅游也趋于习惯,因此不同年龄的邮轮旅游者对邮轮游客之间互动质量中"游客的互动氛围"和"游客的互动价值"认知上并不存在显著性差异。

在分析原因的基础上,本研究有针对性地提出邮轮游客之间互动服务质量营销策略如下。

第一,邮轮旅游创新型营销策略。56 岁以上的旅游者是邮轮旅游的主要年龄层,他们在邮轮上与其他游客交往的时候会注意保护自己的隐私,追求欢快放松的气氛,因此旅游营销者需要满足这一主要受众群体对邮轮游客之间互动服务质量的社交需求。

第二,邮轮旅游关怀性营销策略。从年龄上来看,56 岁以上人群所占的比例较大,这一群体可以看作是具有较大潜力的目标群体,要进一步提升邮轮产品和服务对这类群体的人文关怀,以此增强邮轮旅游的市场美誉度。

(三) 不同婚姻状况的邮轮游客对游客之间互动质量认知的比较分析

由表 7-21 可知,邮轮游客之间互动质量 4 个公因子:"邮轮游客之间的互动社交""邮轮游客之间的互动情感""邮轮游客之间的互动氛围"和"邮轮游客之间的互动价值"的 P 值均高于 0.05,表明不同婚姻状况的邮轮旅游者对邮轮游客之间互动服务质量感知上不存在显著性差异,其原因如下。

表 7-21 不同婚姻状况的邮轮游客对游客之间互动质量认知的比较分析

潜变量	邮轮游客之间的互动质量公因子	样本组别	均值	F 值	Sig.
邮轮游客之间的互动质量	邮轮旅游互动社交	单身	4.42	0.310	0.578
		已婚	4.34		
	邮轮旅游互动情感	单身	4.27	3.432	0.064
		已婚	4.55		
	邮轮旅游互动氛围	单身	5.15	0.588	0.443
		已婚	5.06		
	邮轮旅游互动价值	单身	5.25	0.019	0.889
		已婚	5.23		

注: $^{*} P < 0.05$, $^{**} P < 0.01$, $^{***} P < 0.001$。

第一,休闲度假发展迅速的原因。我国现今的旅游业正在处于一个明显由观光旅游向休闲度假旅游过渡的阶段,大众的旅游目的由单纯的观景游览向休闲娱乐转变,因此不同婚姻状态的邮轮旅游者对游客之间互动服务质量的认知也逐渐日趋一致。

第二,娱乐消遣需求一致性原因。随着竞争压力的加大,不论何种婚姻状态的旅游者选择旅游主要是为了满足社交、放松身心,而选择邮轮旅游也是为了这一原因,因此不同婚姻状况的邮轮旅游者对游客之间互动服务质量的认知不存在显著性差异。

在分析原因的基础上,本研究有针对性地提出邮轮游客之间互动质量营销策略如下。

第一,邮轮旅游细致型营销策略。虽然单身群体和已婚群体的邮轮游客对游客之间互动服务质量的认知不存在显著差异,但邮轮旅游营销者针对这两类群体细微的差别,从对其心理和需求关怀的角度出发,细致地考虑到这两类人群的生活社交习惯与需求进行邮轮旅游产品开发。

第二,邮轮旅游奖励性营销策略。可通过积分奖励等方式,对分享邮轮旅游过程中社交敬礼的邮轮旅游者进行奖励,增加邮轮旅游者分享自己旅游经历的热情,营造良好的邮轮旅游社交氛围和交友活跃度,同时也增强邮轮旅游者在邮轮上的社交需求。

（四）不同学历的邮轮游客对游客之间互动质量认知的比较分析

由表7-22可知,邮轮游客之间互动质量公因子"邮轮游客之间的互动社交"的 P 值为0.004,小于0.01;公因子"邮轮游客之间的互动情感"和公因子"邮轮游客之间的互动氛围"的 P 值均为0.000,小于0.01,表明不同学历的邮轮游客对游客之间的互动社交、游客之间的互动情感和游客之间的互动氛围的认知存在显著性差异,但对公因子"邮轮游客之间的互动价值"的认知不存在显著差异。

首先,不同学历的邮轮旅游者对游客之间互动质量公因子"邮轮游客的互动社交"和公因子"邮轮游客之间的互动氛围"的认知存在显著差异,其中,高中/中专/技校学历的邮轮旅游者属于均值最高的群体;硕士及以上学历的邮轮旅游者属于均值最低的群体;其他学历的邮轮者属于均值居中的群体,其原因如下。

第一,国内高中生突出的课业压力。由于国内中学生的升学压力,平时拥有较少空闲时间出游等原因,导致高中/中专/技校的邮轮旅游者对游客之间互动服务质量中"邮轮游

表7-22　不同学历的邮轮游客对游客之间互动质量认知的比较分析

潜变量	邮轮游客之间的互动质量公因子	样本组别	均值	F 值	Sig.
邮轮游客之间的互动质量	邮轮旅游互动社交	高中/中专/技校	4.75	4.464	0.004**
		大专	4.49		
		大学本科	4.24		
		硕士及以上	4.31		
	邮轮旅游互动情感	高中/中专/技校	3.87	7.735	0.000***
		大专	4.55		
		大学本科	4.61		
		硕士及以上	4.58		
	邮轮旅游互动氛围	高中/中专/技校	5.27	6.536	0.000***
		大专	5.34		
		大学本科	4.91		
		硕士及以上	5.12		
	邮轮旅游互动价值	高中/中专/技校	5.13	0.629	0.596
		大专	5.29		
		大学本科	5.26		
		硕士及以上	5.20		

注:* $P<0.05$, ** $P<0.01$, *** $P<0.001$。

客之间的互动社交"和"邮轮游客之间的互动氛围"的需求较其他学历背景的游客更高。

第二，日常生活中不同的减压渠道。不同学历的邮轮旅游者拥有的经济实力和能力会存在差异，导致的旅游频次的不同会使得对旅游的熟悉度和感知度有所差别，不经常旅游的邮轮旅游者会更依赖于邮轮游客之间互动服务质量中的社交来缓解压力。

在分析原因的基础上，相应地提出邮轮游客之间互动服务质量营销策略。

第一，邮轮旅游互动性营销策略。根据学历为高中的邮轮旅游者，对游客之间互动服务质量中互动社交互动氛围的认知，可开发缓解该学历层次群体压力的邮轮旅游产品；针对其他受众群体，可以充分调研他们的邮轮旅游动机需求，开发相关产品以获得需求较低群体的关注。

第二，邮轮旅游学术性营销策略。高学历群体是旅游者的重要构成，面对这一类群体，要有更加科学专业的产品内涵来吸引这类受众群体，如通过设计一些知识型或文化类的主题活动，吸引高学历背景的邮轮游客，营造良好的游客互动氛围，游客之间的互动项目可以更加专业化，满足这一群体对知识的追求和旅游的动机。

其次，不同学历的邮轮旅游者对游客之间互动服务质量公因子"邮轮游客之间互动情感"的认知存在显著差异，其中大学本科学历的邮轮旅游者属于均值最高的群体；高中/中专/技校学的邮轮旅游者属于均值最低的群体；其他学历的邮轮旅游属于均值居中的群体，其原因如下。

第一，邮轮旅游整体市场接受度原因。具有本科学历的邮轮旅游者对邮轮上即使不相识的游客彼此交往也很友善、觉得在邮轮上认识新朋友是件开心有趣的事情等具有较高评价。这类人群大多数对于邮轮游客之间互动服务质量中互动情感都有较高的渴望与需求。

第二，邮轮旅游细分市场接受度原因。学历为高中/中专/技校的邮轮旅游者则对游客之间互动服务质量中互动情感的评价相对较低，因为这类人群年轻，乐于交友，生活中任何事情都能开阔他们眼界，因此对于邮轮旅游上与人互动情感感知不明显。

在分析原因的基础上，本研究有针对性地提出邮轮游客之间互动服务质量营销策略如下。

第一，教育背景差异性营销策略。针对学历背景为本科的邮轮旅游者，邮轮旅游营销的重点应该放在渲染邮轮旅游文化氛围、创新开发具有人文情感关怀的邮轮旅游产品上。对其他学历的邮轮旅游旅游者，要尽力满足他们社交及减压的需求。

第二，媒体及渠道多元化营销策略。在对邮轮旅游者按照受教育程度进行细分的基础上，综合运用多种媒体和分销渠道，尤其是社交新媒体和大数据时代的分销渠道。一方面，向各细分市场的邮轮旅游者有针对性地传递和推介品牌形象；另一方面，及时收集各细分市场的反馈信息。

最后，不同学历的邮轮游客对游客之间互动服务质量公因子"邮轮游客的互动价值"的认知差异并不显著，主要原因有二。

第一，邮轮旅游交友空间一致的原因。在邮轮旅游过程中，邮轮游客的热情是客观存在的。无论何种学历背景的游客，都会或多或少地受到其他游客热情的感染，邮轮游客之间的交往本身就可以开阔各自的眼界。

第二,邮轮旅游服务开发合理的原因。国内邮轮旅游虽然起步晚,但是进步迅速,提供的产品和服务种类越来越多样,使得不同教育程度的邮轮旅游者都能够通过邮轮旅游感受到邮轮客互动过程中流露出的热情,认识新朋友开阔眼界。

在分析原因的基础上,有针对性地提出邮轮游客之间互动质量营销对策。

第一,邮轮旅游休闲性营销策略。面对越来越多的邮轮旅游者,邮轮旅游公司需要打造优质的邮轮旅游休闲平台,提升邮轮游客之间互动服务质量,为游客提供满意的娱乐信息和互动渠道,娱乐活动拒绝死板僵化,更加贴合生活实际,来吸引休闲性邮轮旅游者群体。

第二,邮轮旅游服务化营销策略。针对具有较高文化素养的硕士及以上学历的邮轮旅游者,通过设计知识性强、人文素养高的主题活动,激发这部分群体的游客与其他游客互动的需求;对相对偏低学历的邮轮旅游者,需要开发通俗但参与性强的活动项目激发他们的社交需求。

(五) 不同月收入的邮轮游客对游客之间互动质量认知的比较分析

由表 7-23 可知,邮轮游客之间互动质量公因子"邮轮游客之间的互动社交"的 P 值为 0.000,小于 0.01,表明不同月收入的邮轮游客对游客之间的互动社交的认知存在显著性差异,但对其他 3 个公因子的认知不存在显著性差异。

首先,不同月收入的邮轮游客,对游客之间互动质量公因子"邮轮游客的互动社交"的认知存在显著差异,其中,月收入在 4 000 元以下的邮轮旅游者属于均值最高的群体;月收入在 6 000 元以上的邮轮旅游者属于均值最低的群体;其他月收入的邮轮旅游者属于均值居中的群体,其原因如下。

第一,游客收入支配自由度原因。交友等社交活动一方面需要较高的文化素养来进行,另一方面也耗费巨大,需要强大的经济支撑。因此在收入有限(4 000 元以下)的情况下,邮轮旅游者对邮轮游客之间互动服务质量的互动社交感知更显著。

第二,社交美好回忆需求性原因。不同收入的邮轮旅游者由于社会等级、经济收入以及家庭构成的因素,在对邮轮上认识新朋友、与其他游客交往以及交往的深度、交友质量方面会存在不小的差距,高收入群体对邮轮游客之间互动服务质量显然有着更高的要求。

在分析原因的基础上,本研究有针对性地提出邮轮游客之间互动服务质量营销策略。

第一,邮轮旅游产品错位式营销策略。邮轮旅游产品要着重提高服务品质,设计高质量的产品,提升邮轮游客之间互动服务质量,将邮轮旅游打造成为海上安全、岸上丰富;船上节目有趣、陆地增广见闻的优质而独特的旅游产品。

第二,邮轮游客需求差异化营销策略。为了扩大邮轮产品的市场占有率,邮轮公司要在不同经济收入的旅游者中展开更深入的调研,了解他们对邮轮游客之间互动服务质量的差异化需求,有针对性地根据不同收入的旅游者的潜在需求设计产品。

其次,不同月收入的邮轮旅游者在邮轮游客之间互动服务质量三个公因子"邮轮旅游互动情感""邮轮旅游互动氛围"和"邮轮旅游互动价值"的差异并不显著,主要原因有二。

表 7-23　不同月收入的邮轮游客对游客之间互动质量认知的比较分析

潜变量	邮轮游客之间的互动质量公因子	样本组别	均值	F 值	Sig.
邮轮游客之间的互动质量	邮轮旅游互动社交	4 000 元以下	4.87	5.462	0.000***
		4 001～5 000 元	4.28		
		5 001～6 000 元	4.34		
		6 001～8 000 元	4.23		
		8 001～10 000 元	4.23		
		10 000 元以上	4.23		
	邮轮旅游互动情感	4 000 元以下	4.38	0.737	0.567
		4 001～5 000 元	4.58		
		5 001～6 000 元	4.45		
		6 001～8 000 元	4.61		
		8 001～10 000 元	4.54		
		10 000 元以上	4.50		
	邮轮旅游互动氛围	4 000 元以下	5.04	0.944	0.438
		4 001～5 000 元	5.00		
		5 001～6 000 元	5.05		
		6 001～8 000 元	5.02		
		8 001～10 000 元	5.20		
		10 000 元以上	5.11		
	邮轮旅游互动价值	4 000 元以下	5.13	0.810	0.519
		4 001～5 000 元	5.31		
		5 001～6 000 元	5.25		
		6 001～8 000 元	5.17		
		8 001～10 000 元	5.28		
		10 000 元以上	5.26		

注：* $P<0.05$，** $P<0.01$，*** $P<0.001$。

第一，邮轮旅游价格平民化原因。邮轮旅游作为旅游产品中的一类，由过去属于社会精英阶层的旅游产品转向了大众能够接受的旅游产品。邮轮游客之间互动服务质量所特有的游客高频交往、认识新朋友、交往时欢快的气氛等在不同收入群体中不存在显著性差异。

第二，邮轮旅游社交一致化原因。邮轮旅游者由于其社会属性，他们的社交关系、社交过程和社交目的存在着很大的一致性，因此月收入的邮轮旅游者对邮轮游客之间互动服务质量感知上不存在显著性差异。

在分析原因的基础上,相应地提出邮轮游客之间互动质量营销策略。

第一,邮轮游客互动环境高质化的营销策略。邮轮旅游者对与其他游客互动的社交空间环境、互动氛围等软硬实力都要求较高。邮轮船体空间不仅是物理性的空间环境,更是具有社会性的空间环境。邮轮旅游公司应该注重互动环境的营造,改善服务质量,优化舱内环境,避免出现价格高但服务无亮点,游客无再游意愿的局面。

第二,精准对接邮轮旅游消费需求的营销策略。开展邮轮旅游营销活动时,应满足不同的邮轮旅游者对与其他邮轮游客互动的多元化需求。在规划船内公共空间时应该结合船体内外环境进行布局,设计产品时既要注重邮轮旅游消费者的个性化需求,也要顾及他们需求的一致性。

(六) 不同职业的邮轮游客对游客之间互动质量认知的比较分析

由表7-24可知,邮轮游客之间互动服务质量公因子"邮轮游客之间的互动社交"和公因子"邮轮游客之间的互动情感"的 P 值分别为0.000和0.002,表明不同职业的邮轮旅游者对游客之间的互动社交和游客之间的互动情感的认知存在显著性差异,但对其他两个公因子的认知不存在显著性差异。

首先,不同职业的邮轮游客对游客之间互动服务质量公因子"邮轮游客的互动社交"的认知存在显著差异,其中,专业技术人员邮轮旅游者属于均值最高的群体;学生邮轮旅游者属于均值最低的群体;其他职业的邮轮旅游者属于均值居中的群体,其原因如下。

第一,游客职业存在差异的原因。不同职业的邮轮旅游者在工资级别、社会地位等方面存在差距,对邮轮游客之间互动服务质量中互动社交的认知存在一定差异,缓解情绪的方式和周围人群的影响对不同职业背景的邮轮游客群体的互动社交认知产生较大影响。

第二,出游目的存在差异的原因。不同职业的邮轮旅游者由于职业习惯、生活习惯和出行习惯的不同导致他们选择邮轮旅游出游的目的有着很大的不同。职业背景为学生的邮轮游客的社会性还不成熟,更注重个人的独立体验,而职业背景为专业技术人员邮轮游客更注重与其他游客之间互动的社交活动。

在分析原因的基础上,相应地提出游客之间互动质量营销策略如下。

第一,邮轮旅游职业差异性营销策略。对不同职业细分市场的邮轮旅游者进行充分的市场调研,了解各细分市场对邮轮产品的偏好有何差异,有针对性对不同职业群体进行邮轮游客之间互动服务质量的产品升级,针对不同目标市场选择不同宣传策略,并且提供多样化服务。

第二,邮轮旅游职业均衡性营销策略。针对不同职业背景的邮轮旅游者寻找社交共同点,在了解差异的基础上也要加大对共性的挖掘,完善不同职业背景的邮轮游客群体都迫切需要的游客之间的互动服务产品,在提高邮轮旅游服务质量的同时获得最大收益。

其次,不同职业的邮轮游客对邮轮游客之间互动服务质量公因子"邮轮游客的互动情感"的认知存在显著差异,其中,职业为企业工作人员和学生的邮轮旅游者属于均值最高的群体;职业为专业技术人员邮轮旅游者属于均值最低的群体;其他职业的邮轮旅游者属于均值居中的群体,其原因如下。

表7-24 不同职业的邮轮游客对游客之间互动质量认知的比较分析

潜变量	邮轮游客之间互动质量公因子	样本组别	均值	F 值	Sig.
邮轮游客之间的互动质量	邮轮旅游互动社交	企业工作人员	4.26	5.031	0.000***
		政府工作人员	4.40		
		事业工作人员	4.49		
		自由职业者	4.39		
		专业技术人员	4.99		
		学生	4.07		
		其他	4.37		
	邮轮旅游互动情感	企业工作人员	4.71	3.952	0.002**
		政府工作人员	4.34		
		事业工作人员	4.44		
		自由职业者	4.46		
		专业技术人员	4.01		
		学生	4.71		
		其他	4.32		
	邮轮旅游互动氛围	企业工作人员	5.00	0.707	0.618
		政府工作人员	5.06		
		事业工作人员	5.10		
		自由职业者	5.30		
		专业技术人员	5.10		
		学生	5.06		
		其他	5.07		
	邮轮旅游互动价值	企业工作人员	5.33	1.858	0.099
		政府工作人员	5.18		
		事业工作人员	5.08		
		自由职业者	5.10		
		专业技术人员	5.38		
		学生	5.30		
		其他	5.25		

注:* $P<0.05$,** $P<0.01$,*** $P<0.001$。

第一,存在情感交流需求的原因。职业对邮轮旅游者的情感交流方式会产生影响,不同职业背景旅游者的情感交流方式存在差异。从事人际型职业的旅游者,在旅游过程中会延续已有的职业惯性，与他人的情感交流会更积极。相反，从事非人际型职业的旅游者，在旅游过程中与他人的情感交流会相对消极。

第二，职业压力不断加大的原因。社会经济的发展以及人们受教育程度的提高，就业压力越来越大，职场竞争也越来越激烈，因此人们存在释放压力，放松身心的需求。邮轮旅游作为一种新兴的旅游方式，它能够缓解人们日常工作的压力，满足人们情感交流的需求。

在分析原因的基础上，有针对性地提出邮轮游客之间互动质量营销对策。

第一，邮轮旅游顾问式营销策略。要协调邮轮旅游各方利益并且建立合作平台，从提升邮轮游客之间互动服务质量的角度出发，共同将邮轮旅游打造成为互动热烈、陶冶情操、情感交流、增广见闻的海上度假地。

第二，邮轮旅游错位式营销策略。为了扩大邮轮旅游产品在国内外旅游市场上的占有率、增加影响力，需要利用别具一格的宣传形式，突出邮轮旅游社会交往、情感交流的特征，采用错位式及差异化的营销方式，增强邮轮游客之间互动质量的市场竞争力。

最后，邮轮游客之间互动质量的二个公因子"邮轮游客的互动氛围""邮轮游客的互动价值"不存在显著性差异，其原因如下。

第一，娱乐消遣需求一致性原因。随着社会竞争压力的加大，不论何种职业的邮轮旅游旅游者进行旅游及在邮轮上交友互动的一大原因都是为了娱乐消遣、放松压力，因此不同的职业的邮轮旅游者对邮轮游客之间互动质量的互动情感的认知并不存在显著差异。

第二，邮轮配套服务专业化原因。现今的邮轮旅游提供的产品和服务种类也越来越多样，不同职业背景的旅游者都能找到满足自身偏好的邮轮产品及服务，因此，不同职业的邮轮旅游者对邮轮游客之间互动服务质量的认知不存在显著性差异。

在分析原因的基础上，相应地提出邮轮游客之间互动质量营销策略。

第一，邮轮旅游整合性营销策略。综合运用多种传媒手段，尤其是新兴社交媒体和社交网络平台，实现与公众的信息沟通。从满足旅游者的真实需求出发，丰富促销渠道，最大化满足不同职业的邮轮旅游者对与邮轮游客之间互动服务的需求。

第二，邮轮旅游融合式营销策略。邮轮产业的发展需要与相关产业实现融合。通过融合式发展，不仅可以延伸邮轮产业的价值链，还可以进一步提升邮轮产业的经济贡献度。邮轮产品和服务，也应通过与相关产业的融合式营销，使不同职业的邮轮旅游者能够得到更加全面的邮轮游客之间互动服务质量信息。

第四节 邮轮游客服务结果质量认知的客源细分差异

一、邮轮游客对邮轮旅游服务结果质量认知的主成分因子分析

根据 Weiner 等(2013)[①]指出当 KMO 值大于 0.70 时就符合做因子分析的要求,如表 7-25 所示,邮轮旅游者对服务结果质量认知的 KMO 值为 0.754,说明适用因子分析,并且各因子间的相关度较为明显。此外,Bartlett 球度检验的结果表明,根据 Bartlett 球形检验,卡方值为 4 116.546,P 值为 0.000,小于 0.01,一方面统计量间具有非常显著的相关性,另一方面不是单位矩阵,因此因子分析适用(余佳霖,2010)[②]。

表 7-25 邮轮游客对邮轮旅游服务结果质量认知的 KMO 和 Bartlett 球形度检验

邮轮游客对邮轮旅游服务结果质量认知的 KMO 值		0.754
Bartlett 的球形度检验	卡方	4 116.546
	自由度	153
	显著性	0.000

本研究通过主成分法提取因子,并且通过正交旋转提取公因子,选择条件是特征值大于 3.00、因子载荷大于 0.400 的因子,并对公因子进行命名。所选择的邮轮旅游服务结果质量认知各公因子,其累计方差贡献率为 60.158%,表明能够解释的因子信息在 50% 以上,结果较为理想。

其中,邮轮旅游员工服务质量因子的方差贡献率为 17.028%,是最重要的公因子;公因子"邮轮旅游娱乐服务质量因子"的方差贡献率为 11.221%,"邮轮旅游餐饮服务质量因子"的方差贡献率为 10.984%,"邮轮旅游特色服务质量"的方差贡献率为 10.546%,"邮轮旅游客房服务质量"的方差贡献率为 10.379%,也具有代表性。

[①] Weiner I B, Schinka J A and Velicer W E. Handbook of Psychology, Research Methods in Psychology[M]. Hoboken: John Wiley & Sons. 2013, pp 169-170.

[②] 余佳霖.结构方程式模型:专题分析[M].台北:秀威资讯科技股份有限公司.2010:269-273.

表 7-26　邮轮游客对邮轮旅游服务结果质量认知的主成分因子分析

潜变量	潜变量公因子	潜变量公因子测度项	变量因子载荷	特征值	方差贡献率	累积方差贡献率
邮轮旅游服务结果质量	邮轮旅游船员服务质量	邮轮上的员工容易沟通	0.838	3.065	17.028%	17.028%
		邮轮上的员工富有亲和力	0.804			
		停靠港的旅游服务细致周到	0.566			
	邮轮旅游娱乐服务质量	邮轮上的娱乐活动丰富多彩	0.765	2.020	11.221%	28.249%
		邮轮上的娱乐活动有吸引力	0.696			
		邮轮上的娱乐活动参与性强	0.685			
		邮轮上的娱乐活动有吸引力	0.802			
	邮轮旅游餐饮服务质量	邮轮餐厅的菜肴很可口	0.702	1.977	10.984%	39.233%
		邮轮餐厅的菜品种类很丰富	0.642			
		邮轮餐厅的服务有特色	0.843			
	邮轮旅游特色服务质量	邮轮上的服务设施方便快捷	0.645	1.898	10.546%	49.779%
		邮轮上的服务设施很完善	0.474			
		邮轮上的孩童娱乐设施和项目有吸引力	0.462			
		邮轮上的孩童看护服务很周到	0.576			
		邮轮上的卡西诺赌场刺激有吸引力	0.634			
		停靠港的旅游活动以购物和观光为主	0.679			
	邮轮旅游客房服务质量	邮轮上的客房舒适整洁	0.838	1.868	10.379%	60.158%
		邮轮上的客房服务细致耐心	0.808			

二、邮轮服务结果质量认知的客源细分差异

（一）不同性别的邮轮游客对服务结果质量认知的比较分析

由表 7-27 可知，公因子邮轮旅游船员服务质量、邮轮旅游餐饮服务质量、邮轮旅游特色服务质量的 P 值分别为 0.592、0.937、0.366，明显地大于 0.05，表明不同性别的邮轮旅游者对邮轮旅游船员服务质量、邮轮旅游餐饮服务质量、邮轮旅游特色服务质量三个方面的认知不存在显著性差异。公因子邮轮旅游娱乐服务质量、邮轮旅游客房服务质量的 P 值分别为 0.009、0.022，明显地小于 0.05，表明不同性别的邮轮游客对邮轮旅游娱乐服务

质量、邮轮旅游客房服务质量两个方面的认知存在显著性差异。

表7-27　不同性别的邮轮游客对服务结果质量认知的比较分析

潜变量	邮轮旅游服务结果质量公因子	样本组别	均值	F 值	Sig.
邮轮旅游服务结果质量	邮轮旅游船员服务质量	男	4.75	0.288	0.592
		女	4.79		
	邮轮旅游娱乐服务质量	男	4.84	6.891	0.009**
		女	4.63		
	邮轮旅游餐饮服务质量	男	4.85	0.006	0.937
		女	4.86		
	邮轮旅游特色服务质量	男	4.79	0.818	0.366
		女	4.86		
	邮轮旅游客房服务质量	男	4.82	5.296	0.022*
		女	4.61		

注: * $P<0.05$, ** $P<0.01$, *** $P<0.001$。

首先,不同性别的邮轮游客,对邮轮旅游船员服务质量、邮轮旅游餐饮服务质量和邮轮旅游特色服务质量的认知不存在显著差异,主要原因如下。

第一,邮轮旅游服务质量餐饮占据重要地位的原因。餐饮收入是邮轮收入的重要来源。餐饮部是邮轮获得经济效益的部门之一,甚至餐饮收入一度超过客舱收入,成为邮轮收益的主要部门。邮轮管理对餐饮部门非常重视,在质量监管方面标准严格,使得邮轮旅游者享受到最高的水平(杨晓娟,2016)[①]。

第二,邮轮旅游服务质量客户服务品牌导向原因。客户服务策略通常会以品牌为导向,为客户阐释品牌、愿景和使命,如歌诗达邮轮,诠释为礼貌、尊重、为卓越的服务永不言败。公司认可并且奖励那些能够与客户发展牢固关系的员工,奖励他们能够积极主动的服务,无私奉献以微笑的服务满足游客的需求(杜铮,2011)[②]。

在分析原因的基础上,相应地提出邮轮旅游服务结果质量认知的营销策略。

第一,打造优质餐饮品牌的营销策略。邮轮美食一直是邮轮旅游者最为关注的焦点之一,邮轮餐饮的服务水平对邮轮服务质量评价产生直接影响。邮轮餐饮在注重质量、丰富、健康、营养的同时,更要突出特色,实现差异化经营。使邮轮餐饮不仅成为邮轮品牌形象的一部分,而且邮轮餐饮自身也要打造品牌。

第二,营造餐厅互动氛围的营销策略。餐厅作是游客停留时间较长的公共空间,也是对游客认知产生重要影响的公共空间。餐厅的意义不仅仅是游客就餐的物理空间,更是社交的社会空间。因此,邮轮公司在提升菜品质量、打造餐饮品牌的同时,也要注重餐厅

---

① 杨晓娟.邮轮旅游餐饮服务质量管理[J].山西青年,2016,10(14):108.
② 杜铮.歌诗达邮轮中国市场服务营销策略研究[T].天津:天津大学硕士学位论文,2011.

软环境的建设。例如,通过餐厅服务人员的微笑、即兴的歌舞表演等方式,在餐厅营造良好的互动氛围。

其次,不同性别的邮轮游客,对公因子邮轮旅游娱乐服务质量和邮轮旅游客房服务质量的认知存在显著差异,其原因如下。

第一,邮轮旅游服务质量认知的过程性原因。男性旅游者的服务感知更强烈,女旅游者的服务感知较弱。邮轮娱乐服务是为宾客提供所需的物质享受和精神享受的行为效用。邮轮娱乐服务大多是在顾客和服务员的互动中完成的,是高接触性的服务,具有生产、消费同时性,顾客参与性和无形性的特征(谢芳,2006)①。

第二,邮轮旅游服务质量认知的主观性原因。男性旅游者的服务感知更强烈,女旅游者的服务感知较弱。邮轮客房服务主要包括客房舒适整洁和客房服务细致耐心。女性旅游者情感更加细腻,对客房清洁服务质量感知更加敏感,男性旅游者的客房要求相对更低,质量感知更强烈。

在分析原因的基础上,相应地提出邮轮旅游服务结果质量认知营销策略。

第一,邮轮旅游服务质量娱乐服务性别差异化营销策略。针对男性旅游者,在赌场服务和交友服务方面,提供更加丰富的娱乐活动,尽量满足此类游客需求;针对女性旅游者,邮轮公司可多提供适合的娱乐项目,如瑜伽、美容等,以及美容、水疗、图书、游泳和剧院等休闲保健服务方面。

第二,邮轮旅游服务质量客房服务性别差异化营销策略。邮轮企业可在客房服务提升性别差异化和个性化服务,基于旅游者性别的大数据,针对情侣的双人间或者女性朋友的单人间,将女性房间装饰少女化,色调温和,体现家的温馨,针对男性旅游者,房间色系可更加清晰明朗,装饰干净利索。

(二)不同年龄的邮轮游客对邮轮旅游服务结果质量认知的比较分析

由表 7-28 可知,公因子邮轮旅游船员服务质量、邮轮旅游娱乐服务质量、邮轮旅游特色服务质量、邮轮旅游客房服务质量的 P 值分别为 0.305、0.128、0.817、0.618,明显地大于 0.05,表明不同年龄的邮轮游客对邮轮旅游船员服务质量、邮轮旅游娱乐服务质量、邮轮旅游特色服务质量、邮轮旅游客房服务质量的认知不存在显著性差异。公因子邮轮旅游餐饮服务质量的 P 值为 0.000,明显地小于 0.05,表明不同年龄的邮轮游客对邮轮旅游餐饮服务质量的认知存在显著差异。

首先,不同年龄的邮轮旅游者,对公因子邮轮旅游船员服务质量、邮轮旅游娱乐服务质量、邮轮旅游特色服务质量、邮轮旅游客房服务质量的认知不存在显著差异,其原因如下。

第一,邮轮旅游文化尚未普及推广的原因。邮轮旅游起源于欧美,对中国游客来说是舶来品。由于中国的邮轮产业起步晚,邮轮文化在中国尚未得到普及推广。中国邮轮旅游者乘邮轮出游的次数还很有限,对邮轮旅游的认知也很有限,经验的缺乏使得国内邮轮

---

① 谢芳.论酒店顾客感知服务质量的控制[J].贵州民族学院学报(哲学社会科学版),2006,26(4):44-48.

表 7-28 不同年龄的邮轮游客对邮轮旅游服务结果质量认知的比较分析

潜变量	邮轮旅游服务结果质量公因子	样本组别	均值	F 值	Sig.
邮轮旅游服务结果质量	邮轮旅游船员服务质量	25 岁以下	4.80	1.211	0.305
		26～35 岁	4.79		
		36～45 岁	4.77		
		46～55 岁	4.87		
		56 岁及以上	4.65		
	邮轮旅游娱乐服务质量	25 岁以下	4.90	1.794	0.128
		26～35 岁	4.67		
		36～45 岁	4.80		
		46～55 岁	4.58		
		56 岁及以上	4.80		
	邮轮旅游餐饮服务质量	25 岁以下	4.58	5.501	0.000***
		26～35 岁	4.71		
		36～45 岁	4.87		
		46～55 岁	5.05		
		56 岁及以上	4.90		
	邮轮旅游特色服务质量	25 岁以下	4.77	0.389	0.817
		26～35 岁	4.77		
		36～45 岁	4.84		
		46～55 岁	4.81		
		56 岁及以上	4.90		
	邮轮旅游客房服务质量	25 岁以下	4.89	1.618	0.618
		26～35 岁	4.60		
		36～45 岁	4.59		
		46～55 岁	4.81		
		56 岁及以上	4.80		

注:* $P<0.05$,** $P<0.01$,*** $P<0.001$。

旅游者对服务质量的感知较强,不存在显著性差异。

第二,邮轮旅游分销存在包船模式的原因。邮轮公司在中国邮轮旅游市场的直销还很有限,而包船模式是中国邮轮旅游市场常见的一种分销方式。旅行社从邮轮公司切舱后统一进行销售。包船模式使得旅行社通过低价竞争的方式来促销,邮轮游客以较低价格购买邮轮产品和服务,其感知价值相对较高,因此对邮轮旅游服务结果质量的认知差异并不明显。

在分析原因的基础上,有针对性提出邮轮旅游服务结果质量营销对策。

第一,邮轮旅游分销代理合作的营销策略。邮轮公司借鉴国外邮轮分销的代理制度和模式,改善现有的包船模式,采取可行的措施改变低价竞争的市场格局,对代理商进行合理的筛选,并对其进行业绩考核,维护邮轮公司和代理商之间的和谐关系,形成稳定的框架和模式。

第二,邮轮旅游文化主题推广的营销策略。邮轮公司可以借鉴欧洲退役邮轮的再造模式,与政府寻求合作,将其打造成特色餐厅和主题文化馆。在推广欧美邮轮文化的同时,寻求本土化,将中国文化的元素融入其中,形成邮轮信息开放平台,更好地推广邮轮产品,更有效地培育邮轮文化和邮轮消费市场。

其次,不同年龄的邮轮旅游者对公因子邮轮旅游餐饮服务质量的认知存在显著差异,主要原因如下。

第一,社会计量地位影响邮轮旅游者主观幸福感的原因。邮轮旅游者老年群体对餐饮服务质量感知最强,中年群体居中,青少年群体感知最弱。老年幸福感悖论现象认为,尽管老年人的身体健康、退休收入水平等方面随着年龄的增长而逐渐下降,但其幸福感依旧维持稳定甚至有所上升。

第二,社会经济地位影响邮轮旅游者主观幸福感的原因。邮轮旅游者中年群体对餐饮服务质量的感知均值居中,青少年群体感知均值最低。影响年轻人的主观幸福的原因仍然偏重于物质、知识的社会经济地位指标(如经济收入、受教育程度等)。

在分析原因的基础上,有针对性地提出邮轮旅游服务结果质量营销对策。

第一,邮轮旅游体现社会计量地位的营销策略。针对老年群体的邮轮旅游者,邮轮公司可以向他们推荐长途和豪华型旅游产品,同时邮轮旅游内的产品更需要能体现其社会计量地位,如给予老年邮轮旅游者更多的尊重,从而提升老年邮轮旅游者的幸福感、满足感,提高其对服务质量的感知。

第二,邮轮旅游偏向社会经济地位的营销策略。针对中年以及青少年年群体的邮轮旅游者,邮轮公司应向他们推荐短途和主题型旅游产品,提供刺激、新颖、富有知识的旅游项目,满足该群体获取知识的学习动机、追求发展的目标需求,从而提升幸福感、满足感,提高其对服务质量的感知。

(三) 不同婚姻状况的邮轮游客对邮轮旅游服务结果质量认知的比较分析

由表 7-29 可知,公因子邮轮旅游员工服务质量、邮轮旅游娱乐服务质量、邮轮旅游餐饮服务质量、邮轮旅游特色服务质量、邮轮旅游客房服务质量的 P 值分别为 0.605、0.118、0.722、0.398、0.154,明显地大于 0.05,表明不同婚姻状况的邮轮旅游者对邮轮旅游船员服务质量、邮轮旅游娱乐服务质量、邮轮旅游餐饮服务质量、邮轮旅游特色服务质量、邮轮旅游客房服务质量五个方面的认知不存在显著性差异。其原因如下。

第一,邮轮旅游服务质量文化娱乐动机一致性原因。邮轮旅游是一种新的旅游方式,主要通过利用母港、邮轮、公海、码头等基础,通过旅游活动,让邮轮旅游者领略异国风光,体验异域文化,从而增长见识、开阔眼界,提升文化素养,同时体验公海悠闲旅游活动的乐

表 7-29　不同婚姻状况的邮轮游客对邮轮旅游服务结果质量认知的比较分析

潜变量	邮轮旅游服务结果质量公因子	样本组别	均值	F 值	Sig.
邮轮旅游服务结果质量	邮轮旅游员工服务质量	单身	4.82	0.267	0.605
		已婚	4.76		
	邮轮旅游娱乐服务质量	单身	4.93	2.444	0.118
		已婚	4.72		
	邮轮旅游餐饮服务质量	单身	4.82	0.127	0.722
		已婚	4.86		
	邮轮旅游特色服务质量	单身	4.73	0.714	0.398
		已婚	4.84		
	邮轮旅游客房服务质量	单身	4.93	2.033	0.154
		已婚	4.71		

注: * $P<0.05$, ** $P<0.01$, *** $P<0.001$。

趣,因此,不同婚姻状况的邮轮旅游者的认知不存在显著性差异。

第二,邮轮旅游服务质量人际交往动机一致性原因。积极的沟通交流最易产生于心情放松的情景下,邮轮旅游的生活节奏缓慢、舒适度高、休闲化程度大,在这种空间和环境下,游客和服务人员之间最易和谐相处,双方的文化背景有较大差异,容易形成一个有效的良好的交流平台。

在分析原因的基础上,有针对性地提出邮轮旅游服务结果质量营销对策。

第一,邮轮旅游服务融入本土文化的营销策略。邮轮旅游最先代表的是西方的生活方式,在邮轮的方方面面都体现了西方的文化,但东西方文化存在显著差异,因此在邮轮旅游的餐饮、客房、娱乐、休闲等服务要增加中国本土的原真文化,更好地符合中国人的口味,增加亲切感。

第二,邮轮旅游服务融入潮流品味的营销策略。邮轮旅游是高端休闲生活的标志,时尚潮流文化是人们一直追求的精神境界,而邮轮旅游和时尚潮流文化的契合是满足这类群体需求的最好的途径,因此,品味邮轮旅游的时尚潮流是休闲旅游的必然选择。

（四）不同学历的邮轮游客对邮轮旅游服务结果质量认知的比较分析

由表 7-30 可知,公因子邮轮旅游船员服务质量、邮轮旅游特色服务质量、邮轮旅游客房服务质量的 P 值分别为 0.059、0.050、0.097,明显地大于 0.05,表明不同学历的邮轮旅游者在邮轮旅游船员服务质量、邮轮旅游特色服务质量、邮轮旅游客房服务质量三个方面不存在显著性差异。公因子邮轮旅游娱乐服务质量、邮轮旅游餐饮服务质量的 P 值皆为 0.000,明显地小于 0.05,表明不同学历的邮轮旅游者在邮轮旅游娱乐服务质量、邮轮旅游餐饮服务质量方面的认知存在显著性差异。

首先,不同学历的邮轮旅游者,对公因子邮轮旅游员工服务质量、邮轮旅游特色服务

表 7-30 不同学历的邮轮游客对邮轮旅游服务结果质量认知的比较分析

潜变量	邮轮旅游服务结果质量公因子	样本组别	均值	F 值	Sig.
邮轮旅游服务结果质量	邮轮旅游员工服务质量	高中/中专/技校	4.79	2.487	0.059
		大专	4.53		
		大学本科	4.81		
		硕士及以上	4.80		
	邮轮旅游娱乐服务质量	高中/中专/技校	5.23	8.609	0.000 ***
		大专	4.96		
		大学本科	4.70		
		硕士及以上	4.56		
	邮轮旅游餐饮服务质量	高中/中专/技校	4.44	8.068	0.000 ***
		大专	4.83		
		大学本科	4.98		
		硕士及以上	4.82		
	邮轮旅游特色服务质量	高中/中专/技校	5.05	2.616	0.050
		大专	4.69		
		大学本科	4.89		
		硕士及以上	4.73		
	邮轮旅游客房服务质量	高中/中专/技校	4.93	2.113	0.097
		大专	4.94		
		大学本科	4.65		
		硕士及以上	4.69		

注：* $P<0.05$，** $P<0.01$，*** $P<0.001$。

质量、邮轮旅游客房服务质量的认知不存在显著差异，其原因如下。

第一，邮轮旅游服务共享性原因。在邮轮旅游过程中，邮轮旅游者主要的活动场所是邮轮的公用空间，这意味着很多邮轮服务设施和邮轮旅游服务具有共享性，如游泳池、健身房、餐厅、剧院、娱乐项目、体育活动等，因此，不同学历的邮轮旅游者的认知不存在显著性差异。

第二，邮轮旅游服务异地性原因。旅游是一种空间的移动，邮轮旅游是特殊的海上空间移动，邮轮旅游者乘坐邮轮去异国他乡感受不同文化和美景，而且享受公海上奇特的风光，这类风光也是陆地居民平时难以享受的资源。因此，不同学历的邮轮旅游者的认知不存在显著性差异。

在分析原因的基础上，相应地提出邮轮旅游服务结果质量营销策略。

第一，邮轮旅游服务动态化营销策略。邮轮旅游者的需求、偏好、动机、行为都会随着时间的变化而变化,邮轮旅游公司的市场营销策略需要根据这种动态化特质不停地调整和均衡,运用邮轮旅游整合营销策略,和合理的传媒理论,及时更新邮轮旅游信息和促销渠道。

第二,邮轮旅游服务交互化营销策略。邮轮上的服务人员,如餐厅服务人员、安保人员、客房服务人员主要以外籍服务人员为主,加强外籍服务人员与邮轮旅游者的沟通,包括语言沟通、表情沟通和肢体语言沟通,能有效地提升邮轮旅游者的服务质量感知程度,从而提升邮轮旅游满意度。

其次,不同学历的邮轮旅游者,对公因子邮轮旅游娱乐服务质量、邮轮旅游餐饮服务质量的认知存在显著差异,其原因如下。

第一,对邮轮旅游服务的预期存在差异的原因。高中学历的邮轮旅游者对邮轮旅游娱乐服务质量感知最强,大专、本科学历的邮轮旅游者次之,硕士以上学历的邮轮旅游者最弱。学历越高,文化知识背景越深厚,其对邮轮旅游产品的要求更高,期望更大,因此,不同学历的邮轮旅游者存在显著性差异。

第二,对邮轮旅游服务体验存在差异的原因。高中学历的邮轮旅游者对邮轮旅游餐饮服务质量感知最弱,大专、本科、硕士以上的邮轮旅游者对邮轮旅游娱乐服务质量感知最强。高中学历的邮轮旅游者以学生和老年人为主,他们对西方餐饮食材、方式不习惯,更喜欢传统的中餐。

在分析原因的基础上,相应地提出邮轮旅游服务结果质量营销策略。

第一,邮轮旅游服务提升文化内涵的营销策略。针对大专、本科、硕士及以上高学历的邮轮旅游者,邮轮企业应该加深邮轮产品的文化内涵,增强其民族性、艺术性、神秘性、多样性等品质特性,激发邮轮旅游者的审美情趣、情感寄托甚至教育启示的各种文化需求。

第二,邮轮旅游服务注重本土特色的营销策略。针对高中学历及以下的低学历邮轮旅游者,邮轮企业应该注重并尊重这类群体的口味,保留其通俗性、大众化需求。对于老年邮轮旅游者,更加照顾其身体健康以及思想的传统性,提供传统的、体现中国特色的本土产品。

(五) 不同月收入的邮轮游客对邮轮旅游服务结果质量认知的比较分析

由表 7-31 可知,公因子邮轮旅游船员服务质量、邮轮旅游娱乐服务质量、邮轮旅游餐饮服务质量、邮轮旅游特色服务质量、邮轮旅游客房服务质量的 P 值分别为 0.013、0.018、0.006、0.004、0.000,表明不同月收入的邮轮旅游者对邮轮旅游船员服务质量、邮轮旅游娱乐服务质量、邮轮旅游餐饮服务质量、邮轮旅游特色服务质量、邮轮旅游客房服务质量五个方面的认知均存在显著性差异。其原因如下。

第一,旅游消费能力的差异性原因。一方面,不同月收入的邮轮旅游者,已有的旅游消费经验、关于旅游的见识眼界等方面存在差异;另一方面,邮轮旅游消费不仅是预付的船票价格,还有很多是登船后二次消费的项目。不同月收入的邮轮旅游者对邮轮旅游服务结果质量的认知存在显著差异。

表 7-31　不同月收入的邮轮游客对邮轮旅游服务结果质量认知的比较分析

潜变量	邮轮旅游服务结果质量公因子	样本组别	均值	F 值	Sig.
邮轮旅游服务结果质量	邮轮旅游船员服务质量	4 000 元以下	4.80	1.637	0.013*
		4 001～5 000 元	4.64		
		5 001～6 000 元	4.91		
		6 001～8 000 元	4.75		
		8 001～10 000 元	4.74		
		10 000 元以上	4.72		
	邮轮旅游娱乐服务质量	4 000 元以下	4.87	0.909	0.018*
		4 001～5 000 元	4.78		
		5 001～6 000 元	4.63		
		6 001～8 000 元	4.70		
		8 001～10 000 元	4.79		
		10 000 元以上	4.75		
	邮轮旅游餐饮服务质量	4 000 元以下	4.62	2.005	0.006**
		4 001～5 000 元	4.86		
		5 001～6 000 元	4.91		
		6 001～8 000 元	4.86		
		8 001～10 000 元	4.93		
		10 000 元以上	4.90		
	邮轮旅游特色服务质量	4 000 元以下	4.93	0.275	0.004**
		4 001～5 000 元	4.83		
		5 001～6 000 元	4.81		
		6 001～8 000 元	4.80		
		8 001～10 000 元	4.83		
		10 000 元以上	4.79		
	邮轮旅游客房服务质量	4 000 元以下	4.61	0.703	0.000**
		4 001～5 000 元	4.74		
		5 001～6 000 元	4.88		
		6 001～8 000 元	4.95		
		8 001～10 000 元	5.32		
		10 000 元以上	5.30		

注：* $P < 0.05$，** $P < 0.01$，*** $P < 0.001$。

第二,邮轮旅游服务的连续性原因。邮轮旅游服务是一个连续的旅游活动过程,邮轮旅游者预定为期几天的邮轮旅游,邮轮旅游服务自预定起开始,从问询服务、领队的提示、登船服务到享受餐饮服务、客房服务、娱乐休闲服务,是一个连续且不断循环的过程,旅游者在服务过程中享受旅游。

在分析原因的基础上,有针对性地提出邮轮旅游服务结果质量营销对策。

第一,邮轮旅游服务补救处理的营销策略。邮轮旅游服务补救是指邮轮企业提供服务时失败或者错误时做出的补偿性反应。邮轮旅游服务补救与邮轮旅游服务质量息息相关,有效的邮轮旅游服务补救能提高邮轮旅游的满意度,邮轮旅游中应当及时提供邮轮补救服务,重新树立旅游者信心。

第二,邮轮旅游服务抱怨处理的营销策略。邮轮旅游是服务性活动,在服务性活动中,由于旅游者和服务人员直接接触,因此,旅游者抱怨出现的频率较高。邮轮旅游服务质量中,针对旅游者抱怨,服务人员应当及时反应,友好对待,认真分析旅游者抱怨源头,迅速处理,恢复旅游者信心。

(六) 不同职业的邮轮游客对邮轮旅游服务结果质量认知的比较分析

由表 7-32 可知,公因子邮轮旅游船员服务质量、邮轮旅游特色服务质量、邮轮旅游客房服务质量的 P 值分别为 0.442、0.141、0.289,明显地大于 0.05,表明不同职业的邮轮旅游者对邮轮旅游员工服务质量、邮轮旅游特色服务质量、邮轮旅游客房服务质量三个方面的认知不存在显著性差异。公因子邮轮旅游娱乐服务质量、邮轮旅游餐饮服务质量的 P 值皆为 0.000,明显地小于 0.05,表明不同职业的邮轮旅游者对邮轮旅游娱乐服务质量、邮轮旅游餐饮服务质量的认知存在显著性差异。

首先,在公因子邮轮旅游员工服务质量、邮轮旅游特色服务质量、邮轮旅游客房服务质量方面,不同学历的邮轮游客的认知不存在显著差异,主要原因如下。

第一,邮轮旅游服务质量标准化原因。邮轮旅游标准化服务是邮轮公司生存的基础,邮轮旅游服务的标准化理念贯穿整个邮轮服务,来自不同职业背景的邮轮旅游者,邮轮公司提供的服务都是按照严格指定的标准,如客房的清洁、服务人员的沟通、问询服务,因此,不存在显著性差异。

第二,邮轮旅游服务质量规范化原因。邮轮旅游服务的规范化往往与标准化邮轮旅游服务如影随形,体现在邮轮旅游服务的方方面面,如小孩的看护服务、客房物品摆放、配备,邮轮服务人员和旅游者直接的行为程度,不同职业背景的邮轮旅游者不存在显著性差异。

在分析原因的基础上,有针对性地提出邮轮旅游服务结果质量营销对策。

第一,邮轮旅游服务质量如家体验营销策略。邮轮旅游客房服务中,应该秉承如家体验的服务精神,邮轮客房的布置上更体现出家庭气息,让邮轮旅游者体验到家的温馨、家的便捷、家的安全,客房清洁、送餐服务更加及时,并且照顾到特殊群体的偏好,从而提升服务质量感知。

第二,邮轮旅游服务质量人才培训营销策略。邮轮旅游员工服务中,在借鉴国外优秀

表 7-33　不同职业的邮轮游客对邮轮旅游服务结果质量认知的比较分析

潜变量	邮轮旅游服务结果质量公因子	样本组别	均值	F 值	Sig.
邮轮旅游服务结果质量	邮轮旅游船员服务质量	企业工作人员	4.75	0.960	0.442
		政府工作人员	4.79		
		事业工作人员	4.64		
		自由职业者	4.88		
		专业技术人员	4.64		
		学生	4.74		
		其他	4.73		
	邮轮旅游娱乐服务质量	企业工作人员	4.87	5.807	0.000***
		政府工作人员	4.44		
		事业工作人员	4.91		
		自由职业者	4.75		
		专业技术人员	5.24		
		学生	4.57		
		其他	4.86		
	邮轮旅游餐饮服务质量	企业工作人员	4.95	6.259	0.000***
		政府工作人员	4.71		
		事业工作人员	4.75		
		自由职业者	4.94		
		专业技术人员	4.31		
		学生	4.99		
		其他	4.85		
	邮轮旅游特色服务质量	企业工作人员	4.79	1.662	0.141
		政府工作人员	4.81		
		事业工作人员	4.92		
		自由职业者	4.90		
		专业技术人员	5.12		
		学生	4.67		
		其他	4.87		
	邮轮旅游客房服务质量	企业工作人员	4.80	1.238	0.289
		政府工作人员	4.54		
		事业工作人员	4.71		
		自由职业者	4.72		
		专业技术人员	4.59		
		学生	4.87		
		其他	4.84		

注：* $P < 0.05$，** $P < 0.01$，*** $P < 0.001$。

案例的基础上,结合中国特色市场,邮轮公司应该形成一套服务人员培训体系,加强服务人员的语言技能,提升服务人员的沟通技巧,拓宽服务人员的文化差异知识,从而提升员工服务质量。

其次,在公因子邮轮旅游娱乐服务质量、邮轮旅游餐饮服务质量方面,不同职业的邮轮旅游者存在显著差异,其原因如下。

第一,对邮轮旅游娱乐服务的需求存在差异的原因。专业技术人员、事业工作人员对娱乐服务感知最强,企业工作人员、自由职业者的感知居次,学生、政府工作人员的感知最弱。由于职业背景,这些群体对于邮轮上的歌舞表演、赌场博弈、游戏休闲等的需求感知具有差异性。

第二,对邮轮旅游餐饮服务的体验存在差异的原因。企业工作人员、自由职业者、学生对餐饮服务感知最强,企业工作人员、事业工作人员的感知居次,专业技术人员的感知最弱。他们的工作环境具有差异性,企业人员、学生乐于接受新事物,更能适应多元化的餐饮,其他成员更偏好固化的产品。

在分析原因的基础上,有针对性地提出邮轮旅游服务结果质量营销对策。

第一,邮轮旅游餐饮服务多样化营销策略。邮轮公司对邮轮上的餐饮进行数据分析,并结合邮轮旅游者的大数据,提前根据邮轮旅游者的职业特性进行预测,从而配备一定比例的中西餐饮食,针对自由职业者、企业员工等自由性强的邮轮旅游者,丰富餐饮种类,为其预留更多的选择空间。

第二,邮轮旅游娱乐服务个性化营销策略。邮轮公司应该根据不同职业特性的邮轮旅游者提供个性化的服务,针对学生、政府工作人员等旅游者,营造安静舒适的环境,如设立图书馆、瑜伽馆,针对专业技术人员、企业工作人员、自由职业者等旅游者,提供刺激、新奇的娱乐活动,如冲浪等水上运动。

第五节　邮轮旅游服务质量感知价值聚类群体及忠诚度聚类群体的客源细分差异

一、邮轮旅游服务质量感知价值聚类分析

为了确定本研究关于邮轮旅游者的细分群体,研究采用聚类分析进一步研究邮轮旅游者感知价值的差异。研究将聚类数目值确定为2,划分出经济功能型邮轮旅游者、情绪象征型邮轮旅游者2个聚类群体。2个类型的邮轮旅游者聚类情况如表7-33所示。

表7-33　邮轮旅游服务质量感知价值聚类群体的比较分析

潜变量	邮轮旅游服务质量感知价值公因子	聚类群体1	聚类群体2	F值	Sig.
		经济功能型邮轮旅游者	情绪象征型邮轮旅游者		
邮轮旅游服务质量感知价值	邮轮旅游感知货币收益	5.36	4.78	92.660	0.000***
	邮轮旅游社会体验价值	5.04	5.32	488.877	0.000***
	邮轮旅游情感体验价值	4.73	5.64	425.390	0.000***
	邮轮旅游自我实现价值	4.14	5.11	211.409	0.000***

注:* $P<0.05$,** $P<0.01$,*** $P<0.001$。

在783位邮轮旅游者中,经济功能型邮轮旅游者聚类群体人数为420人,占总受访者的53.64%;情绪象征型聚类群体人数为363人,占总受访者的46.36%,所占比例高于情绪象征型聚类群体。差异性分析表明,邮轮旅游服务质量感知价值的4个公因子(邮轮旅游服务质量感知货币收益、邮轮旅游旅游服务质量社会体验价值、邮轮旅游服务质量情感体验价值、邮轮旅游服务质量自我实现价值)F统计量相伴概率都小于0.001,表明经济功能型邮轮旅游者聚类群体与情绪象征型邮轮旅游者聚类群体具有极其显著的差异性。

二、邮轮旅游服务质量感知价值聚类群体的客源细分差异

(一)经济功能型邮轮旅游者感知价值聚类群体的市场细分特征

由表7-33可知,首先,经济功能型邮轮旅游者对邮轮旅游货币收益的感知均值最高,表明这类邮轮旅游者对邮轮旅游的价格较为敏感,感知价值取决于货币支出与货币收益的比率,较为注重邮轮旅游的性价比;其次,经济功能型邮轮旅游者对邮轮旅游社会体验价值的感知均值较高,表明这类邮轮旅游者在邮轮旅游过程中参与活动、与邮轮员工或其

他邮轮游客互动的意愿较强烈。

如表 7-34 所示,经济功能型邮轮旅游者聚类群体具有如下特点:①常住地以上海为主,占 54.29%;②男性比例(50.48%)与女性比例(49.52%)相当;③56 岁及以上的受访者占最大比例,占 25%;④以已婚受访者为主,占 90.71%;⑤学历以大专和大学本科为主,分别占 28.60%和 22.60%;⑥月收入以 4 001~5 000 元所占比例最大,占 39.30%;⑦职业以企业工作人员所占比例最大,为 27.8%。

综合来看,经济功能型邮轮旅游者聚类群体对邮轮旅游感知货币收益的评价值最高,对邮轮旅游情感体验价值、邮轮旅游自我实现价值的评价值都较低,对邮轮旅游社会体验价值的评价值居中。主要原因如下。

第一,可支配收入有限的原因。经济功能型邮轮旅游者聚类群体月收入以中等收入或中等偏下收入为主。对于这部分群体而言,其可支配收入有限,故而对邮轮旅游价格更为敏感,更关注邮轮旅游的性价比,其对邮轮旅游服务质量的感知价值,感知货币收益和货币支出的比例在其中占主导作用。

第二,中老年群体占主体的原因。经济功能型邮轮旅游者聚类群体以中老年受访者为主。对于这部分群体而言,一方面,由于年龄偏大或退休等因素,缺乏稳定且充足的经济来源支撑邮轮旅游;另一方面,在老年人的消费结构中,休闲娱乐类的各种消费支出所占份额最小(孔凡磊,2011)[①],因此其对于邮轮服务质量感知属于经济功能型。

在分析原因的基础上,有针对性地提出经济功能型邮轮旅游服务质量感知价值聚类群体的营销对策如下。

第一,邮轮价格目标群体适应化市场营销策略。鉴于经济功能型邮轮旅游者聚类群体以中老年受访者为主,针对邮轮旅游服务质量的市场营销应注重对闲暇时间较多的中老年群体细分市场的获取与占据。一方面,合理降低邮轮旅游产品的价格,减少对于中老年群体的经济压力;另一方面,应注重向中老年群体普及邮轮旅游的观念,改变其消费结构。

第二,邮轮价格家庭群体优惠化市场营销策略。鉴于经济功能型邮轮旅游者聚类群体月收入以中等收入或中等偏下为主,针对邮轮旅游服务质量的市场营销应注重对此家庭群体的获取。通过采取一系列针对家庭出行的优惠措施,尽量降低邮轮旅游产品的价格,同时提升产品总体体验,刺激中层收入阶层的消费欲望,为企业获取庞大的消费者群体。

(二) 情绪象征型邮轮旅游者感知价值聚类群体的市场细分特征

由表 7-34 可知,情绪象征型邮轮旅游者感知价值聚类群体对邮轮旅游情感体验的感知均值最高,表明这类邮轮旅游者由于收入水平较高等原因,对邮轮旅游的价格不敏感,更关注服务的情感体验价值,其对邮轮旅游服务的感知价值更多取决于情感体验感知程度;另外,情绪象征型邮轮旅游者感知价值聚类群体对邮轮旅游社会体验价值的感知均值较高,表明这类邮轮旅游者在邮轮旅游过程中的社交意愿较强烈。

---

① 孔凡磊.城市老年人消费观念分析[J].学理论,2011,53(6):90-92.

如表 7-34 所示，情绪象征型邮轮旅游者感知聚类群体具有如下特点：①常住地以上海为主，占 58.68％；②男性比例（52.62％）略高于女性比例（47.38％）；③46～55 岁的受访者占最大比例，占 24.80％；④以已婚受访者为主，占 90.08％；⑤学历以大学本科为主，占 31.7％；⑥月收入以 6 001～8 000 元所占比例最大，占 35.8％；⑦职业以企业工作人员所占比例最大，为 31.2％。

表 7-34　邮轮旅游服务质量感知价值聚类群体的社会人口统计学特征比较分析

人口统计特征变量	构成及其对应的赋值	聚类群体 1 经济功能型邮轮旅游者（N＝420）			聚类群体 2 情绪象征型邮轮旅游者（N＝363）		
		频数	频率	均值	频数	频率	均值
常住地	安徽＝1	5％	1.19	1.16	1	0.28％	1.18
	湖南＝2	3％	0.71		14	3.86％	
	江苏＝3	75％	17.86		33	9.09％	
	上海＝4	228％	54.29		213	58.67％	
	浙江＝5	109％	25.95		102	28.10％	
性别	男＝1	212％	50.48	1.50	191	52.62％	1.48
	女＝2	208％	49.52		172	47.38％	
年龄	25 岁以下＝1	53％	12.62	3.29	39	10.74％	3.30
	26～35 岁＝2	76％	18.10		68	18.73％	
	36～45 岁＝3	92％	21.90		84	23.14％	
	46～55 岁＝4	94％	22.38		90	24.80％	
	56 岁及以上＝5	105％	25.00		82	22.59％	
婚姻	单身＝1	39％	9.29	1.91	36	9.92％	1.90
	已婚＝2	381％	90.71		327	90.08％	
学历	高中/中专/技校＝1	130％	31.0	3.00	65	17.9％	3.01
	大专＝2	120％	28.6		93	25.6％	
	大学本科＝3	95％	22.6		115	31.7％	
	硕士及以上＝4	75％	17.8		90	24.8％	
月收入	4 000 元及以下＝1	101％	24.0	3.35	7	1.9％	3.22
	4 001～5 000 元＝2	165％	39.3		30	8.3％	
	5 001～6 000 元＝3	87％	20.7		42	11.6％	
	6 001～8 000 元＝4	30％	7.1		130	35.8％	
	8 001～10 000 元＝5	20％	4.8		94	25.9％	
	10 000 元及以上	17％	41		60	16.5％	

（续表）

人口统计特征变量	构成及其对应的赋值	聚类群体 1 经济功能型邮轮旅游者 （N＝420）			聚类群体 2 情绪象征型邮轮旅游者 （N＝363）		
		频数	频率	均值	频数	频率	均值
职业	企业工作人员＝1	110%	27.8	3.12	120	31.2%	3.12
	事业工作人员＝2	95%	20.2		52	17.1%	
	政府工作人员＝3	19%	5.2		30	7.5%	
	自由职业者＝4	82%	19.2		79	22.1%	
	专业技术人员＝5	22%	4.3		19	6.3%	
	学生＝6	48%	14.3		42	8.2%	
	其他＝7	44%	9		21	7.6%	

综合来看，情绪象征型邮轮旅游者感知聚类群体对邮轮旅游情感体验价值的评价值最高，对邮轮旅游社会体验价值、邮轮旅游自我实现价值的评价值都较高，对邮轮旅游感知货币收益的评价值居中。其原因如下。

第一，可支配收入及闲暇时间充足的原因。情绪象征型邮轮旅游者感知聚类群体以46～55岁的受访者为主。对于这部分群体而言，一方面，其工作、家庭等皆已趋于稳定，经济基础更为雄厚，更为关注邮轮旅游服务质量而非价格；另一方面，其闲暇时间较其他年轻群体更为充足，拥有充分时间感知和体验邮轮旅游产品，因此其感知属于情绪象征型。

第二，消费结构注重更高精神追求的原因。邮轮旅游超值体验价值感知型聚类群体月收入以6 001～8 000元为主。对于这部分群体而言，其月收入的增加意味着收入支配自由度和经济承受能力的增加与消费结构变化。这类群体的邮轮游客对高层次精神体验的需求强烈，更注重情感体验价值以及受尊重的程度，因此其感知属于情绪象征型。

在分析原因的基础上，有针对性地提出情绪象征型邮轮旅游服务质量感知价值聚类群体的营销策略。

第一，邮轮旅游服务质量精准化市场营销策略。鉴于情绪象征型邮轮旅游者感知聚类群体以46～55岁的受访者为主，针对这类群体游客的营销策略应以此群体的消费偏好和行为特征为基础，重点开发优质高端的邮轮二次消费项目，提升产品的定制化水平，提供个性化的服务，满足这部分游客的情感体验、社会体验及自我价值实现的需求。

第二，邮轮旅游产品内涵优质化市场营销策略。情绪象征型邮轮旅游者感知聚类群体月收入以高收入及中等偏上收入水平为主，针对邮轮旅游服务质量的市场营销可通过以下两方面的措施进行：一方面，应强调邮轮旅游产品的文化内涵与情感体验价值，避免出现低俗产品；另一方面，应在不减少邮轮旅游产品内涵的情况下合理控制其价格，进一步提升产品的吸引力。

三、邮轮旅游服务质量忠诚度聚类分析

本研究采用聚类分析进一步研究邮轮旅游服务质量忠诚度的差异。本研究将聚类数目值确定为 2,划分出高度忠诚型邮轮旅游者和一般忠诚型邮轮旅游者 2 个聚类群体。2 个类型的邮轮旅游者聚类情况如表 7-35 所示。

在 783 位邮轮旅游者中,高度忠诚型邮轮旅游者聚类群体人数为 391 人,占总受访者的 49.93%;一般忠诚型邮轮旅游者聚类群体人数为 392 人,占总受访者的 50.07%,所占比例与高度忠诚型邮轮旅游者聚类群体相当。差异性分析表明,邮轮旅游服务质量忠诚度的 3 个公因子(邮轮旅游认知忠诚、邮轮旅游情感忠诚、邮轮旅游重购意愿)F 统计量相伴概率都小于 0.001,表明高度忠诚型邮轮旅游者聚类群体与一般忠诚型邮轮旅游者聚类群体具有显著的差异性。

表 7-35　邮轮旅游服务质量忠诚度聚类群体的比较分析

潜变量	邮轮旅游服务质量忠诚度公因子	聚类群体 1 高度忠诚型邮轮旅游者	聚类群体 2 一般忠诚型邮轮旅游者	F 值	Sig.
邮轮旅游服务质量忠诚度	邮轮旅游认知忠诚	5.14	4.68	137.411	0.000***
	邮轮旅游情感忠诚	5.36	3.88	879.286	0.000***
	邮轮旅游重购意愿	5.83	3.90	336.534	0.000***

注:* $P<0.05$,** $P<0.01$,*** $P<0.001$。

由表 7-35 知,邮轮旅游服务质量高度忠诚型聚类群体对“邮轮旅游认知忠诚”“邮轮旅游情感忠诚”“邮轮旅游重购意愿”的评价值都在 5 以上,且都大于邮轮旅游服务质量一般忠诚型聚类群体的评价值,这符合高度忠诚型邮轮旅游者的特征。其中,对“邮轮旅游重购意愿”的评价值最高,为 5.83,这类群体对邮轮旅游服务质量在认知和情感上均有较高的忠诚度,且有较高的重游意愿,愿意向他人积极推荐邮轮旅游。

邮轮旅游服务质量一般忠诚型聚类群体对“邮轮旅游认知忠诚”“邮轮旅游情感忠诚”“邮轮旅游重购意愿”3 个公因子的评价值都在 5 以下,其中对“邮轮旅游认知忠诚”的评价值最高,为 4.68,对“邮轮旅游情感忠诚”和“邮轮旅游重购意愿”的评价值都在 4 以下,分别为 3.88 和 3.90。邮轮旅游服务质量高度忠诚型聚类群体对公因子“邮轮旅游重购意愿”的评价值最高,邮轮旅游服务质量一般忠诚型聚类群体却较低,说明邮轮旅游者在情感忠诚和认知忠诚有限的情况下,邮轮旅游重购意愿也较为有限。

四、邮轮旅游服务质量忠诚度聚类群体的客源细分差异

(一)邮轮旅游服务质量高度忠诚型聚类群体的客源细分差异

由表 7-36 所示,邮轮旅游服务质量高度忠诚型聚类群体具有下列特点:①常住地为

上海的受访者所占比例最大,为56.78%,其次是浙江,所占比例为23.53%;②男性受访者所占比例最大,为54.8%;③年龄在56岁及以上的受访者所占比例最大,为27.11%,其次略低的是45~55岁,所占比例为26.60%;④以已婚人士为主,所占比例为89.51%;⑤学历集中在大专及大学本科,所占比例分别为26.53%和25.51%,硕士及以上所占比例为22.17%;⑥月收入在8 000元以上的游客占25.58%,超过其他收入水平的游客比例;⑦职业以企业工作人员所占比例最大,为28.64%,其次略低的是自由职业者,所占比例为22.25%。

表 7-36　邮轮旅游服务质量忠诚度聚类群体的社会人口统计特征比较分析

社会人口统计特征变量	构成及其对应的赋值	群体 1 邮轮旅游高度忠诚型(N=391)		群体 2 邮轮旅游一般忠诚型(N=392)	
		频数	频率	频数	频率
常住地	安徽=1	3	0.77%	3	0.77%
	湖南=2	12	3.07%	5	1.28%
	江苏=3	62	15.86%	46	11.73%
	上海=4	222	56.78%	219	55.87%
	浙江=5	92	23.52%	119	30.35%
性别	男=1	215	54.8%	188	48.00%
	女=2	176	45.2%	204	52.00%
年龄	25 岁以下=1	37	9.46%	55	14.03%
	26~35 岁=2	71	18.16%	73	18.62%
	36~45 岁=3	73	18.67%	103	26.28%
	46~55 岁=4	104	26.60%	80	20.41%
	56 岁及以上=5	106	27.11%	81	20.66%
婚姻	单身=1	41	10.49%	34	8.67%
	已婚=2	350	89.51%	358	91.33%
学历	高中/中专/技校=1	101	25.77%	94	24.04%
	大专=2	104	26.53%	109	27.88%
	大学本科=3	100	25.51%	110	28.13%
	硕士及以上=4	87	22.19%	78	19.95%
月收入	4 000 元及以下=1	50	12.79%	58	14.80
	4 001~5 000 元=2	88	22.51%	107	27.30%
	5 001~6 000 元=3	69	17.64%	60	15.31%
	6 001~8 000 元=4	84	21.48%	76	19.39%

（续表）

社会人口统计特征变量	构成及其对应的赋值	群体 1 邮轮旅游高度忠诚型（$N=391$）		群体 2 邮轮旅游一般忠诚型（$N=392$）	
		频数	频率	频数	频率
月收入	8 001～10 000 元＝5	57	14.58%	57	14.54%
	10 000 元及以上	43	11.00%	34	8.66%
职业	企业工作人员＝1	112	28.64%	118	30.10%
	事业工作人员＝2	73	18.67%	74	18.88%
	政府工作人员＝3	20	5.12%	29	7.40%
	自由职业者＝4	87	22.25%	74	18.88%
	专业技术人员＝5	13	3.32%	28	7.14%
	学生＝6	51	13.04%	39	9.95%
	其他＝7	35	8.96%	30	7.65%

综合来看，邮轮旅游服务质量高度忠诚聚类群体对邮轮旅游重购意愿的评价值最高，对邮轮旅游情感忠诚、邮轮旅游认知忠诚的评价值都较高。主要原因如下。

第一，邮轮旅游较适合老年群体的原因。一方面，邮轮旅游节奏相对缓慢，较长时间在船体空间内，活动项目丰富，岸上游又使有限的船体空间得到延伸，所以邮轮旅游的属性非常适合老年群体；另一方面，老年群体的闲暇时间相对充裕，因此重游意愿也相对强烈。

第二，可支配收入影响重游意愿的原因。可支配收入水平是影响邮轮旅游重游意愿的重要因素。可支配收入水平高的邮轮旅游者，除了消费涵盖在邮轮船票价格里的基本项目之外，还会选择其他的二次消费项目。这些消费项目的定制化水平相对较高，游客的满意度也相对较高，重游意愿也更强烈。因此，高收入群体的忠诚度相对更高。

在分析原因的基础上，有针对性地提出邮轮旅游服务质量营销策略。

第二，塑造邮轮服务质量品牌的策略。邮轮公司在全面优化邮轮旅游服务质量，提升游客实际体验的同时，还应注重邮轮品牌形象的塑造。通过有效的传播手段，如社交媒体、网络新媒体等，向公众推介邮轮品牌，强化公众对邮轮品牌形象的积极认知，增强有实际体验的游客的重游意愿，形成忠诚顾客群体。

第二，游客期望与体验的一致性策略。只有当游客的期望值与实际体验相一致的时候，才能提高游客的忠诚度，扩大品牌的市场美誉度。邮轮公司应该通过建立客户档案的方式，及时了解游客的个性化需求及偏好，对邮轮旅游的期望，同时在旅游结束时，对游客进行有效的满意度调查，了解游客对实际体验的评价，从中发现问题，及时改进，将游客的期望与实际体验的一致性作为优化邮轮旅游服务质量的目标。

（二）邮轮旅游服务质量一般忠诚型聚类群体的客源细分差异

如表 7-35 所示,邮轮旅游服务质量一般忠诚与满意型群体具有下列特点:①常住地为上海的受访者所占比例最大,为 55.87%,其次是浙江,所占比例为 30.35%;②女性比例(52%)略高于男性(48%);③年龄在 36～45 岁的受访者所占比例最大,所占比例为26.28%;④以已婚人士为主,所占比例为 91.33%;⑤学历为大学本科的受访者所占比例最大,为 28.13%,其次是大专,所占比例为 27.88%;⑥月收入以 4 001～5 000 元所占比例最大,为 27.3%;⑦职业以企业工作人员所占比例最大,为 30.1%。

综合来看,邮轮旅游服务质量一般忠诚型聚类群体对邮轮旅游重购意愿、邮轮旅游认知忠诚、邮轮旅游情感忠诚的评价值均较低,主要原因如下。

第一,中年群体闲暇时间受限的原因。闲暇时间是邮轮旅游的充要条件之一。中年群体(36～45 岁)大都具有一定的经济实力基础,但是由于受家庭和工作等因素的影响,尚不具备多次参与邮轮旅游活动所需的相对充裕的闲暇时间和精力,直接影响到这部分群体邮轮旅游的重游意愿及对邮轮旅游服务质量的忠诚度。

第二,收入水平状况存在差异的原因。邮轮旅游作为高端的消费产品,对消费者的经济基础条件有一定要求,因此邮轮旅游者对邮轮旅游服务质量的忠诚度及邮轮重游意愿,与其收入状况有较强的关联性。收入水平较低的邮轮旅游者,其在邮轮上的二次消费能力有限,享受不到基本项目之外、定制化水平较高的服务项目,因而影响到这部分群体游客的重游意愿及忠诚度。此外,收入水平也是游客重游决策时非常重要的考量因素。

因此,相应的邮轮旅游服务质量营销策略如下。

第一,产品价格差异化的营销策略。基于收入水平状况差异所产生的对邮轮旅游服务质量满意度和忠诚度高低不一的情况,可以采取邮轮旅游产品价格差异化的营销策略,即针对不同客源细分市场特性,在提升质量的前提下提供不同的邮轮旅游产品和服务,激发不同收入水平状况群体的消费意愿,进而影响邮轮旅游服务质量一般忠诚型聚类群体的忠诚度。

第二,开发中短途航线的营销策略。在我国目前的休假制度下,邮轮旅游产品的开发须以中短途航线为主。中短途航线能够与多数邮轮旅游者的闲暇时间相契合,弱化闲暇时间对邮轮旅游者重游决策的刚性约束。通过中短途邮轮航线产品的开发,增强邮轮旅游服务质量一般忠诚聚类群体的重游意愿和忠诚度。

第八章　研究结论及展望

第一节 研 究 结 论

一、邮轮旅游服务质量因子结构研究结论

本研究基于扎根理论研究方法,探索性地分析了邮轮旅游服务质量的因子结构。基于扎根理论方法的质性研究能克服照搬其他服务测量量表的缺陷,为评价邮轮旅游服务质量及其影响作用提供精准的测量工具。第一,在数据采集阶段,本研究采用理论性抽样的方法,选择和确定访谈对象、设计和确定访谈提纲,并运用问题聚焦访谈法对访谈对象进行深度访谈,采集质性研究数据。第二,本研究根据访谈录音,对原始访谈记录做了反复比对后,剥离出具有情感语义或意象表征的语句,进行多次抽取后,不断提炼,最终凝练出 86 个概念;并在此基础上,对概念进行聚类,形成了 30 个初始研究范畴。第三,在主轴式编码阶段,本研究在开放式编码的基础上,对各范畴之间联结关系的进行探索,充分分析和比较各范畴间可能存在的因果关系、情景关系、时间先后关系、过程关系等,最终形成 9 个主要范畴:邮轮旅游服务环境质量、邮轮游客与员工的互动质量、邮轮游客之间的互动质量、邮轮旅游服务结果质量、邮轮旅游新奇体验、邮轮旅游感知价值、邮轮旅游感知价格、邮轮游客满意度和邮轮游客忠诚度。第四,在选择性编码阶段,本研究识别出的核心范畴是"邮轮旅游服务质量的影响机理"。本研究的"故事线"是围绕"邮轮旅游服务质量的影响机理"这个核心范畴由前述 9 个主范畴构成的邮轮旅游服务质量的作用机制,并围绕故事线形成了典型结构。

二、邮轮旅游服务质量构成要素研究结论

在质性研究基础上,本研究对邮轮旅游服务质量构成要素做了深入探讨,主要结论如下:第一,服务环境质量。邮轮的服务环境包括三类:①外界条件,主要指环境的背景特征,如温度、光线、音乐、气味、清洁程度等;②空间陈设和布局,如室内装潢、颜色、舱房的陈设、格局、大小、服务设施的美感、公共空间的设计等;③社会因素,主要指环境的氛围特征,如游客聚集或排队的公共空间、邮轮服务员的面貌和邮轮服务员的数量。第二,游客与员工之间的互动质量。游客与员工之间的互动质量主要包括 5 个核心主题:①保证性,主要指邮轮服务人员的知识技能、礼仪风范,以及赢得游客信心和信任的能力;②反应性,主要指邮轮服务人员为游客提供服务的意愿程度;③可靠性,主要指邮轮服务人员准确可靠地履行服务承诺的能力;④移情性,主要指邮轮服务人员为游客提供个性化服务和特别关照的程度。第三,游客之间的互动质量。游客间互动质量的 4 个关键主题:游客间的互

动频率、游客间的互动氛围、游客间的互动效果、游客间的互动程度。第四,结果质量。邮轮服务结果质量的关键要素包括:①餐饮质量;②娱乐活动;③邮轮设施;④停靠港;⑤孩童服务设施及项目;⑥客房质量;⑦服务员/船员吸引力。第五,新奇体验。新奇体验是邮轮游客当前感知与以往经历的对比程度,新奇与熟悉相对,是邮轮游客认为具有新奇性的旅行其主要特征是与以往生活经历不同、新颖而陌生的体验。第六,感知价格。邮轮旅游产品/服务的客观价格只有在邮轮游客对价格进行主观解释的时候才变得有意义。第七,感知价值。本研究认为感知价值是游客从邮轮旅游获得的收益(如质量)及支付(如时间和货币)之间的平衡。第八,满意度。本研究认为邮轮游客满意度是邮轮游客需求得到满足后获得的愉悦感,反映了游客对邮轮服务的期望与邮轮服务绩效的相对关系。第九,忠诚度。邮轮游客忠诚度能够反映出其重游意愿的强弱。

三、游客对邮轮旅游服务质量认知的路径机理模型研究结论

第一,检验结构方程模型及研究假设。本研究对结构方程模型的相关拟合度指标进行检验,结果表明模型与数据的拟合度较好。在路径假设检验方面:①邮轮游客与员工的互动质量对新奇体验并没有显著影响,但它对邮轮游客的感知价值产生显著影响;②邮轮游客之间的互动质量对新奇体验有显著影响,但它对邮轮游客的感知价值并不产生显著影响;③邮轮服务环境质量对邮轮游客的新奇体验并没有显著影响,并且邮轮服务环境质量对邮轮游客的感知价值也没有显著影响;④邮轮服务结果质量对邮轮游客的新奇体验有显著影响,但对邮轮游客感知价值的影响并不显著;⑤邮轮游客的新奇体验对其感知价值的影响显著;⑥邮轮游客的感知价值与感知价格呈现负相关的影响关系;⑦一方面,邮轮游客的新奇体验对邮轮游客满意度产生显著影响,另一方面,邮轮游客感知价值也是邮轮游客满意度的正向函数;⑧邮轮游客的新奇体验和邮轮游客满意度都是与游客忠诚度显著正相关的前因变量;⑨邮轮游客的感知价值和游客忠诚度之间呈现负相关的影响关系;⑩情感反应(如新奇体验、满意度)相比认知反应(如感知价值)对忠诚度的影响更显著。

第二,对价格敏感度调节作用的检验。本研究采用多群组分析方法研究价格敏感度在构件之间的调节作用。结果表明,价格敏感度的调节作用只存在于:①新奇体验和满意度之间;②新奇体验和感知价值之间。对调节作用的检验部分验证了邮轮游客因价格敏感度不同从而对邮轮体验的反应存在差异的看法。本研究认为,新奇体验在价格敏感度低的群组对满意度的影响更显著,而它在价格敏感度高的群组对感知价值的影响更显著。因此,本研究认为新奇体验对价格敏感度低的游客和对价格敏感度高的游客而言都是重要因素。价格敏感度低的游客在评价其邮轮体验时注重情感要素,而价格敏感度高的游客在评价其邮轮体验时注重价值感知。

四、游客对邮轮旅游服务质量认知的客源细分差异研究结论

第一,游客对邮轮服务环境质量认知客源细分差异。本研究基于性别、年龄、婚姻状

况、学历、月收入、职业等人口统计特征变量研究了游客对邮轮旅游服务环境质量认知的市场细分特征。结果表明,不同性别游客对邮轮旅游服务环境质量的认知不存在显著差异;不同年龄游客对邮轮旅游服务环境背景特征和空间陈设与布局的认知不存在显著差异,但对环境的氛围特征的认知存在显著差异;不同婚姻状况游客对环境的背景特征和空间陈设与布局的认知不存在显著差异,但对环境的氛围特征的认知存在显著差异;不同学历游客对邮轮旅游服务环境质量的认知存在显著差异;不同月收入游客对环境的背景特征以及空间陈设与布局的认知不存在显著差异,但对环境氛围特征的认知存在显著差异;不同职业的市场细分特征与不同月收入的市场细分特征相同。本研究还针对各市场细分特征分析了具体原因,并提出了相应的营销策略。

第二,邮轮游客与员工互动质量认知的客源细分差异。研究表明,不同性别邮轮游客对游客与员工互动专业性和互动移情性的认知不存在显著差异,但对互动响应性的认知存在显著差异;不同年龄邮轮游客对游客与员工互动质量响应性和专业性的认知不存在显著差异,但对互动移情性的认知存在显著差异;不同婚姻状况邮轮游客对游客与员工互动质量的认知不存在显著差异;不同学历邮轮游客对游客与员工互动质量的认知存在显著差异;不同月收入邮轮游客对游客与员工互动质量中互动响应性和互动专业性的认知不存在显著差异,但是对互动移情性的认知存在显著差异;不同职业对游客与员工互动质量的认知存在显著差异。本研究还分析了产生各市场细分特征的原因,并提出了相应的营销策略。

第三,对邮轮游客之间互动质量认知的客源细分差异。结果表明,不同性别的邮轮游客,对游客之间互动质量中互动氛围和互动价值的认知存在显著差异,但对互动社交与互动情感的认知不存在显著差异;不同年龄邮轮游客,对游客之间互动质量中互动氛围的认知存在显著差异,但是对其他公因子的认知不存在显著差异;不同婚姻状况的邮轮游客,对游客之间互动质量的认知不存在显著差异;不同学历的邮轮游客,对游客之间互动质量中互动社交、互动情感和互动氛围的认知存在显著差异,而对互动价值的认知不存在显著差异;不同月收入的邮轮游客,对游客之间互动质量中互动社交的认知存在显著差异,但是对其他公因子的认知不存在显著差异;不同职业的邮轮游客,对互动社交和互动情感的认知存在显著差异,但是对其他公因子的认知不存在显著差异。

第四,游客对邮轮服务结果质量认知的客源细分差异。不同性别游客对邮轮服务结果质量中餐饮服务、船员服务、特色服务质量的认知无显著差异,但是对娱乐和客房服务质量的认知存在显著差异;不同年龄游客对邮轮服务结果质量中餐饮服务质量的认知存在显著差异,但是对其他公因子的认知不存在显著差异;不同婚姻状况游客对邮轮服务结果质量的认知不存在显著差异;不同学历的游客对船员服务质量、特色服务质量、客房服务质量的认知不存在显著差异,但是对娱乐和餐饮服务质量的认知存在显著差异;不同月收入的游客,对邮轮服务结果质量的认知不存在显著差异;不同职业的游客对邮轮服务结果质量中的船员服务、特色服务、客房服务质量的认知不存在显著差异,但是对娱乐和餐饮服务质量的认知存在显著差异。

第五,邮轮旅游服务质量感知价值聚类群体和忠诚度聚类群体的客源细分差异。本研究运用聚类分析方法,根据邮轮旅游服务质量感知价值形成了经济功能型邮轮旅游者、情绪象征型邮轮旅游者二个聚类群体;根据邮轮旅游服务质量忠诚度形成了邮轮旅游高度忠诚和邮轮旅游一般忠诚二个聚类群体。经济功能型邮轮旅游者聚类群体对邮轮旅游感知货币收益的评价值最高,对邮轮旅游情感体验价值、邮轮旅游自我实现价值的评价值都较低,对邮轮旅游社会体验价值的评价值居中;情绪象征型邮轮旅游者感知聚类群体对邮轮旅游情感体验价值的评价值最高,对邮轮旅游社会体验价值、邮轮旅游自我实现价值的评价值都较高,对邮轮旅游感知货币收益的评价值较低。邮轮旅游服务质量高度忠诚聚类群体对邮轮旅游重购意愿的评价值最高,对邮轮旅游情感忠诚、邮轮旅游认知忠诚的评价值都较高;邮轮旅游服务质量一般忠诚型聚类群体对邮轮旅游重购意愿、邮轮旅游认知忠诚、邮轮旅游情感忠诚的评价值均较低。

第二节　研究创新点

本研究在相关文献综述、理论基础分析、扎根理论方法的质性研究的基础上,构建了邮轮旅游服务质量对游客情感反应和认知反应的影响机制模型,并运用实证研究方法验证了邮轮旅游服务质量对游客新奇体验、感知价值、满意度和忠诚度的影响作用及影响机理。本研究的创新点主要有如下几个。

一、邮轮旅游服务质量的理论创新

第一,本研究基于经典扎根理论的研究方法,在深度访谈和文献研究的基础上,对收集的数据进行编码和分析,探索了邮轮旅游服务质量的维度以及邮轮旅游服务质量对游客情感反应和认知反应的影响关系,在此基础上开发了测量量表。服务质量的研究不能脱离具体的服务情境,与其他类型的服务相比,邮轮旅游服务有自身独特的属性,所以测量其他服务的维度并不适用于邮轮旅游。而目前有关邮轮旅游服务质量维度的研究又很有限,本研究基于扎根理论方法确定的邮轮旅游服务质量维度在理论研究上具有创新性,发现了与以往研究完全不同的维度(如游客之间的互动质量)和不完全相同的维度(如服务环境质量、游客与员工之间的互动质量、结果质量),为邮轮旅游服务质量研究提供了理论依据。

第二,本研究综合管理学、经济学和社会学的视角,构建了邮轮旅游服务质量对邮轮旅游者认知反应和情感反应的影响机制模型。本研究以"途径—目的链"理论、服务质量测评理论、扎根理论为基础,对邮轮旅游服务质量做了探索性研究,识别出邮轮旅游服务质量产生影响作用的 4 个关键感知范畴:新奇体验、感知价值、满意度和忠诚度,深入分析了邮轮旅游服务质量各维度对旅游者新奇体验、感知价值、满意度和忠诚度的影响。本研究构建的理论模型,融汇了管理学、经济学和社会学等学科的多重视角,对邮轮旅游服务质量的影响机理做了有益的探索。

二、邮轮旅游服务质量的应用创新

第一,结合文献研究和扎根理论的研究结果,本研究对邮轮旅游服务质量产生影响作用的变量做了探索性的拓展,引入了感知价格这一调节变量,更全面地考察了游客对邮轮旅游服务质量认知的路径机理,对邮轮旅游服务质量的应用研究是一种创新,对邮轮企业提升服务质量,创新服务和产品具有指导作用。以往对服务质量研究。例如,Brady、

Cronin(2001)①,大多没有考虑价格因素的影响。即使目前有关这一主题的研究也非常缺乏。本研究的探索性研究在应用上具有创新性。

第二,本研究认为,随着邮轮旅游者群体的扩大,越来越多对价格敏感的消费者成为邮轮旅游者,价格不可避免地成为影响旅游者决策的重要因素,不可避免地影响旅游者对服务质量的感知,对价值的感知,因此本研究基于扎根理论的研究结果,在理论模型中引入了感知价格这一调节变量,在研究各主要变量之间的关系时充分考虑了价格敏感度的调节作用。本研究有关价格敏感度调节作用的研究结果部分验证了感知服务质量和感知价格对新奇感、感知价值、满意度、忠诚度的影响由于价格敏感度不同而存在差异的假设。

第三,本研究基于社会人口统计特征,深入分析了游客对邮轮旅游服务质量认知的供给侧精准营销差异对策。社会人口统计特征变量包括年龄、性别、婚姻状况、收入水平、受教育程度、职业等,是进行市场细分的重要依据。本研究基于以上社会人口统计特征变量,深入分析了邮轮服务环境质量认知、邮轮游客与员工互动服务质量认知、邮轮游客之间的互动质量认知、邮轮服务结果质量认知的客源细分差异,并在分析原因的基础上,有针对性地提出了供给侧精准营销差异对策。

---

① Brady M K, Cronin J J. Customer Orientation: Effects on Customer Service Perceptions and Outcome Behaviors[J]. Journal of Service Research, 2001, 3(22):241-251.

第三节　管理启示

本研究的研究结果有利于邮轮公司深入了解服务质量的各个维度、感知价格如何影响新奇体验和价格感知，以及感知价值如何影响满意度和忠诚度。随着邮轮旅游者消费经验的成熟，他们对邮轮旅游服务的需求不断提升，本研究对邮轮公司有借鉴意义。本研究的结构方程模型研究结果表明，服务质量的各个维度对新奇体验和感知价值的影响存在差异，该研究结果有助于邮轮公司合理配置有限的企业资源，以提升游客的新奇体验，增强游客积极的价值感知。

一、邮轮旅游服务结果质量与邮轮旅游新奇体验关系的管理启示

本研究的分析结果表明，邮轮旅游服务结果质量对邮轮旅游新奇体验有直接影响。邮轮旅游的本质是追求愉悦体验，根据上述研究结果，邮轮公司可以通过改善服务效果质量创造新奇感。邮轮公司应每年提供种类丰富、别出心裁的活动和服务，减少重游游客的厌倦感，提升游客的新奇体验。邮轮公司也可以根据季节或主题（例如万圣节、圣诞节等）提供各类不同的产品和服务。本研究的研究结论表明，当邮轮公司提供优质的邮轮产品和服务时，包括美食、餐饮、客房接待、娱乐活动、辅助服务设施等，邮轮游客就会形成新奇感。

该研究结果对邮轮公司有几个方面的借鉴意义。第一，美食和餐饮对邮轮体验具有极为重要的影响。美食的样式、种类、营养、口味、新鲜程度、以及美食的温度都是美食和餐饮质量的重要标准。因此邮轮公司应该一以贯之地秉持这些质量标准，应格外重视优质的美食体验。旅游者在旅游期间远离熟悉的日常生活，也是他们品尝特色美食的时机。邮轮游客会觉得，如果他们不去特色餐厅，就会错过新奇的美食体验。因此，特色餐厅和特色美食对提升邮轮游客新奇体验非常有益，特色美食应该是国际邮轮服务一大亮点。如果邮轮的餐厅能够提供源于世界主要旅游目的地的各类特色美食，那么一定能够提升游客的新奇体验。此外，邮轮公司还可以通过设计具有浓郁异域风情的菜肴和定制化的餐厅菜单，创造游客新奇的用餐体验。有趣的是，越来越多的邮轮游客需要对心血管有益的美食和无糖菜单，说明邮轮游客的选择更多基于营养健康方面的考虑。饮食健康是影响消费者餐饮消费决策的重要因素。越来越多的邮轮旅游者担心旅游期间体重会增加，他们对健康美食的兴趣与日俱增。邮轮公司应该提供健康且可口的美食。旅游者对邮轮上健康美食的期望越来越高，但邮轮公司注重的仍是可口，健康与可口的矛盾是邮轮公司创新和改良美食的机遇。邮轮公司提供的美食应该注重营养平衡，清淡、热量低，选用新鲜和天然食材，采用更加健康的烹饪方式。例如，邮轮公司可以尝试减少美食中的饱和脂

肪、盐,增加蔬菜和水果;也可以尝试为游客提供有关营养健康的信息。

第二,停靠港游览对邮轮游客的新奇感具有显著影响。停靠港游览及岸上游览是邮轮旅游的一大亮点和特色,也是其他类型的旅游活动所不具备的。停靠港游览是邮轮旅游者游览不同旅游目的地,将海上航游与岸上游览结合起来的绝佳机会。Andriotis、Agiomirgianakis(2010)[①]等人的研究发现停靠港是邮轮旅游者选择邮轮旅游的重要影响因素。本研究对停靠港的影响作用做了进一步研究,发现它对游客新奇体验、积极的价值感知具有显著影响,并进而影响游客的重游意愿。也就是说,如果停靠港的游览活动具有吸引力,那么游客的新奇感将得到提升,对旅游价值的感知会更加积极。一方面,游客参与邮轮旅游的一个主要动机是为了放松身心、远离程式化的日常生活、探新猎奇、寻求精神的愉悦,所以停靠港的游览活动除观光游览外,可以增加一些体验性活动,或者可设计不同主题的旅游活动,如历史人文主题、自然风光主题、亲水康乐主题等,以创造游客难忘的新奇体验。另一方面,邮轮公司在设计邮轮航线时除考虑停靠港的吸引力外,还应考虑停靠港旅游活动的节奏、强度以及与海上航游的整体效应。停靠港旅游活动也不能过密过紧,应充分考虑游客的节奏,使停靠港与海上航游相得益彰。

第三,客房接待是影响邮轮游客新奇体验的另一重要因素。客房的舒适度、客房的大小、客房的设施、名牌寝具、相邻且独立的客房、客房的整洁程度等都是影响邮轮游客住宿体验的基本要素。因为邮轮游客会有相对多的时间在客房休息,所以有必要为其提供舒适的休息环境。例如,提供高质量的寝具(如枕头、床垫、床上用品)以提升游客的住宿体验。邮轮公司应致力于改善客房的环境氛围、整洁程度、客房的便利设施、客房的空间感、客房安静的氛围等。

第四,娱乐也对邮轮游客的体验产生重要影响。邮轮公司应设计适合不同年龄游客的优质娱乐项目。例如,可以邀请世界著名的艺人和明星为游客演出,以创造专享和愉快的娱乐体验。邮轮公司应该组织多样的娱乐活动吸引各细分市场的游客。

第五,辅助设施是影响游客新奇体验的重要因素。由于邮轮市场的竞争越来越激烈,同质化倾向也越来越明显,邮轮公司应致力于不断改进和提高船上设施的质量,提供各类优质的辅助设施(如邮轮课堂、互联网咖啡吧、图书室)以丰富游客的新奇体验。

二、邮轮游客与员工的互动质量与邮轮旅游感知价值关系的管理启示

本研究的数据分析结果显示,邮轮游客与员工的互动质量对邮轮旅游感知价值产生直接影响。该分析结果表明,邮轮公司员工优质的服务是提升游客邮轮体验价值感知的关键要素,游客认为员工的服务是重要的收益。所以,邮轮公司应该特别关注员工的服务质量。另一方面,邮轮游客从登上邮轮那一刻开始到下船那一刻结束都需要与邮轮公司

---

① Andriotis K, Agiomirgianakis G. Cruise visitors' experience in a Mediterranean port of call[J]. International Journal of Tourism Research,2010,12(4):390-404.

的员工不停地互动,这也是邮轮业与其他服务业的不同之处,其他服务业的顾客与员工互动的时间更短,机会更少。邮轮公司应该使员工的服务质量满足或超过游客的期望,应致力于提高并保持员工服务的反应性、保证性、可靠性和移情性,以应对市场竞争。邮轮公司员工也应意识到,与游客高质量的互动是其工作职责的一部分,他们代表了公司的形象。邮轮公司应该对员工加强培训,关注游客的个体需求,甚至是一些琐碎的需求,乐于帮助游客,在服务过程中传递信任和自信,准确高效地履行服务承诺。邮轮公司可以通过每年的员工绩效考核改进员工的工作绩效,提高员工的职业发展能力。当年的最佳员工可获得绩效激励,而考核不合格的员工应该关注绩效低的原因,可能是技能不娴熟、工作意愿不强,然后有针对性地为不合格员工制定绩效改进计划。

三、邮轮游客之间的互动质量与邮轮旅游新奇体验关系的管理启示

本研究的分析结果表明,邮轮游客之间的互动质量对邮轮旅游新奇体验产生直接影响。显然,与只注重企业—顾客关系的传统思维相比,该研究结论对邮轮企业而言具有借鉴意义。游客之间的互动质量对游客新奇体验的显著影响,说明培育和激发游客间积极的互动行为是有利于邮轮企业创新产品,实现差异化经营的重要策略。如果服务提供商能够激发顾客间积极的交流和互动行为,使顾客间的互动成为价值增值的渠道以及服务体验的识别要素,那么服务提供商就能形成自己的服务特色和竞争力。这一结论表明,有意图地策划和设计活动能在旅游团队中形成广泛和积极的游客间互动。该结论也表明,游客间互动已成为邮轮体验设计的管理性要素,其目的是通过对邮轮服务情境中的物质要素和关系要素进行细致的策划,为邮轮游客创造新奇体验。

本研究已证实,邮轮游客之间友好、合作、有趣、愉悦的互动对其新奇体验产生积极影响。需要团队精神的参与性群体活动能够在游客之间培育合作的意识,而小众化的活动又可以将志趣相投的游客聚拢在一起,从而形成和谐相容的游客群体。因此,策划趣味性强、有吸引力的群体活动以及小众化的参与性活动是邮轮企业可以借鉴的策略。此外,邮轮企业应该考虑它的经营策略以及策划的活动项目能否对游客间的互动产生实质性的影响。

四、邮轮旅游服务环境质量与新奇体验、感知价值关系的管理启示

本研究颇感意外的是,邮轮旅游服务环境质量对邮轮旅游新奇体验和邮轮旅游感知价值并没有显著影响。该研究结果与以往有关享乐型消费情境中环境氛围作用的研究结果并不一致。影响关系不显著的原因是游客期望的作用。邮轮服务环境并不是游客提升新奇体验的基本要素,邮轮实体环境尚不足以引发游客积极的价值感知。游客参与邮轮旅游主要受优质的邮轮服务、邮轮活动、服务设施以及合理的价格吸引,而不是氛围因素。虽然在本研究中服务环境质量、新奇体验、感知价值之间的影响关系并不显著,但邮轮经营者也不能就此忽视服务环境质量的重要性,因为服务环境质量是提升邮轮公司竞争力

的关键因素。服务环境质量也可能与其他情感变量和认知变量相关。例如,愉悦和觉醒、感知形象。但改进邮轮实体环境需要邮轮公司巨大的投入,邮轮公司需做谨慎的投资分析。从这个方面来看,邮轮经营者可以做一些简单的改进以创造愉悦的邮轮体验。本研究建议邮轮公司为游客提供干净、简洁的环境,使其专注于邮轮体验,如用餐、活动和娱乐活动等。

五、邮轮旅游价格敏感程度调节作用的管理启示

本研究对价格如何影响游客的感知价值做了实证分析。结果表明,感知价格和感知价值呈现出负相关的影响关系。邮轮公司为实现最优利润,大多采用动态定价的方式。邮轮公司是固定成本高的企业,这也是邮轮公司不遗余力地招徕顾客上船(如低价销售船票)或者致力于创造更多的二次收入(如通过礼品店的销售、岸上游览、卡西诺赌场、酒水销售、水疗和其他服务)的原因。本研究的受访者认为他们的支付价格相对较高。如果游客认为价格高,那么游客的价格感知对感知价值会产生消极影响。所以,邮轮公司应该通过平衡价格感知和邮轮收益之间的关系,提升游客的价值感知。也就是说,邮轮公司不仅要为游客提供相关的产品和服务,而且要让游客认识到价格的价值。邮轮公司的促销信息应该强调游客支付后收获的各种价值。例如,邮轮游客可以从全包价的邮轮旅游中受益,因为邮轮价格几乎包含了他们在旅游期间的所有需求,如美食、住宿、娱乐、服务设施。

邮轮公司可以根据游客对折扣价格的偏好程度进行市场细分,它们在确定定价结构的时候可以借鉴本研究的相关结论。根据价格敏感度对游客进行细分有助于邮轮公司确定游客的具体需求。根据不同的细分市场创造不同的邮轮体验,能够让游客意识到邮轮产品和服务、邮轮体验都是为他们量身定做、定制化设计的,也是提高公司销售收入的有效方法。价格敏感度的调节作用表明,新奇感对满意度的影响因游客价格敏感度的不同而存在显著差异。具体地来说,与价格敏感度高的游客相比,价格敏感度低的游客的新奇感是影响其满意度的重要前因变量。在他们获得新奇体验的时候,他们对其邮轮体验的满意度更高,而他们的满意度又会对忠诚度产生显著影响。所以,邮轮公司为所有游客创造相同体验的做法显然不是明智之举,而应根据不同的目标市场(如价格敏感度低的游客、价格敏感度高的游客)、不同邮轮设计不同的航游体验。价格敏感度低的游客不论是否有价格折扣都会购买邮轮产品,他们也愿意为更优质的邮轮体验支付更高的价格,当然也就更关注邮轮产品和服务的质量。较高的价格能够增强游客对服务质量的感知。对价格敏感度低的游客,邮轮公司应该将其寻求新奇体验的需求最大化,激发他们每三至五年乘一次邮轮的意愿。为了吸引和留住这部分游客群体,邮轮公司应该为其提供奢华的邮轮服务和产品(例如用餐、住宿、娱乐、服务设施),创造新奇和难忘的航游体验。此外,本研究建议邮轮公司特别关注游客有关邮轮体验的反馈,根据反馈意见改进产品和服务。那些难以形成积极体验的产品和服务应该升级,以避免游客满意度的下滑。价格敏感度的调节作用表明,新奇感对感知价值的影响因游客的价格敏感度不同而存在差异。价格敏感度高的游客随着新奇感的增强,会获得积极的价值感知,而他们的感知价值又会对满

意度产生显著影响。价格敏感度高的游客对新奇体验和邮轮旅游价值持积极的评价。新奇体验可以让他们对邮轮旅游形成积极的价值感知。由于价格敏感度高的游客对邮轮价格更敏感,提供价格折扣可以吸引价格敏感度高、希望购买到划算邮轮产品的旅游者。邮轮公司的特价有助于价格敏感度高的游客从邮轮体验中获得积极的货币收益。

六、邮轮旅游服务质量认知客源细分差异的管理启示

本研究深入分析了游客对邮轮旅游服务质量认知的客源细分差异及供给侧精准营销对策。邮轮游客基于不同年龄、不同性别、不同婚姻状况、不同收入水平、不同受教育背景、不同职业等社会人口统计特征,对邮轮旅游服务环境质量、游客与员工互动质量、游客之间的互动质量、邮轮旅游服务结果质量各个公因子的认知,或存在显著差异,或不存在显著差异,本研究在第七章做了深入探讨,分析了其中的原因,并有针对性地提出了供给侧精准营销对策。总体而言,不同类型的游客对邮轮产品或服务的需求存在差异,邮轮公司有必要对游客进行有效的市场细分。

邮轮公司实施收益管理是实现利润最大化的有效方式,它能够使邮轮公司最大限度的攫取消费者剩余。实施收益管理的前提就是有效的市场细分,通过对客源社会人口统计特征等关键要素的深入分析,明确旅游者对邮轮产品或服务的需求差异,对邮轮游客进行有效的市场细分,并对各细分市场做有效的区隔。在此基础上,针对各细分市场实施差别定价,这也是邮轮公司实施收益管理的关键。有一点必须指出的是,由于一般邮轮的注册总吨位、床位数及载客人数通常都是固定的,因此邮轮公司收益管理的一个特殊性在于它的产量受到限制。邮轮公司在实施差别定价的同时,还必须针对各细分市场合理配置有限的产量。

第四节　研　究　展　望

虽然本研究从实证角度开展质性研究和定量研究,具有较强的理论意义和实践意义,但由于研究者具备的研究资源和研究能力有限,仍存在一些不足和局限性,需要在今后的研究中解决,也为后续研究明确了方向。

一、研究的局限性

(一) 质性研究的局限性

由于服务质量的研究必须结合具体的服务情境,本研究基于扎根理论方法展开了相关的质性研究,并在此基础上构建了研究模型,开发了测量邮轮旅游服务质量及其影响作用的量表。但必须指出的是,受研究资源的局限,质性研究的访谈样本还较有限,所收集的质性研究数据还不够充分。虽然提取"核心范畴"严格按照扎根理论的研究范式,量表开发也严格遵循了研究程序,并且也通过了相关的检验,但仍可能存在不足。

(二) 研究样本的局限性

受研究条件的限制,本研究正式调查主要集中于上海的邮轮港口以及从上海始发的邮轮,在一定程度上影响了研究结果的普适性。在后续的研究中,可以考虑在上海之外的邮轮港口及从上海之外邮轮港口始发的邮轮进行调研,以扩大本研究的适用性。此外在研究样本的数量方面,虽然本研究的样本数量已经能够满足研究的需要,但以邮轮游客为调查样本,数量上应该继续扩充,使研究结论更加准确,应用空间更广阔。

(三) 对其他影响因素研究的局限性

邮轮游客对服务质量的感知以及价值感知可能会受其他因素的影响,有些本研究还未涉及。例如,本研究尚未考虑邮轮类型或邮轮公司差异的影响。事实上,不同的邮轮公司以及不同类型的邮轮,其服务、设施、氛围等都存在差异,势必对游客的旅游体验及对服务质量和价值的感知产生影响,有待后续研究进一步深入。此外,邮轮员工文化背景的多元化以及游客文化背景的多元化是邮轮旅游的另一个特征。本研究对游客与员工互动质量、游客之间互动质量的研究都没有考虑跨文化因素的影响,也有待后续研究进一步深入。

二、研究展望

（一）拓展邮轮旅游服务质量的维度

由于质性研究数据有限，本研究确定的邮轮旅游服务质量维度还有拓展的空间。随着后续研究访谈范围的扩大和深入，以及视角的丰富——即不仅从游客角度，而且从企业的角度——搜集质性研究数据，邮轮旅游服务质量的维度还可以进一步挖掘。

（二）扩大研究的样本数量和来源

后续研究在上海以外的邮轮港口以及从上海以外的邮轮港口始发的邮轮上进行调研，丰富调研数据的来源，保证样本来源的多样性。此外，后续研究还应该增加样本的数量，使研究结论更准确，更有说服力。

（三）融入跨文化比较及影响研究

邮轮员工文化背景的多元以及游客文化背景的多元是邮轮旅游的一个特点。文化差异必然会导致对服务质量感知、价值感知等的差异。未来的研究要将跨文化的影响研究融入其中，或进行跨文化的比较研究。

（四）考虑邮轮公司或邮轮的差异

不同的邮轮公司以及不同类型的邮轮，其提供的服务以及游客获得的价值感知都存在差异，本研究未做这方面的探讨。未来的研究应该比较不同类型的邮轮或邮轮公司是否会对研究结论产生影响，进一步验证本研究的结论，并且针对不同类型的邮轮或邮轮公司提出建议。

参 考 文 献

一、中文文献(按作者姓氏拼音字母排序)

(一)中文专著

[1] 吴明隆.Spss 统计应用实务[M].北京:中国铁道出版社,2 000:25.

[2] 熊彼特.熊彼特选集[M].秦传安,译.上海:上海财经大学出版社,2010:5.

[3] 余佳霖.结构方程式模型:专题分析[M].台北:秀威资讯科技股份有限公司,2010:269-273.

[4] 赵俊康.统计调查中的抽样设计理论与方法[M].中国统计出版社,2002:27.

(二)中文学位论文

[1] 阿沙乐.霍夫斯塔德文化维度对品牌资产创建过程的调节作用[D].上海:东华大学,2017.

[2] 陈斌.基于心理契约的家族企业知识型员工忠诚度实证研究[D].武汉:武汉大学,2010.

[3] 陈永愉.潜意识、情绪劳动与服务质量关系的关系研究[D].天津:南开大学,2010.

[4] 杜杜铮.歌诗达邮轮中国市场服务营销策略研究[T].天津:天津大学硕士学位论文,2011.

[5] 葛晗.基于手段—目的链的顾客忠诚因素分析——以高校学生信用卡为例[D].厦门:厦门大学,2009.

[6] 葛学峰.旅游目的地选择意向影响因素研究[D].大连:大连理工大学,2012.

[7] 何斌.基于项目管理的邮轮制造业问题研究[D].大连:大连海事大学,2014.

[8] 胡洋.基于方法—目的链的高端手机消费者需求研究[D].北京:北京邮电大学,2013.

[9] 黄洁.国家级风景名胜区的品牌资产研究——基于大学生短途旅游者的视角[D].上海:复旦大学,2012.

[10] 贾跃迁.游客景区体验的构成因素及其内在作用机制研究[D].杭州:浙江大学,2009.

[11] 金世源.基于中日韩比较的釜山邮轮港竞争力研究[D].上海:上海社会科学院,2017.

[12] 李爱国.第三方物流顾客感知价值模型实证研究[D].成都:西南交通大学,2007.

[13] 李存超.电子商务平台服务质量对品牌资产的影响机理研究[D].济南:山东大学,2014.

[14] 李小鹿.网络团购消费者网站忠诚度研究——基于整体体验的视角[D].沈阳:辽宁大学,2015.

[15] 李宗富.信息生态视角下政务微信信息服务模式与服务质量评价研究[D].长春:吉林大学,2017.

[16] 林建良.基于顾客视角的产品服务系统顾客感知价值研究[D].上海:上海交通大学,2012.

[17] 刘建花.消费者响应企业社会责任的内在机理研究[D].济南:山东大学,2014.

[18] 刘军.规制视角的中国邮轮母港发展研究[D].上海:复旦大学,2011.

[19] 刘敏.员工忠诚度及其测验的研究与应用[D].南京:南京师范大学,2007.

[20] 陆平远.中国大陆至东南(北)亚邮轮航线船型技术经济论证[D].大连:大连海事大学,2013.

[21] 马天艳.企业新生代员工工作满意度测度及影响因素的研究[D].合肥:安徽大学,2015.

[22] 马震.游客感知景区服务质量评价研究[D].西安:西北大学,2010.

［23］彭焱.网上证券交易顾客感知 e-服务质量评价及顾客忠诚关系研究[D].武汉:华中科技大学,2006.

［24］沈孟如.基于扎根理论的电信运营企业均衡服务研究[D].北京:北京邮电大学,2013.

［25］施德保.领导风格、组织承诺与员工忠诚的关系研究[D].武汉:华中师范大学,2015.

［26］田东伶.基于心理账户理论的员工忠诚度评价研究[D].太原:太原理工大学,2011.

［27］王冠兰.嘉年华邮轮公司市场布局与经营效益研究[D].上海:华东师范大学,2009.

［28］王卉.主题公园服务质量与游客忠诚的作用机理研究[D].广州:暨南大学,2013.

［29］王建东.微博用户忠诚度影响因素研究[D].北京:中国农业大学,2014.

［30］吴刚.工作场所中基于项目行动学习的理论模型研究——扎根理论方法的应用[D].上海:华东师范大学,2013.

［31］夏汉军.张家界世界自然遗产地旅游服务质量测评与优化研究[D].昆明:云南大学,2015

［32］徐淑敏.台湾地区医学美容服务质量、知觉价值与顾客忠诚度关系之研究[D].苏州:苏州大学,2016.

［33］薛杨.企业微信营销中用户信息行为影响因素及作用关系研究[D].长春:吉林大学,2017.

［34］杨婷.基于粗糙集理论的知识型员工忠诚度测评与管理研究[D].天津:天津工业大学,2010.

［35］张世琪.文化距离、顾客感知冲突和服务绩效的关系研究[D].杭州:浙江大学,2012.

［36］赵善梅.世界邮轮旅游市场格局变化及其对中国邮轮旅游发展的影响研究[D].海口:海南大学,2012.

［37］卓国雄.基于标准化和适应性协调的银行顾客感知服务质量模型、测度指标实证研究[D].2009,天津:南开大学.

（三）中文期刊论文

［1］白凯,郭生伟.入境游客情绪体验对忠诚度的影响研究——以西安回坊伊斯兰传统社区为例[J].旅游学刊,2010,25(12):71-79.

［2］白长虹,范秀成,甘源.基于顾客感知价值的服务企业品牌管理[J].外国经济与管理,2002,24(2):7-14.

［3］才国伟,刘剑雄.归因、自主权与工作满意度[J].管理世界,2013,29(1):133-144.

［4］曾旺明,李蔚.产品伤害事件的感知损失程度对消费者品牌忠诚度的影响研究[J].统计与决策,2008,24(20):104-107.

［5］常亚平,刘艳阳,阎俊.B2C 环境下网络服务质量对顾客忠诚的影响机理[J].系统工程理论与实践,2015,35(6):94-105.

［6］陈海波.旅游地吸引力的游客感知差异及其对重游意愿的影响——以海南国际旅游岛为例[J].北京第二外国语学院学报,2012,29(9):73-77.

［7］陈继红,徐祥铭,陈怡婧.上海邮轮母港建设的主要问题及其对策[J].世界海运,2012,35(4):6-9.

［8］陈茂良.基于 AHP-Fuzzy 模型的企业员工忠诚度评价[J].江苏商论,2008,35(8):90-91.

［9］陈梅,刘晶晶,崔枫,等.邮轮旅游者未来价值评估与潜类分析模型——以大陆、香港和台湾为例[J].人文地理,2017,32(2):152-160.

［10］陈旭.IPA 分析法的修正及其在游客满意度研究的应用[J].旅游学刊,2013,28(11):59-67.

［11］陈永愉.潜意识、情绪劳动与服务质量关系的关系研究[D].天津:南开大学,2010,37-92.

［12］陈志霞,严蔷薇.医疗服务质量与患者消费承诺的影响因素分析[J].统计与决策,2016,30(11):105-109.

［13］程爵浩,吴霞.上海邮轮母港发展存在的问题和发展建议[J].港口航运,2014,23(1):8-61.

[14] 程爵浩.全球邮船旅游发展状况初步研究[J].上海海事大学学报,2006,27(1):67-72.

[15] 程爵浩.中国邮轮经济的发展形势及若干问题[J].港口经济,2010,23(2):27-28.

[16] 崔立新.顾客感知服务质量的价值曲线评价方法[J].南开管理评论,2001,4(6):21-25.

[17] 崔庆明,和琳珊,徐红罡.遗产旅游动机的核心—边缘结构研究——以丽江为例[J].旅游学刊,2016, 31(10):84-93.

[18] 崔勋,张义明,瞿皎姣.劳动关系氛围和员工工作满意度:组织承诺的调节作用[J].南开管理评论, 2012,15(2):19-30.

[19] 崔燕.世界邮轮技术发展路径[J].中国船检,2011,26(9):44-48.

[20] 崔哲浩.星级饭店内部服务质量模型、测度的实证研究[J].旅游学刊,2010,25(1):77-62.

[21] 邓学平,杨毅,彭超,等.移动定位社交产品用户价值研究——基于手段目的链视角[J].重庆邮电大 学学报(社会科学版),2016,28(4):100-104.

[22] 丁娟.基于 WebQual 体系的旅行社在线服务质量评估研究[J].旅游科学,2014,28(9):51-61.

[23] 丁瑜,李爽,伍艳慈.大众休闲背景下展览展示类文化空间公众感知价值研究——基于广州市中心城 区场馆个案的调查[J].世界地理研究,2017,26(1):146-157.

[24] 丁志伟,周凯月,康江江,等.中国中部 C2C 店铺服务质量的空间分异及其影响因素——以淘宝网 5 类店铺为例[J].地理研究,2016,29(6):18-29.

[25] 董大海,杨毅.网络环境下消费者感知价值的理论剖析[J].管理学报,2008,5(6):856-861.

[26] 杜铮.歌诗达邮轮中国市场服务营销策略研究[T].天津:天津大学硕士学位论文,2011.

[27] 范秀成,杜建刚.服务质量五维度对服务满意及服务忠诚的影响——基于转型期间范秀成.服务质量 管理:交互过程与交互质量[J].南开管理评论,1999,12(1):8-12.

[28] 范秀成,杜建刚.服务质量五维度对服务满意及服务忠诚的影响——基于转型期间中国服务业的一 项实证研究[J].管理世界,2006,22(6):111-118.

[29] 范秀成.服务质量管理:交互过程与交互质量[J].南开管理评论,1999,12(1):8-12.

[30] 费小立,肖英杰,邵敬礼.吴淞国际邮轮码头建设方案比选[J].船海工程,2011,40(1):132-134.

[31] 关涛,高晶,张雪桐.顾客感知价值对网络信息产品定价的影响研究[J].财经理论与实践,2017,38 (4):97-102.

[32] 关新华,李健仪,谢礼珊.旅游公共服务质量对旅游目的地形象的影响[J].旅游科学,2015,29(5): 27-38.

[33] 郭奇,赵铭.基于属性识别理论的知识型员工忠诚度评价[J].数学的实践与认识,2012,42(20):17- 22.

[34] 郭云鹏,徐宝祥."满意镜像"理论与高校图书馆服务质量测度和优化[J].图书情报工作,2015,59 (1):23-32.

[35] 韩飞,于洪彦.消费者价格敏感影响因素的实证研究[J].价格理论与实践,2011,26(11):70-71.

[36] 韩会然,焦华富,戴柳燕.旅游城市居民购物满意度及影响因子分析[J].旅游学刊,2013,28(3):87- 96.

[37] 韩翼,杨百寅.领导政治技能对员工组织忠诚的影响研究[J].科研管理,2014,35(9):147-153.

[38] 郝辽钢,高充彦,贾建民.价格折扣呈现方式对促销效果影响的实证研究[J].管理世界,2008,24 (10):106-114.

[39] 何建民,潘永涛.顾客感知价值、顾客满意与行为意向关系实证研究[J].管理现代化,2015,35(1):28- 30.

[40] 何玲.城市快递员离职现象探究——基于工作满意度与组织承诺的关系视角[J].中国青年研究，2017,28(4):12-19.

[41] 何其帼,廖文欣.网络零售企业服务质量对消费者风险感知的影响[J].经济管理,2012,34(2):89-97.

[42] 何其帼,廖文欣.网络零售企业服务质量对消费者风险感知的影响[J].经济管理,2012,34(2):89-97.

[43] 何振,林秋妤.工作满意度的构成因素及测量方法[J].华东经济管理,2006,20(12):107-110.

[44] 贺勇,欧阳粤青,廖诺,邓法正.第三方物流服务质量对物流外包绩效影响的实证研究——关系质量的中介作用[J].软科学,2016,30(12):127-130.

[45] 洪如玲,于强.领导—下属互动视角下主动性人格对工作满意度的影响机制[J].华东经济管理,2017,31(3):140-145.

[46] 胡建平,李孝杰.大型邮轮码头勘察新技术的应用[J].工程勘察,2017,45(5):22-27.

[47] 胡露露,龚箭,胡静.基于方法—目的链模型的海南岛旅游者价值研究[J].华中师范大学学报:自然科学版,2013,47(5):731-737.

[48] 胡孝平,史万震.长江经济带开发背景下常熟邮轮母港建设发展对策[J].水运管理,2016,38(5):16-21.

[49] 华艺,陶建宏,杨君岐.企业社会责任对员工忠诚度的影响[J].企业经济,2014(5):51-55.

[50] 黄鹏,刘艳.具有投资属性的旅游纪念品感知价值影响因素研究——以玉制旅游纪念品为例[J].旅游科学,2015,29(4):61-77.

[51] 黄燕玲,黄震方,袁林旺.基于SEM的饭店顾客满意度测评模型研究[J].旅游学刊,2006,21(11):54-60.

[52] 黄颖华,黄福才.旅游者感知价值模型、测度与实证研究[J].旅游学刊,2007,22(8):42-48.

[53] 贾生华,严浩仁.商业客户满意度测评的一般方法——以杭州某超市为应用案例的研究[J].管理科学,2002,15(5):53-59.

[54] 贾旭东,衡量,何光远.基于经典扎根理论的企业虚拟度及其测评研究[J].科研管理,2017,38(5):130-140.

[55] 江波,郑红花.基于旅游目的地八要素的服务质量评价模型构建研究[J].商业研究,2007,25(8):148-154.

[56] 姜辽,徐红罡.文学旅游的审美消费:以水泊梁山为例[J].旅游学刊,2017,32(5):71-79.

[57] 蒋婷,张峰.游客间互动对再惠顾意愿的影响研究——基于游客体验的视角[J].旅游学刊,2013,28(7):90-100.

[58] 蒋婷,胡正明.服务接触中游客间互动行为研究——基于关键事件技术的方法[J].旅游学刊,2011,26(10):42-52.

[59] 解东辉,李博.基于未确知理论的员工忠诚度评价模型研究[J].中国管理信息化,2007,10(7):49-51.

[60] 解芳.快递服务质量与顾客再次购买意愿关系实证研究基于顾客信任的中介作用[J].财经理论与实践,2016,37(3):34-41.

[61] 金立印.服务接触中的员工沟通行为与顾客响应——情绪感染视角下的实证研究[J].经济管理,2008,18(9):28-35.

[62] 金英,苏萌,涂平.客户满意度推荐阈与重构阈的联合估计[J].统计与决策,2012,28(7):4-9.

[63] 景奉杰,余樱,涂铭.产品属性与顾客满意度纵向关系演变机制:享乐适应视角[J].管理科学,2014,26(3):94-104.

[64] 孔凡磊.城市老年人消费观念分析[J].学理论,2011,53(6):90-92.

[65] 冷少妃,吴国清,申军波.邮轮母港旅游标识系统及其标准体系研究——以上海国际邮轮母港为例[J].质量与标准化,2015,25(8):43-46.

[66] 黎建新,刘浩,何昊,等.员工顾客导向、商业友谊与顾客忠诚的关系研究[J].商业经济与管理,2016,27(1):62-70.

[67] 李秉祥,袁烨.互惠偏好对企业技术创新能力的影响路径研究——基于三元交互分析框架[J].2016,29(2):47-53.

[68] 李海娥,熊元斌.免费开放背景下游客对博物馆感知价值的研究——以湖北省博物馆为例[J].湖北社会科学,2014(12):73-78.

[69] 李华,杨宇琨.基于关键参数分析的全球邮轮船型特征研究[J].海洋开发与管理,2017,34(2):10-16.

[70] 李华,周溪召,智路平.河口海港型城市邮轮经济发展研究[J].世界地理研究,2015,24(1):113-121.

[71] 李坚飞,韩庆兰.零售企业服务质量的复杂性特征及实证研究[J].南开管理评论,2014,17(3):133-141.

[72] 李凌,王俊人.消费者购买竞猜型体育彩票之影响因素初探[J].体育与科学,2015,36(2):11-18.

[73] 李凌,张瑞林,王俊人,等.消费者购买竞猜型体彩偏好路径的实证分析[J].体育与科学,2016,24(2):89-99.

[74] 李鹏.基于游客体验角度的邮轮母港设计研究[J].中国水运,2014,14(8):9-11.

[75] 李平,张小芳,张晶.房地产行业顾客满意度影响因素的实证研究[J].湖南大学学报:社会科学版,2007,21(6):50-54.

[76] 李锐.关于服务过程质量管理的思考[J].旅游学刊,2001,16(1):27-30.

[77] 李万连,李敏.旅游服务质量满意度影响因子的区域差异研究[J].经济管理,2011,33(3):108-114.

[78] 李文兵,张宏梅.古村落游客感知价值概念模型与实证研究——以张谷英村为例[J].旅游科学,2010,24(2):55-64.

[79] 李小年,颜晨广.中国发展邮轮产业的若干政策与法律问题[J].中国海商法研究,2013,24(3):48-53.

[80] 李鑫.邮轮母港陆域交通模式研究[J].中国水运(下半月),2016,16(11):71-73.

[81] 李瑛.旅游目的地游客满意度及影响因子分析[J].旅游学刊,2008,23(4):43-49.

[82] 李志刚,徐婷.电子政务信息服务质量公众满意度模型及实证研究[J].电子政务,2017,31(9):119-127.

[83] 厉杰,张新安,田澎.途径—目的理论在顾客价值分析中的应用[J].管理学报,2010,7(6):851-855.

[84] 林盛,刘金兰.商品房市场顾客感知价值研究[J].管理工程学报,2006,20(2):43-46.

[85] 林勋亮.顾客导向的高速公路服务质量测量体系探索性研究[J].管理评论,2012,24(8):135-145.

[86] 林志扬,方志斌.价值感知对虚拟社区成员参与期望的影响[J].经济管理,2011,33(6):78-84.

[87] 凌茜,汪纯孝,韩小芸.组织的服务氛围与员工的情感性劳动对服务质量的影响研究[J].旅游科学,2007,21(10):32-42.

[88] 凌茜,汪纯孝,张秀娟.公仆型领导风格对员工服务质量的影响[J].旅游学刊,2010,25(4):68-76.

[89] 刘畅.高端消费品感知价值影响因素的定量测度[J].经济与管理研究,2015(11):131-137.

[90] 刘好强.调节定向与沟通策略对游客购买意愿的影响——感知价值的中介作用[J].旅游学刊,2015,30(12):74-84.

[91] 刘军.世界邮轮经济发展的路径方向[J].上海经济研究,2008,33(10):105-107.

[92] 刘军胜,马耀峰.西安秦岭自驾游旅游服务质量评价研究[J].干旱区资源与环境,2014,28(12):17-26.

[93] 刘文华,张明立,郭凌云.服务人员互动风格对顾客忠诚的影响研究:关系利益的中介作用[J].管理学报,2015,12(7):1051-1058.

[94] 刘益,赵阳,高长安.笔记本电脑服务质量测量模型及应用研究[J].管理评论,2010,22(1):55-63.

[95] 刘占福.世界邮轮业发展趋势及其启示研究[J].海洋开发与管理,2014,28(1):57-60.

[96] 卢东,曹忠鹏,张洁媛.游客顾客价值形成机制研究——以访澳内地游客为例[J].华东经济管理,2015,25(4):115-123.

[97] 罗盛锋,黄燕玲,程道品,等.情感因素对游客体验与满意度的影响研究——以桂林山水实景演出"印象·刘三姐"为例[J].旅游学刊,2011,26(1):51-58.

[98] 罗文斌,徐飞雄.城市特征对城市游客满意度的影响——基于 Probit 模型的定量分析[J].旅游学刊,2013,28(11):50-59.

[99] 吕龙德,吴秀凤.我国豪华邮轮制造蓄势待发[J].广东造船,2015,24(2):8-9.

[100] 吕三玉,郑钟强,李咪咪,等.酒店前厅服务质量影响因素研究[J].旅游学刊,2014,29(10):69-76.

[101] 吕维霞,陈晔,黄晶.公众感知服务质量模型与评价研究[J].南开管理评论,2009,12(4):143-151.

[102] 马宏丽.游客满意度指数模型及 IPA 指数评价分析[J].统计与决策,2014,30(12):52-56.

[103] 马骞,宋保平,田祥利.旅游主题公园服务质量评价研究——以西安大唐芙蓉园为例[J].江西农业学报,2010,22(4):186-188.

[104] 马凌,保继刚.感知价值视角下的传统节庆旅游体验——以西双版纳傣族泼水节为例[J].地理研究,2012,31(2):269-278.

[105] 马鹏,张威.组织氛围视角下的企业内部服务质量测评维度及影响机理研究[J].华东经济管理,2008,22(11):100-103.

[106] 买又红,贾大山,金文征.吴淞口邮轮码头建设促进上海邮轮母港大发展[J].中国港口,2009,18(11):31-33.

[107] 孟捷.服务质量五个维度的顾客容忍区分析[J].经济管理,2004,28(8):73-78.

[108] 潘晓鸣.上海港邮轮码头经营风险浅析[J].中国港口,2013,22(2):51-53.

[109] 潘煜,高丽,王方华.生活方式、顾客感知价值对中国消费者购买行为的影响[J].系统管理学报,2009,18(6):601-608.

[110] 裴雷,廖小琴,孙建军.基于 SERVQUAL 的搜索引擎服务质量评价体系研究[J].情报科学,2016,34(1):104-109.

[111] 曲颖,贾鸿雁.国内海滨城市旅游目的地推拉动机关系机制研究——"手段—目的"方法的应用[J].旅游科学,2013,27(4):9-23.

[112] 沈超红,罗映青.工作满意度测度的系统性分析[J].求索,2003,19(4):48-49.

[113] 沈颂东,丛丽.呼叫服务中心服务质量测评模型的构建与分析[J].经济管理,2011,22(11):54-61.

[114] 盛天翔,刘春林.网上交易服务质量四维度对顾客满意度和忠诚度影响的实证研究[J].南开管理评论,2008,11(6):37-41.

[115] 寿志钢,王峰,贾建民.顾客累积满意度的测量——基于动态顾客期望的解析模型[J].南开管理评论,2011,14(3):142-150.

[116] 宋安顺,刘桂梅.保险企业员工忠诚度影响因素的实证研究[J].保险研究,2016(2):68-79.

[117] 宋光磊.银行零售客户满意度的影响因素研究——基于问卷数据的实证分析[J].中央财经大学学报,2010,23(3):33-38.

[118] 宋亦平,王晓艳,许云莲.网上商店形象对网上购物者商店忠诚度的影响[J].2006,18(11):31-42.

[119] 苏秦,崔艳武,党继祥.基于认证行业的 B2B 服务质量测评模型研究[J].管理评论,2010,22(7):18-29.

[120] 苏秦,李钊,徐翼.基于交互模型的客户服务质量与关系质量的实证研究[J].南开管理评论,2007,10(1):44-49.

[121] 隋丽娜,李颖科,程圩.中西方文化遗产旅游者感知价值差异研究[J].旅游科学,2009,23(6):14-20.

[122] 孙亮,王翠婷.邮轮制造:未来民用造船领域的新星[J].世界海运,2009,32(1):64-65.

[123] 孙亮.造船业振兴规划助推邮轮制造业发展[J].航海,2009,19(2):10-11.

[124] 孙瑞红,叶欣梁,徐虹.中国邮轮市场的价格形成机制与"低价困境"研究[J].旅游学刊,2016,31(11):107-116.

[125] 孙晓东,冯学钢.邮轮公司如何定价:基于北美市场的实证分析[J].旅游学刊,2013,28(2):111-118.

[126] 孙晓东,侯雅婷.邮轮旅游的负效应与责任性研究综述[J].地理科学进展,2017,36(5):569-584.

[127] 孙晓东,武晓荣,冯学钢.邮轮航线设置的基本特征与规划要素研究[J].旅游学刊,2015,30(11):111-121.

[128] 孙晓东,武晓荣,冯学钢.邮轮旅游季节性特征:基于北美市场的实证分析[J].旅游学刊,2015,30(5):117-126.

[129] 谭晓楠,张言庆,高洪云.全球邮轮船型特征及发展趋势分析[J].世界海运,2016,39(2):8-12.

[130] 唐健雄,涂馨.领导社会责任取向对酒店员工工作满意度的影响[J].旅游学刊,2013,28(3):62-73.

[131] 田丽君,黄海军,王昕.考虑到达时间感知价值的静态网络均衡模型[J].系统工程理论与实践,2015,27(6):1493-1500.

[132] 田喜洲,蒲勇健.导游工作满意度分析与实证测评[J].旅游学刊,2006,21(6):91-95.

[133] 汪纯孝,温碧燕,姜彩芬.服务质量、消费价值、旅客满意感与行为意向[J].南开管理评论,2001,10(6):11-15.

[134] 汪军,周强,杨开宇.基于元胞自动机的邮轮码头应急疏散策略研究[J].武汉理工大学学报(交通科学与工程版),2012,36(3):587-589.

[135] 汪涛,崔楠,杨奎.顾客参与对顾客感知价值的影响:基于心理账户理论[J].商业经济与管理,2009,25(11):81-89.

[136] 王波,熊文婷.邮轮母港区域交通系统布局研究[J].交通与运输,2017,33(4):42-47.

[137] 王朝辉,陆林,夏巧云.重大事件游客感知价值维度模型及实证研究——以 2010 上海世博会国内游客为例[J].旅游学刊,2011,26(5):90-97.

[138] 王恩旭,武春友.基于灰色关联分析的入境旅游服务质量满意度研究[J].旅游学刊,2008,23(11):30-35.

[139] 王凤艳,艾时钟,厉敏.非交易类虚拟社区用户忠诚度影响因素实证研究[J].管理学报,2011,8(9):1339-1345.

[140] 王建军,张勇,池宏.我国商业银行客户忠诚度研究[J].南开管理评论,2006,9(4):29-34.

[141] 王凯,唐承财,刘家明.文化创意型旅游地游客满意度指数测评模型[J].旅游学刊,2011,26(9):36-45.

[142] 王莉,张宏梅,陆林.湿地公园游客感知价值研究[J].旅游学刊,2014,29(6):87-97.

[143] 王宁.代表性还是典型性?——个案的属性与个案研究方法的逻辑基地[J].社会学研究,2002,17(5):123-125.

[144] 王诺,柴志刚,佟士祺,赵悦琼.邮轮船型大型化发展趋势研究[J].水运工程,2009,33(4):7-9.

[145] 王琪延.休闲时代旅游消费的十大趋势[J].旅游学刊,2006,21(10):7-9.

[146] 王崧,程爵浩.我国邮轮经济发展存在的问题及对策研究[J].对外经贸,2014,31(2):67-68.

[147] 王伟军,汤璐,侯银秀,等.基于语言评价信息的移动电子商务服务质量评价研究[J].图书情报工作,2017,61(4):83-89.

[148] 王毅,景奉杰.基于感知价值的服务失误补救后顾客满意的实证研究[J].经济管理,2005,26(24):47-53.

[149] 王莹.旅游区服务质量问题产生原因分析及控制途径[J].旅游学刊,2001,16(5):33-39.

[150] 王永丽,邓静怡,何熟珍.角色投入对工作满意度和生活满意度的影响[J].管理评论,2009,21(5):61-71.

[151] 望海军,汪涛.顾客参与、感知控制与顾客满意度关系研究[J].管理科学,2007,20(3):48-54.

[152] 魏国辰,徐建国.物流企业服务质量管理的制度因素对服务绩效的影响研究[J].经济管理,2011,33(8):60-67.

[153] 魏敏,李江,万映红.基于目的—价值的客户需求建模研究与实证[J].清华大学学报:自然科学版,2006,46(6):1172-1177.

[154] 文晓巍.高校教师工作满意度量表编制与效度检验[J].求索,2015,27(11):179-183.

[155] 巫京励.基于服务质量差距模型分析供电企业服务质量测评体系研究[J].中国新技术新产品,2014,18(23):152-152.

[156] 吴明远.基于扎根理论的旅游幸福感构成——以互联网旅游博客为例[J].旅游学刊,2014,29(10):51-61.

[157] 夏明学,郗恩崇,李武选.农村公路服务质量关键要素研究[J].统计与决策,2015(8):132-135.

[158] 谢芳.论酒店顾客感知服务质量的控制[J].贵州民族学院学报(哲学社会科学版),2006,26(4):44-48.

[159] 谢岗.现代化邮轮码头登船桥技术及工艺特点分析[J].水运工程,2011,27(5):99-102.

[160] 谢礼珊,韩小芸,顾赟.服务公平性、服务质量、组织形象对游客行为意向的影响—基于博物馆服务的实证研究[J].2007,22(12):51-59.

[161] 谢礼珊,李健仪.导游服务质量、游客信任感与游客行为意向关系研究[J].旅游科学,2007,21(4):43-50.

[162] 谢凌峰,赵彬彬,陈有文.广东省邮轮码头布局规划[J].水运工程,2012,29(5):65-67.

[163] 谢佩洪,奚红妹,魏农建,等.转型时期我国B2C电子商务中顾客满意度影响因素的实证研究[J].科研管理,2011,32(10):109-117.

[164] 谢玉华,张群艳.新生代员工参与对员工满意度的影响研究[J].管理学报,2013,10(8):1162-1170.

[165] 熊伟,王辉.构建了基于顾客导向的供应链服务质量概念模型[J].商业研究,2013,27(9):1-6.

[166] 熊伟,王辉.构建了基于顾客导向的供应链服务质量概念模型[J].商业研究,2013,27(9):1-6.

[167] 徐碧琳,李涛.基于网络联盟环境的工作满意度、组织承诺与网络组织效率的关系研究[J].南开管理评论,2011,14(1):36-43.

[168] 徐荣林,王建琼.基于员工视角的景区旅游服务质量实证研究[J].旅游科学,2016,30(4):86-94.

[169] 许月恒,张明立,唐塞丽.基于多维视角的工业服务市场服务质量对客户行为意向的影响研究[J].管理学报,2016,13(5):1214-1224.

[170] 颜晨广,朱彬姣.中国邮轮母港综合评价及发展建议[J].交通与港航,2014,23(5):52-57.

[171] 杨国梁,李晓轩,孟溦.基于区间数证据推理方法的用户满意度调查[J].管理工程学报,2012,26

(1):27-35.

[172] 杨佳男,赵子鑫,孙晓君.天津国际邮轮母港主要平面设计参数的确定[J].港工技术,2016,18(3):13-19.

[173] 杨文超,孟庆华.基于方法目的链的格子店铺消费体验价值研究[J].商业时代,2016,33(22):67-69.

[174] 杨晓娟.邮轮旅游餐饮服务质量管理[J].山西青年,2016,10(14):108.

[175] 杨旭.中国自驾车旅游营地特征与服务体系探析[J].北京第二外国语学院,2009,25(2):13-20.

[176] 杨韫,颜麒.度假酒店服务绩效感知环节及要素探索性研究[J].旅游学刊,2011,26(7):36-43.

[177] 姚堂,黄文波,范秀成.基于组织承诺机制的服务业员工忠诚度研究[J].管理世界,2008,24(5):102-116.

[178] 殷毅,杨培举.邮轮盛宴——邮轮制造:欧洲的独角戏[J].中国船检,2011,23(9):37-40.

[179] 银成钺,杨雪,王影.基于关键事件技术的服务业顾客间互动行为研究[J].预测,2010,29(1):15-20.

[180] 于晓红.农民工工作满意度的再测度及代际差异分析[J].农业经济,2014,26(5):92-94.

[181] 余意峰,丁培毅.旅游目的地忠诚度:一个历时态的概念模型[J].旅游科学,2013,27(5):1-9.

[182] 余志远,李柏槐.饭店服务质量与消费者购后行为关系研究[J].旅游科学,2007,21(6):40-47.

[183] 张初兵,李东进,吴波,穆琳.消费者对网站服务质量的心理反应机制研究——基于形成性测量模型[J].大连理工大学学报(社会科学版),2017,38(1):68-74.

[184] 张春晖,白凯,马耀峰.主题景区属性绩效对游客满意度的非对称影响[J].旅游学刊,29(9):44-60.

[185] 张凤英.服务型行业顾客满意度影响因素研究——顾客控制力感知和服务公平感知[J].河南师范大学学报:哲学社会科学版,2007,34(4):75-78.

[186] 张福保.试论邮轮码头的科学化管理[J].港口科技,2012,23(11):37-40.

[187] 张海洲,卢松,张宏梅.酒店员工对大型组织仪式的价值感知研究——以开元酒店集团"技术比武"为例[J].旅游学刊,2017,32(9):116-126.

[188] 张宏梅,洪娟,张文静.旅游目的地游客感知价值的层次关系模型[J].人文地理,2012,27(4):125-130.

[189] 张茳.大风浪天气对大型邮轮靠离泊的操纵影响[J].港口经济,2016,23(6):14-20.

[190] 张树民,程爵浩.我国邮轮旅游产业发展对策研究[J].旅游学刊,2012,27(6):79-83.

[191] 张涛,贾生华.节事消费者感知价值的维度和测量研究[J].旅游学刊,2008,23(5):74-79.

[192] 张涛.饮食旅游动机对游客满意度和行为意向的影响研究[J].旅游学刊,2012,27(10):78-85.

[193] 张文敏,张朝枝.参团游客对旅行社服务质量的期望与感知绩效研究[J].旅游学刊,2007,22(3):71-77.

[194] 张新安.中国消费者顾客价值形成机制:以手机为对象的实证研究[J].管理世界,2013,26(1):107-123.

[195] 张言庆,马波,范英杰.邮轮旅游产业经济特征、发展趋势及对中国的启示[J].北京第二外国语学院学报,2010,15(7):26-33.

[196] 张言庆,马波,刘涛.国际邮轮旅游市场特征及中国展望[J].旅游论坛,2010,3(4):468-472.

[197] 张熠天,高伟,谭龙.地球资源卫星产品服务质量评价体系设计[J].科研管理,2015,27(1):528-536.

[198] 张懿玮,徐爱萍.基于游客愉悦的旅游目的地服务质量构成要素分析[J].旅游论坛,2016,9(3):32-40.

[199] 张颖超,贺文龙.邮轮母港建设与三亚当地居民的关系研究[J].当代经济,2015,32(14):100-101.

[200] 章晴.旅行社员工工作满意度测度研究——基于武汉市8家旅行社的调研[J].重庆电子工程职业学院学报,2014,23(2):24-27.

[201] 章新智,王驰明,郭昂.豪华邮轮耐波性衡准分析[J].船舶标准化工程师,2014,47(4):13-17.

[202] 赵富强.带缺失值的顾客满意度指数的测评[J].统计与决策,2013,26(14):25-28.

[203] 赵观兵,梅强.员工忠诚度评估的模糊综合评判模型[J].商业研究,2003(4):43-45.

[204] 赵卫宏,熊小明.网络零售服务质量的测量与管理——基于中国情境[J].管理评论,2015,27(12):120-130.

[205] 赵相忠,梁璟鑫.微信购物顾客忠诚度影响因素的实证研究——以新生代人群为例[J].学术论文,2017,40(3):130-134.

[206] 赵艳林,毛道维,钟兰岚.民族村寨旅游服务质量对游客行为意愿的影响研究——满意、不满意的中介作用[J].四川师范大学学报(社会科学版),2016,43(4):80-89.

[207] 郑兵,金玉芳,董大海.中国本土物流服务质量测评指标创建及其实证检验[J].2007,19(4):49-57.

[208] 中国服务业的一项实证研究[J].管理世界,2006,22(6):111-118.

[209] 钟守道,高玉玲,费钟成.120 m内河邮轮线型设计与试验[J].船海工程,2015,44(3):23-25.

[210] 周杰,贺璐平.服务质量对顾客忠诚的影响——以顾客欣喜为中介变量[J].企业经济,2017,36(3):91-97.

[211] 周培.移动公司服务质量影响因素分析与评价[J].统计与决策,2012,18(12):186-189.

[212] 周涛,鲁耀斌,张金隆.基于感知价值与信任的移动商务用户接受行为研究[J].管理学报,2009,6(10):1407-1413.

[213] 周玮,黄震方,殷红卫,等.城市公园免费开放对游客感知价值维度的影响及效应分析——以南京中山陵为例[J].地理研究,2012,31(5):873-884.

[214] 周晓辉.基于统计过程控制的顾客满意度预警模型[J].统计与决策,2014,30(17):29-32.

[215] 周运锦,陈浪,黄淑贞.基于方法—目的链模型的新能源汽车消费行为研究[J].北京理工大学学报,2014,北京理工大学学报,2014,36(2):124-127.

[216] 朱佳.基于消费者个人因素的顾客价值形成机制实证研究[J].生产力研究,2012,16(1):96-99.

[217] 邹波.旅游产品顾客满意度测度与路径模拟[J].统计与决策,2014,30(17):58-62.

[218] 左小明.基于层次—灰色关联分析的医疗机构服务质量评价[J].统计与决策,2012,18(2):63-67.

（四）中文报纸文献

[1] 梁建刚.让邮轮产业链往更深层延伸[N].解放日报,2016-01-15(2).

[2] 梁文艳.邮轮巨头布局内地市场[N].中国产经新闻,2016-04-23(3).

[3] 李治国.让邮轮经济告别"过路经济"[N].经济日报,2016-09-19(11).

[4] 张玺.邮轮旅游产业迎来黄金发展期[N].工人日报,2016-09-28(6).

[5] 李宝花.邮轮游如何走出"价低质次"困境[N].解放日报,2017-06-26(6).

[6] 徐潇.邮轮旅行面临模式突破[N].工人日报,2017-07-19(5).

（五）中文报告

[1] 中国交通运输协会邮轮游艇分会.中国邮轮发展报告[R].北京:中国交通运输协会邮轮游艇分会,2017.

（六）中文专著中析出的文献

[1] 干哲新,梁廷威.邮轮业发展趋势与邮轮码头区规划设计:以厦门国际旅游客运码头规划设计为例

［A］.//中国城市规划学会,城市规划年会论文集(上)［C］.北京:中国水利水电出版社,2005,650-655.

二、英文文献(按作者姓氏英文字母排序)

(一) 英文专著

［1］ Glaser, B G, Strauss, A L. The discovery of grounded theory: strategies for qualitative research ［M］. New York: Aldine, 1967.

［2］ Gronroos C. Service Management and Marketing［M］. Wiley Johnsons, 2007, 2-4.

［3］ Howell D C. Statistical Methods for Psychology(8th Ed.)［M］. Belmont: Cengage Brain, 2011: 93-94.

［4］ Talluri K, Van Ryzin J. The Theory & Practice of Revenue Management［M］. Boston: Kluwer Academic, 2014, 23

［5］ Weiner I B, Schinka J A, Velicer W E. Handbook of Psychology, Research Methods in Psychology ［M］. Hoboken: John Wiley & Sons, 2013: 169-170.

(二) 英文博硕论文

［1］ Lee C G. The economic impact of cruise ships in the 1990s: Some evidence from the Caribbean［D］. Kent:Kent State University, 2001, 149-151.

(三) 英文期刊论文

［1］ Adam Finn. Investigating the non-linear effects of e-service quality dimensions on customer satisfaction［J］. Journal of Retailing and Consumer Services, 2011, 18(4):27-37.

［2］ Adina C, Gabriela C, Roxana-Denisa S. Country-of-Origin Effects on Perceived Brand Positioning［J］. Procedia Economics & Finance, 2015, 23(10):422-427.

［3］ Afsar B. Effect of perceived Price, Brand Image, perceived Quality and Trust on Consumer's buying Preferences［J］. International Journal of Economics & Business Research, 2014, 1(1):7-20.

［4］ Aggett M, Waimun L. Service quality and the cruise industry［J］. Business & Management of Ocean Cruises, 2012, 21(6):17-26.

［5］ Albayrak T, Caber M, ÇÖmen N. Tourist shopping: the relationships among shopping attributes, shopping value, and behavioral intention.［J］. Tourism Management Perspectives, 2016, 18(7):98-106.

［6］ Alegre I, Mas-Machuca M, Berbegal-Mirabent J. Antecedents of employee job satisfaction: do they matter? ［J］. Journal of Business Research, 2016, 69(4):1390-1395.

［7］ Alexis Papathanassis, Friederike Knolle. Exploring the adoption and processing of online holiday reviews: a grounded theory approach［J］. Tourism Management, 2011, 32(8):215-224.

［8］ Alhabeeb M J. On consumer trust and product loyalty［J］. International Journal of Consumer Studies, 2007, 31(6):609-612.

［9］ Amanda B. Bower, Stacy Landreth. Is Beauty best? highly versus normally attractive models in advertising［J］. Journal of Advertising, 2001, 30(1):1-12.

［10］ Amin M, Isa Z. An examination of the relationship between service quality perception and customer satisfaction[J]. Social Science Electronic Publishing, 2014, 18(9):191-209.

[11] Ana Isabel Polo Pena, Dolores Maria Frias Jamilena, Miguel Angel Rodriguez Molina.Antecedents of loyalty toward rural hospitality enterprises: the moderating effect of the customer's previous experience[J]. International Journal of Hospitality Management, 2013, 34(8):127-137.

[12] Andriotis K, Agiomirgianakis G. Cruise visitors' experience in a Mediterranean port of call[J]. International Journal of Tourism Research, 2010, 12(4):390-404.

[13] Arne Floh, Alexander Zauner, Monika Koller, Thomas Rusch. Customer segmentation using unobserved heterogeneity in the perceived-value-loyalty-intentions link [J]. Journal of Business Research, 2014, 67(11): 974-982.

[14] Arnold M J, Reynolds K E. Hedonic shopping motivations[J]. Journal of Retailing, 2003, 79(2): 77-95.

[15] Arslanagic-Kalajdzic M, Zabkar V. Is perceived value more than value for money in professional business services? [J]. Industrial Marketing Management, 2017,65(8):47-58.

[16] Assaker G, Vinzi V E, O'Connor P. Examining the effect of novelty seeking, satisfaction, and destination image on tourists' return pattern: a two factor, non-linear latent growth model[J]. Tourism Management, 2011, 32(4):890-901.

[17] Aydin S, Özer G, Ömer Arasil.Customer loyalty and the effect of switching costs as a moderator variable: a case in the Turkish mobile phone market[J]. Science, 2005, 102(12):1-6.

[18] Baker D M, Fulford M D. Cruise passengers' perceived value and willingness to recommend[J]. Tourism & Management Studies, 2016, 32(3):73-84.

[19] Baksi A K, Parida B B, Khawash N. An empirical study to assess moderating impact of CRM dimensions on service quality perception-tourist satisfaction-destination loyalty link.[J]. Journal of Hospitality Application & Research, 2016, 37(8):67-78.

[20] Barroso C, Picón A. Multi-dimensional analysis of perceived switching costs[J]. Industrial Marketing Management, 2012, 41(3):531-543.

[21] Benjamin Mueller, Goetz Viering, Christine Legner, et al. Understanding the Economic Potential of Service-Oriented Architecture[J]. Journal of Management Information Systems, 2010, 26(4):145-180.

[22] Bennett R, Rundle-Thiele S. A comparison of attitudinal loyalty measurement approaches[J]. Journal of Brand Management, 2002, 9(3):193-209.

[23] Bernardo M, Marimon F, Almeida M M. Functional quality and hedonic quality: a study of the dimensions of e-service quality in online travel agencies[J]. Information & Management, 2012, 49 (7):342-347.

[24] Bezerra G C L, Gomes C F. The effects of service quality dimensions and passenger characteristics on passenger's overall satisfaction with an airport[J]. Journal of Air Transport Management, 2015, 44 (4):77-81.

[25] Bhat M A, Qadir N. Tourist satisfaction in Kashmir: an empirical assessment[J]. Journal of Business Theory & Practice, 2013, 42(1):37-39.

[26] Biehn, N. A cruise ship is not a floating hotel[J]. Journal of Revenue & Pricing Management, 2006, 43(5):135-142.

［27］Bielen F，Demoulin N. Waiting time influence on the satisfaction-loyalty relationship in services［J］. Journal of Service Theory & Practice，2012，17(2)：174-193.

［28］Bitner M J. Servicescapes：The impact of physical surroundings on customers and employees［J］. Journal of Marketing，1992，56(2)：57-71.

［29］Bloemer J，Odekerken-Schroder G. Store satisfaction and store loyalty explained by customer- and store-related factors［J］. Journal of Consumer Satisfaction，2002，15(6)：68-80.

［30］Bormann L，Abrahamson K. Do staff nurse perceptions of nurse leader behaviours influence staff nurse job satisfaction? The case of a hospital applying for Magnet designation［J］. Journal of Nursing Administration，2014，44(4)：219-25.

［31］Bowen J T，Chen S. The relationship between customer loyalty and customer satisfaction.［J］. International Journal of Contemporary Hospitality Management，2001，13(5)：213-217.

［32］Brady M K，Cronin J J. Customer orientation：effects on customer service perceptions and outcome behaviors［J］. Journal of Service Research，2001，3(22)：241-251.

［33］Braun B M，Xander J A，White K R. The impact of the cruise industry on a region's economy：a case study of Port Canaveral，Florida［J］. Tourism Economics，2002，8(8)：281-288.

［34］Breckler S J. Applications of covariance structure modeling in psychology：cause for concern?［J］. Psychological Bulletin，1990，107(2)：260-273.

［35］Brejla P，Gilbert D. An exploratory use of web content analysis to understand cruise tourism services［J］. International Journal of Tourism Research，2014，16(2)：157-168.

［36］Brejla P，Gilbert D. An exploratory use of web content analysis to understand cruise tourism services.［J］. International Journal of Tourism Research，2014，16(2)：157-168.

［37］Brida J G，Bukstein D，Tealde E. Exploring cruise ship passengers' spending patterns in two Uruguayan ports of call［J］. Current Issues in Tourism，2011，18(7)：684-700.

［38］Brown G H. Brand Loyalty-Fact of Fiction［J］. Trademark Rep，1953，3(6)：12-21.

［39］Byung Wook Wie. A dynamic game model of strategic capacity investment in the cruise line industry［J］. Tourism Management，2005，26(6)：203-217.

［40］Caber M，Albayrak T，Ünal，Caner.Motivation-based Segmentation of Cruise Tourists：A case study on international cruise tourists visiting Kuşadasi，Turkey［J］. Tourism in Marine Environments，2016，30(3)：76-87.

［41］Caceres R C，Paparoidamis N G. Service quality，relationship satisfaction，trust，commitment and business-to-business loyalty［J］. European Journal of Marketing，2007，41(7)：836-867.

［42］Calabuig-Moreno F，Crespohervas J，Prado-Gasco V，et al. Quality of sporting events：validation of the eventqual scale［J］. Transformations in Business & Economics，2016，15(2)：21-32.

［43］Campbell M C. "Says Who?!" How the source of price information and affect influence perceived price(un)fairness［J］. Journal of Marketing Research，2007，44(2)：261-271.

［44］Cantis S D，Ferrante M，Kahani A，et al. Cruise passengers' behavior at the destination：Investigation using GPS technology［J］. Tourism Management，2016，52(8)：133-150.

［45］Carley Foster，Sheilagh Resnick. Service worker appearance and the retail service encounter：the influence of gender and age［J］. Service Industries Journal，2013，33(2)：236-247.

［46］Carman J M. Patient perceptions of service quality. Combining the dimensions.［J］. Journal of

Management in Medicine, 2000, 14(5):339-356.

[47] Caro L M, García J A M. Developing a multidimensional and hierarchical service quality model for the travel agency industry[J]. Tourism Management, 2008, 29(4):706-720.

[48] Cassidy K, Baron S. Consumer-to-Consumer conversations in service settings[J]. Journal of Service Research, 2004, 6(3):287-303.

[49] Chang K C, Chen M C, Kuo N T, et al.Applying data mining methods to tourist loyalty intentions in the international tourist hotel sector[J]. Anatolia, 2016, 22(22):1-4.

[50] Chang Y T, Lee S, Park H. Efficiency analysis of major cruise lines[J]. Tourism Management, 2017, 58(2):78-88.

[51] Chang Y T, Park H, Liu S M, et al. Economic impact of cruise industry using regional input-output analysis: a case study of Incheon[J]. Maritime Policy & Management, 2015, 43(1):1-18.

[52] Chao-Min Chiu. Applying means-end chain theory to eliciting system requirements and understanding users' perception orientation[J]. Information & Management, 2005, 42(11):455-469.

[53] Chen J M, Neuts B, Nijkamp P, et al. Demand determinants of cruise tourists in competitive markets: motivation, preference and intention[J].Tourism Management, 2015, 36(5):132-145.

[54] Chen S C. The customer satisfaction-loyalty relation in an interactive e-service setting: The mediators [J]. Journal of Retailing & Consumer Services, 2012, 19(2):202-210.

[55] Ching-Fu Chen, Fu-Shian Chen. Experience quality, perceived value, satisfaction and behavioral intensions for heritage tourists[J]. Tourism Management, 2010, 31(7):29-35.

[56] Chiou J S, Cornelia Droge. Service Quality, trust, specific asset investment, and expertise: direct and indirect effects in a Satisfaction-Loyalty Framework[J]. Journal of the Academy of Marketing Science, 2006, 34(4):613-627.

[57] Chiu H C, Hsieh Y C, Wang M C. How to encourage customers to use legal software[J]. Journal of Business Ethics, 2008, 80(10):583-595.

[58] Choi T Y, Chu R. Determinants of hotel guests' satisfaction and repeat patronage in the Hong Kong hotel industry[J]. International Journal of Hospitality Management, 2001, 20(1):277-297.

[59] Chow C C, Luk P. A strategic service quality approach using analytic hierarchy process[J]. Managing Service Quality, 2005, 15(3):278-289.

[60] Christian Homburg, Annette Giering PhD, Ajay Menon. Relationship characteristics as moderators of the satisfaction-loyalty link: findings in a Business-to-Business Context[J]. Journal of Business-to-Business Marketing, 2003, 10(3):35-62.

[61] Chua B L, Lee S, Goh B, et al. Impacts of cruise service quality and price on vacationers' cruise experience: Moderating role of price sensitivity[J]. International Journal of Hospitality Management, 2015, 44(7):131-145.

[62] Chumpitaz R, Swaen V. Service quality and brand loyalty relationships: investigating the mediating effect of customer satisfaction[J]. European Marketing Academy Conference, 2002, 36(10):28-41.

[63] Comrey A L. Factor-Analytic methods of scale development in personality and clinical psychology[J]. Journal of Consulting & Clinical Psychology, 1988, 56(5):754-761.

[64] Coralie Mccormack. Storying stories: a narrative approach to in-depth interview conversations[J]. International Journal of Social Research Methodology, 2004, 7(3):219-236.

[65] Coyne I T. Sampling in qualitative research: purposeful and theoretical sampling: merging or clear boundaries? [J]. Journal of Advanced Nursing, 1997, 26(3):623.

[66] Creswell J W, Hanson W E, Plano V L C, et al. Qualitative research designs selection and implementation[J]. Counseling Psychologist, 2007, 35(2):236-264.

[67] Cronin J J, Brady M K, Hult G T M. Assessing the effects of quality, value, and customer satisfaction on consumer behavioral intentions in service environments[J]. Journal of Retailing, 2000, 76(8):193-218.

[68] Cronin J J, Taylor S A. Measuring Service Quality: A reexamination and extension[J]. Journal of Marketing, 1992, 56(3):55-68.

[69] Dabholkar P A, Shepherd C D, Thorpe D I. A comprehensive framework for service quality: an investigation of critical conceptual and measurement issues through a longitudinal study[J]. Journal of Retailing, 2000, 76(2):139-173.

[70] Dabholkar P A. Consumer evaluations of new technology-based self-service options: An investigation of alternative models of service quality[J]. International Journal of Research in Marketing, 1996, 13 (95):29-51.

[71] Dagger T S, Sweeney J C, Johnson L W. A hierarchical model of health service quality: scale development and investigation of an integrated model[J]. Journal of Service Research, 2007, 10(2): 123-142.

[72] Daniel Belanche, Luis V. Casalo, Miguel Guinaliu. Website usability, consumer satisfaction and the intention to use a website: the moderating effect of perceived risk[J]. Journal of Retailing and Consumer Services, 2012, 19(7):124-132.

[73] Danniel D. Prior. Supplier representative activities and customer perceived value in complex industrial solutions[J]. Industrial Marketing Management, 2013, 42(5):1192-1201.

[74] Davies B, Baron S, Harris K. Observable oral participation in the servuction system: toward a content and process model[J]. Journal of Business Research, 1999, 44(1):47-53.

[75] Davies G. Employer branding and its influence on managers[J]. European Journal of Marketing, 2008, 42(5/6):667-681.

[76] Dick A S, Basu K. Customer loyalty: Toward an integrated conceptual framework[J]. Journal of the Academy of Marketing Science, 1994, 22(2):99-113.

[77] Dixon M, Verma R. Sequence effects in service bundles: marketing and operational implications[J]. Social Science Electronic Publishing, 2010, 31(3):263-264.

[78] Dong-Hee Shin. Effect of the customer experience on satisfaction with smartphones: assessing smart satisfaction index with partial least squares[J]. Telecommunicatioins Policy, 2014, 32(6):1-15.

[79] Donio J, Massari P, Passiante G. Customer satisfaction and loyalty in a digital environment: an empirical test[J]. Journal of Consumer Marketing, 2006, 23(7):445-457.

[80] Douglas, N. P&O's Pacific[J]. Journal of Tourism Studies, 1997, 7(2):2-14.

[81] Duman T, Mattila A S. The role of affective factors on perceived cruise vacation value[J]. Tourism Management, 2005, 26(3):311-323.

[82] Eboli L, Mazzulla G. A methodology for evaluating transit service quality based on subjective and objective measures from the passenger's point of view[J]. Transit policy, 2011, 18(10):172-181.

［83］En-Chi Chang, Ya-Fen Tseng.Research note: E-store image, perceived value and perceived risk[J]. Journal of Business Research, 2013, 66(11):864-870.

［84］Fang Wang. Explaining the low utilization of government websites: using a grounded theory approach [J]. Government Information Quarterly, 2014, 31(11):610-621.

［85］Farnaz Beheshti Zavareh, Mohd Shoki Md Ariff, Ahmad Jusoh, Norhayati Zakuan, Ahamad Zaidi Bahari. E-service quality dimensions and their effects on e-customer satisfaction in Internet banking services[J]. Social and behavioral sciences, 2012, 40(7):441-445.

［86］Field D R, Clark R N, Koth B A. Cruiseship Travel in Alaska: A Profile of Passengers[J]. Journal of Travel Research, 2012, 51(4):2-8.

［87］Fornell C, Robinson W T. Industrial Organization and Consumer Satisfaction/Dissatisfaction[J]. Journal of Consumer Research, 1983, 9(4):403-412.

［88］Foster G M. South seas cruise a case study of a short-lived society[J]. Annals of Tourism Research, 2006, 33(2):215-238.

［89］Franke N, Schreier M. Why Customers Value Self-Designed Products: The Importance of Process Effort and Enjoyment[J]. Journal of Product Innovation Management, 2010, 27(7):1020-1031.

［90］Frenkel ter Hofstede, Anke Audenaert, Jan-Benedict E. M. Steenkamp. An investigation into the association pattern technique as a quantitative approach to measuring means-end chains [J]. International Journal of Research in Marketing, 1998, 15(2):37-50.

［91］Gallarza M G, Gil-Saura I, Holbrook M B. The value of value: further excursions on the meaning and role of customer value[J]. Journal of Consumer Behaviour, 2011, 10(4):179-191.

［92］Gallarza M G, Saura I G. Value dimensions, perceived value, satisfaction and loyalty: an investigation of university students' travel behaviour[J]. Tourism Management, 2006, 27(3):437-452.

［93］Gary Howat, Duncan Murray, Gary Crilley. Reducing measurement overload: rationalizing performance measures for public aquatic centres in Australia[J]. Managing Leisure, 2005, 10(2):128-142.

［94］Gazzoli G, Hancer M, Kim B C. Explaining why employee-customer orientation influences customers' perceptions of the service encounter[J]. Journal of Service Management, 2013, 24(19):382-400.

［95］Gianfranco Walsh, Boris Bartikowski. Exploring corporate abitliy and social responsibility associations as antecedents of customer satisfaction cross-culturally[J]. Journal of Business Research, 2013, 66(2):989-995.

［96］Gibson P, Bentley M. A study of impacts—cruise tourism and the south west of england[J]. Journal of Travel & Tourism Marketing, 2007, 20(3):63-77.

［97］Glenk K, Fischer A. Insurance, prevention or just wait and see? public preferences for water management strategies in the context of climate change[J]. Ecological Economics, 2010, 69(11):2279-2291.

［98］Golsefid F A, Kiakalayeh F D. Factors affecting the acceptance of mobile banking by customers case study: the branches of tejarat bank in Rasht city[J]. Mediterranean Journal of Social Sciences, 2016.

［99］Gorla N, Lin S C. Determinants of software quality: a survey of information systems project managers[J]. Information & Software Technology, 2010, 52(6):602-610.

[100] Gorsuch R L, Mcpherson S E. Intrinsic/Extrinsic measurement: I/E-Revised and single-item scales [J]. Journal for the Scientific Study of Religion, 1989, 28(3):348-354.

[101] Grahn G L. Model of repeat-purchase loyalty: an empirical investigation[J]. Journal of Marketing Research, 1969,30(1):72-78.

[102] Gross S, Klemmer L. Cruise ships[J]. Introduction to tourism transport, 2014, 72(5):484-488.

[103] Grunert K G, Bech-Larsen T. Explaining choice option attractiveness by beliefs elicited by the laddering method[J]. Journal of Economic Psychology, 2005, 26(2):223-241.

[104] Guenzi P, Troilo G. Developing marketing capabilities for customer value creation through Marketing-Sales integration[J]. Industrial Marketing Management, 2006, 35(8):974-988.

[105] Gunther Botschen, Andrea Hemetsberger. Diagnosing means-end structures to determine the degree of potential marketing program standardization[J]. Journal of Business Research, 1998, 42(10): 151-159.

[106] Guoxin Li, Guofeng Li, Zephaniah Kambele. Luxury fashion brand consumers in China: perceived value, fashion lifestyle, and willingness to pay[J]. Journal of Business Research, 2012, 65(3): 1516-1522.

[107] Gustafsson A, Johnson M D. Measuring and managing the satisfaction-loyalty-performance links at Volvo[J]. Journal of Targeting Measurement & Analysis for Marketing, 2002, 10(3):249-258.

[108] Gutman J. A means-end chain model based on consumer categorization processes[J]. Journal of marketing, 1982, 46(2):60-72.

[109] Ha J, Jang S C. Effects Of Servicequality And Food Quality: The moderating role of atmospherics in an ethnic restaurant segment[J]. International Journal of Hospitality Management, 2010, 29(3): 520-529.

[110] Haelsig F, Morschett D, et al. An intersector analysis of the relevance of service in building a strong retail brand[J]. Journal of Service Theory & Practice, 2007, 17(4):428-448.

[111] Haiyan Song, Robert van der Veen, Gang Li, Jason L. Chen. The Hong Kong tourist satisfaction index[J]. Annals of Tourism Research, 2012, 39(1):459-479.

[112] Han H, Kim W, Hyun S S. Switching intention model development: role of service performances, customer satisfaction, and switching barriers in the hotel industry[J]. International Journal of Hospitality Management, 2011, 30(3):619-629.

[113] He Y Q, Song H Y. A mediation model of tourists' repurchase intentions for packaged tour services [J]. Journal of Travel Research, 2009, 47(3):317-331.

[114] Hennigs N, Schmidt S, Wiedmann K P, et al. Measuring brand performance in the cruise industry: Brand experiences and sustainability orientation as basis for value creation[J]. International Journal of Services Technology & Management, 2017, 23(3):189-201.

[115] Henthorne T L. An analysis of expenditures by cruise ship passengers in Jamaica[J]. Journal of Travel Research, 2000, 38(11):246-250.

[116] Herrmann A, Huber F, Braunstein C. Market-driven product and service design: bridging the gap between customer needs, quality management, and customer satisfaction[J]. International Journal of Production Economics, 2000, 66(1):77-96.

[117] Hersh M, Ladany S P. Optimal scheduling of ocean cruiser[J]. INFOR, 1989, 27(6):48-57.

[118] Heung V C S, Lam T. Customer complaint behavior towards hotel restaurant services [J]. International Journal of Contemporary Hospitality Management, 2003, 15(5):283-289.

[119] Heung V C S, Lam T. Customer complaint behavior towards hotel restaurant services [J]. International Journal of Contemporary Hospitality Management, 2003, 15(5):283-289.

[120] Hideyuki Kita, Akira Kouchi. Qualifying perceived quality of traffic service and its aggregation structure[J]. Transportation research part C, 2011, 19(2):296-306.

[121] Hoare R J, Butcher K. Do Chinese cultural values affect customer satisfaction/loyalty? [J]. International Journal of Contemporary Hospitality Management, 2008, 20(2):156-171.

[122] Hosany S, Witham M. Dimensions of cruisers' experiences, satisfaction and intention to recommend [J]. Journal of Travel Research, 2011, 49(3):351-364.

[123] Hsiang-Fei Luoh, Sheng-Hshiung Tsaur. Customers' perceptions of service quality: do servers' age stereotypes matter? [J]. International Journal of Hospitality Management, 2011, 30(7):283-289.

[124] Hsu M H, Chuang L W, Chiu S P. Perceived Quality, perceived Value and repurchase decision in online shopping context[J]. Applied Mechanics & Materials, 2013, 311(8):43-48.

[125] Huang J, Hsu C H C. The impact of customer-to-customer interaction on cruise experience and vacation satisfaction.[J]. Journal of Travel Research, 2010, 49(1):79-92.

[126] Huddleston P, Whipple J, Mattick R N, et al. Customer satisfaction in food retailing: comparing specialty and conventional grocery stores [J]. International Journal of Retail & Distribution Management, 2009, 37(1):63-80.

[127] Hui(Jimmy) Xie, Deborah L. Kerstetter, Anna S. Mattila. The attributes of a cruise ship that influence the decision making of cruisers & potential cruisers [J]. International Journal of Hospitality Management, 2012, 31(6):152-159.

[128] Hung K, Petrick J F. Why do you cruise? Exploring the motivations for taking cruise holidays, and the construction of a cruising motivation scale[J]. Tourism Management, 2011, 32(2):386-393.

[129] Hur Y J, Ko Y J, Valacich J. A structural model of the relationships between sport website quality, e-satisfaction, and e-loyalty.[J]. Journal of Sport Management, 2011, 25(5):458-473.

[130] Hutchinson J, Lai F, Wang Y. Understanding the relationships of quality, value, equity, satisfaction, and behavioral intentions among golf travelers[J]. Tourism Management, 2009, 30 (2):298-308.

[131] Hwang J, Ok C. The antecedents and consequence of consumer attitudes toward restaurant brands: A comparative study between casual and fine dining restaurants [J]. International Journal of Hospitality Management, 2013, 32(2):121-131.

[132] Hyo Sun Jung, Hye Hyun Yoon. Do employees' satisfied customers respond with an satisfactory relationship? The effects of employees' satisfaction on customers' satisfaction and loyalty in a family restaurant[J]. International Journal of Hospitality Management, 2013, 34(11):1-8.

[133] Hyun Jeong Kim, Jeongdoo Park, Myung-Ja Kim, Kisang Ryu. Does perceived restaurant food healthiness matter? Its influence on value, satisfaction and revisit intensions in restaurant operations in South Korea[J]. International Journal of Hospitality Management, 2013, 33(6):397-405.

[134] Ibrahim H, Najjar F. Assessing the effects of self-congruity, attitudes and customer satisfaction on

customer behavioural intentions in retail environment[J]. Marketing Intelligence & Planning, 2008, 26(2):207-227.

[135] Ing-Long Wu. The antecedents of customer satisfaction and its link to complaint intentions in online shopping: an integration of justice, technology, and trust[J]. International Journal of Information Management, 2013, 33(10):166-176.

[136] Inoue Y, Funk D C, Mcdonald H. Predicting behavioral loyalty through corporate social responsibility: The mediating role of involvement and commitment[J]. Journal of Business Research, 2017, 75(6):46-56.

[137] Isabelle Walsh. A strategic path to study IT use through users' IT culture and IT needs: a mixed-method grounded theory[J]. Journal of Strategic Information Systems, 2014, 23(2):146-173.

[138] Jacoby J, Chestnut R. brand loyalty measurement and management[J]. Journal of Marketing Research. 1978, 15(6):32-41.

[139] Jacoby J, Kyner D B. brand loyalty vs. repeat purchasing behavior[J]. Journal of Marketing Research, 1973, 10(1):1-9.

[140] Jambulingam T, Kathuria R, Nevin J R. Fairness-Trust-Loyalty relationship under varying conditions of supplier-buyer interdependence[J]. Journal of Marketing Theory & Practice, 2011, 19(1):39-56.

[141] James F. Petrick. Are loyal visitors desired visitors? [J]. Tourism Management, 2004, 25(3):463-470.

[142] James J H Liou, Chao-Che Hsu, Wen-Chien Yeh, Rong-Ho Lin. Using a modified grey relation method for improving airline service quality[J]. Tourism Management, 2011, 32(6):1381-1388.

[143] Jang S C, Feng R. Temporal destination revisit intention: The effects of novelty seeking and satisfaction[J]. Tourism Management, 2007, 28(2):580-590.

[144] Jang S C, Namkung Y. Perceived quality, emotions, and behavioral intentions: application of an extended Mehrabian-Russell model to restaurants[J]. Journal of Business Research, 2009, 62(4):451-460.

[145] Jing X A C. Service experience and package Tours[J]. Asia Pacific Journal of Tourism Research, 2010, 15(2):177-194.

[146] Johann M. The importance-performance analysis: an evaluation of tourist satisfaction with the destination attributes.[J]. International Journal of Economic Practices & Theories, 2014, 32(7):78-83.

[147] Johnson J W, Cui A P. To influence or not to influence: external reference price strategies in pay-what-you-want pricing[J]. Journal of Business Research, 2013, 66(2):275-281.

[148] Jones R V. Motivations to cruise: an itinerary and cruise experience study[J]. Journal of Hospitality & Tourism Management, 2011, 18(1):30-40.

[149] Joon-Wuk Kwun PhD, Haemoon Oh PhD. Effects of brand, price, and risk on customers' value perceptions and behavioral intentions in the restaurant industry[J]. Journal of Hospitality & Leisure Marketing, 2004, 11(1):31-49.

[150] Jooyeon Ha, Soo Cheong Jang. Effects of sevice quality and food quality: the moderating role of atmospherics in an ethnic restauarant segment [J]. International Journal of Hospitality

Management，2010，29(11):520-529.

[151] Josep Llach, Frederic Marimon, Maria del Mar Alonso-Almeida, Merce Bernardo. Determinants of online booking loyalties for the purchasing of airline tickets[J]. Tourism Management，2013，35 (2):23-31.

[152] Juan M Madera, Mary Dawson, Jack A Neal. Hotel managers' perceived diversity climate and job satisfaction: the mediating effects of role ambiguity and conflict[J]. Internatioinal Journal of Hospitality Management[J]. 2013, 35(11):28-34.

[153] Judi Brownell. Leading on land and sea: competencies and context[J]. International Journal of Hospitality Management，2008, 27(4):137-150.

[154] Juwaheer T D, Ross D L. A study of hotel guest perceptions in Mauritius[J]. International Journal of Contemporary Hospitality Management，2003, 15(8):105-115.

[155] K Ryu H H. New or repeat customers: how does physical environment influence their restaurant experience? [J]. International Journal of Hospitality Management, 2011, 30(3):599-611.

[156] Kam Hung, James F Petrick. Testing the effects of congruity, travel constraints & elf-efficacy on travel intentions: An alternative decision-making model[J]. Tourism Management, 2012, 33(2): 855-867.

[157] Kang D, Park Y. Review-based measurement of customer satisfaction in mobile service: Sentiment analysis and VIKOR approach[J]. Expert Systems with Applications, 2014, 41(4):1041-1050.

[158] Kao T W, Lin W T. The relationship between perceived e-service quality and brand equity: A simultaneous equations system approach[J]. Computers in Human Behavior, 2016, 57(6):208-218.

[159] Karjaluoto H, Jayawardhena C, Leppäniemi M, et al. How value and trust influence loyalty in wireless telecommunications industry[J]. Telecommunications Policy, 2012, 36(8):636-649.

[160] Kerstetter D L, Yen I Y, Yarnal C M. Plowing Uncharted Waters: A study of perceived constraints to cruise travel[J]. Tourism Analysis, 2005, volume 10(2):137-150(14).

[161] Kesting A, Helbing D. Enhanced intelligent driver model to access the impact of driving strategies on traffic capacity[J]. Philosophical Transactions of the Royal Society A Mathematical Physical & Engineering Sciences, 2010, 368(1928):4585-605.

[162] Kim M, Thapa B. Perceived value and flow experience: application in a nature-based tourism context[J]. Journal of Destination Marketing & Management, 2017,60(8):203-211.

[163] Kim Piew Lai, Siong Choy Chong, Hishamuddin Bin Ismail. An explorative study of shopper-based salient e-servicescape attributes: a means-end chain approach [J]. International Journal of Information Management, 2015, 35(6):517-532.

[164] Kisang Ryu, Heesup Han, Tae-Hee Kim. The relationship among overall quick-casual restaurant image, perceived value, customer satisfaction, and behavioral intentions[J]. International Journal of Hospitality Management，2008, 27(6):459-469.

[165] Koo D M. The fundamental reasons of e-consumers' loyalty to an online store[J]. Electronic Commerce Research & Applications, 2006, 5(2):117-130.

[166] Kreis H, Mafael A. The influence of customer loyalty program design on the relationship between customer motives and value perception[J]. Journal of Retailing & Consumer Services, 2014, 21

(4):590-600.

[167] Kuang-Peng Hung, Chung-Kuang Lin. More communication is not always better? The interplay between effective communication and interpersonal conflict in influencing satisfaction[J]. Industrial Marketing Management, 2013, 42(8):1223-1232.

[168] Kumar V, Pozza I D, Ganesh J. Revisiting the satisfaction-loyalty relationship: empirical generalizations and directions for future research[J]. Journal of Retailing, 2013, 89(3):246-262.

[169] Kusum L. Ailawadi, Scott A Neslin, Jackie Luan Y, Gail Ayala Taylor. Does retailer CSR enhance behavioral loyalty? A case for benefit segmentation[J]. Journal of Research in Marketing, 2014, 31 (6):156-167.

[170] Kwortnik R J. Shipscape influence on the leisure cruise experience[J]. International Journal of Culture Tourism & Hospitality Research, 2008, 2(4):289-311.

[171] Kwun J W. Effects of campus foodservice attributes on perceived value, satisfaction, and consumer attitude: A gender-difference approach[J]. International Journal of Hospitality Management, 2011, 30(2):252-261.

[172] Kyung-A Sun, Dae-Young Kim. Does customer satisfaction increase firm performance? An application of Amercian Customer Satisfaction Index [J]. International Journal of Hospitality Management, 2013, 35(1):68-77.

[173] Labeaga J M, Lado N, Martos M. Behavioural loyalty towards store brands [J]. Journal of Retailing & Consumer Services, 2007, 14(5):347-356.

[174] Ladany S P, Arbel A. Optimal cruise-liner passenger cabin pricing policy[J]. European Journal of Operational Research, 1991, 55(7):136-147.

[175] Lam S Y, Shankar V, Erramilli M K, et al. Customer value, satisfaction, loyalty, and switching costs: An illustration from a business-to-business service context[J]. Journal of the Academy of Marketing Science, 2004, 32(3):293-311.

[176] Langbroek I, Beuckelaer A D. Between-method convergent validity of four data collection methods in quantitative Means-End-Chain research[J]. Food Quality & Preference, 2007, 18(1):13-25.

[177] Larry Dwyer, Peter Forsyth. Economic significance of cruise tourism [J]. Annals of Tourism Research, 1998, 25(2):393-415.

[178] Laura Martinez Caro, Jose Antonio Martinez Garcia. Developing a multidimensional and hierarchical service quality model for the travel agency industry[J]. Tourism Management, 2008, 29(6):706-720.

[179] Ledden L, Kalafatis S P, Samouel P. The relationship between personal values and perceived value of education[J]. Journal of Business Research, 2007, 60(9):965-974.

[180] Lee F H, Wu W Y. Moderating effects of technology acceptance perspectives on e-service quality formation: Evidence from airline websites in Taiwan[J]. Expert systems with applications, 2011, 38(11):7766-7773.

[181] Lee G, Lee M K. Estimation of the shore excursion expenditure function during cruise tourism in Korea[J]. Maritime Policy & Management, 2017, 38(1):1-12.

[182] Lee H J, Hwang J. The driving role of consumers' perceived credence attributes in organic food purchase decisions: A comparison of two groups of consumers[J]. Food Quality & Preference,

2016，54(4):141-151.

[183] Lee S. Cruise ship itineraries and occupancy rates.[J]. Tourism Management，2013，34(1):236-237.

[184] Leong T Y, Ladany S P. Optimal cruise itinerary design development[J]. International Journal of Service Technology and Management，2001,22(2):130-141.

[185] Lester S E, White C, Mayall K, et al. Environmental and economic implications of alternative cruise ship pathways in Bermuda[J]. Ocean & Coastal Management，2016，132(8):70-79.

[186] Li X A, Petrick J F. Reexamining the dimensionality of brand loyalty: a case of the Cruise industry.[J]. Journal of Travel & Tourism Marketing，2008，25(1):68-85.

[187] Lieberman, W.H., Dieck, T. Expanding the revenue management frontier: optimal air planning in the cruise industry[J]. Journal of Revenue & Pricing Management，2002，31(1):7-24.

[188] Lin L Z, Yeh H R. A means-end chain of fuzzy conceptualization to elicit consumer perception in store image[J]. International Journal of Hospitality Management，2013，33(33):376-388.

[189] Lin W B. Service failure and consumer switching behaviors: evidence from the insurance industry [J]. Expert Systems with Applications An International Journal，2010，37(4):3209-3218.

[190] Lind L W. Consumer involvement and perceived differentiation of different kinds of pork-a Means-End Chain analysis[J]. Food Quality & Preference，2007，18(4):690-700.

[191] Liou J J H, Yen L, Tzeng G H. Using decision rules to achieve mass customization of airline services[J]. European Journal of Operational Research，2010，205(3):680-686.

[192] Little T D, Cunningham W A, Shahar G, et al. To parcel or not to parcel: exploring the question, weighing the merits. Structural Equation Modeling[J]. Structural Equation Modeling，2002，9(2):151-173.

[193] Lonial S, Raju P S. Impact of service attributes on customer satisfaction and loyalty in a healthcare context.[J]. Leadership in Health Services，2015，28(2):149-66.

[194] Low W S, Lee J D, Cheng S M. The link between customer satisfaction and price sensitivity: an investigation of retailing industry in Taiwan[J]. Journal of Retailing & Consumer Services，2013，20(8):1-10.

[195] Luoh H F, Tsaur S H. Customers' perceptions of service quality: do servers' age stereotypes matter? [J]. International Journal of Hospitality Management，2011，30(7):283-289.

[196] M Soledad Janita, Javier Miranda F. The antecedents of client loyalty in business-to-business(B2B) electronic marketplaces[J]. Industrial Marketing Management，2016，45(11):814-823.

[197] Mak J, Sheehey C, Toriki S. The passenger vessel services act and America's cruise tourism industry[J]. Research in Transportation Economics，2010，26(1):18-26.

[198] Maoz D. Backpackers' motivations the role of culture and nationality[J]. Annals of Tourism Research，2007，34(1):122-140.

[199] Mardani A, Jusoh A, Zavadskas E K, et al. Application of multiple-criteria decision-making techniques and approaches to evaluating of service quality: a systematic review of the literature[J]. Journal of Business Economics & Management，2015，16(5):1034-1068.

[200] Maria FuentesBlasco, IreneGil Saura, Gloria BerenguerContrí, et al. Measuring the antecedents of e-loyalty and the effect of switching costs on website[J]. Service Industries Journal，2010，30(11):

1837-1852.

[201] Mark R. Testa. Leadership dyads in the cruise industry: the impact of cultural congruency[J]. Hospitality Management, 2002, 21(5):425-441.

[202] Mark R. Testa. National culture, leadership and citizenship: Implications for cross-cultural management[J]. International Journal of Hospitality Management, 2009, 28(6):78-85.

[203] Matthew Lopes, Dianne Dredge. Cruise tourism shore excursions: value for destinations? [J]. Tourism Planning and Development, 2017, 34(2):1-20.

[204] Mihail D N, Evagelia S. Cruise ship supply chain: a field study on outsourcing decisions[J]. 2012, 3 (4):369-383.

[205] Mirasukma R. Factors influencing tourist's loyalty : Melaka River Cruise[J]. 2013, 26(3):48-52.

[206] Mohd Shoki Md Ariff, Leong Ooi Yun, Norhayati Zakuan, Ahmad Jusoh. Examining dimensions of electronic service quality for internet banking services[J]. Social and behavioral sciences, 2012, 65 (8):854-859.

[207] Molina-Montenegro M A, Fernando C, Cristian R, et al. Occurrence of the non-native annual bluegrass on the antarctic mainland and its negative effects on native plants[J]. Conservation Biology the Journal of the Society for Conservation Biology, 2012, 26(4):717-723.

[208] Molinos-Senante M, Maziotis A, Sala-Garrido R. Estimating the cost of improving service quality in water supply: a shadow price approach for England and wales [J]. Science of the Total Environment, 2016, 53(9):470-477.

[209] Monferrer S T, Roig J C F, García J S. Small urban retailers: what motivates their buyers? [J]. Iated, 2014, 27(3):13-21.

[210] Moore R, Moore M L, Capella M. The impact of customer-to-customer interactions in a high personal contact service setting[J]. Journal of Services Marketing, 2005, 19(7):482-491.

[211] Moreira A C, Silva P M. The trust-commitment challenge in service quality-loyalty relationships. [J]. International Journal of Health Care Quality Assurance, 2015, 28(3):253-266.

[212] Murphy L. Exploring social interactions of backpackers[J]. Annals of Tourism Research, 2001, 28 (10):50-67.

[213] Namin A. Revisiting customers' perception of service quality in fast food restaurants[J]. Journal of Retailing & Consumer Services, 2017, 34(2):70-81.

[214] Ndriotis K, Agiomirgianakis G. Cruise visitors' experience in a Mediterranean port of call[J]. International Journal of Tourism Research, 2010, 12(4):390-404.

[215] Neeru Malhotra, Felix Mavondo, Avinandan Mukherjee, Graham Hooley. Service quality of frontline employees: a profile deviation analysis[J]. Journal of Business Research, 2013, 66(8): 1338-1344.

[216] Nguyen N, Leblanc G. Contact personnel, physical environment and the perceived corporate image of intangible services by new clients[J]. International Journal of Service Industry Management, 2002, 13(3):242-262.

[217] Nickie Butt. The impact of cruise ship generated waste on home ports & ports of call: A study of Southampton[J]. Marine Policy, 2007, 31(5):62-73.

[218] Nicolau J L. Battle royal: Zero-price effect vs relative vs referent thinking[J]. Marketing Letters,

2012, 23(3):661-669.

[219] O'Cass A, Carlson J. Examining the effects of website-induced flow in professional sporting team websites[J]. Internet Research Electronic Networking Applications & Policy, 2010, 20(2):115-134.

[220] Oliver R L, Linda G. Effect of satisfaction and its antecedents on consumer preference and intention [J]. Advances in Consumer Research, 1981, 16(5):25-33.

[221] Oliver R, Oliver H. Using context to promote learning from information-seeking tasks[J]. Journal of the American Society for Information Science, 1997, 48(6):519-526.

[222] Overby J W, Lee E J. The effects of utilitarian and hedonic online shopping value on consumer preference and intentions[J]. Journal of Business Research, 2006, 59(11):1160-1166.

[223] Ozdenizci B, Ok K, Coskun V. NFC loyal for enhancing loyalty services through near field communication[J]. Wireless Personal Communications, 2012, 68(4):1923-1942.

[224] Lois P J, Wang A. Wall T. Ruxton. Formal safety assessment of cruise ships [J]. Tourism Management: 2004, 25(4):93-109.

[225] Paoli C, Vassallo P, Apueto G, et al. The economic revenues and the emergy costs of cruise tourism [J]. Journal of Cleaner Production, 2017, 166(10):1462-1478.

[226] Parasuraman A, Berry L L. Reassessment of expectations as a comparison standard in measuring service quality: implications for further research[J]. Journal of Marketing, 1994, 58(1):111-124.

[227] Parasuraman A, Grewal D. Serving customers and consumers effectively in the twenty-first century: A conceptual framework and overview[J]. Journal of the Academy of Marketing Science, 2000, 28 (1):9-16.

[228] Parasuraman A, Zeithaml V A, Berry L L. Reassessment of expectations as a comparison standard in measuring service quality: implications for further research[J]. Journal of Marketing, 1994, 58 (1):111-124.

[229] Parasuraman A, Zeithaml V A, Malhotra A. E-S-QUAL A multiple-item scale for assessing electronic service quality[J]. Journal of Service Research, 2005, 7(2):213-233.

[230] Parasuraman A, Zeithaml A V, Berry L L. SERVQUAL: A multiple item scale for measuring consumer perceptions of service quality[J]. Journal of Retailing, 1988, 64(8):12-40.

[231] Patricia Martinez, Ignacio Rodriguez del Bosque. CSR and customer loyalty: the roles of trust, customer identification with the company and satisfaction[J]. International Journal of Hospitality Management, 2013, 34(5):89-99.

[232] Paul Rowland, Ken Parry. Consensual commitment: a grounded theory of the meso-level influence of organizational design on leadership and decision-making[J]. The Leadership Quarterly, 2009, 20 (2):535-553.

[233] Paulssen M, Roulet R, Wilke S. Risk as moderator of the trust-loyalty relationship[J]. European Journal of Marketing, 2014, 48(6):964-981.

[234] Pearce P L, Ukil L. Developing the travel career approach to tourist motivation[J]. Journal of Travel Research, 2005, 43(5):226-237.

[235] Pearce P L, Ukil L. Developing the travel career approach to tourist motivation[J]. Journal of Travel Research, 2005, 43(2):226-237.

［236］Pekka Puustinen, Peter Maas, Heikki Karjaluoto. Development and validation of the perceived investment value scale［J］. Journal of Economic Psychology, 2013, 36(4):41-54.

［237］Petrick J F, Li X A, Park S Y. Cruise passengers' decision-making processes［J］. Journal of Travel & Tourism Marketing, 2007, 23(1):1-14.

［238］Petrick J F, Tonner C, Quinn C. The utilization of critical incident technique to examine cruise passengers' repurchase intentions.［J］. Journal of Travel Research, 2006, 44(3):273-280.

［239］Petrick J F. Segmenting cruise passengers with price sensitivity［J］. Tourism Management, 2005, 26(5):753-762.

［240］Petrick J F. Segmenting cruise passengers with price sensitivity［J］. Tourism Management, 2005, 26(5):753-762.

［241］Philemon Oyewole. The role of frequency of patronage and service quality of all-you-can-eat buffet restaurant［J］. International Journal of Hospitality Management, 2013, 34(10):202-213.

［242］Pilar Carbonell, Ana I. Rodriguez-Escudero. Management control, role expectations and job satisfaction of new product developement teams: the moderating effect of participative decision-making［J］. Industrial Marketing Management, 2013, 42(6):248-259.

［243］Pinnock F H, Clayton A, Ajagunna I, et al. The future of tourism in an emerging economy: the reality of the cruise industry in Caribbean［J］. Worldwide Hospitality & Tourism Themes, 2014, 6(2):127-137.

［244］Porteus E L, Shin H, Tunca T I. Feasting on leftovers: strategic use of shortages in price competition among differentiated products［J］. Manufacturing & Service Operations Management, 2010, 12(1):140-161.

［245］Po-Tsang Chen, Hsin-Hui Hu. The effect of relational benefits on perceived value in relation to customer loyalty［J］. International Journal of Hospitality Management, 2010, 29(11):405-412.

［246］Prebensen N K, Woo E J, Chen J S, et al. Motivation and involvement as antecedents of the perceived value of the destination experience.［J］. Journal of Travel Research, 2013, 52(2):253-264.

［247］Qu H, Ping E W Y. A service performance model of Hong Kong cruise travelers' motivation factors and satisfaction［J］. Tourism Management, 1999, 20(2):237-244.

［248］Raab C, Mayer K, Kim Y S, et al. Price-Sensitivity measurement: a tool for restaurant menu pricing［J］. Journal of Hospitality & Tourism Research, 2009, 33(1):93-105.

［249］Razzouk N Y, Seitz V, Kumar V. The impact of perceived display completeness/incompleteness on shoppers' in-store selection of merchandise: an empirical study［J］. Journal of Retailing & Consumer Services, 2001, 9(1):31-35.

［250］Reiner Jaakson. Beyond the tourist bubble? cruiseship passengers in port［J］. Annals of Tourism Research, 2004, 31(1): 44-60.

［251］Reuver M D, Nikou S, Bouwman H. The interplay of costs, trust and loyalty in a service industry in transition: The moderating effect of smartphone adoption［J］. Telematics & Informatics, 2015, 32(4):694-700.

［252］Rex S Toh, Mary J Rivers, Teresa W Ling. Room occupancies: cruise lines out-do the hotels［J］. Hospitality Management, 2005, 24(6):121-135.

[253] Robert E Wood. Caribbean cruise tourism globalization at sea[J]. Annals of Tourism Research, 2000, 27(2):345-370.

[254] Rose R C, Wemyss G P, Sambasivan M. User acceptance of a G2B system: a case of electronic procurement system in Malaysia.[J]. Internet Research, 2010, 20(2):169-187.

[255] Rust R T, Oliver R L. Should we delight the customer? [J]. Journal of the Academy of Marketing Science, 2004, 28(1):86-94.

[256] Ryu K S, Jang S C S. The effect of environmental perceptions on behavioral intentions through emotions: the case of upscale restaurants[J]. Journal of Hospitality & Tourism Research, 2007, 31 (4):56-72.

[257] Hsu S H. Developing an index for online customer satisfaction: adaptation of american customer satisfaction index[J]. Expert Systems with Applications, 2008, 34(2):3033-3042.

[258] Sameer Hosany, Drew Martin. Self-image congruence in consumer behavior[J]. Journal of Business Research, 2014, 67(7):685-691.

[259] Sarah Tanford. The impact of tier level on attitudinal and behavioral loyalty of hotel reward program members[J]. International Journal of Hospitality Management, 2013, 34(10):285-294.

[260] Satta G, Parola F, Penco L, et al. Word of mouth and satisfaction in cruise port destinations.[J]. Tourism Geographies, 2015, 17(1):54-75.

[261] Sayarshad H R, Javadian N, Tavakkoli-Moghaddam R, et al. Solving multi-objective optimization formulation for fleet planning in a railway industry[J]. Annals of Operations Research, 2010, 181 (1):185-197.

[262] Scott Lee, Collin Ramdeen. Cruise ship itineraries and occupancy rates[J]. Tourism Management, 2012, 34(6):236-237

[263] Sean McGinley, John O'Neill, Sarah Damaske, Anna S. Mattila. A grounded theory approach to developing a career change model in hospitality [J]. International Journal of Hospitality Management, 2016, 40(6):89-98.

[264] Sebastian Zenker, Sibylle Petersen, Andereas Aholt. The citizen satisfaction index: evidence for a four basic model in a German sample[J]. 2013, 31(8):156-164.

[265] Seiji Endo, Jun Yang, JungKun Park. The investigation on dimensions of e-satisfaction for online shoes retailing[J]. Journal of Retailing and Consumer Services, 2012, 19(6):398-405.

[266] Shao C Y, Baker J A, Wagner J. The effects of appropriateness of service contact personnel dress on customer expectations of service quality and purchase intention: The moderating influences of involvement and gender[J]. Journal of Business Research, 2004, 57(10):1164-1176.

[267] Sheller M. The new Caribbean complexity: Mobility systems, tourism and spatial rescaling[J]. Singapore Journal of Tropical Geography, 2009, 30(2):189-203.

[268] Sheu J B. Marketing-driven channel coordination with revenue-sharing contracts under price promotion to end-customers[J]. European Journal of Operational Research, 2011, 214(2):246-255.

[269] Shirouyehzad H, Lotfi F H, Arabzad S M, et al. An AHP/DEA ranking method based on service quality approach: a case study in hotel industry[J]. International Journal of Productivity & Quality Management, 2013, 19(4):434-445.

［270］Shonk D J, Chelladurai P, Dwyer L, et al. Service quality, satisfaction, and intent to return in event sport tourism.［J］. Journal of Sport Management, 2008, 22(5):587-602.

［271］Simon Véronneau, Jacques Ro. Global service supply chains: an empirical study of current practices and challenges of a cruise line corporation. Tourism Management, 2009, 30(4):128-139.

［272］Sirakaya E, Petrick J, Choi H S. The role of mood on tourism product evaluations［J］. Annals of Tourism Research, 2004, 31(3):517-539.

［273］Soler M, Zou B, Hansen M. Cruise trajectory design in the presence of contrails: application of a multiphase mixed-integer optimal control approach［J］. Transportation Research Part C Emerging Technologies, 2014, 48:172-194.

［274］Sonia SanMartín, Carmen Camarero. A cross-national study on online consumer perceptions, trust, and loyalty［J］. Journal of Organizational Computing & Electronic Commerce, 2012, 22(1):64-86.

［275］Spence Laschinger. Job and career satisfaction and turnover intentions of newly graduated nurses［J］. Journal of Nursing Management, 2012, 20(4):472-484.

［276］Statia Elliot, Geese Li, Chris Choi. Understanding service quality in a virtual travel community environment［J］. Journal of Business Research, 2013, 66(5):1153-1160.

［277］Steven L. Grover, Markus C. Hasel, Caroline Manville, Carolina Serrano-Archimi. Follower reactions to leader trust violations: a grounded theroy of violation types, likelihood of recovery, and recovery process［J］. European Management Journal, 2016, 35(8):689-702.

［278］Sue Dobson. A primer on the canadian pacific cruise ship industry［J］. World Wide Shipping, 2002, 36(5):102-113.

［279］Sun X, Gauri D K, Webster S. Forecasting for cruise line revenue management［J］. Journal of Revenue & Pricing Management, 2010, 29(4):97-110.

［280］Sunghyup Sean Hyun, Wansoo Kim, Myong Jae Lee. The impact of advertising on patrons' emotional responses, perceived value, and behavioral intensions in the chain restaurant industry: the moderating role of advertising-induced arousal ［J］. International Journal of Hospitality Management, 2011, 30(8):689-700.

［281］Svein Larsen, Einar Marnburg, Torvald Øgaard. Working onboard: job perception, organizational commitment and job satisfaction in the cruise sector［J］. Tourism Management, 2012, 33(5):592-597.

［282］Teoman Duman, Anna S. Mattila. The role of affective factors on perceived cruise vacation value［J］. Tourism Management, 2005, 26(6):311-323.

［283］Teye V, Leclerc D. The white Caucasian and ethnic minority cruise markets: some motivational perspectives.［J］. Journal of Vacation Marketing, 2003, 9(3):227-242.

［284］Thi Song Pham, Mohammad Faisal Ahammad. Antecedents and consequences of online customer satisfaction: A holistic process perspective［J］. Technological Forecasting & Social Change, 2017, 124(11):332-342.

［285］Toh R S, Rivers M J, et al. Room occupancies: cruise lines out-do the hotels［J］. International Journal of Hospitality Management, 2005, 24(5):121-135.

［286］Tombs A, Mccoll-Kennedy J R. Social-servicecape conceptual model［J］. Marketing Theory, 2003, 3(4):447-475.

［287］Tony L Henthorne, Babu P George, William C Smith. Risk perception and buying behavior: an examination of some relationships in the context of cruise tourism in Jamaica[J]. International Journal of Hospitality & Tourism Administration, 2013, 14(1):66-86.

[288] Tsaur S H. Physical attractiveness stereotypes and service quality in customer-server encounters[J]. Service Industries Journal, 2009, 29(8):1093-1104.

[289] V Zeithaml, L Berry, A Parasuraman. The behavioural consequences of service quality[J]. Journal of Marketing, 1996, 60(1):31-46.

[290] Valvi A C, West D C. E-loyalty is not all about trust, price also matters: extending expectation-confirmation theory in bookselling websites[J]. Journal of Electronic Commerce Research, 2013, 14 (1):99-123.

[291] Victor B Teye, Denis Leclerc. Product & service delivery satisfaction among North American cruise passengers[J]. Tourism Management, 1998, 19(2):153-160.

[292] Deng W J, Yeh M L, Sung M L. A customer satisfaction index model for international tourist hotels: integrating consumption emotions into the American Customer Satisfaction Index [J]. International Journal of Hospitality Management, 2013, 35(3):133-140.

[293] Wagner S M, Lukassen P, Mahlendorf M. Misused and missed use—Grounded Theory and Objective Hermeneutics as methods for research in industrial marketing[J]. Industrial Marketing Management, 2010, 39(1):5-15.

[294] Wall E A, Berry L L. The combined effects of the physical environment and employee behavior on customer perception of restaurant service quality[J]. Cornell Hospitality Quarterly, 2007, 48(1): 59-69.

[295] Wang H, Kim K H, Ko E, et al. Relationship between service quality and customer equity in traditional markets[J]. Journal of Business Research, 2016, 69(9):3827-3834.

[296] Wang K C, Hsieh A T, Huan T C. Critical service features in group package tour: An exploratory research[J]. Tourism Management, 2000, 21(2):177-189.

[297] Wang Y S, Wu S C, Lin H H, et al. The relationship of service failure severity, service recovery justice and perceived switching costs with customer loyalty in the context of e-tailing [J]. International Journal of Information Management, 2011, 31(4):350-359.

[298] Wan-I Lee, Chih-Yuan Chang, Yu-Lun Liu. Exploring customers' store loyalty using the means-end chain approach[J]. Journal of Retailing and Consumer Services, 2010, 17(11):395-405.

[299] Westbrook R A, Reilly M D. Value-Percept Disparity: An alternative to the disconfirmation of expectations theory of consumer satisfaction[J]. Advances in Consumer Research, 1983, 10(4): 256-261.

[300] Wie B W. A dynamic game model of strategic capacity investment in the cruise line industry[J]. Tourism Management, 2005, 26(6):203-217.

[301] Wong A, Sohal A S. Understanding the quality of relationships in consumer services: a study in a retail environment[J]. International Journal of Quality & Reliability Management, 2006, 23(3): 244-264.

[302] Wu H C, Cheng C C. A hierarchical model of service quality in the airline industry[J]. Journal of Hospitality & Tourism Management, 2013, 36(20):13-22.

[303] Wu H J. The impact of customer-to-customer interaction and customer homogeneity on customer

satisfaction in tourism service—The service encounter prospective[J]. Tourism Management, 2007, 28(6):1518-1528.

[304] Xie H, Kerstetter D L, Mattila A S. The attributes of a cruise ship that influence the decision making of cruisers and potential cruisers[J]. International Journal of Hospitality Management, 2012, 31(1):152-159.

[305] Yang Z, Peterson R T. Customer perceived value, satisfaction, and loyalty: The role of switching costs[J]. Psychology & Marketing, 2004, 21(10):799-822.

[306] Yarnal C M, Kerstetter D. Casting off: an exploration of cruise ship space, group tour behavior, and social interaction.[J]. Journal of Travel Research, 2005, 43(4):368-379.

[307] Yeong Gug Kim, Anita Eves, Caroline Scarles. Building a model of local food consumption on trips and holidays: a grounded theory approach[J]. International Journal of Hospitality Management, 2009, 28(6):423-431.

[308] Yuksel Ekinci. The validation of the generic service quality dimensions: an alternative approach[J]. Journal of retailing and consumer services, 2001, 8(1):311-324.

[309] Zafar U Ahmed, James P Johnson. Country of origin & brand effect on consumers' evaluations of cruise lines[J]. International marketing review, 2002, 19(3):279-302.

[310] Zeithaml V A. Consumer perceptions of price, quality, and value: a means-end model and synthesis of evidence[J]. Journal of Marketing, 1988, 52(3):2-22.

[311] Zeng F, Yang Zh, Li Y, Fam K S. Small business industrial buyers' price sensitivity: Do service quality dimensions matter in business markets? [J]. Industrial marketing management, 2011, 40 (7):395-404.

[312] Zhang Z, Ye Q, Song H, et al. The structure of customer satisfaction with cruise-line services: an empirical investigation based on online word of mouth[J]. Current Issues in Tourism, 2013, 18(5):1-15.

(四) 英文会议论文

[1] George V, Ioannis L. Analyzing the supply chain strategy of the cruise industry: the case of a small cruise company[C]// International Association of Maritime Economists conference. 2010.

[2] Neven Šeric. Business intelligence-platform for management strategy in cruise supply chain[C]// 3rd International Cruise conference, Dubrovnik 16-18 may 2011. Proceedings 3rd International Cruise Conference: Cruise & society-the other side of growth 2011.

(五) 英文电子文献

[1] Cruise Lines International Association. The global economic contribution of cruise tourism 2015[EB/OL]. www.cruise.org/about-the-industry/research, 2017-9-21.

[2] Florida-Carribean Cruise Association. Economic contribution of cruise tourism to the destination economies[EB/OL]. http://f-cca.com/downloads/2015-cruise-analysis -volume-1, 2017-9-21.

后 记

凤凰以涅槃寻求生命的真谛;扶桑的樱花以美示人,但其最绚烂的时刻竟是行将花落的刹那。凤凰、樱花,在它们的生命谱系里,结束就是美丽的开始。

本研究是在我的博士论文基础上进一步修订完成的,也是我的第一本真正意义上的学术专著。当我敲击键盘写下后记的时候,书稿即将付印出版。我希望它既是结束,也是开始。

感谢复旦大学郭英之教授的指导。本研究在研究思路、研究方法、问卷设计和修改等方面得到了郭老师的指导和帮助。

感谢上海工程技术大学领导汪泓校长、史健勇校长和上海工程技术大学管理学院孟勇院长对本研究给予的指导和帮助。

感谢上海工程技术大学邮轮经济与管理专业的同学们。他们利用在国际邮轮港以及在邮轮上实习的机会,帮助我完成问卷调研。如今他们已活跃在上海及全国的邮轮业界并开始崭露头角。本研究的调研还得到了国家自然科学基金(71373054、71073029)的资助,深表感谢。

感谢复旦大学博士生李海军、张秦、熊敬锘和张玲玲等对本研究提供的帮助。在写作书稿的过程中,我还得到了很多朋友的帮助,在此一并表示感谢。

最后,谨将此书献给我的妻子和女儿。

胡　田

2018 年 10 月